《2013年中国区域经济发展报告》

学术委员会

名誉主任 樊丽明 李善同 杨开忠

主　　任 王洪卫

委　　员（以姓氏笔划为序）

丁四保　千春晖　万广华　王　振　方创琳　邓　翔　石俊敏　宁越敏
权　衡　朱金海　刘震涛　孙久文　孙海鸣　李国平　肖金成　吴殿廷
何立胜　陆　铭　陈　耀　张建清　罗守贵　金　碚　金祥荣　周伟林
周振华　赵　伟　赵作权　赵昌文　赵晓雷　郝寿义　荣跃明　徐康宁
梁　琦　高新才　雷涯邻　鲍曙明　樊　杰　魏后凯

编辑委员会

主　　编 张学良

副主编 邓涛涛 杨　嬛

编　　委（按姓氏笔画为序）

马祖琦　王　京　王　婧　王胜强　东童童　冯苏苇　刘乃全　刘志平
刘学华　豆建民　李培鑫　何　骏　何欣荣　宋亚楠　沈体雁　应勤俭
陈　维　陈辉煌　张　可　赵　民　胡　彬　段　钢　聂清凯

上海市重点学科建设资助（项目编号：B802）

上海财经大学"211工程"重点学科建设项目资助

2013

中国区域经济发展报告

——中国城市群的崛起与协调发展

2013 ZHONGGUO QUYU JINGJI FAZHAN BAOGAO

上海财经大学区域经济研究中心

张学良　主编

人民出版社

责任编辑:陈 登

图书在版编目(CIP)数据

2013 中国区域经济发展报告——中国城市群的崛起与协调发展/上海财经
  大学区域经济研究中心 张学良 主编. - 北京:人民出版社,2013.5
  ISBN 978 - 7 - 01 - 011982 - 3

Ⅰ.①2… Ⅱ.①上… Ⅲ.①城市群-区域经济发展-研究报告-中国
  Ⅳ.①F299.27

中国版本图书馆 CIP 数据核字(2013)第 082666 号

2013 中国区域经济发展报告

2013 ZHONGGUO QUYU JINGJI FAZHAN BAOGAO

——中国城市群的崛起与协调发展

张学良 主编

人民出版社 出版发行

(100706 北京市东城区隆福寺街 99 号)

北京新魏印刷厂印刷 新华书店经销

2013 年 5 月第 1 版 2013 年 5 月北京第 1 次印刷
开本:710 毫米×1000 毫米 1/16 印张:31.75
字数:485 千字

ISBN 978 - 7 - 01 - 011982 - 3 定价:80.00 元

邮购地址 100706 北京市东城区隆福寺街 99 号
人民东方图书销售中心 电话 (010)65250042 65289539

前　言

　　2003 年以来，上海财经大学区域经济研究中心根据我国区域经济发展的重大命题，邀请国内相关学者共同参与进行专题研究，每年编写并出版《中国区域经济发展报告》，针对中国区域经济发展中的重大理论及现实问题进行专题研究，2003 年的主题是"国内及国际区域合作"，2004 年的主题是"东北老工业基地振兴"，2005 年的主题是"长江三角洲区域规划及统筹发展"，2006 年的主题是"长江经济带区域统筹发展及'黄金水道'建设"，2007 年的主题是"中部塌陷与中部崛起"，2008 年的主题是"西部大开发区域政策效应评估"，2009 年的主题是"长江三角洲与珠江三角洲区域经济发展比较"，2010 年的主题是"长三角区域一体化研究"，2011 年的主题是"从长三角到泛长三角：区域产业梯度转移的理论与实证研究"，2012 年的主题是"同城化趋势下长三角城市群区域协调发展"，2007 年还以"区域发展总体战略与城市群规划"为专题撰写了《2007 年中国区域经济发展报告特刊》。2003 年至今这一系列报告已连续出版了 10 年共 11 本，在社会上形成了很好的口碑，成为区域经济研究的一大品牌。

　　2013 年是该系列研究报告连续出版的第 11 年。2012 年 6 月我们举行了"《中国区域经济发展报告》出版十周年学术研讨会"，北京大学杨开忠教授、李国平教授、南开大学郝寿义教授、中国社会科学院魏后凯教授、中国人民大学孙久文教授、中国科学院赵作权教授、华东师范大学的宁越敏教授、浙江大学赵伟教授、武汉大学张建清教授、兰州大学郭爱君教授、北京师范大学吴殿廷教授和四川大学邓翔教授等参加会议，对中国区域经济发展报告连续出版十周年取得的成绩表示祝贺，认为"研究成果总体上达到了国内领先水平"，并对未来《中国区域经济发展报告》的研究方向提出了很好的建议。《2013 中国区域经济发展报告》吸收了各位专家的宝贵建议，将年度主题确定为"中国城市群的崛起与协调发展"，继续进行深入研究。这项研究也得到了参与报告写作的各位老师的积极支持，课题组成员分别于 2012 年 7 月 18 日、2012 年 11 月 29 日、2013 年 3 月 25日进行了三次专题讨论，对本年度报告的研究框架、城市群内涵与界定、中国城市群划分方法、统计数据来源等诸多问题进行了讨论，并达成了广泛的共识。2013 年 2 月 20 日，我们还举行了"《2013 中国区域经济发展（初稿）》专家讨论会"，邀请了华东师范大学中国现代城市研究中心主任宁越敏教授、上海社科院陈维教授、同济大学建筑与城市规划学院赵民教授、上海交通大学安泰经济与管理学院罗守贵教授、《学术月刊》王胜强副编审、新华社上海分社何欣荣编辑和上海财经大学城市与区域科学学院院长赵晓雷教授就中国城市群发展进行了研讨，对研究报告的初稿提出了修改意见。需要特别提出的是，写作过程中我们还得到了中国区域科学协会的指导，学术委员会的老师提出了很好的修改意义，我们在本报告中也一一采纳。

《2013 中国区域经济发展报告》的主题是"中国城市群的崛起与协调发展"。"十一五"以来，我国的区域发展重心不断转移调整，改变了过去传统的"东、中、西部"条状区域发展思路，以城市群为单元的"块状"区域规划上升为国家战略，中国经济区域由"带状"向"块状"转变；平均来看，城市群以占所在省份 32.28% 的国土面积，聚集了所在省份60.66% 的人口，创造了 75.61% 的地区生产总值，中国区域经济已由省域经济向城市群经济转变；当前，行政区经济的弊端日益显现，城市群将是中国区域经济竞争与合作的主要载体，中国区域经济正在由行政区经济应向城市群经济转变。从中国区域经济发展的这三大转变可以看出，城市群在中国区域经济发展中将起着更为重要的作用，城市群已成为我国城镇化的空间主体，是实现我国区域总体发展战略的重要载体，是推动区域经济发展方式转变的重要引领者。在这样的背景下，"城市群经济"也需要我们从经济学理论上做出合理的解释。传统的地方化经济与城市化经济仅解释了"产业聚集"对单一城市发展的影响，侧重于分析单一城市内部企业主体获得的外部性，但是城市彼此空间临近即"城市聚集"也会产生新的正外部性，城市之间的分工协作会带来收益，可以说，空间聚集已从"产业聚集"演化为"城市聚集"，"城市群经济"已成为一种经济活动空间组织及运行的一种形式，是基于社会分工深化、市场深度扩张、要素高度空间聚集而演化出来的区域经济形态。如何评价中国城市群经济发展现状，促进城市群协调发展，具有重要的理论意义与实践价值。

本报告的研究思路和整体框架如下：第一部分为总论，包括第1章和第2章。第1章在分析中国区域经济发展的空间特征基础上，重点分析了中国城市群的空间特征及其格局变化，提出了中国城市群的战略目标、思路与展望；第2章结合本报告的主题，重点介绍了城市群的内涵与城市群协调发展的主要理论，第二部分为专题研究部分，是本报告的主体部分，包括从第3章到第8章的内容。第3章将中国城市群划分为成熟型城市群、发展型城市群与形成型城市群这三大类，并运用规范分析方法，对中国城市群的竞争力进行了详细分析；第4—6章根据第3章对中国城市群的划分，分别就成熟型城市群、发展型城市群与形成型城市群展开具体分析；第7章介绍了世界主要城市群发展的主要经验及对中国的启示，第8章对全书研究内容进行总结，就城市群协调发展提出了具体政策建议。第三部分为数据分析部分，包括第9章，重点整理了中国城市群的主要统计资料。需要说明的是，本报告在研究过程中参考了许多参考文献，并没有全部详细列出，敬请读者谅解。

本研究报告是上海财经大学"211工程"重点建设项目，报告的主题设计、框架确定、观点整合、文字总纂、课题组织由张学良负责。各章撰写分工如下：第1章，豆建民、张学良、张可；第2章，胡彬；第3章，杨嬛、宋亚楠、李培鑫；第4章，邓涛涛、王京；第5章，杨嬛、李培鑫；第6章，王婧；第7章，邓涛涛；第8章，刘乃全、东童童；第9章，张学良、宋亚楠。

张学良

2013年4月于上海财经大学

目　录

第一部分　总　论

第二部分　专题研究

第 三 部 分　数 据 分 析

第一部分 总 论

1

中国城市群的
发展路径与
未来战略

1.1 中国区域经济发展的空间特征

1.1.1 经济聚集的全球特征

全球化时代，人们普遍认为"世界是平的"（Friedman, 2007），但是从经济地理和区域发展的角度看，"世界不是平的"，全球土地面积的1.5%聚集了世界一半的生产活动。例如，在美国，有2.43亿人口集中在仅占全国总面积3%的土地上，是全球生产效率最高的城市区域（Glaeser, 2011）；在日本，3500万人口拥挤在东京这块不足日本总面积4%的土地上（World Bank, 2008），财富也集中在东京和大阪周围。

当今世界城市是人类活动与经济聚集的载体。生活在东京及其周围的人口高达3500万人，孟买的中心城区居住着1200万人口，根据最新的第六次人口普查数据，上海的中心城区居住着1200万人口①，全市总人口超过了2300万；2008年，有史以来第一次全世界有一半人口生活在城市，2011年中国也达到了这个里程碑，很多预测显示，到21世纪中期，3/4的人类将居住在城市。

在空间上，经济活动又聚集成"群"或"带"，大部分人类的生产与生活聚集在城市群。目前比较公认的是英国以伦敦为核心的城市群、欧洲西北部城市群、北美五大湖城市群、美国东北部大西洋城市群、日本太平洋沿岸城市群，中国的长三角、珠三角与环渤海三大城市群也以不到全国4%的土地面积创造了全国38%的经济总量。

中国的经济是否过于聚集？图1-1显示的人均GDP与集聚程度的关系，总体上看，随着人均GDP的提高，经济集聚程度也在提升，表现为正相关关系，尤其是在人均GDP达到10000美元之前，这种正相关关系更加

---

① 包括黄浦区、徐汇区、长宁区、静安区、普陀区、闸北区、虹口区、杨浦区和浦东新区。

持续有效，人均 GDP 达到 25000 美元的国家，其集聚指数均超过了 50%，且大部分国家超过了 70%。中国的位置在左下角，不仅比发达国家的集聚程度低，而且跟中国发展阶段接近的发展中国家相比较，比如印度、巴西、南非，我们国家的经济集聚程度也是低的。

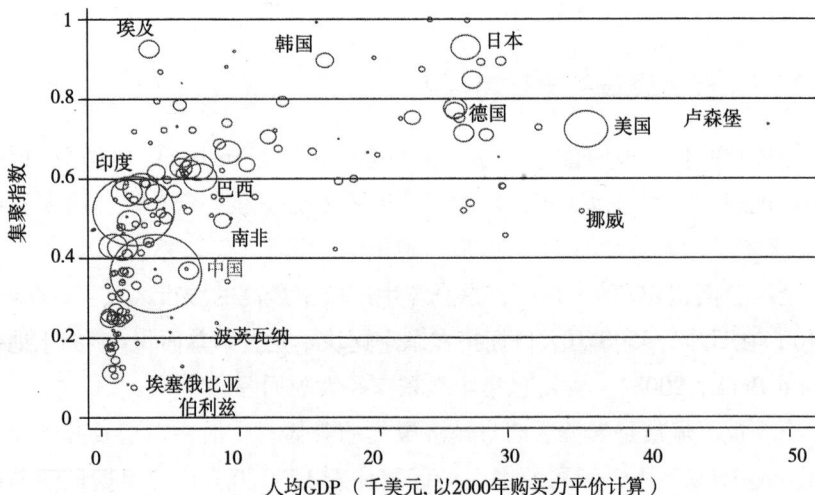

图 1-1 不同国家经济集聚程度

资源来源：World Bank, *World Development Report 2009: Reshaping Economic Geography*, 2008。

1.1.2 中国区域经济发展的三大转变

1.1.2.1 中国经济区域等由"带状"向"块状"转变

改革开放之初，我们区域发展战略调整的初衷是使"一部分地区先好起来"，并希望这些地区（中心）能够产生一定的"示范和学习效应"，带动"左邻右舍"（边缘、外围）从而整个国民经济不断"波浪式地向前发展"。在以"先富"带动"后富"为逻辑基础的区域递推发展模式下，区域经济发展战略经历了从改革之初效率优先的非均衡发展战略，再到 20 世纪末 21 世纪初以来的相对协调发展的转变，至"十五"期末，中国区域发展的战略重心相应体现为由东向西、从沿海到内陆的调整和转移，进而形成中国区域发展战略的中心—外围空间结构（如图 1-2）。

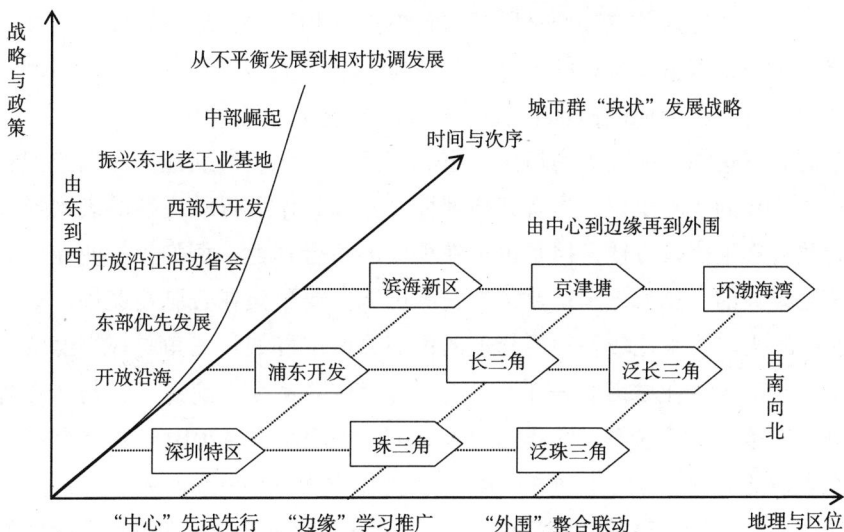

图 1-2 改革开放以来中国区域经济发展的空间格局

资源来源：孙海鸣、张学良主编：《区域经济学》，上海人民出版社 2011 年版。

"十一五"以来，我国的区域发展重心仍在不断转移调整，但是已改变了过去传统的"东、中、西部"条状区域发展思路，不仅仅局限于东部率先、中部崛起、西部大开发的简单政策框架，部分地区或城市群的"块状"区域规划上升为国家战略，国家从不同地区的实际出发，陆续批准了天津滨海新区、北部湾经济区、成渝统筹城乡综合配套改革试验区等重点发展区域，2009 年以来又批准了海峡西岸经济区、江苏沿海经济带、关中—天水经济区发展规划、辽宁沿海经济带、皖江城市带承接产业转移示范区等区域振兴规划方案，至今已出台了 50 多个关于促进区域协调发展的规划指导性文件和相关方案，① 助推原有的经济区域等由"带状"转向"块状"发展，形成了若干个以中心城市为核心的巨大城市群，国家主要城市化地区也聚集在以若干城市群为核心的重点开发国土面积上。

1.1.2.2 中国经济由省域经济向城市群经济转变

正如我们所熟知的，在空间上经济发展高度聚集，聚集的空间范围并

---

① 范恒山：《编制区域规划遵循三大主线》，《财经界》2011 年第 11 期。

不一定是以省份为单位,而是以某些自然条件相近、交通联系便捷、城市等级体系完善为主要特征的城市群为单位;事实上,省域经济也是高度不均衡的,既有城市地区,也有农村地区,即便是发达省份如江苏、广东,内部既有发达如苏南或粤南地区,也有落后如苏北、粤北地区,因此把省份作为比较的空间单位,虽有其合理性,比如其作为行政区划的表现形式在行政管理上比较方便,但是也存在很大的不合理性,例如,产业在空间上都是集聚的,比如汽车产业,在安徽可能主要聚集在合肥与芜湖,如果完全按省为单位来比较是很不合理的;部分城市群如长三角与环渤海跨过了省界与市界,在城市群内部城市之间的经济联系大大超过了其与所在省份其他城市的经济联系。在我们的研究中,平均而言,2010 年城市群以占所在省份 32.28% 的国土面积,聚集了所在省份 60.66% 的人口,创造了75.61% 的地区生产总值。省与省之间的经济比较应该慢慢向城市群之间的比较转变,以城市群作为竞争单元更为合理。

当前,以城市群为核心的空间发展格局基本形成,中国区域发展呈现多极带动的新格局。东部沿海地区是中国经济实力最强的区域,其中长三角、京津冀和珠三角地区又是中国区域经济增长三大引擎。中西部地区的城市群正在形成,2010 年底出台的《全国主体功能区规划》将主要属于中西部的冀中南地区、太原城市群、呼包鄂榆地区、哈长地区、东陇海地区、江淮地区、海峡西岸经济区、中原经济区、长江中游地区、北部湾地区、成渝地区、黔中地区、滇中地区、藏中南地区、关中—天水地区、兰州—西宁地区、宁夏沿黄经济区、天山北坡地区 18 片区域列为国家层面的重点开发区域,这些区域有一定经济基础、资源环境承载能力较强、发展潜力较大、集聚人口和经济的条件较好。2010 年重点开发区域以占全国20.83% 的国土面积,聚集了全国 41.04% 的人口,创造了 40.32% 的地区生产总值,是今后重点进行工业化和城镇化开发的地区。"十二五"期间,这些重点开发区域正在成为新的区域经济增长点,将在集聚人口和产业方面发挥重要作用。

表1-1　2010年中国城市群比较

	面积（万平方公里）	人口（百万人）	GDP（百亿元）
环渤海城市群	35.26	160.80	829.93
京津冀城市群	18.25	83.89	395.99
辽中南城市群	9.69	33.13	181.72
山东半岛城市群	7.32	43.78	252.23
长三角城市群	11.02	107.68	706.75
珠江三角洲城市群	5.50	56.16	376.73
太原城市群	7.41	15.63	42.54
呼包鄂榆城市群	14.26	10.83	87.26
哈长城市群	26.88	38.96	149.77
东陇海城市群	2.41	15.78	51.61
江淮城市群	9.86	38.26	101.47
海峡西岸城市群	12.33	36.90	144.63
中原城市群	5.88	41.56	133.75
长江中游城市群	27.83	104.71	299.42
武汉城市群	5.81	30.24	95.85
环长株潭城市群	9.65	40.08	125.59
鄱阳湖城市群	12.37	34.38	77.98
北部湾城市群	4.25	12.15	30.43
成渝城市群	23.99	95.76	232.02
黔中城市群	13.15	26.03	35.34
滇中城市群	9.45	17.31	42.67
关中—天水城市群	8.93	28.83	68.92
兰州—西宁城市群	6.85	12.19	23.02
宁夏沿黄城市群	4.07	5.10	14.82
天山北坡城市群	48.1	10.65	39.74
全国	960.00	1340.91	4012.02

注：城市群的划分与空间范围见第3章。

资料来源：笔者根据历年《城市统计年鉴》与各省市历年统计年鉴相关资料整理后获得。

1.1.2.3　行政区经济应向城市群经济转变

传统的区域可以划分为行政区域与自然区域、经济区域等几种类型。行政区域是地方政府的行政管辖范围，属上层建筑范畴，它是制度性的区域概念，有明确的法定边界线；经济区域是根据社会生产地域分工的特点对国土进行战略性划分的地域单元，它属于经济活动的范畴；而自然区域是诸多自然要素相对一致性的地域单位，属于自然活动领域。行政区域和经济区域如基本耦合，则称为行政—经济区，如不耦合，则称为非行政—经济区（即跨行政区的经济区）。行政区经济是一种典型的按行政区划划分的经济形态，是以行政区划为中心发展本区域内的经济，带有强烈的政府行为色彩也具有独特的运行特点（刘君德，1996）：地方政府经常通过直接的行政干预影响经济领域的竞争，城市间重复建设严重；生产要素跨行政区流动受到很大阻隔；由于行政中心与经济中心的一致性，中心城市的经济能量对边界与外围地区的辐射力相对较弱，且随着地理距离的增加，辐射力呈递减趋势。

行政区经济所带有的政府行为色彩人为地扩大了市场的分割，增加了要素流动的成本，对区域经济所带来的负面效应越来越受到诟病。在现今行政区划调整没有提上议事日程之前，只有通过尊重市场的力量、促进区域经济一体化发展的办法来缓解行政区经济的负面影响。城市群经济则是按经济区划划分的结果，是经济区域的表现形式，且又与自然区域高度一致，城市群经济将是中国区域经济竞争与合作的主要载体。

1.2　中国城市群的空间特征及其格局变化

1.2.1　中国城市群发展现状及存在的主要问题

改革开放三十多年来，以现代化为特征的城市化进程是我国取得的伟大成就之一，城市化为中国人提供了高质量的生活水平和现代的生活方式。三十多年来，中国的城市数量和规模均大幅度提高，中国逐步形成了以长三角城市群、珠三角城市群、京津冀为代表的24个城市群和城镇密集区。三大城市群引领中国区域经济发展，代表着中国经济发展的最高水平。目前中国的城镇化水平已经达到51.3%，并且以平均每年1个百分点的速度递增。在我国城市化和城市群的快速发展中，也存在着一系列的问题。

1.2.1.1　现状分析

（1）城市群的数量和规模

根据《全国主体功能区规划》，目前我国已经形成了包括长三角城市群、珠三角城市群、京津冀城市群、山东半岛城市群、辽中南城市群、海峡西岸城市群、武汉城市群、环长株潭城市群、鄱阳湖城市群、成渝城市群、东陇海城市群、中原城市群、哈长城市群、江淮城市群、关中—天水城市群、天山北坡城市群、北部湾城市群、太原城市群、宁夏沿黄城市群、呼包鄂榆城市群、兰州—西宁城市群、黔中城市群、滇中城市群、藏中南城市群24个不同层次的城市群和城镇密集区。根据本书第3章中国城市群发展阶段识别的研究，目前中国的24个名义上的城市群还不能够全部被称为真正意义上的城市群。长三角城市群、珠三角城市群、京津冀城市群作为中国的三大增长极，已经成为发展较为成熟的城市群；而山东半岛城市群、辽中南城市群、哈长城市群、东陇海城市群、江淮城市群、海峡西岸城市群、中原城市群、武汉城市群、环长株潭城市群、成渝城市群、关中—天水城市群、太原城市群从发展阶段上来分析，仍然是处于发展阶段的城市群；鄱阳湖城市群、北部湾城市群、兰州—西宁城市群、滇中城市群、呼包鄂榆城市群、宁夏沿黄城市群、天山北坡城市群、黔中城市群等，仍处于正在形成过程中的城市群或城镇密集区。

同美日等国家的城市群相比，中国城市群无论是从规模还是质量上均存在较大的差距。即使与美国、日本三大城市群2001年的水平相比，目前中国三大城市群对于国家GDP的贡献率仍明显偏低。依据世界银行2003年发布的计算结果（根据2001年的数据统计，参见中国科学院可持续发展战略研究组，2005），美国大纽约区（即美国大西洋沿岸城市群）的GDP约占到全美GDP总量的24%，而大洛杉矶区（即美国太平洋沿岸城市群）的 GDP 则占到整个美国 GDP 的 21%，五大湖区（即美国五大湖城市群）的 GDP 也占到全美国的 20%。美国三大城市群的 GDP 总量达到 6.7 万亿美元，约为全美国的 65%，占比约 2/3。日本大东京区、大坂神户区、大名古屋区的 GDP 分别占日本全国 GDP 总量的 26%、23%、20%。日本三大城市群的 GDP 总量达到 2.86 万亿美元，约为日本全国 GDP 总量的 69%，占比 2/3 强。2010 年中国长三角城市群、珠江三角洲城市群、京津冀城市群的 GDP 分别占全国当年 GDP 的 17.62%、9.39%、9.87%，中国三大城市群的 GDP 对于全国 GDP 总量的占比仅为 37.42%（1/3 略强）。中国三大城市群对于全国 GDP 的贡献率明显偏低，该占比比美国和日本三大城市群对全国 GDP 的贡献率分别低约 28 个百分点和 32 个百分点。

（2）城市群和城市体系的竞争力

目前以上海为中心的长三角城市群已经发展成为世界第六大城市群，未来极有可能成为全球重要的资源配置中心，中心城市上海将成为全球最具竞争力的城市之一。长三角城市群土地面积 10.99 万平方千米，约占全国的 1.14%。2010 年底人口约 8490.7 万，约占全国的 6.8%，形成了以南京、杭州、宁波、苏州为副中心城市，以无锡、镇江、南通、湖州、常州、泰州、绍兴、嘉兴、台州、台州、舟山 11 座城市为外层城市的三级城市圈层结构。珠三角城市群人口约 3200 万，约占全国人口的 2.42%，面积 5.56 万平方千米，约占全国国土面积的 0.58%。以广州和深圳为中心城市，包括了珠海、中山、东莞、佛山、惠州、江门、肇庆。京津冀城市群人口约 7405.1 万，占全国总人口的 5.93%。面积 18.28 万平方千米，约占全国国土面积的 3.87%，以北京和天津为中心城市，包括了唐山、石家庄、邯郸、保定、廊坊、秦皇岛、沧州、承德 8 座城市。

本书第 3 章从经济发展竞争力、社会发展竞争力、生态环境竞争力、基础设施竞争力、整合发展竞争力五个方面，对中国各个城市群的相对竞争力进行了评价，城市群综合竞争力由高到低排名和因子得分情况为：长三角城市群（2.243）、珠三角城市群（1.519）、京津冀城市群（1.019）、山东半岛城市群（0.435）、成渝城市群（0.335）、辽中南城市群（0.138）、海峡西岸城市群（0.007）、中原城市群（-0.106）、江淮城市群（-0.208）、环长株潭城市群（-0.218）、哈长城市群（-0.233）、武汉城市群（-0.299）、呼包鄂榆城市群（-0.336）、关中—天水城市群（-0.387）、鄱阳湖城市群（-0.390）东陇海城市群（-0.469）、太原城市群（-0.473）、滇中城市群（-0.531）、北部湾城市群（-0.547）、兰州—西宁城市群（-0.764）、宁夏沿黄城市群（-0.803）。因缺少数据，没有对天山北坡、黔中、藏中南3个城镇密集区进行评价。综合竞争力排名前七名的城市群综合竞争力得分均为正数，排名最后三位的北部湾城市群、兰州—西宁城市群、宁夏沿黄城市群的因子得分均为-0.5以下，与排名前三的三大城市群竞争力差异十分巨大。其中，第一类的三大城市群正在向世界级城市群迈进。山东半岛城市群或成渝城市群有可能成为中国经济增长的"第四极"。

通过第3章城市竞争力的分析，发现中国城市群在竞争力模式上也存在各自的特点。城市群的经济发展竞争力、社会发展竞争力、生态环境竞争力、基础设施竞争力、整合发展竞争力是城市群竞争力最重要的组成部分，从这五个方面是否保持发展的平衡，可以把中国城市群划分为平衡发展型、不平衡发展型和极度不平衡发展型。长三角城市群和珠三角城市群基本满足平衡发展型的条件。江淮城市群和环长株潭城市群表现出较为明显的社会发展竞争力缺失。宁夏沿黄城市群、太原城市群、兰州—西宁城市群、关中—天水城市群在城市的生态环境竞争力方面存在不同程度的缺失。山东半岛城市群、北部湾城市群和辽中南城市群都存在不同程度的基础设施竞争力缺失现状，其中北部湾城市群和辽中南城市群还伴随着城市群整合发展竞争力的缺失。京津冀城市群、哈长城市群、呼包鄂榆城市群、滇中城市群在城市整合发展竞争力方面都存在不同程度的缺失。鄱阳湖城市群和东陇海城市群的生态环境竞争力都明显优于其他方面的竞争力。海峡西岸城市群是唯一的一个在社会发展竞争力和生态环境竞争力方面有突出表现的城市群。成渝城市群的城市群基础设施竞争力表现突出。武汉城市群和中原城市群在城市群的整合发展竞争力方面有较为突出的表现。

（3）城市群之间的发展差异

目前中国区域经济发展总体呈现"东高、中中、西低"的格局，与此相一致，中国的城市群发展差异也十分明显，基本同区域经济总体差异的趋势近似。东南沿海地区由于先天的区位优势和经济基础，同时获得了优先发展的国家政策，形成了较完整的城市基础设施、产业体系等。如京津冀城市群的经济总量为宁夏沿黄城市群的 4.3 倍！长三角城市群领跑中国城市群，与珠三角城市群、京津冀城市群间的得分仍有较大的差异。长三角城市群 2010 年 GDP 已达到 70675.32 亿元，是排在第二位的京津冀城市群的 1.8 倍。同时，长三角城市群在规模以上工业总产值、全社会固定资产投资、地方财政一般预算收入、地方财政一般支出、外商直接投资实际使用额、货物进出口额、社会消费品零售总额、职工平均工资、可支配收入等多项指标中都高于其他城市群，使长三角城市群的经济发展竞争力遥遥领先于其他城市群。

根据本书第 3 章的分析，各个城市群在城市群人口规模、特大城市数量、城市群联系强度、经济密度等指标上差距很大。城市群人口规模 ≥ 5000 万人的，仅有长三角城市群、珠三角城市群、京津冀城市群、成渝城市群 4 个城市群，而有 8 个城市群的人口规模在 2000 万以下。拥有 3 个及以上城镇人口 300 万以上特大城市的城市群，仅有长三角城市群、珠三角城市群、京津冀城市群、山东半岛城市群和海峡西岸城市群，而只有 1 个或没有特大城市的，却有 14 个城市群。城市群联系平均作用强度 ≥ 100 亿元·万人/平方公里的，仅有长三角城市群、珠三角城市群、京津冀城市群，而小于 50 亿元·万人/平方公里的，却有 18 个城市群。经济密度 ≥ 2000 万元/平方公里的，仅有长三角城市群、珠三角城市群、京津冀城市群、山东半岛城市群、东陇海城市群和中原城市群，而小于 1000 万元/平方公里的，却有 12 个城市群。

不仅城市群间的发展差异巨大，城市群内部的城市发展差异也十分巨大，以武汉城市群为例：中心城市武汉的经济总量是临近次级中心城市黄石市的 8 倍！由于中心城市武汉一城独大，对周围的城市具有极强的辐射和吸收效应，次级中心城市黄石与其无论从规模还是从人均上差距十分巨大，造成了城市圈层结构的断层现象。

（4）城市群内部的空间联系

城市群作为多个城市在空间上的集聚体，城市群的内部关系是城市空间一体化的前提。根据本书第 4 章中反映城市群空间联系的城市流强度可以将中国三大城市群内部的城市划分为三种类型：超高城市流强度城市、较高城市流强度城市、低城市流强度城市。其中上海、深圳和广州、北京和天津分别是长三角、珠三角、京津冀城市群的超高城市流强度的城市，它们均是城市群中的中心城市，对周围城市具有较强的辐射力，同时也表明了这些中心城市对外部城市具有较强外向功能。同时，这些中心城市的区位商大于1的部门数量最多，体现了较强的城市辐射功能。三大城市群中的制造业具有较强的外向功能，扩散能力较强，而在电力、燃气、水等公共服务和生产供应业部门的外向功能较小，难以满足本地的市场需求。显然，当前我国三大城市群中的中心城市主要依靠制造业获得同周围城市的空间经济联系，而在能源生产供应服务等行业间的空间联系却难以形成较大的扩散效应，这些行业首先需要满足的是本地需求。超高城市流强度城市、较高城市流强度城市和低城市流强度城市分别作为城市群的中心城市、次级中心城市和区域集聚与辐射的城市，三大类城市间也存在较大的发展差异。以三大城市群为例，上海的城市流强度（$F_i = 4343.6$）远高于苏州（$F_i = 3652.6$）、南京（$F_i = 926.31$）、无锡（$F_i = 1496.7$）、杭州（$F_i = 1282.4$），中心城市与次级中心城市间的空间经济联系度相对紧凑；京津冀城市群中的中心城市北京和天津的城市流强度（$F_i = 4939$ 和 $F_i = 1244.3$）以绝对的优势远高于次级中心城市石家庄（$F_i = 409.6$）、保定（$F_i = 298.17$）、沧州（$F_i = 297.12$），城市群内部有断层的趋势，城市流势差相对较大；珠三角城市群的中心城市深圳和广州（$F_i = 2976.34$ 和 $F_i = 2177.69$）也远高于次级中心城市惠州（$F_i = 732.64$）、东莞（$F_i = 792.06$）、佛山（$F_i = 1221.78$），中心城市与次级中心城市间的城市流势差也不小。整体上长三角城市群内部城市的空间联系度在三大城市群乃至全国24个城市群中最高，这表明当前我国长三角城市群是一种相对紧凑的城市群，其他城市群内部的城市间的空间经济联系度有待进一步提升。

(5) 城市群综合交通网络体系

城市群内部的经济联系除了依托产业和分工体系、贸易等途径获得之外，还需要缩小城市间空间物理距离和时间距离的条件：综合交通网络体系。交通是城市经济发展的大动脉，是城市群间实现商品货物流通和交易成本的下降、要素的自由流动和高效配置的基础性产业。随着国民经济的不断发展，交通网络的不断完善助推了中国城市化的进程，特别是对城市群的形成起着十分重要的作用。高铁经济已经成为当前和未来中国城市群发展的重要战略支点，京沪高铁连接长三角和京津冀，连接京津冀和珠三角的京港高铁的北京至深圳段已经开通，中国正在加快建设的"四纵四横"铁路快线将中国多数城市群贯穿其中。目前长三角、珠三角、京津冀城市群的中心城市上海、广州和深圳、北京和天津已经成为中国交通三大综合性枢纽。三大城市群已经初步形成了集铁路、航空、公路、水运四位一体的综合交通运输体系：以上海为中心的长三角城市群为例，拥有沪宁、沪杭、沪甬、浙赣、宣航等铁路线，另规划有沪杭和沪宁城际铁路线。高速公路方面拥有沪太、沪宁、宁杭等近 20 条。民航方面上海虹桥和浦东机场均跻身全球巨型机场之列，长三角一共有 12 个民航机场。上海依托上海港正在建设国际航运中心，货运集装箱吞吐量进入全球前列。

（6）与城市群相关的区域规划的出台

国家相关部门和地方政府为了促进城市群的快速发展纷纷出台了以城市群为基础的区域规划，国家层面上已经陆续下发了《长江三角洲地区区域规划》、《珠江三角洲地区改革发展规划纲要》、《成渝经济区区域规划》、《促进中部崛起区域规划》、《海峡西岸经济区发展规划》、《黄河三角洲高效生态经济区发展规划》、《广西北部湾经济区区域规划》等，这些区域规划为城市群的发展提供了新的发展机会，城市群在区域发展规划中成为主角。与此同时，国内专门的城市群规划也纷纷出台，如《中原城市群总体发展规划纲要》、《海峡西岸城市群发展规划》、《山东半岛城市群区域发展规划》、《湖南省"十二五"环长株潭城市群发展规划》、《滇中城市群规划》等，为城市群的未来发展指明了方向。

1.2.1.2　存在的主要问题

（1）一些城市群未形成合理的圈层结构

目前中国东部三大城市群具有相对合理的城市圈层结构，中西部城市群存在着圈层结构不合理和断层的现象。一般认为，成熟的城市群应该具有良好的城市能级梯度，以便中心城市与次级城市间的要素充分流动和产业转移，中心城市按照一定的梯度来向周围城市进行扩散，次级城市按照梯度接受中心城市的辐射。因此，城市圈要求内部城市间存在一定的发展层次：在经济规模上不应该出现过大的落差或者说经济落差保持在一定的范围之内。目前中国的不少城市群存在着"一城独大"的现象，次级城市难以与中心城市形成有效的对接，具体的表现为城市群发展的联动性较弱。这种"一城独大"的现象在中西部城市群中较为普遍。如武汉城市群以占全省 1/3 的土地、1/2 的人口，创造了全省 2/3 的经济总量，武汉2010 年 GDP 为 5200 亿元，2009 年为 4620 亿元，然而，湖北全省 2009 年GDP 为 1.3 万亿元。除宜昌和襄樊 GDP 略超 1200 亿元之外，其余 14 个地市 GDP 均在千亿以下。2010 年成都 GDP 达到 5500 亿元，占全省近 1/3，省内其他 20 个地市州 GDP 竟然均未超过千亿规模。另一方面，城市群内的中心城市在进行产业转移时并不是按照临近的空间梯度来进行的，而是直接跳跃过临近城市而选择城市群内空间距离更远的城市，甚至是将产业直接转移至城市群外的城市，并未按照合理圈层结构的梯度而进行产业转移，交易成本并未减少而是增加了，最终不利于城市群的整体联动发展。

（2）半城市化给城市群的发展带来负效应

虽然中国目前的整体城镇化率达到 51.3%[①]，其中只有 33% 的人口具有城镇户籍，中国城市的整体发育程度并不高。上海 2300 万人口中有40% 的非户籍人口，深圳这一比例高达 81%！这是半城市化的重要表现之一，即人口城市化不够充分，城市化本质上是农村人口的生活方式向城市生活方式的转变，包括身份的转变。大量的务工人员进入城市工作却难以享受到城市户籍所捆绑的各种社会公共福利，如教育、医疗、社保等。他们没有享受到城市化带来的好处，这种户籍限制为城市群的发展带来了一定的负面效应，如造成城市社会的不稳定性和社会的不公平。另外，工业化速度相对超前，城市化速度相对滞后，土地城市化速度远低于城市化速度均不利于城市群的发展。根据世界银行的数据，2010 年全球平均的城市化率为 50.9%，工业化率仅 26.1%，而中国的两率的比值是 1.09（即城市化率/工业化率＝51.3%/46.8%），全球的平均比值为 1.95（50.9%/26.1%）。2010 年，美国的城市化率/工业化率为 4.1，即城市化率是工业化率的 4.1 倍。同年同一比值，法国为 4.11，英国为 4.09，德国为 2.64，

---

① 国家统计局根据 2010 年第六次全国人口普查的数据计算得到。

日本为 2.48，共同呈现出城市化率远远高于工业化率的特征。土地城市化的速度远低于城市化速度，往往造成城市土地紧张，人口密度过大，城市房地产价格过高。与此同时，土地城市化速度远大于人口城市化速度，在 2001—2008 年期间，城市常住人口年均增长率为 3.55%，城市建成区面积年均增长率为 6.20%。

（3）城市病、生态环境和资源性约束凸显

快速的城市化将伴随着交通拥挤、各种排队现象、空气污染等城市病。目前中国的大城市均面临着交通拥挤的问题，如北京被誉为"首堵"，不仅大城市交通拥挤，近年来这种趋势已经蔓延到二三线城市。2012 年我国汽车产销量双双突破 1900 万辆，增速都超过了 4%，蝉联世界第一。全国 667 个城市中，约有 2/3 的城市交通在高峰时段出现拥堵，城市居民平均单行上班时间要花 39 分钟。环保部数据显示，2011 年，全国机动车排放污染物 4607.9 万吨，比 2010 年增加 3.5%，汽车是污染物总量的主要贡献者，其排放的 NOx 和 PM 超过 90%，HC 和 CO 超过 70%。另有数据显示，目前全球十大污染城市中有 7 个城市在中国。机动车增长速度过快和城市交通供给相对不足是造成城市拥挤的主要原因，由于机动车保有量的迅速增长，大量的汽车尾气、工业、化工企业的排污等对城市的生态造成了破坏，城市二氧化碳排放量逐年递增，有害吸入性颗粒物的浓度居高不下，城市生活环境面临着挑战。如此同时，由于城市化的人口集聚效应，造成了物质消费的过度集中，不少城市面临着缺水、缺电的现象，如西部不少城市严重缺水，每年夏季，中国多个大城市出现"电荒"。这些资源短缺现象暴露了城市发展带来的负效应。我国目前人均水资源量不足世界人均水平的 1/3，正常年份全国年缺水量达 500 多亿立方米，近 2/3 的城市不同程度缺水。

（4）城市群内部和城市群之间的协调度有待提高

伴随着城市间的竞争和资源争夺日趋激烈，城市群之间、城市群内部在产业布局和招商引资方面存在较大的冲突。在产业布局上，长三角、珠三角、京津冀城市群各城市的产业结构类似，产业分工不明显。长三角城市群中除了杭州和上海的灰色关联度低于 0.9 以外，其余城市的灰色关联度均超过 0.9，总体差异不大。珠三角城市群中除了广州和深圳的灰色关联度低于 0.9 外,其他城市的灰色关联度也均超过 0.9。京津冀城市群中除北京和天津的灰色关联度低于 0.9 外,其余城市的灰色关联度均超过 0.9。

城市群在发展协调方面有待提高。如近年来广东省提出了"双转移、双提升"发展战略,旨在促使珠三角地区的密集型制造业向本省西北部韶关、云浮等相对落后和人口稀少的欠发达地区转移,而非转向劳动力充裕的中西部地区的城市群。上海近年来为了构建科学的城市结构和城市功能,大力推动郊区新城建设,在市区周围的郊区建立了九大工业园区,以便接受市区的产业转移和辐射。而在临近的嘉兴、苏州、南通等城市看来,上海的郊区新城和工业园区犹如形成了一道承接上海产业转移的屏障。

(5)部分城市群的发展定位不够理性

目前国内三大城市群中仅长三角和珠三角有相关区域规划文件,并具有明确的发展定位,京津冀城市群规划正在推进当中。如《长江三角洲地区区域规划》对长三角地区的战略定位为:亚太地区重要的国际门户、全球重要的现代服务业和先进制造业中心、具有较强国际竞争力的世界级城市群。依据规划,长三角在未来将形成以上海为核心的"一核九带"的空间格局。而目前不少城市群的发展定位并不理性,在不少中西部地区城市群中,不顾城市群的要素环境和经济基础,纷纷提出要建设成为国际大都市,很多城市不切实际地盲目拔高城市群的发展定位,大规模进行"造城运动"。只有科学和理性的发展定位才能为城市的发展提供正确的路径,从而更加有利于形成紧凑型的城市群合力。

(6)城市群综合交通体系建设和社会公共服务一体化有待完善

虽然当前中国城市群初步建立了四位一体的交通网络格局,但是同中国城市化的速度和交通需求的增长速度相比,城市群的综合交通体系建设仍然存在诸多的问题。一是城市群间的交通发展水平存在较大的差异。以当前中国的铁路为例,铁路干线和铁路网高度集中在东南部地区,位于经济发达的东南沿海地区的城市群拥有更多的铁路线路和里程。而西部地区的城市群铁路线路单一,密度相对较低。二是城市群的大区域交通体系规划有待进一步统筹,各城市在规划交通体系时往往以本地区的利益为导向，而忽略了对其他城市的影响，城市间的交通规划往往难以形成有效的衔接。三是各种交通运输方式间缺乏有效衔接，影响综合运输效率，主要体现在城市的交通枢纽、城市间交通和市内交通干线的衔接不够通畅，各种运输方式之间未形成有效的协调和配合，造成运力效率上的损失。四是交通密度与城市经济发展水平不相匹配。以长三角为例，由于部分城市间被江河湖海所阻隔，至今仍未与主要的铁路货物运输网接轨，为了避开穿江穿海的高额成本，不少线路均选择了绕行，从而使得不少经济发达的城市出现综合交通网络与城市经济发展水平不匹配的局面。五是城市群的主要交通枢纽运能与需求依然不匹配，长三角、珠三角、京津冀城市群是中国农村务工人员最集中的地区，当出现节假日时往往出现车票紧张的局面。另外，随着城市群间和城市群内部同城化趋势，各种经济、社会、文化交流更加频繁，现有的运输方式和运能并不能满足不同人群的不同需求。

除了城市群的综合交通体系建设之外，城市群内部的社会公共服务一体化也有待提高。目前，中国各地方政府主要通过地方财政来建设本地区的社会公共事业，由此中国绝大多数城市群内部并未实现社会公共服务的一体化，各城市群间存在各类社会服务难以对接的情况，如在教育、社保、就业、医疗、电网、燃气等公共服务上基本上是一地一政策，具体的价格、服务、技术标准等均未形成统一。各城市的社会公共服务水平存在较大差异，同时各城市政府在对待经济效益和社会民生领域的关注度存在差异，这些差异均为城市群内部社会公共服务一体化的实现形成了障碍。

1.2.2 中国城市群发展总体特征

1.2.2.1 城市群经济关系：竞争与合作共存

随着经济全球化和区域经济一体化，广泛参与分工和生产不仅仅是国家和区域的行为，城市群作为人口、要素、产业在空间上的集聚地，是参与区域竞争和合作的主体之一。目前，我国城市群间和内部形成了较强的竞争关系，竞争关系主要体现在要素、市场、政策等方面。例如，近年来我国珠三角城市群频频出现民工荒现象，而作为劳动力主要输出地的中西部地区的城市同样面临着用工紧张的情况，劳动密集型产业集聚的东南沿海城市群与中西部地区城市群之间存在着劳动力的争夺。面对着东部沿海城市群获得的国家优惠政策，中西部地区的城市群也纷纷向国家申请扶持政策，希望通过政策红利来推动本地经济快速发展。在招商引资方面，西部城市群更是打出各种政策优惠，土地、税收、补贴等优惠政策层出不穷。城市群内部的城市竞争更为激烈，由于空间地理的临近，各城市纷纷争夺优势产业的优先发展的时机、争夺各种政策试点的机会。

在竞争的同时，合作和抱团发展也日益成为一种博弈的优选策略。长三角、珠三角、环渤海三大区域设立了各自的区域合作组织秘书处，长三角、珠三角、环渤海三大经济区在 2006 年签订了《关于区域合作组织间开展工作交流与合作的协议》，这是中国三大经济区之间的首次合作协议。在国家层面上，如国家发改委地区司负责拟订区域发展总体战略和促进地区经济协调发展的政策措施，协调区域发展中的重大问题；国家发改委产业司对全国层面上的产业布局进行协调。在城市群层面上，如长三角城市群初步建立了区域协调机制，通过设立长三角城市经济协调会来协调城市间的发展协调问题，基本形成了以上海为中心、相关城市为区域核心发展节点的整体格局。长三角地区各城市将上海作为龙头，进行合理定位和分工并形成差异化发展战略，主动全面对接大上海。如杭州已经明确了其长三角副省级城市的定位，在战略上实施"接轨上海，错位发展"；"以江为轴，跨江发展，呼应上海，辐射周边"是南京市给自己的定位；南通市将着力打造成为上海的"后花园"；绍兴市确立了"战略北上，接轨上海"的发展计划，与上海形成错位发展的格局；舟山市则着力向港口旅游的中等城市发展，并确立了"打破封闭，全面接轨"上海的总体发展定位；常州市设想未来要成为上海工业后方基地；嘉兴提出要同大上海实现逐步的"无缝链接"，融入大上海并为上海承担一定的城市功能。

1.2.2.2　城市群区域格局：东部三大城市群领跑，中西部城市群快速崛起

目前以上海为中心的长三角城市群，以北京、天津为中心的京津冀城市群，以深圳、广州为中心的珠三角城市群，无论从规模、城市体系完善度、城市基础设施和公共服务、辐射能力、专业化分工、经济密度、城市紧凑度、高端要素集聚度均领先于其他城市群，三大城市群的发达程度基

本反映了当前我国经济发展的最高水平，在未来的经济全球化和全球产业分工中，可以代表国家参与全球城市和区域的竞争，有望在特定的行业或经济领域掌握话语权。

近年来，随着国家区域总体发展战略的实施，我国先后实施了促进西部大开发、振兴东北老工业基地、促进中部崛起等发展战略，中西部地区经济增长明显快于东部地区，特别是 2008 年金融危机后中西部地区逆势而上，实现了快速追赶。经过多年的发展，中部地区已形成"六省六群"的格局，即湖北武汉城市群、河南中原城市群、湖南长株潭城市群、安徽皖江城市带、江西环鄱阳湖城市群和山西太原城市圈，西部地区形成了以成渝经济区、陕西关中城市圈为主的城市群，2011 年国家同意成立了重庆两江新区，作为新设立的国家综合配套改革试验区，未来发展潜力巨大。东北地区形成了以沈阳、大连为中心城市的辽中南城市群，以哈尔滨、长春为中心的哈长地区城市群。根据中国社科院城市与竞争力研究中心的《中国城市竞争力报告》（2012）数据显示：2002—2011 年 10 年间中西部城市综合竞争力显著提升，中西部地区排名前 150 位的城市数量由 2002 年的 54 座增加至 2011 年的 67 座。

1.2.2.3 城市群空间密度：集聚度高、吸引力强

随着工业化的发展，大量的剩余劳动力不断向城市集聚，实现了人口在空间上的大转移，目前中国在城市就业的农民工已经超过 2.5 亿，他们大部分集中在沿海发达城市群和中西部地区省会城市群，如上海和苏州，区域单位面积人口数量基本和日本东京都市圈持平。据不完全统计，目前上海浦西地区的人口密度为 3.7 万人/平方公里，北京和广州城区的人口密度分别为 1.4 万人/平方公里和 1.3 万人/平方公里。2007 年中国城市群固定资产投资达到 94059 亿元，占当年全国固定资产总投资的比重高达68.54%，而且还在以年均 27.78% 的速度增长，几乎全部外资（98.06%）都集中投资到了城市群地区，尤其是东部沿海外向型经济发达的城市群地区。与此同时，中西部地区的城市群的人口密度、经济密度、城镇密度均超过周边地区，中国城市群集聚了当前中国最优质的人力资本和物质资本，如中国目前最好的教育和医疗资源主要集中在长三角城市群和京津冀城市群，特别是北京和上海这样的首位城市。

正因为城市群集聚了目前中国最优质的资源，因此城市群形成了强大的吸引力，形成巨大的规模效应和市场潜力。城市群对周围的地区形成了强大的吸管效应，甚至形成了大城市周围的"贫困带"，如环京贫困带。

1.2.2.4 城市群发展地位：区域发展的核心动力

作为区域经济的增长极，城市群在区域发展当中充当着越来越重要的作用，城市群已经成为中国经济增长的重要引擎，城市群的快速发展为中国经济连续多年高速增长提供了保障，造就了中国在世界经济增长历史上的奇迹，助推中国成为全球经济大国。以 2002—2007 年 5 年为例，中国城市群的 GDP 由 2002 年的 83001 亿元增加到 2007 年的 196577 亿元，按现价计算，5 年的平均增长速度达到 18.82%，比按现价计算的同期全国 GDP 增长速度快 3.12 个百分点；其中珠江三角洲城市群比同期全国 GDP 增长速度快 6.77 个百分点，长江三角洲城市群快 3.05 个百分点，京津冀城市群快 3.82 个百分点，海峡西岸城市群快 7.37 个百分点。与此同时，中国的城市群的经济增长质量远高于全国平均水平，近年来不少城市坚持走低碳和可持续发展道路，产业结构不断优化和升级，增长质量不断提高。

1.2.2.5 城市群发展条件：全球化、信息化、市场化与交通一体化

全球化趋势为城市化提供了广阔的大市场，中国的对外开放政策为中国的城市化提供了有利的对外贸易环境，特别是中国东南沿海的城市群，在这种大市场和有利的贸易环境中，充分利用了要素价格相对低廉的比较优势。经济全球化使得中国劳动密集型产业在沿海城市群中快速发展，并在全球市场中获得重要的市场份额。信息已经成为现代经济社会中的一种越来越重要的生产要素，广泛的信息获得和传播缩减了交换的成本，城市化的重要表现之一是高密度的信息化，城市群间和城市群内各城市充分享受了信息化带来的各种管理上的便利性，为实现信息化条件下的城市集聚提供了条件。如长三角城市群推进公交一卡通、高速通行一卡通，正是利用了信息化科技的管理便利。中国城市化的过程也是市场经济不断完善的结果，城市本身就是一个巨大的市场，通过市场化的资源配置手段，使得各种要素在市场上实现其最优的价值。城市群在市场化条件下逐渐突破行政区划的限制，从而使得城市群间和城市群内部的市场充分融合，实现市

场一体化和劳动力、资本、技术等各种资源要素的优化配置。交通一体化使得城市间的经济距离大大缩短，如城际铁路、高铁、高速公路、空中快线、水上航运等为城市群一体化提供了空间上的便利。城市群内部的各种交通枢纽形成线状、立体的交通辐射网络，使得货物和人在空间上的运输成本大大减少。

1.2.2.6 城市群发展动力：人口红利、土地红利、生态红利与政策红利

我国城市群的发展得益于我国的各种红利，从而获取了农村和小城镇无法比拟的发展优势。改革开放三十多年来，户籍制度的松动给人口的空间流动创造了条件，大量的中西部地区青壮年劳动力大量涌入东南沿海地区或省会城市，这些青壮年劳动力优化了城市就业者结构，使得城市的就业人口变得相对年轻，整个社会的社会总抚养系数相对较小，东部沿海发达地区和省会城市充分利用了人口红利机会窗口，获得了人口红利的经济增长效应。土地等要素是城市群发展的重要推动力，土地是城市群发展的空间载体，同时也是城市财政收入重要的获取手段之一，土地市场化为城市房地产业的发展提供了基础，城市房地产市场的繁荣带动了人口向城市的集聚和城市经济的繁荣。开发区等项目的审批和农业用地转为建设用地的政策，使得我国的城市建设用地快速扩张。为了招商引资发展地方经济和扩大地方就业，一些地区地方政府通过或明或暗地降低环保标准，来吸引区外和国外投资，通过牺牲生态环境来获得快速的经济增长和城市化发展，这种所谓的生态红利在助推当地的经济增长和城市化水平的同时，也吸引了污染产业的转入。

从政策层面看，改革开放以来，我国先后实施了一系列推动东部沿海城市率先发展的优惠政策，如1979年，国家决定在深圳、珠海、汕头、厦门设置"出口特区"，后被批准为"经济特区"，拥有特殊的税收政策和经济自主权，如所需机械设备免征进口税，产品出口免征出口税，企业所得税率为15%，特区可以自行审批一定额度的建设项目等。1984年国家做出了进一步开放天津、上海、大连、青岛、连云港、南通、宁波、秦皇岛、广州、湛江、北海、烟台、温州、福州14个沿海港口城市的决定，接着又宣布开放海南岛。这些沿海城市拥有较大的经济自主权、利用外资建设项

目的审批权，可增加外汇使用额度和外汇贷款，并减少利税上缴任务、平价贷给外汇，对外商投资按现税率打八折征收所得税等优惠政策。1985年，国家决定把长江三角洲、珠江三角洲和闽南厦漳泉三角地区开辟为沿海开放区。1988年，国家又决定将辽中南和胶东半岛等一批沿海市县列入沿海经济开放区。同年，国家决定建立海南经济特区。1990年国家又决定开发开放上海浦东。这些优惠政策客观上推动了东部沿海城市的率先发展。另外，值得注意的是，在区域发展过程中，城市群可以获得单个城市、小城镇和农村难以获得的政策红利。由于城市群在区域内具有增长极的作用，各地政府更加倾向于给予城市群更多的先试先行的机会。同时，城市群在申请政策优惠的过程中更容易获批，并且在政策的使用上更具有灵活性。城市群通过提升其区域规划的战略层级，来获得集中优先发展的机会。如山东半岛蓝色经济区、黄河三角洲高效生态经济区发展上升为国家战略后，国家分别赋予两区66项和17项重大政策事项。又如，在促进中部崛起这一国家战略层面上，《国务院关于大力实施促进中部地区崛起战略的若干意见》中提出要重点推进中原经济区、鄱阳湖生态经济区、武汉城市群、环长株潭城市群等重点区域发展，形成带动中部地区崛起的核心地带和全国重要的经济增长极。这些政策性文件将为城市群的发展赢得各种发展先机。

1.2.3　中国城市群发展的空间演化趋势

1.2.3.1　集聚与扩散：城市群发展的空间演化动力

集聚是城市空间存在的基本特征与形式，表现为向心聚合的倾向和人口增加的趋势。形成城市集聚的主要因素有：经济收入的限制、交往活动的需要、产生经济规模效益的需求、较高的可达性、城市中心区的地位的象征性和吸引力等。长期不断的集聚，将使集聚区突破内部张力平衡，形成向周边地区的扩散，如此循环往复。城市及其群体是经济、社会、文化、创新活动的中心区域，集聚可以为城市实现高效的发展，主要得益于集聚经济效益和信息经济效益。扩散是一种离心的经济运动趋势，是城市空间向外扩张、蔓延和创新的行为在地域空间的传播过程。随着城市群的不断发展，中心城市在规模达到一定程度后，开始向城市群内部相关城市，甚至城市群外部进行产业扩散，以带动中心城市和整个城市群产业结构的优化升级。以长三角城市群为例，从城市间的集聚及扩散效应来看，以上海为增长极的城市空间结构形成了三条基本传导方向和运动路径：一是上海—苏州—无锡—常州—镇江—南京，二是上海—嘉兴—湖州—杭州—宁波，三是上海—绍兴—宁波—舟山。

1.2.3.2　城市群内外圈层和梯度结构逐渐完善

在城市群内部，以长三角城市群为例，目前已经初步形成了城市间的圈层化和区域合作发展的空间结构。以上海为中心的增长极及周边地区经济空间已经扩散并逐步形成三个圈层：第一扩散圈层包括了苏州、杭州、无锡、宁波，这一圈层的城市第三产业占比相对较大，乡镇企业和民营经济发达，具有较稳定的税源和发达的市场经济。第二扩散圈层包括了南京、常州、镇江、嘉兴和绍兴，这一圈层的城市工业发展迅速，其中有多个机械、电子产业集聚区。第三扩散圈层包括了南通、扬州、舟山和湖州，这一圈层的城市乡镇企业和民营经济起步相对较晚，第一产业的比重相对较大，产业结构和发展水平相对较低。与此同时，作为增长极的上海主要以沿铁路为扩散轴，而次一级的扩散轴主要以沿江和沿海为主。从整个国家层面上看，目前已经形成了以长三角城市群、珠三角城市群、京津冀城市群为第一梯度的城市群，以山东半岛城市群、辽中南城市群、成渝城市群、长株潭城市群、武汉城市群等为代表的第二梯度城市群，以北部湾城市群、黔中城市群、兰州—西宁城市群、宁夏沿黄城市群等为代表的第三梯度城市群或城镇密集区。

1.2.3.3　单中心向多中心、网络化发展

在城市群内部，经济要素和经济活动在空间上也表现为集中与分散相结合，位移扩展和跳跃式扩展并存，两个或多个都市之间由于引力加强和影响空间的临近，会出现互为影响区、互为空间环境的局面，城市群体空间向多中心网络化的空间结构演化。沿交通走廊的扩展使它们进一步聚合，同时新生的次级交通走廊也成为城市群扩展的短轴方向，波及至城市化发展的低谷区，形成交互式的扩展局势，人流、物流和信息流等可以便利地进入这些网络体系，从而促进多中心网络化的空间模式的形成。在城

市群内部，通过一定的规划建设，将部分城市中心区的功能分散到周围区域，从而城市实现了由单中心结构向多中心网络化结构的转变，这种转变将有效降低中心区域的高密度发展压力，降低聚集的负外部性，促进周围地区的快速城市化和中心—外围地区的经济空间融合，中心城市还以此与次一级的中心城市形成网络化融合并发挥辐射能力，在更大的空间尺度和范围上形成大都市区的格局。由此，扩散的结果一般是在更大的空间尺度上实现集聚并形成新的增长极，推动区域城乡空间形态互动发展和不断优化空间经济结构，最终实现城市规模的扩大、经济持续增长和竞争力的提升。目前我国最发达的三大城市群均形成了多中心城市和城市网络化的发展趋势，如长三角过去的三大中心城市上海、南京、杭州正在向以上海、南京、杭州、苏州、宁波为中心城市的多中心趋势发展。随着我国高铁和城际快铁、高速公路网的快速发展，城市间的经济距离不断缩短，城市间的空间经济联系呈现出网络化的发展趋势。

1.2.3.4 同城化效应明显，空间融合趋强

中国长期以来存在着严格的行政区域划分、行政管理分割及地区差异和城乡差异，这些因素在一定程度上割裂了中国区域发展的一体化和空间融合。目前我国城市群的同城化趋势和空间融合趋强主要表现在交通同城化、就业同城化、医疗社保同城化、旅游同城化，及人才、信息、市场、邮政同城化。同时，为了缓解大城市人口和产业的高度集聚，城市郊区逐步分担了中心城区的一些功能，中国的城市郊区新城建设快速推进，郊区的快速城市化助推了郊区与中心城区的经济融合。城市的郊区快速城市化还有利于形成与周围城市的经济融合，使得郊区新城逐步成为连接城市之间的节点区域，成为接受城市间经济辐射和城市间相互融合的区域。如随着长三角高铁的快速发展，上海、杭州将因为时间上的缩短而拉近空间距离。沪、嘉、杭三地将在长三角地区率先形成一个 0.5—1 小时的出行圈。人们乘坐高铁在沪杭之间穿行，甚至比从杭州城西到城东所花的时间都要少，缩短了杭州与上海之间的空间感，催生了上海与杭州的同城化效应。到 2020 年，长三角地区将建 5 条城际轨道，以形成上海、南京和杭州为中心的"1—2 小时快速交通圈"。上海的金山区因与市区距离过远，老百姓去市区常称为"去上海"，而随着金山铁路支线的开通，从金山区至上海

市区只需 35 分钟。正因为交通同城化的趋势，越来越多的人选择在城市群内的不同城市居住和工作。而同为长三角的上海和浙江推行旅游一体化项目，两省市合作开拓旅游市场和旅游产品，着力推行旅游信息公共平台。沪杭医疗一体化，逐步建立两省市间医院的诊疗互认制度，正在推进两省市间医保互通实施方案。沪杭社保一体化，加强两地教育资源的共享和各类专家的资源库建设。沪杭邮政一体化，构建沪杭邮政同城网络。沪杭信息一体化，推进建设两地公共信息平台的建立，逐步实现互联互通、资源共享的电子商务、现代金融、电子政务信息系统。

1.2.3.5　全国城市群在空间上初现点线面特征

随着我国城市群的不断发展和成熟，我国城市群初步呈现出了一定的点线面的初步轮廓空间特征。总体来看，全国东、中、西部分布的 24 个城市群和城镇密集区，每个城市群均由一定数量的城市组成，整体形成了较为完整的点状结构。同时，已经形成由东部沿海地区纵向城市群连绵带、长江流域横向城市群连绵带和黄河流域横向城市群连绵带组成的"π"字型城市群连绵带。长江流域、黄河流域、珠江流域、松花江流域等大江大河仍然是城市群集中分布地区，沿海铁路线、京广铁路线、京沪线、京哈线、陇海—兰新线、成渝线、包兰线、京九线等综合性运输大通道仍然是城市群集中分布地区，中国生产力布局的宏观格局和经济开发的重点仍然集中在沿海地区、沿长江地区和欧亚大陆桥沿线地区，随着流域生态经济带和综合性运输大通道的建设，将形成"π"字型经济发展主轴线和"π"字型城市群连绵带。按照国家"十二五"规划，我国城市群将在空间上形成"三纵两横"的整体布局，即以陆桥通道、沿长江通道为两条横轴，以沿海、京哈京广、包昆通道为三条纵轴的全国城市化战略格局。我国部分城市群间存在一定的集聚的趋势，形成六大城市群集聚区的"面域"特征，即三江平原城市群集聚区、黄淮海平原城市群集聚区、长江中下游平原城市群集聚区、珠江闽江平原城市群集聚区、长江上游城市群集聚区和黄河上游城市群集聚区。

以长三角城市群为例，长三角城市群主要分布在沪杭、沪宁、沪甬三条交通轴线上，形成了"之"字型空间格局。沪、宁、杭是三大节点城市，连接这三大城市的沪宁、沪杭、沪甬铁路、高速公路、江河沿线和沿海地带是产业高度集中和城市分布的主要轴线。沿线城镇稠密且分布均匀，平均每30公里便有一座城市，基本形成了大中小城市梯度发展的城市连绵区。特别是苏锡常地区，在铁路、大运河及高速公路沿线分布着众多的工业城市，形成了"交通走廊式"的城市分布格局。

1.3 中国城市群发展的战略目标、思路与展望

1.3.1 中国城市群发展的战略目标

1.3.1.1 城市群发展：成为我国城镇化的主体空间形态

城镇化是未来中国区域发展的重要手段，城市群的发展必须成为我国城镇化的主体空间形态。与优先发展小城镇的主体空间形态相比，将城市群作为城镇化的主体空间形态具有更大的优势：一是更具有经济上的效率。城市群是区域要素的集聚地，更具有规模效应，具有更高的区域劳动生产率，提供同等公共服务水平需要的成本更小且获得更高的公共资源使用效率。二是更具有区域辐射能力和承载力。城市群具有规模经济和专业化分工，具有更大的市场潜力、需求和供给等经济规模优势，对周围地区具有更大的带动作用。高集聚使得城市群在单位空间上具有更大的人口、经济、社会承载力，可吸引更多的人口并解决更多人口的就业。三是更易于管理和政策的实施。城市群具有相对高效的政府、企业和市场的管理能力，同样的政策，将会有更高效的管理和实施效果。以城市群作为中国城镇化的主体空间形态，将提升中国城市群整体国际竞争力，有效对接全球市场和深度参与国际分工，同时有效带动城市群周围小城镇的发展，最终促进区域经济的整体联动发展。

1.3.1.2 城市群发展：成为实现我国区域总体发展战略的重要载体

东部地区的城市群要成为参与国际分工和国际竞争的重要载体。推动

未来的国家竞争将主要体现在城市的竞争之上，而城市最重要的功能之一是集聚要素，特别是高端要素。2010 年中国经济规模就已超过日本，位列世界第二，经济增长保持 8% 以上的增速，政治、经济、文化、军事的全球影响力不断增强，中国需要建设与中国经济大国地位相匹配的城市群，通过建设具有全球影响力的城市群来提升国家综合竞争力。目前我国的长三角城市群、京津冀城市群、珠三角城市群已经形成了各自的发展特色，无论城市规模、市场潜力还是综合要素基础，均具有发展成为国际大都市群的条件。长三角城市群是全球第六大城市群，处在中国东部"黄金海岸"和长江"黄金水道"的交汇处，对内、对外经济联系都十分便利，是全球重要的电子信息产业集聚地，及全球的投资中心之一。而珠三角城市群是全球重要的制造业基地，它是我国乃至亚太地区最具活力的经济区之一。京津冀城市群依托北京的政治和决策中心、天津的北方国际航运和现代物流中心，已经成为我国参与经济全球化和国际经济交流的重要窗口。这三大城市群对提升我国国家竞争力而言具有重要的战略意义，因此，其战略目标必须是建成世界级的城市群。

长三角和珠三角城市群的战略目标已经十分明确，并且均已成为国家战略。长三角地区的发展定位是：将该地区打造成亚太地区重要的国际门户，世界重要的现代服务业中心、先进制造业中心，将长三角城市群打造成具有国际竞争力的城市群。发展目标：2015 年率先实现全面建成小康社会，2020 年力争率先基本实现现代化。2015 年人均 GDP 达到 82000 元，其中核心区 100000 元，服务业占比达到 48%，其中核心区该占比达到 50%，城镇化率达到 67%，核心区达到 70%。到 2020 年，力争率先实现现代化目标，人均 GDP 达到 110000 元，其中核心区达到 130000 元，服务业占比达到 53%，其中核心区为 55%，城镇化率达到 72%，其中核心区达到 75%。珠三角城市群的战略目标是：到 2020 年，基本建立完善的社会主义市场经济体制，形成以现代服务业和先进制造业为主的产业结构，形成具有世界先进水平的科技创新能力，形成全体人民和谐相处的局面，形成粤港澳三地分工合作、优势互补、全球最具核心竞争力的大都市圈之一。人均地区生产总值达到 135000 元，服务业增加值比重达到 60%；城乡居民收入水平比 2012 年翻一番，合理有序的收入分配格局基本形成；平均期望寿命达到 80 岁，实现全社会更高水平的社会保障；城镇化水平达到85% 左右，单位生产总值能耗和环境质量达到或接近世界先进水平。京津冀城市群发展战略目前正在积极推进中，京津冀中心城市北京的发展规划目标是：第一阶段，全面推进首都各项工作，努力在全国率先基本实现现代化，构建现代国际城市的基本构架；第二阶段，到 2020 年左右，力争全面实现现代化，确立具有鲜明特色的现代国际城市的地位；第三阶段，到2050 年左右，建设成为经济、社会、生态全面协调可持续发展的城市，进入世界城市行列。可以预计未来京津冀城市群将会定位于发展成为我国北方的世界级城市群。

东部三大城市群代表中国参与全球产业分工和竞争，对接全球市场并成为经济全球化的中国"桥头堡"。除了大力提升三大城市群的竞争力外，培育新兴城市群也具有重大的战略意义。中西部地区的城市群在促进我国区域协调发展和引导本地区域经济方面将起到十分重要的作用，随着中部崛起、东北振兴和西部大开发的不断深入，中西部地区和东北地区的城市群要成为中部崛起、东北振兴和西部大开发战略的重要载体。

当前我国区域发展正逐步走向协调发展，中西部地区经济发展速度明显快于东部地区，呈现出"西快东稳"的良好势头，需要在中西部地区培育部分迅速崛起的城市群，为三大城市群提供次级梯度区域和战略大后方。在部分基础条件较好、经济地理区位重要的中西部地区培育几个在亚太地区甚至全球具有特定补充功能的城市群，如西部的成渝城市群和关中—天水城市群、中部的武汉城市群和中原城市群等。

20 世纪 30 年代，在地理学界有一条"胡焕庸线"，这条线从黑龙江的黑河到云南的腾冲，这条线东南方占 36% 的国土居住着全国 96% 的人口，说明这条线的东南方发展得快，人口聚集得多。我国中西部地区城市发育明显不足，导致了人口长距离大规模流动、资源大跨度调运，极大地增加了经济社会运行和发展的成本。我国人口众多，有 56 个民族，城镇化布局还必须考虑国家安全因素。因此，在中西部一些发展条件较好的地区，必须加快培育新的城市群，形成新的增长极。

1.3.1.3　城市群发展：成为推动区域经济发展方式转变和经济结构转型的引领者

城市群是我国区域经济发展的引擎和未来城市发展的重要方向，也是未来我国生产力布局格局中的重要战略支撑点、增长极点和核心节点。在经济全球化的大背景下，城市已经成为国家竞争力的重要体现，国家间的竞争越来越体现在城市的竞争之上，而城市群是一个国家城市高端集聚的综合体，城市群的综合竞争力是国家竞争力的重要基石。中国的城市群不仅仅是参与全球区域竞争和国际产业分工的重要主体，而且也是推动我国区域发展的核心动力。城市群的发展始终是区域经济中最活跃的空间板块，城市群作为人口流、资本流、物质流、信息流在空间上的高度集聚体，相对其他区域板块具有更高的经济效率，容易形成规模经济和外部性溢出效应，对其他区域形成强有力的示范作用和引领作用。因此，城市群对我国区域整体发展具有较强的带动力。

当前正是中国改革开放的深水区和攻坚期，城市群发展必须肩负起经济发展方式转变和经济结构转型的任务。城市群汇聚了各类人才、创新、技术等高端要素、产业集聚优势、市场优势、先试先行的改革政策便利等，在促进经济方式转变和经济结构调整上具有先天的条件，理应成为发展方式转变和经济结构转型的先导者和引领者。经济全球化的今天，城市群成为国家竞争力核心区域，需要全面参与国际产业分工和功能定位。国际产业分工是指世界上各国（地区）之间的劳动分工，它是社会分工发展到一定阶段，国民经济内部分工超越国家界限发展的结果，是国际贸易和世界市场的基础。国际分工可分为产业间国际分工和产业内部国际分工，前者是指不同产业部门之间生产的国际专业化，后者是指相同生产部门内部各分部门之间的生产专业化。目前以三大城市群为代表的国际贸易量不断扩大，国际联系度日益紧密，一方面努力承接全球第四次产业大转移，另一方面不断提升产业结构，推进产业升级，大力发展现代服务业、战略性新兴产业和先进制造业，努力实现创新驱动、转型发展。因此，要把握国际产业分工的趋势并结合本地的产业规划及定位，充分发挥城市群产业集聚的规模效应，特别要重视跨国企业的发展，既要加大吸引境外投资的力度，吸引国外跨国公司区域总部和创新中心的落户，也要扶持本国大型企业境外投资，实现投资走出去战略。同时要做好城市群在国家战略中的功能定位和城市群内部各中心城市、次级城市的功能定位，避免出现城市群间的过度竞争和区际矛盾，实现城市群之间、城市群内部各城市的协调发展。

1.3.1.4 城市群发展：实现城市经济、社会、文化、生态环境的协调发展，促进人的全面发展和幸福感提升

城市群是城市间空间组合的集聚体，城市群中的每个城市具有自身的经济、社会、文化、环境系统，在全球化竞争格局下，城市群需要强化城市群内集聚力和向心力来提升综合竞争力。当经济高度融合时，通过社会和文化的融合等非经济因素来整合城市群的凝聚力，让市民获取城市群的认同感和归属感，最终促进人的全面发展和幸福感的提升，这也是城市群发展的根本目标。

社会管理和社会的和谐、文化软实力、生态环境软实力是城市群综合竞争力的重要体现，通过协同的社会创新管理体制和文化融合来提升城市群的协调度，从而营造城市群的共同利益和公共价值。城市群要在经济、社会、文化、生态环境协同的基础上，形成生产、生活、生态一体化的发展理念，即在生产上实现各城市的定位和功能分工，通过产业价值链将城市连接起来，建立城市间完善的上下游产业联系，提高分工的协作程度，实现高度专业化的产业集聚，获得城市群内部的运输、交易成本最小化。树立"城市让生活更美好"的城市发展理念，加强城市群内部公共服务均等化和社会保障一体化，通过高效交通网建设，教育、医疗、社保等方面的一体化建设，实现城市群内的生活同城化，提高居民生活的舒适度和便利度。随着工业化和城市化的快速发展，城市的生态环境问题日益突出，城市生态环境恶化与"城市让生活更美好"的主题相悖，生态环境是未来城市竞争力的重要内容之一，城市群的生态环境治理需要各城市联动整治，建立城市群公共生态基金账户和联动治理机制，形成共同防治的生态保护带。

未来国家、城市间的竞争将趋向高端要素的争夺，谁获得高端人才、创新成果、科技、信息等优质要素，谁将获得未来国家和区域竞争的制高点。中国24大城市群未来将是全国区域发展格局中的主要脉络，城市群将

中国经济版图通过空间的轴线串联起来，随着中国城市群综合实力的不断提升，城市群也将在区域发展中逐渐具有"一触而动全身"的政治、经济、社会、文化的综合效应。因此，在区域整体增长潜力可持续的情况下，实现城市群的全面协调一体化是城市群未来的重大战略目标之一。人口、产业、综合交通网络、服务是形成现代化城市集聚力的重要动力，实现人口、产业、综合交通网络、服务的交融互动发展是保持城市群集聚和规模经济的重要保证。

以长三角城市群为例，根据《长江三角洲地区区域规划》，未来长三角地区将同步推进人口、产业、综合交通和服务的全面协调。在人口管理上：上海市中心城区常住人口未来将控制在 1000 万，三个郊区新城嘉定、松江和临港常住人口引导规划控制在 80 万—100 万之内。南京和杭州市区常住人口均控制在 700 万以内，无锡、苏州、宁波、常州、温州、徐州等城市市区常住人口控制在 400 万以内，南通、扬州、镇江、淮安、湖州、泰州、连云港、盐城、台州、金华、绍兴、衢州、嘉兴等城市市区常住人口控制在 100 万—200 万之间，舟山、丽水宿迁等城市市区及其他有一定发展基础的县级市引导发展人口数量至 50 万—100 万，在资源和环境承载力约束下适度增加小城镇人口数量，实现大、中、小城市及小城镇协调发展。

在产业分工和协调上优先发展面向生产和民生的服务业，做强做优先进制造业，重点发展战略性新兴产业。优化服务业空间布局，上海重点发展金融、航运等服务业，打造为服务全国、面向全球市场的现代服务业中心。南京则重点发展科技、文化旅游、现代物流等服务业，打造为长三角北翼的现代服务业中心。杭州重点发展旅游休闲、电子商务、文化创意等服务业，将其打造为长三角地区南翼的现代服务业中心。苏州则重点发展科技服务、现代物流、旅游休闲、商务会展等服务业，宁波重点发展商务会展、现代物流等服务业。无锡重点发展创意设计、服务外包等服务业，苏北和浙西南地区主要城市在改造提升传统服务业的基础上，加快建设各具特色的现代服务业集聚区。

在公共服务领域：逐步建立和完善基本公共服务均等化的联动机制，将社会事业建设重点转向新农村建设，统筹城乡科教文卫、就业及社会保障的协调发展，在城乡之间优化公共资源配置及其效率，财政上逐步向农村基础设施投资上倾斜，在全国范围内率先实现城乡基本公共服务均等化。

1.3.2　中国城市群发展的战略思路

1.3.2.1　建立多元化、多极化的城市群空间格局

目前，我国城市群的发展水平差异较大，24 个城市群和城镇密集区的发展基础、发展水平、资源禀赋、城镇化的水平存在较大差异，各城市群的发展路径及其空间组织必然是多元的。构建城市化战略格局，首要的是根据不同区域发展条件，因地制宜地制定城市群规划，选择符合地区实际的发展路径。一批地区性的中心城市日益形成，中心城市带动周围的地区快速城市化，逐步形成城市间的抱团组合——城市群。城市群由过去单中心集聚模式向多中心、网络化格局演变。随着产业由城市群核心地区向外围地区不断转移，城市群核心城市的劳动力需求从一般产业工人转向特定的高素质人才，核心区集聚的大量从事低附加值制造业的产业工人开始回流，就地、就近展开劳动力的二次转移，从而推动了城市群次级中心城市的发展。城市群的多元化是城市在人口、经济、社会、地理空间上实现协调发展的效率要求，需要实现城市群的产业多元化、城市群间的战略多元化、城市文化多元化等，城市群通过多元化战略来实现要素资源配置、空间资源使用效率的最优化，从而逐步实现人口、经济、社会、空间的协调发展。

建立多极化的城市群空间格局。由过去以大城市为指向单向转移的城镇化，进一步调整为以城市群为载体，不同层级的中心城市在辐射带动城乡区域发展中共同发挥多极作用。城市群是城镇化的重要载体，重点打造几个具有较大辐射力的城市群，一方面是基于我国人口资源分布实际的客观选择，另一方面也是中国特色城镇化道路的现实路径。受国土空间和人口资源环境条件的限制，我国大规模工业化、城镇化，不可能遍地开花、平面推进，只能在一些发展条件和基础好、人口密集、城镇密布的地区集中展开，形成一个或多个核心城市为中心，大中小城市和小城镇共同组成的城市群。城市群地区经济发展水平高、产业集中、人口和城镇密集，在

重大建设项目布局、资源利用、环境保护、空间组织等方面的矛盾也比较突出。要按照统筹规划、合理布局、完善功能、以大带小的原则，遵循城市发展客观规律，以大城市为依托、以中小城市为重点逐步形成辐射作用大的城市群，促进大中小城市和小城镇协调发展，提高城市群整体竞争力。

1.3.2.2 由依靠人口红利、土地红利、生态红利、政策红利向依靠创新红利转变

改革开放三十多年来，中国快速的城市化得益于各种红利。户籍制度的放宽为农村广大的剩余劳动力向沿海城市转移提供了条件，为沿海地区输送了大量的青壮年廉价劳动力，形成了中国沿海地区的世界制造工厂。然而，随着东南亚新兴国家具备更廉价的劳动力、更低的土地价格和土地租金等要素成本，不少国际投资和国际产业纷纷向越南、老挝、缅甸等国家转移，中国的劳动力成本逐渐上升。不仅珠三角城市群、长三角城市群存在着大量的技术性劳动工人的短缺，作为输出地的中西部中心城市也存在农民工短缺的情况，中国发达的城市群人口红利的机会窗口逐渐消失，城市群需要谋求新的发展优势以取代劳动力成本优势。依靠牺牲环境为代价的经济增长和城市化也与可持续发展、低碳发展理念相左，生态环境已经成为重要的城市软实力，显然，生态红利的空间将越来越小。另一方面，中国过去的改革一直遵循着干中学的原则，即"摸着石头过河"，在区域发展过程中存在着较大的政策红利空间，随着西部大开发、中部崛起、振兴老东北工业基地发展战略、国家级新区建设的实施，无论是沿海地区还是欠发达地区均获得了政策扶持。

随着城市化水平的提高，我国区域政策走向均衡发展之路，城市群不可能处处向国家申请政策红包，获得各种优先发展的权利，未来城市群的政策红利空间相比前 30 年必定变小。因此，作为经济发达水平最高的地区，城市群需要获得新的持续发展动力：创新。城市群是城市化高度发展的结果，城市化最核心的特征之一是现代化，而实现现代化的基础是创新。创新不仅仅是一个民族进步的灵魂，更是区域和城市保持活力的根本动力。中国城市群要成为世界高端城市的集聚地必须走创新之路，未来中国的城市群的创新体现在科技创新、制度创新、理念创新、管理创新等方

面，坚持以生产方式的创新为基础，通过技术创新来发展一批具有国际竞争力和话语权的产业，将创新产业化，以技术创新来推动制度创新、管理创新等。城市群将在区域创新中起到加速器和引擎的作用，是区域发展方式转变、产业结构升级和调整的重要推动力。作为区域经济的增长极，城市群在创造需求和供给、地方税收、资本投入、集聚高端生产要素等方面优势明显，在这些优势领域城市群通过集聚和扩散的效应更容易诱发和形成创新，通过各类创新性生产活动成为区域的创新和研发中心，推动区域创新转型发展。

1.3.2.3 逐步建立市场主导型城市化模式

改革开放三十多年来，中国的城市化速度让世界瞩目，这种高效的城市化主要遵循自上而下的城市化推动模式，即政府通过行政力量来集中资源和政策来发展城市。显然，计划机制作用下的城市化进程，是政府借助于行政力量来推动的，战略性强，在经济起飞的阶段，通过这种自上而下的城市化推动模式将有限的资源集中投放至发展基础较好的地区，集中发展具有较好的宏观效率。但是，该机制也有劣势，主要是重上轻下，微观效率低。由于政府是统一的决策—指挥中心，各个组织和个人的自主能动性不免就会受到一定程度的抑制，尤其是基层群众的创造能力很难得到充分的发挥。随着我国城市化和市场化水平的不断提高，市场经济将在资源配置中发挥基础性作用，要素的流动和集聚以要素价格为基础进行空间的选择，城市群作为城市化水平最高的空间集聚体，其高度集聚和规模经济特征只有在市场的自由选择下才能发挥最大效益，而依靠政府的行政力量推动城市化和城市间的空间融合不能实现效率的最优化。城市群未来的发展应逐渐树立自下而上的主导型推动模式，充分发挥市场机制的作用，在区域发展规划的前提下，通过价格机制让要素充分流动，让产业在城市群间、城市群内部自由选择，获得最优效率。在市场主导型的城市化过程中，政府可以通过提供适合市场经济的政策供给，优化各类公共基础设施，提高公共服务水平，使城市群的公共利益同投资者的利益方向趋同。同时，鼓励公民积极主动地参与城市化，市场使资本拥有者和公民通过城市化使二者的利益均得以实现。所以，市场机制下的城市化主要是由利益机制发挥作用的，是可以为社会公众带来福利的，因而规模更大，动力更足。

1.3.2.4 逐步建立需求导向型区域规划

城市化的国际经验和我国城市化的实践表明：城市规划对城市的发展至关重要，城市群作为多城市间的组合体更需要科学的规划，科学的规划为城市群未来的发展提供了一种可靠的发展路径，对于提高城市群的空间经济整合、要素整合、产业集聚和规模经济效益的发挥具有十分重要的作用。目前我国城市群陆续制定和公布了城市群发展规划。我国过去的区域规划存在众多的问题，如规划中各区域间存在较多的交叉和矛盾，重经济物质建设、忽略综合发展效益，编制方法单一，公众参与度低，过程不够透明化，注重短期利益，忽视规划的公共性和连续性等。总体来看，我国过去的区域和城市规划是供给型的规划，即政府基于本地发展需要，主导并编制成城市规划。为了配合未来我国城市群协调发展和市场化的需要，城市群的规划需要改变过去的供给主导的区域规划思路，建立符合现实需要的需求导向型城市群规划。需求导向型区域规划思想是以社会公众需求和社会发展、制度安排需要为基本依据制定区域未来一定时期内的发展方向和行动纲领。需求导向型区域规划思想是基于需求管理理论的资源综合利用、公众广泛参与、科学发展观的综合体。需求导向型区域规划的基本思想是，转变传统的供给计划规划资源思想，把最终消费的需求方作为一种重要的规划资源，在政府制定规划中引入需求管理理念，在制定规划的全过程、全要素中充分考虑需求者——公众的真实需要和感受，提前将未来的需求计划性地分配给不同的时间段内，从而有效控制使用区域内的生产要素和各种资源，达到以人为本、综合平衡各种诉求、效益与公平统一的科学发展目标。

政府在需求主导型规划中应扮演需求管理者、实施者和协调者的角色。政府作为需求管理者在充分掌握了区域发展的基本信息和发展动态之后，全面了解社会公众的需求，来组织和编制区域规划，一方面可以充分满足社会公众的需求，另一方面也使得未来区域规划的供给与需求形成平衡。政府的实施者角色要求最终的规划由政府来统一安排实施，包括直接起草规划和实施规划或者监督第三方按照需求导向来编制规划和实施规划。协调者的角色是指在城市群规划的制定过程中需要协调好城市群之间、城市群内部城市之间的局部利益和整体利益、短期利益和长期利益，以期获得城市群规划的整体经济社会效益。

表1−2 需求导向型区域规划与供给主导型区域规划的主要区别

	供给导向型规划	需求导向型规划
规划思想	供给方处于领导地位，需求方接受既定现实	将需求方作为规划的依据和资源，鼓励需求方参与全过程，充分重视最终消费端
规划对象	市场和供给方	最终消费终端和其他需求主体
协调利益	主要依靠供给方的规划来实现	通过需求方的自我约束和克制供给方的市场控制力，降低外部性
公共参与度	很低	较高
公共态度	不支持或者被动接受	支持度较高
公共价值目标	相对较低	相对较高
调控路径	对过程和结果的管理	对起点、源头的管理
资源配置效率	相对较低	相对较高

1.3.2.5 完善城市群协调机制

当前我国城乡经济发展差异依然较大，统筹城乡协调发展是实现区域经济走向均衡发展的必然要求。城市群作为我国经济最发达、最具有区域带动作用的区域，是促进区域和城乡协调发展的重要基础。一方面，我国24个城市群要继续保持经济发展的领先和示范作用，继续发挥集聚和规模经济效应，提升综合竞争力，保持区域经济发展引擎的作用；另一方面，城市群与落后地区之间形成反哺机制，通过中央财政转移支付、对口援建、产业转移、项目优先等政策扶持落后地区快速发展，警惕对周边落后地区资源和要素的抽空效应，避免同周围地区形成过大的经济势差。与此同时，城市群之间、城市群内部也需要形成良性的协调发展机制。当前城市竞争日益激烈，城市群之间、城市群内部各城市间的区域摩擦趋于频繁，需要建立国家层面和城市群层面的协调机构和协调机制。在国家层面上，建立24个城市群的综合协调机制，如设立国家城市群协调工作委员会，统一制定全国层面上的城市群发展规划，统一部署各城市群间的产业布局和发展定位，处理各类冲突，定期举行城市群联席会议、市长论坛等，建立共享的城市群合作发展信息平台。在城市群内部，建立统一的协调机制，建立城市群内各城市自上而下的垂直领导和利益互动机制已经较为成熟，在充分发挥已有垂直合作的基础上，特别要建立跨区域层面、区域内部各城市之间的水平合作机制。国内已经有相关的探索和实践，如长三角城市群已经举办了12次长三角城市经济协调会市长联席会，通过该会议协调长三角地区城市间的各类发展问题，并取得了良好的成果。为推进环渤海区域经济、文化等各方面协调发展，通过平等协商自愿参加组成政府间区域性合作组织，成立了环渤海区域合作市长联席会，为京津冀城市群和环渤海地区提供了一个区域发展协调的平台。

建立各类跨区域的行业协会，可以提升城市群内外的专业化和分工，提供各类供需信息、谈判机制，降低城市群内外的交易成本，促进城市群内外的融合。要加快城市群协调机制的法制化进程，通过立法规范城市群的发展并保障城市群内外部协调发展，如考虑修改《城乡规划法》，增加关于城市群发展的法律和法规。进行财政制度改革，改变财政分权制度所形成的地方各自只追求本地区利益而忽略周围地区的现状，充分利用好财政转移支付政策，通过财政转移支付来进行城市群内外的协调分配。

1.3.2.6 逐步形成一致的城市群共同利益和城市价值

虽然目前涉及城市群的相关区域规划中并未明确提出达成一致的城市群共同利益和城市价值，但是从中国参与国际竞争和远期的发展目标来看，中国的城市群要在全球城市群中发挥全球资源配置中心的作用，必须实现国内城市群的竞争力合力，城市群的合力来自于城市群整体的协调和一致的城市共同群利益及城市价值。随着城市竞争日益激烈，各城市基于自身利益考虑往往会设置各种适合于本地发展的政策，对其他临近区域的城市形成了一种天然的排斥力，不利于形成协调发展的局面。随着全球化和国际分工的不断深入，城市群的发展需要形成联动和协调发展的动力，因此构建共同的城市群利益十分有必要。构建共同的城市群利益体需要城市群经济整合。城市群的经济整合是指在城市群经济发展中，为提高产业的集约化程度、扩大经营规模，达到有效配置经济资源和城市群内优势互补，增强经济竞争力，对其经济的组织结构、产业组织、发展模式、经济资源利用等进行战略性重组和调整的过程。城市群在经济发展上应当考虑整体布局，更加强化横向联系，而事实上，城市群内部的核心城市间在发展中往往没有重视横向协作与整合，共同发展。因此，要通过经济整合形成联动的发展局面，一方面城市群之间形成科学的功能定位和产业分工，强化城市群间的跨区域合作，形成共同的战略合作和共赢互利的合作框架；另一方面对于城市群内部要加强经济整合，从产业、基础设施、市场、交通、政策上加强统一协调，同时关注区域自身的比较优势，最大限度的发展本地优势，获得城市群整体的经济效益。通过形成共同的城市群利益体来实现各自的城市价值，从而在未来的全球城市群竞争格局中，形成中国城市群的整体竞争力，获得全球资源配置的话语权。

1.3.3　中国城市群发展的未来展望

1.3.3.1　世界高端城市的聚集地、全球资源配置的中心

中国国家竞争力将随着中国经济的发展而稳步提升，城市化是未来中国经济增长的核心动力，而城市群的发展是衡量城市化水平的重要标准。美国经济学家斯蒂格利茨曾经指出，影响21世纪人类社会进程的最深刻的两件事，一个是美国的信息技术革命，一个是中国的城市化。中国的城市化不仅决定了中国的未来，而且决定了世界城市化的未来。因此，要提升中国城市群的整体竞争力，必须通过重点提升三大城市群的国际竞争力，并培育中西部地区的重点城市群。未来，随着三大城市群国际竞争力的迅速提升，香港地区将继续保持世界城市和亚太乃至全球金融中心的地位，上海将成为国际经济、金融、航运中心，北京将成为全球重要的政治、文化、科技中心，以三大中心城市为首的三大城市群将步入全球重要的资源配置中心，成为高端人才、全球投资、科技创新、优势产业的重要集聚地，成为全球重要的经济增长极和影响全球经济的重要区域板块，在国际竞争中和大宗商品定价上获得话语权。其中，长三角城市群将继续稳居全球城市群前列，珠三角和京津冀城市群将步入全球十大城市群之列。山东半岛、辽中南、中原、武汉城市群、海峡西岸、成渝和关中—天水城市群将成为我国乃至亚太地区重要的城市群，集聚部分全球高端要素、影响区

域和全国经济，成为我国的次级城市群。

1.3.3.2 城市群空间趋于网络化、扁平化

托马斯·弗里德曼在《世界是平的》一书中认为，全球化促使世界变得平坦。戴维·斯密克和理查德·佛罗里达等人则认为全球化下，世界不是平坦的，而是倾斜的，世界的资源向着具有区位优势的地区流动。弗里德曼是从扩散的角度来分析全球化下的经济活动，佛罗里达则是从聚集的角度来分析全球化下的经济活动。目前，中国的区域和城市发展存在着过度倾斜的现象：城乡差距、地区差距、城市群间差距、城市群内部差距依然较大，区域内部中心城市高高耸立，大都市边缘城乡停滞和衰落，国家区域政策向中心城市倾斜——这些都是城市化发展初期阶段为了追求效率所出现的一种"合理"的倾斜状态。未来，中国的全面现代化将率先在城市群中实现，随着交通路网、社会公共服务水平的均等化、现代生活方式的趋同、文化融合不断加强，城市群间的行政壁垒逐步淡化，城市群内部同城化效应越来越明显，各城市间协同发展，城市间由交通网、消费网、文化网、就业网、产业网、信息网等子网将城市群编织成一张网络化空间图，城市群越来越像一个整体性的大都市。城市群内部的要素和资源在经历过高度集聚的发展后逐步走向整体的扩散，城市群内部各城市最终形成了分工明确、功能合理、产业布局协调的扁平化城市体系。同时，由于城市群规模的不断扩大，城市群的管理逐渐走向扁平化，如"省直管县"、"财政分权不断弱化"、"城市社区管理扁平化"，以扁平化的管理方式来适应城市群高度复杂的管理需要，充分发挥市场经济的灵活性，管理效率将大大提高。

1.3.3.3 城市发展与人的发展同步

城市是作为物质流、信息流、资本流、文化流、人力流在空间上的集聚体，城市既为生产实现了规模和集聚效应，也实现了空间的节约和紧凑型空间，其发展的根本目标在于为本地区集聚要素、创造财富和居民获取福利。因此，城市的发展需要与人的发展保持同步，城市化是人类文明的重要体现之一，城市化的发展成果理应由居民同步分享，时刻关注人的需要。城市群作为我国城市化的最高水平，代表中国直接参与全球城市竞

争，需要树立城市发展以人为本的思想，积极为城市居民创造良好的公共服务设施、优美的生态居住环境、良好的社会保障体系、一流的教育医疗文化资源，满足全社会居民的各项生产、消费、娱乐、生活需要，着力提高居民的幸福感。特别是在城市发展的过程中，要逐步抛弃唯 GDP 的目标观，注重城市经济发展的质量，创造良好的社会公平环境，建立居民的利益诉求表达机制、居民参与城市建设和发展的参与机制，创建良好的城市文明和生态环境，将城市的发展全过程融入到促进人的全面发展过程之中，建立和谐的城市公共关系、人与人之间的融洽关系、人与自然的和谐关系。总之，城市的发展要以人为本、关注和满足人的现实需求，实现城市与人、与自然的共同和谐发展。

1.3.3.4　城市价值链趋于合理，城市群战略空间多元化

目前我国已经成为经济规模全球第二，全球最大出口国，全球第二大进口国。随着我国综合国家竞争力不断提升，中国的政治、经济、文化、科技、军事均将迈向世界前列。在经济全球化和国际产业分工不断深化的背景下，中国的产业在全球价值链中一直位于低端环节和下游区位，具体的表现为高耗能、高投入、低附加值产出，中国的增长奇迹是以大量要素投入、生态环境破坏和资源消耗等不可持续的发展为代价的。相比国际城市价值链，中国的城市产业结构的空间布局分散，集中度较低，需要突破行政区域限制空间的成本十分巨大，城市群内外尚未形成完整的城市价值链；当前中国的城市和城市群的资本价值链整体上缺少国际关系和国际市场一体化的支撑，金融产业及相关产业缺少集约性和空间的规模特征，尚未真正形成与全球化相匹配的资本价值链经营体系。纽约、伦敦、东京、巴黎等全球一流城市本身的地方性价值和品牌价值为城市的国际性价值提供了支撑，而我国的城市文化与品质特性尚未形成全球影响力，从而缺乏地方性价值而难以获得世界性价值；另外，中国的城市缺乏市民共同的价值趋向，城市国际化法律服务体系与国际无法接轨，不合理的国际高端服务业的结构和城市品牌营销等，这些均是影响到中国城市及城市群融入全球城市价值链高端区位的重要原因。从全球产业价值链来看，中国目前的城市产业价值仍然总体处于微笑曲线的中部（组装、制造）获利低位区，作为中国现代化水平最高的城市群，应全面融入全球城市价值链，向微笑

曲线两端的技术、专利、品牌、服务等获利高位区转型。

城市群在不同的发展阶段，具有不同的发展战略需要。城市群作为中国未来经济持续增长的引擎，必须具有足够的发展战略空间，从而获得推动区域发展的持续性的动力。未来的发展空间有：一是实体经济向虚拟经济扩张，产业链融合度加深，嵌入式产业促进产业结构更加稳固。二是交易成本中地理和空间因素的影响逐步减小。三是空间载体不断扩展，由单纯的地理表面区域向地下、空中、海洋扩展。四是生产中劳动的物化价值不断增大，即人力资本报酬在商品价值的创造中不断提高。城市群的发展战略空间将与未来经济发展趋势的联系更加紧密，城市群具备良好的集聚效应和规模经济，既有巨大的实体经济支撑，又具备实现虚拟经济的各类集聚要素：信息平台、科技创新、完整产业链等。随着电子商务在城市的不断发展，网络信息为城市的各类供给提供了广阔的市场空间，城市群综合交通网络的发展和城市现代物流的进步，使得地理空间的运输成本变得相对越来越小。城市群多依大海、江河，在城市土地供给有限的情况下，海洋和江河成为重要的经济载体，城市群的经济延伸空间具有向海洋、地下、上空发展的天然经济条件。而城市群的人口和产业集聚优势也将使现代服务业成为未来发展的重要方向，城市群吸引了全国最优秀的人才，城市可以为他们支付更高的工资。

中国的城市群发展空间将更加广阔。从目前我国已有的城市群发展规划中不难看出，发展现代服务业和大力扩展海洋经济是两个重要的战略空间。前者包括高科技的新兴产业、金融服务业、民生领域的健康保健和养老服务业、生产性服务业等，后者则包括海洋渔业、海洋能源开发、海洋旅游等。这些产业符合城市群的经济发展特征和经济持续增长的要求。

1.3.3.5 逐步向智慧和信息城市、知识城市、低碳城市、创新型城市转型

未来的城市群将走向以知识、文明和和谐为特征的新型城市空间组合。未来的城市群将逐步实现转型，迈向新型城市组合，即迈向智慧型、知识型、低碳型、创新型城市空间组合。智慧城市是新一代信息技术支撑、知识社会下一代创新环境下的城市形态。智慧城市通过物联网、云计算等新一代信息技术以及维基、社交网络、Fab Lab、Living Lab、综合集成法等工具和方法的应用，实现全面透彻的感知、宽带泛在的互联、智能融合的应用以及以用户创新、开放创新、大众创新、协同创新为特征的可持续创新。伴随网络帝国的崛起、移动技术的融合发展以及创新的民主化进程，知识社会环境下的智慧城市是继数字城市之后信息化城市发展的高级形态。显然，智慧城市是基于信息化和沟通为基础的一种理想城市空间，未来的城市群通过高度的信息化和协同化来为城市居民提供便捷性的、高效的生活方式。中国的不少城市已经开始了智慧城市的建设，如长三角城市群的城市已经开始规划建设智慧型城市，2011 年《上海市国民经济和社会发展第十二个五年规划纲要》将"创建面向未来的智慧城市"作为重要组成部分，提出"建设以数字化、网络化、智能化为主要特征的智慧城市"。杭州也在 2011 年发布了《杭州智慧城市总体规划》。杭州已经正式开放"4G 全城体验"，市民只要办理相关业务，领取一台 4G 高速无线网关（CPE），就可以成为移动 4G 网络的全国首批免费体验用户。2012 年 10 月 31 日杭州市 WiFi 免费向公众开放，杭州成为全国首个免费开放 WiFi 的城市，杭州市民和游客当日起即能免费使用室外 WiFi 网络。

知识城市（Knowledge City），指通过研发、技术和智慧创造高附加值产品和服务，从而推动城市发展的城市。在社会的各个领域，都执行一种鼓励知识培育、技术创新、科学研究和创造力的发展战略，将知识置于城市规划和经济发展的中心地位，将知识管理和智力资本规划相结合，促进知识传播和创新，为创造高附加值的产品和服务提供可持续的城市大环境，从而为城市打造在未来国际竞争中的核心地位。随着城市化的发展，城市病日益突出，为了树立绿色环保型城市发展理念，近年来低碳城市成为一种趋势，低碳城市（Low-carbon City），指以低碳经济为发展模式及方向、市民以低碳生活为理念和行为特征、政府公务管理层以低碳社会为建设标本和蓝图的城市。为了转变过去的发展方式，城市的转型发展需要依赖于创新，由此产生了创新型城市的发展理念，创新型城市是指主要依靠科技、知识、人力、文化、体制等创新要素驱动发展的城市，对其他区域具有高端辐射与引领作用。创新型城市的内涵一般体现在思想观念创新、发展模式创新、机制体制创新、对外开放创新、企业管理创新和城市管理创新等方面。未来中国的城市群将同步整合智慧、知识、低碳、创新发展理念，走知识、文明、和谐、创新为特征的发展转型之路。

参考文献

［1］ Edward L. Glaeser，*Triumph of City：How Our Greatest Invention Makes Us Richer，Smarter，Greener，Healthier，and Happier*，Penguin Press HC，2011．

［2］ Friedman，T. L.，*The World is Flat：A Brief History of the Twenty-First Century*，Picaclor，2007．

［3］ World Bank，*World Development Report 2009：Reshaping Economic Geography*，2008．

［4］ 邴燕萍：《新时期长三角大都市公共活动中心发展策略》，《转型与重构：2011 中国城市规划年会会议文集》，2011 年 9 月 20 日。

［5］ 曹阳：《区域产业分工与合作模式研究》，吉林大学博士学位论文，2008 年，第 35 页。

［6］ 陈良文、杨开忠等：《中国城市体系演化的实证研究》，《江苏社会科学》2007 年第 1 期。

［7］ 崔凤军：《长三角地区产业竞争态势与合作前景》，《浙江经济》2011 年第 12 期。

［8］ 邓国芳：《抢抓大机遇谋求新发展》，《杭州日报》2009 年 6 月 18 日。

［9］ 邓江年：《面向 21 世纪建设新型城市群》，《南方日报》2011 年 9 月 13 日。

［10］ 范恒山：《编制区域规划遵循三大主线》，《财经界》2011 年第 11 期。

［11］ 方创琳：《中国城市群形成发育的新格局及新趋向》，《地理科学》2011 年第 9 期。

［12］ 方创琳：《中国城市群形成发育的新问题与对策建议》，《规划创新：2010 中国城市规划年会论文集》，重庆出版社 2010 年版。

［13］ 付卡佳、白津夫：《以城市群为载体完善城市化布局和形态》，

《中共中央党校学报》2011 年第 6 期。

　　［14］谷人旭：《长三角区域产业发展的战略基础与驱动机制》，《上海城市管理》2010 年第 9 期。

　　［15］顾朝林：《十二五"期间需要注重巨型城市群发展问题》，《城市规划》2011 年第 1 期。

　　［16］顾朝林：《转型发展与未来的城市》，《城市规划》2011 年第 11 期。

　　［17］国家发展改革委：《长江三角洲地区区域规划》，2010 年 6 月 7 日，参见国家发展改革委网站。

　　［18］国家发改委国土地区所课题组：《我国城市群的发展阶段与十大城市群的功能定位》，《改革》2009 年第 9 期。

　　［19］国家发改委国土地区所课题组：《城市群的演变过程与中国城市群的发展》，2011 年 10 月 18 日，参见环首都网和百度文库。

　　［20］国金：《沪杭齐力推进同城化》，《人民铁道》2010 年 11 月 12 日。

　　［21］黄叶君：《城市群空间管治分区方法探析》，《规划师》2010 年第 7 期。

　　［22］李荣、张良：《沪杭将构筑 40 分钟经济》，《华东旅游报》2009 年 6 月 23 日。

　　［23］李仙德、宁越敏：《城市群研究评述与展望》，《地理科学》2012 年第 3 期。

　　［24］刘君德：《中国行政区划的理论与实践》，华东师范大学出版社 1996 年版。

　　［25］刘士林：《城市群的全球化进程及中国经验》，《学术界》2012 年第 6 期。

　　［26］罗军：《新时期中国城市发展转型研究》，《太平洋学报》2011 年第 9 期。

　　［27］毛新雅、彭希哲：《城市化、对外开放与人口红利》，《南京社会科学》2012 年第 4 期。

　　［28］倪鹏飞、魏劭琨：《中国城市发展的过度倾斜值得关注》，《中国

社会科学报》2011 年 6 月 2 日。

[29] 倪鹏飞主编:《中国城市竞争力报告》,社科文献出版社 2012 年版。

[30] 年猛、孙久文:《中国区域经济空间结构变化研究》,《经济理论与经济管理》2012 年第 2 期。

[31] 庞晶、叶裕民:《全球化对城市空间结构的作用机制分析》,《城市发展研究》2010 年第 4 期。

[32] 齐讴歌等:《城市集聚经济微观机制及其超越:从劳动分工到知识分工》,《中国工业经济》2012 年第 1 期。

[33] 任少波:《城市:集聚化交易的空间秩序》,《浙江大学学报(人文社会科学版)》2012 年第 4 期。

[34] 盛光耀:《关于城市化模式的理论分析》,《江淮论坛》2012 年第 1 期。

[35] 施祖麟、白永平:《长江三角洲大都市周边地区城市定位研究——以苏州、南通为例》,《中国人口资源与环境》2002 年第 6 期。

[36] 苏雪串、舒银燕:《中国城市群发展的差异化战略分析》,《中央财经大学学报》2012 年第 8 期。

[37] 孙海鸣、张学良:《区域经济学》,上海人民出版社 2011 年版。

[38] 孙久文、焦张义:《中国城市群空间格局的演变》,《城市问题》2012 年第 7 期。

[39] 王翠平等:《基于 DMSP/OLS 摄像的我国主要城市群空间扩张特征分析》,《生态学报》2012 年第 3 期。

[40] 王俊:《当今中国区域经济发展战略思路解读》,《福建行政学院学报》2011 年第 2 期。

[41] 王伟凯、黄志基、贺灿飞:《中国城市群经济空间评价》,《城市发展研究》2012 年第 7 期。

[42] 徐梦洁等:《长三角城市群空间扩展的模式、类型与效益》,《城市问题》2011 年第 9 期。

[43] 薛东前、王传胜:《城市群演化的空间过程及土地利用优化配置》,《地理科学进展》2002 年第 4 期。

［44］尹虹潘:《开发环境下的中国经济地理重塑》,《中国工业经济》2012 年第 5 期。

［45］于洪俊、宁越敏:《城市地理概论》,安徽科学技术出版社 1983 年版。

［46］袁志刚、绍挺:《土地制度与中国城市结构、产业结构选择》,《经济学动态》2010 年第 12 期。

［47］曾鹏等:《中国十大城市群空间结构特征比较研究》,《经济地理》2011 年第 4 期。

［48］翟义波:《中国城市群空间分布及其梯队发展研究》,《现代城市研究》2011 年第 11 期。

［49］张浩然、衣保中:《城市群空间结构特征与经济绩效》,《经济评论》2012 年第 1 期。

［50］张鸿雁:《全球城市价值链理论构建与实践创新论——强可持续发展的中国城市化理论重构战略》,《社会科学》2011 年第 10 期。

［51］张若斌、韦小敏:《专家详解长三角区域规划七大看点》,《证券时报》2010 年 6 月 24 日。

［52］张学良:《中国区域经济发展新格局与区域协调发展》,《科学发展》2012 年第 7 期。

［53］赵璟、党兴华:《城市群空间结构演进与经济增长耦合关系系统动力学仿真》,《管理系统学报》2012 年第 4 期。

［54］中国科学院可持续发展战略研究组:《2005 中国可持续发展战略报告》,科学出版社 2005 年版。

［55］周其仁:《工业化超前,城市化滞后》,《中国对外贸易》2012 年第 5 期。

［56］朱杰:《中国城市群的阶段特征、趋势及实证研究》,《规划师》2012 年第 6 期。

2

城市群演化与协调发展理论

受到内在与外部等多重因素的影响，城市群呈现出动态演化和分工融合的总体发展特征。其中，一个典型而显著的现象就是城市群经济的兴起。作为集聚经济在区域尺度上的体现（李学鑫，2007）和城市群内部由于分工合作所带来的"分工交易经济"（丁建军，2010），城市群经济有别于以行政区划为管治边界的行政区经济，有待于学术界不断扩充和更新对城市群内涵的认识。与传统的城市群理论强调自然因素和交通技术条件的影响作用不同，现代城市群理论更加注重开放因素、技术进步、经济发展机制与制度变革等方面的影响效应，并且将城市群视为容纳产业集聚与积累规模经济的空间组织。城市群影响因素的复杂化，使得城市群形成的类型也因发展阶段的不同和空间聚集的尺度差异而趋于多样化，从而产生了协调发展的新问题，包括促进跨地区的劳动地域分工、以城市群层面的功能合作提升价值链层面的产业合作和以可持续性为共同目标的协同发展等内容。

2.1 城市群的概念与内涵

城市群是对城市密集现象从地理学角度提出的概念。具体而言，在一个有限的空间地域内，当城市的分布达到较高的密度即可称为城市群（戴宾，2004）。通过研究城市群作为巨大城市地域的生成机制，学者们对 20 世纪中叶以来当西方发达资本主义国家进入城市郊区化后出现的因大量产业和人口伴随着交通基础设施的网络化而出现的离心化运动，以及由此造成的城市空间结构由高度集中转向分散和地域内部经济、社会、文化等活动日益密切的现象，从空间组织重构的角度上给予了解释。及至 20 世纪

70 年代,学术界对于城市群的理论认识逐渐明晰,而这些认识也成为了衡量城市群形成的主要标准。主要包括:区域内有比较密集的城市;有相当数量的大城市,具有与之有社会、经济、文化等密切联系的都市区;通过便捷的交通走廊(Corridor),各个都市区在社会经济上有紧密的联系;具有相当规模,是国家的核心区域,具有国际交往枢纽作用,并认为大都市带是城镇化高级阶段的产物,是现代人类文明的标志之一(吴启焰,1999)。

我国学者早期对城市群的研究,也是沿着对大都市带形成原因与新兴功能的分析来展开的。于洪俊、宁越敏(1983)认为巨大都市带在政治经济上发挥中枢作用,其内部的超级城市和国际港口扮演着核心角色。对于大都市带或都市圈的生成机制,学者们也进行了探索。高汝熹(1990)认为,经济较发达的中心城市对周围城市和农村起到了关键的带动作用。张京祥(2001)指出,在与都市圈核心城市建立密切社会经济联系的过程中所表现出的一体化倾向在形态上使城市群呈现出圈层的构造特征。顾朝林(1991)认为,从其结构形态上看,它是以大、中城市为核心,与其紧密相连的广大地区共同组成的经济上紧密联系、生产上互相协作、在社会地域分工中形成的城市地域综合体,中心城市和周围腹地是其中不可缺少的构成要素。1998 年,姚士谋对城市群给出了完整的界定,他认为城市群(Urban Agglomeration)是指在特定的地域范围内具有相当数量的不同性质、类型和等级规模的城市,依托一定的自然环境条件,以一个或两个超大或特大城市作为地区经济的核心,借助于现代化的交通工具和综合运输网的通达性,以及高度发达的信息网络,发生与发展着城市个体之间的内在联系,共同构成的一个相对完整的城市集合体。

2.1.1 城市群基本概念的新认识:共性与差异性并存

在我国,城市群概念的使用比较混乱,这既取决于不同学者研究角度的差异,同时也是由城市群的动态发展所决定的。陈美玲(2011)将城市群的概念来源归纳为三个:城市带(Megalopolis)、都市圈和城市群。学者们在引入这些概念时,所强调城市群特征的侧重点不完全相同。城市带强调的是引发巨型地域空间带状分布的成因,诸如沿海或沿交通基础设施。

都市圈概念强调的是经济的圈层辐射或空间结构的圈层分布，它的研究重心放在了中心城市及其城市功能促进相应地区经济发展的主要方式。相对而言，严格意义上的城市群概念偏重于强调有着相互联系的城市群体。这方面的大量研究都关注于构成相对完整的城市集合体的内在联系及其发生机制。较具代表性的观点（张京祥，2000）认为，城镇群体是指一定空间范围内具有密切社会、经济、生态等联系，而呈现出群体亲和力及发展整体关联性的一组地域毗邻的城镇，其区别于一般区域内多城镇分布的表象是其内部空间要素较为紧密的联系，这种联系的紧密程度又直接导致了城乡混合区、都市区、都市连绵区等多种城镇群体空间亚形态的出现。可以看出，这种观点对城市群的研究对象作了实际上的扩展，将联系的形式和程度视为分析城市群演化路径与形态的主要依据。除了讨论比较多的经济、社会与生态联系之外，近年来一些学者从政治的角度来研究城市群形成的自上而下机制。典型的如于力（2007）和王家祥（2008）对城市联盟的研究。王家祥（2008）认为，城市联盟是以经济、社会、自然、资源等联系密切的区域为基础单元，以区域经济一体化为目标，通过构建城市协商、对话、沟通、交流、合作和协调的多层次平台，逐步实现特定区域的城乡规划统一实施、生产要素有机结合、基础设施共享共建和各类资源优化配置，从而实现城市和区域共同发展。于力（2007）则指出，城市联盟是由各地城市政府协商建立的自愿自发组织，通过协作和信息的交流达到共同利益和目标的实现，其作用机制既包括政治的决策，也有市场的平衡，并根据每个城市对成本与效益的考量，通过联盟内部各种讨价还价的方式、过程和机制，以使得各参与者之间的成本效益值趋于协调一致。

值得一提的是，城市群的概念来源取决于特定的研究对象，因时因地并根据国家和区域的不同而存在着差异，从而所强调的侧重点与体现的发展模式也都不尽相同。例如，戈特曼定义的城市带概念强调空间的带状分布，包括沿海或沿交通基础设施，以及仰赖这些条件而对大都市带产业结构变动、人口分布、劳动力构成、土地利用形式产生的一系列影响。再比如日本的情况造就了都市圈概念，它偏重于从规划实践的角度描述其特征，包括高密度的人口和稠密的城镇网络、明显的多核心结构、高度的连续性、很强的内部相互作用、连接多个网络的枢纽功能等是其基本要素；

产业的互补性和整合性、基础设施建设在空间上的连续性和网络化、区域资源和生产要素的聚散性和广域流动性、区域政策环境的无差异性和协同性、区域经济关系的依存性和融合性等是其客观标准。尽管如此，不同概念下的城市群还是具有一些共同的特点，即都属于城市化发展到高级阶段的区域产物，并且均凭借其巨大的消费市场、充足的生产要素（资金、技术、人才等）资源供给、高度发达的信息网络、现代化的交通运输设施、良好的生产和生活条件、集中的金融商业机构等，形成比其他地区更高的经济势能，从而对周围地区产生强烈的经济吸引和经济辐射功能。所以，在分析具体的城市群时，可以从这些方面入手来比较城市群个体之间的差异，这也将对城市群概念的扩展起到相应的作用。

2.1.2　城市体系与城市群之间的互动关系

早期的城市体系研究是将城市体系视为一个整体，进而分析其在空间组织结构上的特征，包括城市与城市的关系、城市与腹地市场等级的对应关系。其中，尤其以经济学家廖什的中心地理论影响较广。该理论开辟了从中心城市的辐射强度来评价城市对区域的经济联系的研究视角。通过分析城市空间结构中的组织联系机制，在 20 世纪 50—60 年代又产生了"增长极理论"、"增长中心理论"、"空间相互作用理论"、"核心边缘理论"、"空间扩散理论"。到了 20 世纪 70 年代，学者们通过研究城市群经济联系的复杂性和动态性，发现城市群的演化受到城市体系内部的两类等级水平层次的支配。这两类等级水平一个是大都市带水平控制整个城市地区，一个是城市水平对邻里地区的控制（樊敏、洪芸，2007）。在城市联系的等级水平上，存在高势位城市的技术和产业的空间扩散和低势位城市对要素、资源的空间竞争这两类作用方向相反的影响途径。正是由于城市体系内部发展的不均衡，才使得区域中的城市因城市体系赋予发展机会的不均等而存在空间结构重组的可能。

城市体系理论可以用以解释城市群的形成与演化。其研究方法吸收了系统论的相关成果，该理论中对系统整体性、结构性、有序性和动态性的认识，也给研究城市群提供了比较完整的分析思路。城市体系的这些特性，决定了城市群的演化将受到系统性的推动。

一般系统论（General System Theory）是研究复杂系统的一般规律的学科，也被应用于经济学领域。系统思想是一般系统论的认识基础，是对系统的本质属性（包括整体性、关联性、层次性、统一性）的根本认识。系统思想的核心问题是如何根据系统的本质属性而使系统最优化。宁越敏是较早研究城市体系系统特征的学者，他对这些特征逐一进行了解析。

第一，整体性。他（1985）认为，城市体系的整体性首先反映在它虽然是由若干不同规模的城镇组成，但城市体系绝非是作为"点"的城镇的简单集合。从空间看，一个城市体系代表一个地区，也就是说，城市体系具有区域的特点，是因为它强调城镇之间的相互联系，而这种相互联系是在一定的地域中形成和发展的，地区是城镇赖以产生的物质基础之一。城市体系的整体性还反映在其内部一个城市或某一组成部分的变化，会通过城市间互相制约互相依赖的关系，影响到其他城市的发展，城市间这方面的关系具有因果关系和反馈关系的特点。

第二，结构性。城市体系侧重研究城市分布的空间结构，其目的在于建立城市合理的空间布局。城市体系内部各要素相互联系和作用的方式形成系统的结构。城市体系结构正是在这些联系和作用机制的影响下，从不稳定状态逐步过渡到稳定状态。跟一些复杂的系统相类似，随着系统内部各子系统相互作用的加强，会出现分化和中心化的趋势，它们成为系统结构形成的重要原因。在城市体系的演化中，分化的趋势对城市职能分工的形成有重要影响。中心化趋势则是指系统内某一组成部分发展成为控制中心和功能中心，而其他部分却成为被控对象和辅助的功能结构。中心化趋势对城市体系发展的影响是导致中心城市的形成，在城市体系内，有一个居于领导地位的中心城市，其规模与所处城市体系的等级相对应。

第三，有序性。系统的有序性主要表现在时间、空间和功能等方面。宁越敏（1985）认为，城市体系内部各城市的职能专业化、中心城市的出现等都反映了城市体系趋于成熟。此外，他指出，系统的有序性还反映在系统的组织形式方面，并且组织系统的任何联系都是按照等级和层次进行的。从这个意义上看，城市体系具有明显的等级特点，遵循如下组织规律：位于等级体系最高的是国家级的大城市，它们各自拥有广阔的腹地；在每一个大城市腹地内，包含若干个位居等级体系中间层次的区域中心城市；在每一个区域中心城市腹地内，又包含若干个等级更低的小城市，它们是周围地区的核心。如此以往，直到规模最小的小城镇为止。城市体系的有序性得益于它在开放环境中的演化过程，通过对外开放的信息交流，系统的结构得以重新组织，致使城市体系遵循一定的秩序发生结构性的变化。

第四，动态性。城市体系的结构变化表现在空间结构、规模结构和功能结构这几个方面。城市体系的动态性，旨在描述系统从无序向有序转变的过程。宁越敏（1985）认为，由于城市是生产、流通、交换和消费的中心，是科学技术文化发展的中心，因此主导城市体系结构演变的最根本因素就应该是生产力的发展水平。对应于一定生产力水平的城市体系结构，在发展中表现出明显的阶段性，包括均匀分布的阶段（对应于农业社会）、不平衡分布阶段（对应于工业社会）、均衡分布阶段（对应于信息社会）。城市体系的形成与演变，伴随着城市规模、功能及其决定的空间联系的变化。例如，相比较农业社会中城市主要扮演政治、军事、文化中心等角色而言，在与资本主义生产方式相伴而生的市场经济中，城市是适应工业化过程中降低成本、提高资源配置效益的需要而产生的（夏永祥，2007）。周天勇（2003）认为，城市作为大大降低分工和协作费用的地理形式，是为了适应工商业的发展。此外，只有人口、作坊和店铺的集中，一些需求才能规模化，进而使生产和服务规模化。可见，城市的产生从供给和需求两个角度，在推动专业化分工发展的同时，通过需求与生产及服务之间互为条件和互相推动的相互作用，逐步经由扩大城市规模而促进城市体系结构的演化。城市规模的扩大，将通过专业化程度的深化而增强城市的某一项或某几项功能，从而确立城市体系的中心化趋势。需要指出的是，由于城市之间存在着竞争关系，所以城市体系的中心性也不是一成不变的。城市的中心性不仅会因为城市竞争格局的变化而发生调整，而且还会衍生出新的城市中心。此时的城市体系将由单中心结构向多中心结构演变。

当然，只有具有一定城市密集度和结构健全的城市体系，才有可能发展成为城市群。因为，城市群更偏重于研究城市体系中的功能联系是如何促使城市产生集群效应的。由于城市行政边界固定，所以它们的集群效应主要是通过功能分工和结构优化来体现的。

技术进步、分工和协作深化、生产力水平提高、市场逐步发育是大中小城市、城镇、乡村之间经济联系日益密切的前提条件。特别是对等协作和交易、节约成本的经济原因，形成了都市—特大城市—大城市—中等城市—小城市—小城镇—小集市这样的城市和城镇分层结构（周天勇，2003）。因此，释放市场机制在完善城市体系中的重要作用，对于形成城市群至关重要。所以，人为阻断人口城市化的路径、设置壁垒分割市场以及限制大城市的发展规模等做法都是有碍城市群发展的。从另一个角度来看，由于空间定义的经济发展表现为人口、市场、企业和基础设施在地理上的集中即城市化过程（周天勇，2003），所以城市化的质量也关系到城市群的形成与演化。反过来，城市群的发展质量可以由城市体系中交易分布的科层结构来衡量和评价。有学者（李国平、杨洋，2009）因此判断，城市群是一个复杂的演化系统，是一种新型的城市体系。

2.2　城市群形成机制与发育机理

2.2.1　自然条件是城市群兴起的初始因素

特定而优越的自然条件，既促进了城市人口和产业的集中，也为城市之间关系的演进创造了机会。刘友金和王玮（2009）的研究表明，从世界城市群的分布来看，它们大都位于适宜人类居住的中纬度地带，平原地带便于农业耕作、居住和交通联络。同时，在平原地区建设城市成本较低，易于大规模发展工业生产和进行相应原产业布局，因此人口总是向平原集中，导致城市也向平原集中。例如英格兰城市群坐落在英国唯一的英格兰平原，成为英国的产业密集带和经济核心区。日本是一个岛国，平原面积狭窄，仅占国土面积的24%，最大的平原是东京附近的关东平原，其次是名古屋附近的浓尾平原和京都、大阪附近的畿内平原。日本的人口和经济高度集中于这三大平原地带。在工业化过程中，这三大平原逐渐发展成三大城市群，集中了日本全境 63.3% 的人口和 68.5% 的国民生产总值。同时，人类经济交往与国际贸易发展绝大多数都从水路开始，水源与港口促进了城市发展，使其得益于开放带来的外部需求。世界城市群大都沿海、沿河、沿湖而分布，这样既得内外交通之便利，又为城市的工商业发展和居民生活提供了必要而充足的水源。

在自然条件方面，城市拥有产业赖以发展的资源基础。工业化是城市取得发展的经济动因。只有当工业化对资源的基础性需求能够得到满足时，城市化才能被实质性地启动，并通过城市人口规模和市场需求的扩大，进一步为产业的聚集和扩散提供系统演化的动力。相关研究表明（陈玉光，2009），一些煤炭、铁矿、石油等矿产资源蕴藏量丰富的区域，在工业化的初期和中期主要依托其当地丰富的矿产资源发展重化工工业和能源工业。伴随着区域的资源开发、基础设施建设、生产设施及其配套设施的建设，由此形成的外部经济效应，同时使得上游供应性产业、下游加工性产业以及相应的服务性产业都在共享的空间范围内得以发展起来。受规模经济内在要求的驱动，通过促使不同等级规模的生产相同产品或类似产品、或者生产它们上下游产业产品的企业连片布局，其结果是在集聚机制的作用下形成了一些不同性质和规模不等的城镇，不同的城镇之间通过产业关联和其他一些经济联系而集聚成群。比较典型的如德国的鲁尔区、美国的五大湖区等城市群区域。

2.2.2 交通变革促进了城市群的连片发展

交通技术的变革及其交通联系的网络化，直接推动了城市群的发展。港口是城市发展的起源，通过增强门户城市（Gateway Cities）之间的竞争而为城市群的发展确立了功能上的初始条件。美国学者保罗·诺克斯和琳达·迈克卡西（2009）认为，在美国，1790—1840 年期间是商业城市化发展的时期，西部城市的扩张，特别是那些联系新的西部领土和大西洋沿岸大城市的、位于沿河战略点的门户城市增长最快。为此，东部海岸的商人们为了避免让来自西部和南部腹地的有利可图的贸易脱离其掌握，就开通了五大湖和哈得逊河、俄亥俄和密西西比河系的运河网，结果形成了两条东西向的贸易走廊：第一条从纽约经哈得逊、伊利运河延伸至五大湖的东部地区，那里的法布罗、克里夫兰、底特律、芝加哥和密尔沃基成为重要的集散中心；第二条走廊从费城和巴尔的摩穿山越岭通过至匹兹堡和俄亥俄大峡谷，那里的辛辛那提和路易斯维尔成为重要的内陆港口。依托水运而形成的这两条贸易走廊，分别孕育了美国两大著名的大都市连绵带：其一是美国东北部大西洋沿岸的大都市连绵带，又称 BosWash 大都市连绵带，是以纽约为中心，北起波士顿，中经纽黑文、纽瓦克、费城、巴尔的摩，南至华盛顿特区，跨越 10 个州；其二是中西部环绕五大湖地区的 ChiPitts 大都市连绵带，其核心是芝加哥，东起匹茨堡、布法罗、克利夫兰、底特律，西达圣路易斯，中经密尔沃基、哥伦布、辛辛那提，南绕五大湖，呈半月状分布的空间结构。

此后，随着美国全国铁路网的形成和工业革命的发展，美国的城市化也开始进入鼎盛时期。总体而言，美国经历了四次交通大发展，分别是运河和收税公路、铁路、汽车和公路、高速公路和航运发展时期。每一次交通技术的革新将美国的城市化进程推向一个新的高度，城市规模因此扩大，人流、物流、资金流、信息流随之加快，从而使美国的城市由孤立发展到出现郊区、大都市区、巨型大都市区，最后到大都市连绵带（郭九林，2008）。

2.2.3 专业分工提升了城市群发展与演化的交易效率

分工理论的演进，为城市群的发展提供了经济学的解释。作为新古典研究集大成者的马歇尔，继承了古典经济学的劳动分工思想，认为来自分工的报酬递增促进了工业组织的演进。他认为，集中了大量种类相似的中小企业通过较高的专业化程度实现了紧密的联系，从而由此引起的生产集中为城市的形成与演化创造了产业上的发展条件。杨格在亚当·斯密的基础上，论证了市场规模和迂回生产、产业间分工之间存在着相互作用和自我演进的机制，从而认为市场的形成和规模的扩大是城市自我演进的重要标志。在前人的基础上，新古典经济学的代表人物杨小凯提出了交易效率（Transaction Efficiency）的概念，并将交易效率视为交易规模的函数。在城市发展的议题上，交易效率的核心价值表现在两个方面：第一，影响"经济人"自利决策的成本和约束条件；第二，影响生产要素和产品的跨地区流动。赵红军、尹伯成和孙楚仁（2006）认为，工业化可通过推动交通技术和设备、交易技术和设备、生产技术和设备的生产效率，从而提高一国经济体的总和交易效率，而城市化则通过将交易、生产活动集中在较小地理范围内获得了交易成本节约，从而更进一步推动个人层次的劳动分工或厂商层次的规模经济。因此，交易效率的动态演进为工业化和城市化建立了内生互动的重要条件。

在城市群的发展与演化方向，交易效率的重要作用体现在对于成本的节约上。交易成本的节约得益于交易效率的改进和提高。杨格界定了交易效率改进的广义原因，既包括新的运输技术或运输基础设施等运输条件的改进，也可以是由更有效的保护产权的法律或更具竞争性的银行制度等引起。这种考量，将制度、技术、自然和地理的综合条件纳入对人们生产、经营和消费活动的模型分析之中，从而将马歇尔对工业组织形态的研究扩展到对城市组织形态这一更加宏观的分析领域中来。研究对象的拓展，促使人们探索由交易效率存在差异的各种初始条件（包括政治、制度、社会和技术等内容）给城市发展造成的影响。

首先，现代城市的形成以产业集群的形成为起点。产业集群的典型特征即是基于特定产业的分工专业化。这种分工上的专业化优势，给予城市的是依赖具体产业的规模经济和由此产生的比较优势。典型的如，凭借产业集群发展而形成的专业市场和相关的制度平台，都可以使城市得以增强依存于开放经济和贸易活动的基础功能。这无疑将为城市规模扩大提供来自工业化的内生动力。当然，产业集群及其带来的内生比较优势只是城市化的必要条件之一。城市经济组织与产业经济组织的差别在于它还存在管理上的交易效率优势，同时在静态水平上还会受到规模不经济的约束。在市场经济条件下，城市管理水平和交易效率高低同人力、资本、生产要素一样，均是一种生产性投入，不同的只是人力、资本和生产要素属于私人物品，而城市管理水平和交易效率高低属于公共物品（赵红军，2005）。城市管理通过供给市场经济赖以发展的法律制度、产权制度和社会诚信、经济开放和激励改革的制度环境而改进交易效率。所以，管理水平的高低是衡量城市规模是否合理的主要依据（Prud'homme，1998）。对于城市群的发展而言，关键的核心城市在规模扩张的过程中，是否能够持续改进其管理水平，是城市能否通过要素流动、产业扩散建立区域分工联系的前提条件。

其次，由分工主导的产业组织复杂化（包括产业链的延伸以及产业组织形态的多样化演进），会因城市规模不经济的影响而产生跨界扩散的需求。典型的诸如产业扩散。鉴于产业组织的演化受到国际分工演化的深刻影响，所以当代的产业扩散除了企业整体迁移这种传统的形式以外，越来越多地表现为企业分蘖。所谓企业分蘖，是在保持企业主体不变的情况下，将企业的具体运营组织机构（总部、研发、管理、采购、生产和销售机构）进行分设，在地区和空间上进行重新分布，大部分的产业扩散都是以企业分蘖的方式进行的（肖丕楚、张建儒，2004）。这意味着，当企业或产业组织内部的分工发展到一定阶段，将突破行政地域的限制，逐步扩展到重塑空间结构的层面上。与之相对应的是区域分工专业化程度的提高。对于专业化分工植根地域的选择，又是依据其由城市功能确立的比较优势及相互之间的网络联系来进行的。

2.2.4 市场化释放了城市群发展的空间聚集效应

综上所述，城市群是专业化分工通过产业组织的演进促使区域空间结构遵循产业链的优化组织而加强城市功能联系的演化结果。这意味着，经济社会活动在更大空间范围内的聚集，将进一步促进专业化分工的深化，从而产生更可观的报酬递增收益。那么，从城市群演化的角度来看，增量的报酬递增收益以及它在空间层面上创造的内生增长优势又是如何实现的呢？

城市群的产生表现为更大范围的空间聚集。空间聚集对经济进步的促进作用主要体现在三个方面（韦亚平，2005）：第一，空间聚集可以提供更多专业化生产所需的市场规模，能使得更多的专业化生产与服务具有相应的市场容量，新的技术与分工组织能够不断地被应用，进而产生规模经济形式的报酬递增；第二，空间集聚有利于降低分工深化而产生的交易费用，如交通运输成本下降，法律、法规和管理规范更易执行；第三，因为分工深化具有网络扩张的特性，因此，在空间排他性的作用下，分工交易网络就具有实体的空间投影。发挥这种技术特性的网络类型包括交通基础设施网络和社会关系网络。

根据以上分析,在我国,要释放城市群范畴的空间聚集效应,必然先解决区域协调发展的问题。改革开放以来,行政性分权作为激励地方经济发展的主要方式,对中国经济增长起到了重要作用。但是,行政性分权的激励效应是以地方竞争为实现途径的,这意味着我国市场经济的发展带有强烈的政府主导色彩。这种地方竞争,固然释放了市场机制的作用,但是却受到了城市行政边界的极大局限。由于市场经济条件下城市管理的根本目的在于提高城市生产、交易和消费活动的交易效率进而推动整个城市经济发展而不是其他(赵红军,2005),所以当整个城市经济的发展取决于更大范围的空间聚集时,地方竞争及与之对应的城市经营理念却不利于提高城市交易效率的改进。

分割地方市场是地方竞争中的通常作法。地方市场分割主要是指一国范围内各地方政府为了本地的利益,通过行政管制手段,限制外地资源进入本地市场或限制本地资源流向外地的行为(银温泉、才婉茹,2001)。除此以外,地区的市场垄断还表现在采取措施阻止外地产品进入本地市场。无论是阻碍要素流动还是限制产品进入,都将造成地方市场规模的狭小,进而阻断市场规模支持下的产业分工的迂回演进机制。从我国的情况来看,追求大而全的产业结构从而造成产业同构正是地方市场垄断的结果,却忽略了产业的过度集中将造成空间的拥挤及不经济现象的产生,它们通过提高交通成本、要素价格和恶化经营环境等方式增加了企业的额外负担。所有这些成本因素,一方面会抑制城市规模的扩大,减小城市对要素和企业的吸引力;另一方面,将阻断城市作为专业化分工的经济组织的演化过程。

由上分析可以推出,市场化制度的建构对于城市群发展的重要作用主要体现在通过减小直至消除市场边界的不利影响而促进城市群的发展。一体化发展的市场制度思维有其特定的宏观背景,并依赖于前期市场化改革效力的释放。市场化改革效力的释放,首先将传导至城市功能供给演化的环节,具体表现为城市根据开放环境的变化,不断调适功能质量、结构与服务的空间范围。

胡彬(2010)认为,在计划经济年代,我国的城市规划作为实现国民经济和社会发展计划的"工具"之一，其作用仅局限于"国家本位"及空间发展领域。改革开放后，城市规划开始服务于经济建设这个中心任务，其政策目标偏向于追求经济发展的速度和市场效率（冯健、刘玉，2008）。通过城市规划明确城市的功能定位，主要是为了促成外部利益最大化的集体行动。城市作为集体行动者所具备的特点，可以从政治与行政管理制度、结构化的社会特征和利益相关者等角度加以审视。在我国特定的转型背景下，市场化改革和开放格局的营造，也都是实现预定功能目标的重要途径。为了确保改革开放的空间效率，城市规划将重点放在了公共资源的分配与调动上，因此它还是一种指导城市经济社会发展不可或缺的公共政策，在干预市场资源配置和调控社会空间进程中具有规范与约束的制度功能。然而，在转型阶段，政府公共权利的非规范设置和在行使中的缺乏监督，又往往为其追逐自身利益（如政绩）提供了某种便利，为地方政府以公共利益为名侵占私人利益架设了寻租的通道，导致政府行为边界日趋模糊。从这个意义上讲，明确城市的功能定位还具有一个重要的作用，就是在市场化转型的预期下逐步收缩政府的越界职能、扼制政府的垄断行为，同时通过增强城市发展的公共外部性，避免因功能短缺而造成市场"低效"或者"失灵"。总体而言，改革的渐次推进、开放的政策取向和城市规划的目标引导，构成了城市发展路径演化的综合动因。在此，以大城市为例加以说明。

由改革开放释放的市场效率因素将对城市功能的供给产生重要影响。如图 2－1 所示，ME 代表从封闭到开放时由市场效率限定的城市功能供给曲线。城市功能的需求弹性随着改革开放从体制外向体制内的深化而逐渐变大，即 $UD_3 > UD_2 > UD_1$。从区际开放到国际开放，城市功能建设将吸引更多的市场化资本参与其中，同时城市功能还具有提高市场效率的作用。在图中，如果限定市场效率为 E_1 并以区际开放的城市功能需求为参照，就可以看出：在国际开放环境中，对城市功能的需求将因为弹性变大而明显增加（由 Q_1 点变到 Q_2 点），并最终通过释放市场效率而促使城市功能的供给与需求在 Q_0 点上达成均衡。可见，改革开放的积极效应不仅体现为诱致城市功能的需求增长，而且还表现为节约城市功能供给的投入成本和提高市场效率。

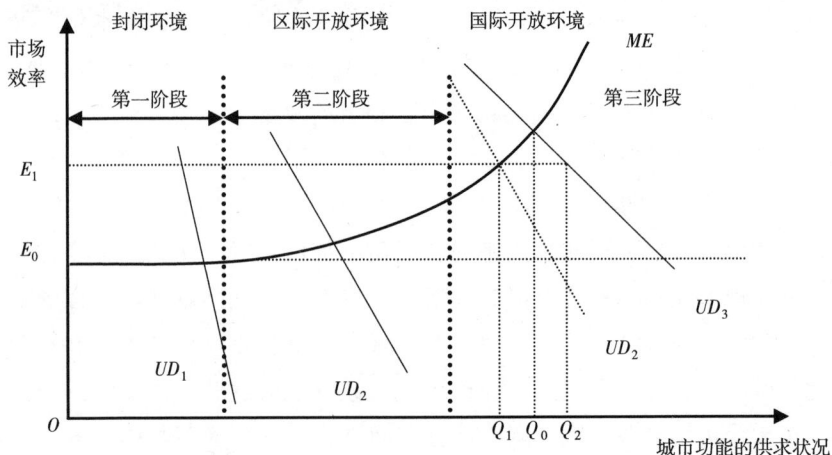

图 2-1　市场效率激发下的城市功能提升过程

资料来源：胡彬：《市场效率诱致的城市功能供给与演化——以上海市为例》，《城市问题》2010 年第 7 期。

改革开放作为一项制度诱因，对发展环境的影响是介入性的，会改变城市发展与演化的路径。其中的关键就在于，它改变了城市功能供给由政府计划全权垄断的格局，并通过放松管制，逐步扩大与外部环境的交流沟通渠道，从而不但为城市功能的供给注入市场活力，也在客观上要求城市功能成为经济发展应对外部环境变化的有效机制，使城市接受与响应外界环境变化的能力逐步提升和健全。

可见，城市功能在开放环境中的演进需求，对一体化制度安排的供给提出了要求。然而，由于城市层面的博弈力量，与地方政府重合，致使中观层次的这一博弈动机被潜在地抑制了。所以，只有当地方政府在利益权衡的过程中，意识到市场垄断的制度安排最终会造成利益上的损失时，一体化的制度变革才会实质性地启动。当然，由于地方政府"中间抵制"的存在（唐勇，2006），使得制度变革的过程显得迂回而曲折。徐现祥和李郇（2005）认为，1990—2002 年间，市场分割确实阻碍了长三角地区的协调发展。但随着地方政府自愿成立协调组织、主动推动市场一体化进程，市场分割对区域协调发展的阻碍作用几乎逐年下降。这表明市场一体化有利于区域协调发展。他们的另外一个发现是，上海作为长三角地区的龙头，于 1997 年开始带动长三角地区的协调发展。这个时期恰恰是外资加速流入长三角地区的阶段，为适应开放经济的发展，需要率先调整城市功能，并以外向型的城市功能为基础，通过促进产业分工的深化过程，建立并加强城市之间的联系。当然，值得一提的是，凡是有利于实现空间集聚的因素，都将为城市群的形成创造条件。诸如，政府加大对以交通设施为典型代表的区际公共品的投资力度和广泛意义上的一体化市场制度的供给力度，通过扩大市场规模和降低因生产分散化（同时也表现为更大范围内的空间聚集）而产生的联系成本和交易费用，促使城市群赖以形成的地域分工网络的发展。

2.2.5　全球化通过区域一体化促进城市群的发展

20 世纪 70 年代，国际贸易的发展速度恢复到了与第一次世界大战时期相当的水平，并且呈现出快于经济总量的增长态势。与此同时，发达国家的跨国公司凭借着所有权的内部化优势和品牌资产在全球范围的运作，以及所依托世界城市的金融资本输出能力，加快了对外直接投资的扩张速度。在这种背景下，开辟海外出口市场和争取外商投资，成为支撑国家经济系统高速运转的两大主要动力。到了 20 世纪 80 年代，在地方分权化改革浪潮的席卷下，城市化发展迅猛，城市之间的竞争也日趋激烈。城市发展发生了从福利国家向促进城市经济增长、提高城市竞争力的模式转变（Ade Kearns 和 Ronan Paddison，2000）。然而，由于城市在承担地区经济增长任务的同时，也深刻感受到来自财政收支的巨大压力和其他城市的竞争挑战，从而使得城市为了扩大出口和吸引跨国资本，在相互之间展开竞争博弈，最终陷入增长的"囚徒困境"，并对传统的由行政区划制度约定的垂直管理边界及其对应的职能边界都产生了强烈冲击。

全球化时代的影响表现在地域分工的演进上，具有以下三个主要特征：第一，尺度跃迁，从国家内部区域尺度的分工跃迁至全球尺度的地域分工。远程通信技术的发展和一系列国际制度框架的建立使生产要素能够以更低的成本进行流动，也使企业总部对分支机构的跨国控制成为可能，二者共同推动了区域分工的范围扩展至全球。第二，形态演进，由过去的产业间分工和产业内分工转向在同一产品内部根据价值链划分进行分工合作的产品内分工。第三，关系重构，指伴随国际和国内地域分工演进而发生的地域关系重构（李少星、顾朝林，2011）。

全球化对城市群的发展虽然是一种外力效应，但是却是以地方化层面的不平衡发展与分工响应能力为实现条件的。跨国公司的扩散行为是以市场进入和获取廉价生产要素和资源为目的的。技术进步尤其是信息技术的发展和生产组织的演化，为跨国公司的全球扩散活动提供了可能。在全球化的另一端，是方兴未艾的区域经济一体化，并带来了地方化层面的空间结构重组。然而，我们并不应该将区域经济一体化视为全球化的被动产物，因为它在全球化过程中发生的变化是通过对发展机会的竞争和战略、政策的适时调整来实现的。从这个意义上看，区域经济一体化是企业、产业和城市主动应对全球化发展的战略选择。为此，政府"看得见的手"在自上而下的一体化制度性构建，以及加强经济体之间的经贸联系、避免恶性竞争方面，发挥着积极作用（黄卫平、刘一姣，2012）。

城市群的形成，依存于全球化促进下的区域一体化过程。但是，只有高质量的区域一体化才可能造就城市群的出现。受到全球化三个特征因素的影响，地域分工演进对城市区域的影响可以从城市化水平、城镇人口、集聚形态、城市职能演变、城市联系网络拓展等几个方面衡量。通过城市化的推进和依托集聚规模和形态各异的产业组织载体，城市职能的演变为不平衡发展的地区之间建立了互补分工的可能性，并经由城市体系的完善过程而孵化形成多中心的城市区域（Polycentric Urban Region）。城市区域内部的多中心结构建立在产业链按价值构成分解后的贸易联系之上，所有有利于降低贸易成本的措施都是城市之间增强联系进而实现网络化拓展的基础。李少星和顾朝林（2011）认为，区际贸易是空间集聚的实现机制，它的影响主要体现在以下方面：贸易会形成部门和区域之间的生产者剩余，促使其扩大生产规模；地理要素的影响会使贸易集中于区位较好的地区，促进此类地区更快发展；贸易媒介的阻力作用及其改善会促使形成不同的集聚形态；贸易的网络效应。可见，全球化对城市群的影响，是透过区域分工的深化和贸易规模的扩大来体现的。这意味着，作为背景性的驱动因素，它需要以充分调动核心驱动因素的相关作用为前提条件。李少星和顾朝林（2011）同时还区分了城市群演化过程中的核心驱动要素和背景驱动要素，参见表 2 - 1。

表 2 - 1　城市区域重构并向城市群演化的驱动要素系统

要素系统		主要内涵	主要作用途径
核心驱动要素	基础条件	地域单元在一定时间点所具有的能够影响其未来发展的要素集合	形成地域分工、改变贸易条件、影响集聚形态
	市场发育	社会需求的高级化或生产分工的必要化	推动地域分工演化
	制度演化	社会制度（包括文化）、生产组织方式、政策的变化	影响地域分工、区际贸易和空间集聚的发展
	技术进步	产品、生产技术或工艺的改善等	改变地域分工、改善贸易条件
背景驱动要素	全球化	生产要素的全球配置与全球价值链的形成	推动地域分工、改变贸易规模与流向
	信息化	信息技术的普遍应用与信息产业的发展	改变地域分工、改善贸易方式、影响集聚形态
	地方化	地方政府被赋予更大自主权的过程	改变地域分工、影响产品贸易及要素集聚
	市场化	资源配置由市场决定	消除区际贸易壁垒、要素集聚自由化

注：表的标题有所改动，原标题为"城市区域重构的外围驱动要素系统"。

资料来源：李少星、顾朝林：《全球化与国家城市区域空间重构》，东南大学出版社 2011 年版，第 33 页。

2.2.6　信息化扩展着城市群的发展空间

20 世纪末，全世界的城市和社会正经历一个在其自身结构内的巨大历史性转化……世界是不对称地相互依赖着而这样的相互依赖是每天通过新信息和传播技术被实时地联系起来（曼纽尔·卡斯特尔，2006）。然而，信息化的影响绝不止于全球化本身，它创造的是一种新的全球经济。曼纽尔·卡斯特尔（2006）认为，新的全球经济非常突出的特征是同时吸纳与排除的特质。它吸纳了世界上任何地方任何可以创造价值以及有价值的东西，排除了任何贬值的或低价值的东西。有学者（Foray 和 Freeman，1992）则指出，全球经济也是一种信息化经济——生产力增长并不依赖生产要素（资本、劳动和自然资源）量的增加，而是在管理、生产和分配的过程及产品中运用知识和信息。信息的创造和战略性手段成为新经济中生产力和竞争力最重要的因素之一（Dosi，1988），这对于区域经济发展政策有长远影响，意味着往后它必须建立在传播通信、信息化和人力资本的基础上（曼纽尔·卡斯特尔，2006），从而要求城市向依赖创新要素和人力资本的内生增长模式转型，并通过核心城市在全球经济中地位的上升，配合技术基础设施的建设和弹性地方管理系统的变革，推动大都市区的发展以及提升大都市区联结全球经济的战略能力。

相对于上述内容而言，信息化给空间结构带来的影响更加受到学术界关注。例如，年福华和姚士谋（2002）认为，信息技术对城市空间扩展的作用是立体、多方位、多层面的，同时存在着扩散化和集聚化这两种趋势。扩散化趋势引导城市产业和人口的疏散，使其部分工业职能外迁，城市外围出现了一些新的制造中心的区域（城镇群体），从而使城市的功能结构得以纯化，空间区划更为明晰；与此同时，在全球经济一体化的形势下，信息量最大化及其信息传输完善化的地点，首先是集中在城市群区内区位条件最好、人口规模最大的那些超级城市，城市逐步成为巨量信息的复合体，靠个人或少数人很难做出科学决策，因此，多功能、高质量的协调合作需求又有将城市各种功能在中心区重新融合的趋势。集聚化趋势促使了中心地区的进一步发展和繁荣，城市中枢功能更为强大。总体而言，在现实环境中，信息技术的发展是非均衡的，不同地域获得信息服务的程度不同。城市信息化过程中，这两种趋势同时发展。分散化趋势使得制造业从城市中分离出来，而集聚化趋势使得高层管理机构加速向中心城市集中。为了便于同管理机构联系，这些分离出来的产业，一般分布在交通和通信较为发达的城市外围，或沿交通走廊延伸（年福华、姚士谋，2002）。

信息化对城市发展的空间效应是依托区域空间的重新组织来实现的。首先，区域空间的重构越来越依赖于城市融入世界生产、流通、交换和分配系统的机制与城市创建对外网络联系的能力。其次,信息资源价值的重要性日益凸显,使其通过对竞争空间的建构而发挥着重组区域空间结构的作用。孙中伟、金凤君、王杨(2008)将信息资源的价值体现归纳为四个途径,包括信息自身的资本价值、信息作为知识原材料的价值、信息需要认知主体去发现的隐形价值、信息对于落后地区的后发机遇价值。信息资源的这些价值,将极大地改变区域竞争的资源结构、成本构成、产业内容以及竞争实现的方式。最后,信息化通过建构全球范围的"流动空间",也潜在地加强了地区竞争的合作倾向。地区竞合的发展倾向,有信息化降低距离联系成本的实际效应,更重要的则在于,它所确立的全新的工业区位逻辑对地区经济产生了内生的空间重组需求。以信息技术为基础的高科技制造业的空间特征是其技术与组织能力,可以将生产过程分散到不同的区位,并通过电子通信的联系来整合在一起(付磊,2006)。

由上述分析可见,信息化推进下的城市群发展,将造就一个以城市管理革命为基础的、能够根据全球经济的变化动态实现地区竞争关系合作性重构的新型区域发展方式,它所产生的实际影响将远远超过大都市区化、城市群体等概念从空间形态角度刻画的内容。

2.3 城市群空间结构演化:诱因、特征与机制

动态演化是城市群空间结构的核心特点。也正是由于系统演化过程的阶段性,才使得城市群的概念过于混乱,根据历史的演化顺序和国别的发展特点,概念的多样性给分析城市群问题带来了认识上的复杂性,但同时也说明了不能用统一的标准去衡量城市群,而应该从动态演化的角度去把握城市群的共性和本质特征。目前,对于城市群的概念界定主要是从三方面来表达的:基于城市群功能范围特征、基于城市群空间结构特征、基于城市群发展时序特征(陈美玲,2011)。其中,基于时序的界定为分析前

二者的具体内容提供了背景依据，而能够反应空间结构上的规律性变化，则是受到功能演化过程支配的能够被识别和发现的显性结果。从这个意义上看，对城市群的认识应从功能演化的诱因、主导力量和过程机制入手。就目前而言，由于生产网络是城市空间结构变动的最为重要的动力，所以城市群本质上是生产网络在大尺度空间范围内集聚与扩散形成的城市化现象（宁越敏、李仙德，2012）。

2.3.1 城市群空间范围的动态变化及其诱因

城市群功能的生长方向受到既有联系的极大影响，不均衡的空间结构也由此而形成。城市之间的联系，既包括建立在禀赋基础之上的自然联系、依存于人类发展历史和人口结构分布的社会相互作用联系以及与政体制度相关的政治、行政和组织联系，还包括与工业化进程密切相关的经济联系，参见表2-2。工业化阶段的演化，为城市之间的经济联系赋予了丰富而多变的内容。Peter Hall（2004）将1990年对1960年作比，认为1990年的城市世界是一个完全不同的世界，它至少包括两方面的含义：第一，这是一个城市在经济全球化中竞争的世界，城市在不断寻求重新界定它们的经济功能，旧的功能已经丧失，正在寻找新的功能以代替其位置。失去的功能是在货物的制造和处理方面，新的功能包括了信息的创造、交换和使用。第二，城市的分散化和向外扩散形成了由人流和信息流联系起来的、复杂的城市系统。在这个城市系统中，不同的组成部分都同样地卷入了一个摒弃旧活动、获取新活动的过程。

表2-2　城市联系类型及联系要素

联系类型	联系要素
自然联系	道路网络/河流和水运交通网络/铁路网络/生态的相互依赖
经济联系	市场联系/原料和中间产品流/资本流/生产的前向、后向和侧向联系/消费和购物类型/收入流/部门和区域间的商品流
人口运动联系	暂时和永久的迁移/工作旅行/技术相互依赖

联系类型	联系要素
社会相互作用联系	出访／亲戚关系／习俗、礼节和宗教活动／社会团体的相互作用
服务传输联系	能源流和网络／信用和财政网络／教育、训练和推广联系／职业、商业和技术服务类型／运输服务系统／健康服务救护系统
政治、行政和组织联系	组织结构的相互关系／政府预算流／组织的相互依赖／权威—批准—监督／司法部门间交流／非正式的政策决策链

资料来源：转引自朱英明：《城市群经济空间分析》，科学出版社2005年版，第4页。

Peter Hall（2004）指出，相对而言，这个城市世界是如此的新鲜，要领会如何去模拟它是不容易的。他分析了引起城市及其相互之间联系发生变化的多个因素。

第一，全球化。它所导致的空间布局变化取决于和"地方化"产业组织与要素资源的互动情况。这其中隐含着新环境下形成城市群的条件发生了变化。随着生产和贸易全球化的不断深入，世界价值创造体系在全球出现了前所未有的垂直分离和再构（张辉，2004）。20世纪70—80年代，许多发达国家的传统制造业城市经历的大规模逆工业化，对应于世界价值创造体系的垂直分离过程。在另一端的再构过程，则发生在地方化层面上。具体而言，价值创造体系的地方化重构，又取决于国家比较优势和企业竞争能力之间的相互作用，能否满足国际商业战略的竞争需求。国家比较优势的分布，由区域资源禀赋差异来决定，因此受比较优势吸引的要素流动也必然是不均衡的。然而，在全球化时代，单纯依靠比较优势还不足以成为城市群形成的条件。城市群的形成是为了构建一种功能与结构均成体系的区域竞争优势。所谓区域竞争力是指区域内各主体在市场竞争的过程中形成并表现出来的争夺资源或市场的能力，区域的综合竞争力包括产业竞争力、企业竞争力、科技竞争力、国民素质竞争力、城市竞争力。在这些竞争力构成中，尤其以企业竞争力和城市竞争力更为重要一些。参见图2－2，企业竞争优势与区域比较优势一起共同决定了区域产业竞争力。在生产组织变革和信息化重组空间结构的影响下，资源禀赋唯一决定区域差异性的作用逐步下降，取而代之的是集聚经济、转运成本与资源禀赋共同决定区域之间的差异性。特别是当资源禀赋条件日渐式微时，集聚经济和转运成本在决定区域差异性中的作用将越来越重要。集聚经济是产业专业化的发展载体，充当着地区获得竞争优势的组织单元，也是城市群形成和发展的基础。至于转运成本的重要性，则是随着产业链垂直分解后的扩散布局而体现的。它首先会强化核心城市在联结产品价值链中各价值创造环节的枢纽地位；其次则使得城市之间由等级决定的垂直联系转变为由价值链重构决定的网络联系，并带动以物流为主的城市基础设施的建设。总之，增强区域竞争力是驱动城市群形成的根本动因，而是否能够通过重构价值链而获得竞争优势，又取决于城市密集地区内部能否建立起互惠互通的网络联系。所有这些，都成为识别当代城市群的全新标准。

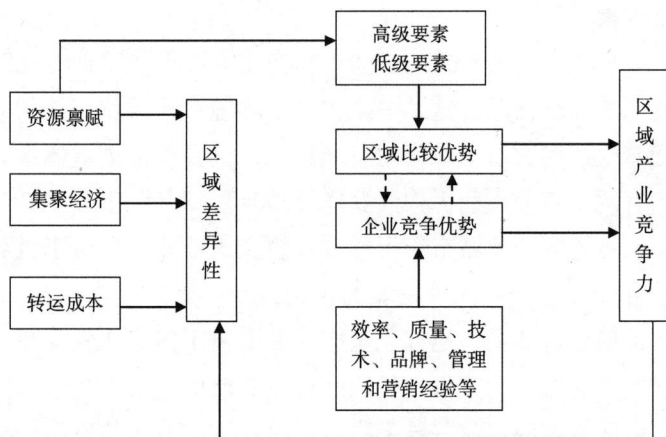

图 2-2　当代城市群形成的区域竞争动机与影响因素

资料来源：魏后凯：《比较优势、竞争优势与区域发展战略》，《福建论坛》2004 年第 9 期。

第二，第三产业产业化和信息化。尽管我国的城市群起步晚于西方发达国家，但是它们所面对的机遇和威胁却都来自于全球性的竞争，这也促使城市群在发展中率先缩短工业化进程，实现向信息化生产模式的根本性转变。在此过程中，城市功能与产业结构的转变对于整个城市群的形成具有先导性的作用。通过使自己适应新的国际劳动分布，城市作出的反应是重点吸引和发展诸如银行和金融、商务服务、公司总部、政府机构、旅游业、创造性产业和文化产业等高端服务业（Peter Hall，2004）。基于产业结构调整的城市功能变化，是为了适应开放经济条件下跨国公司区位选择的需要，旨在通过降低要素成本、国际运输和通信成本、挖掘市场潜力、弱化关税和非关税壁垒、改善基础设施条件和政治经济文化环境以及政府政策等，增加对跨国公司投资的吸引力。与此同时，随着信息化的发展，由服务业主导的城市产业空间也会呈现出一些新的变化动向，从而引起城市群空间范围的相应变化。其典型的一个特点就是城市群空间范围存在着某种虚化的倾向。Peter Hall（2004）指出，在全球层面上正在形成一个新的城市等级结构，但是他同时也承认，城市在这个等级体系中的地位的判定标准到现在为止还只是在试验性的情况下进行研究和测量。城市群空间范围的跳跃性是由其边界的模糊化而引起的。由于处在这个等级体系中城市的定位遵循的是信息经济的组织逻辑，不适用于套用过去的任何模式。城市之间基于信息交换和知识处理的联系所产生的规模经济和集聚经济，既可能向着进一步集聚的方向良好地运作，但也可能在重要的国际势力控制下形成的新的区域发展所修正。从这个意义上看，对城市群空间范围的界定很难也不宜遵循某种确切的标准。

第三，向心性和多中心性的城市区域供给机制。产业与功能的专业化，既加剧了特定功能吸引要素流动的向心性程度，也使得功能中心的衍生成为区域性的普遍现象。早于1961年，戈特曼就在提出大都市带的概念时，洞察了伴随高度城市化过程的多中心倾向。由于这种在21世纪初普通的城市形式，对城市区域进行了功能性的结构重塑，所以从演化的角度来看，它通过多中心化的过程得以容纳更大范围的规模经济。多中心化造就了区域的一种特殊形态——城市区域（Urban Region），它通过"集聚—扩散—集聚"的过程，充当着现代城市群形成的内在机制。基于节约成本和利用集聚经济的双重考虑，是产业分布中多中心空间结构的来源（杨帆，2005）。对于次中心及相互之间关系的研究，为衡量和评价城市群发展质量提供可行的视角。对区域和城市层次的次中心确认主要依赖人口和就业数据。例如，Baumont、Ertur和Gallo（2003）运用探索空间数据分析方法，试图通过比较相邻地区的就业和就业密度，将这两个指标都超出周边地区的区域确立为潜在的中心，并根据其各自的经济表现区分出中心以及非中心地区，从而将余下的潜在中心确认为次中心。很显然，这种分析方法具有一定的主观性，对潜在中心的判断依存于区域发展的整体水平，并且单纯的就业密度测算不能把握多个中心之间通过"集中式扩散"而形成的复杂多向流动和互补合作关系。

2.3.2 城市群空间布局的若干特征

姚士谋（1992）、姚士谋、陈振光和朱英明（2006）概括了城市空间布局的四个特征：

第一，城市群空间布局形成发展过程中的动态特征。城市群体各类不同性质的城市，其规模、结构、形态和空间布局都处于不断变化的过程之中。首先，首位城市的变化影响着区域性城市群的每一个城市；其次，影响地区经济集聚的因素，诸如工业项目的布局集中、人口集中、技术力量的集中和基础设施的集中等，都将使城市群获得明显的规模经济。

第二，城市群空间布局具有区域城市的空间网络结构性。城市群不是城市单体，具有更广泛的空间网络结构性，主要反映在地区内各个城市规模的大小、城市群网的密度以及城市之间相互组合的形式上。城市群的空间网络结构性，有以下三个方面的：城市群网络的大小（Network-size）、城市群网络的密度（Network-density）、城市群网络的组合形式（Type of Network-composition）。这三个要素反映了城市群网络结构的基本特征，说明每一个城市在城市群内具有特定的联系关系，城市群整体结构反映了各个城市在一个群体内的集合功能以及形成的千丝万缕的网状关系，其间既存在城市个性的发展，又产生相互作用的共性关系。

第三，城市群空间布局具有区域内外的连接性和开放性特点。任何一个城市的形成和发展都不可能脱离区域的内外部交流平台，而且随着生产力和市场经济的发展，这种相互联系的强度会越来越强。正是因为城市之间差异性的存在，并且这种差异还会随着城市规模的变化而拉大，所以任何城市都不能孤立地发展，需要广泛地发生区际联系，实行对外开放，引进新的机制，才能使各个城市在区域比较之中，认清自己的优势，克服自己的劣势，求得生存和发展。

第四，城市群内的城市具有相互之间的吸引集聚和扩散辐射功能。在特定的地区范围内，首位城市起着核心作用，具有较强的吸引功能，随着交通运输网的进一步完善，集聚与扩散规律几乎是同时发生的。在城市群层面上，则是以物资、人员、技术、金融、信息等形式通过经济协作网络和运输通信体系发挥集聚和扩散作用，实现集聚效益和扩散效益的有机统一，使城市群体的整体功能得到更好的发挥。

2.3.3 城市群空间结构演化机制

首先，交通运输网络的引导机制，它在主导城市群空间布局中发挥着越来越重要的作用。研究不同类型交通运输网络的影响效应，将对城市群空间布局的变化给予合理的解释，并通过总结城市空间布局变化的规律性特征，也可以为规划和实施城市群发展战略提供客观的依据。在对外开放方面，航空网络通过向区域空间传导来自外部的影响，在城市群的形成和发展中扮演重要的角色。1990年之后，与以往通航城市以政治中心城市为主不同，不仅通航的经济中心城市数量在逐渐增多，而且通航的旅游城市开始出现。在经济影响方面，东部地区的率先开放，通过制定市场换技术的政策，吸引了大量来自欧洲和美国的产业资本。有数据显示，1990—2002年间，与欧洲和美洲之间的货运量占比分别从17.4%上升到28.7%、从13.1%上升到20.9%（王成金、金凤君，2005）。由外力推动的工业化，也加快了东部地区的城市化进程。作为一种高度城市化现象，城市化的快速发展，使城市群的形成具备了初始的基础条件。王成金和金凤君（2005）认为，21世纪初，我国对外联系仍遵循了1996年的基本态势，但是也发生了一些变化，典型的特点就是对外联系的交流内容开始进入政治、经济和文化联系等综合发展的阶段。由于航空网络联系是由少数特大型城市来缔结的，它们同时还是区域内的首位城市，因此这些城市的对外交流的形式和程度往往影响到整个区域对外开放的层次。在区域内部，影响城市群空间结构变化的交通因素是高速铁路网络。它对航空运输方式具有一定的替代性，对于集聚和疏散庞大的商务客流以及形成依托高铁站这样一个进出城市的门户，形成充满各种城市活动的"白昼社区（Day-time Community）"，对于城市空间的延展和新增长中心的崛起都有着不容忽视的作用。同时，对于高速铁路对客流空间的重构，主要表现为作为通道型连接的运输速度，将带来城市间空间相对位置的变形，会带来更大的特定城市之间的互补性（王缉宪、林辰辉，2011）。

其次，郊区化的空间拓展机制。城市群的出现，是城市空间得到拓展的具体表现。郊区化是城市空间拓展的过程机制。只有当郊区化后足以供给一个新的增长中心时，城市的空间结构才会发生质的变化。这意味着，郊区既应在某方面对城市中心形成互补，同时还与城市中心之间存在某种竞争关系。一方面，这将使郊区改变原有的城市农业附庸的地位（徐和平，2007）；另一方面，郊区逐渐有能力去承担原本由城市中心担负的功能。这一过程是通过产业扩散来实现的。以美国为例，第二次世界大战前后的城市空间结构发生了革命性的变化。第二次世界大战以后，美国的城市向外扩散，在城市边界大量的郊区次中心开始涌现，最终形成了多中心的城市空间结构。当然，从单中心城市到多中心城市，郊区化并不是放任城市蔓延的结果，而日益成为了有管理的受城市规划主导的空间发展机制。在城市群的空间结构演化中，郊区化的质量至关重要。由于城市群在形成过程中，核心城市起着极其重要的作用，所以在经历了极化阶段以后，城市群区域的空间结构演化进入了相对稳定的阶段，城市群地域结构的更大转换取决于城市群边缘地区新极（中心城市）的产生过程，即"二次极化"过程（曹晓红，1989；朱英明，2005）。这种"二次极化"过程，造就了超级城市区（Mega-urban Regions）的出现。它的范围包括两个以上交通走廊上的核心城市（都市区），以及当天可以通勤往返的城市外围区及核心城市间的城乡一体化区域的集合体（吴启焰，1999）。这意味着，城市群形成中的郊区化是都市区化的必经过程，它以城乡一体化为特征，并且非但不排斥核心城市之间的竞争，而且还有效降低了核心城市之间的联系成本。

第三，大都市区的空间分工与冲突管理机制。郊区化作为城市空间发展的内在要求，是产业集聚、人口规模、就业结构和土地利用之间产生冲突，从而寻求在空间结构上加以适应和变革的结果。同时，从更宽泛的区域空间角度来看，郊区化本身也会引起冲突。如何解决在扩散中的再集聚，实现产业内地域分工的优化布局，并以此促使郊区承担起围绕专业化分工的生产与服务职能？Duranton 和 Puga（2002）认为，城市之间产业分工的深化是由功能专业化来推进的，主要表现为大城市的经营管理职能在不断加强，而中小城市的生产制造功能在逐步强化。值得一提的是，城市功能的专业化需要更大的空间去承载和实现功能的配置需求。确切而言，就是城市功能的分化重组需要以区域一体化为前提，故而广义而言，郊区化也属于都市区范围内的一种独特的区域一体化形式。郊区化对城市空间组织演变带来巨大而深远的影响，它促使城市空间发展由原来的向心集中转向离心分散，使得城市的人口分布和经济活动在更为广阔的地域范围内展开，城市的各项职能进一步分化和重组（谢守红，2004）。魏后凯（2007）概括了郊区化引发的功能分工格局，即在大都市区内，大都市中心区着重发展公司总部、研发、设计、培训以及营销、批发零售、商标广告管理、技术服务等环节，由此形成两头粗、中间细的"哑铃型"结构；大都市郊区（工业园区）和其他大中城市侧重发展高新技术产业和先进制造业，由此形成中间大、两头小的"菱形"结构；周边其他城市和小城镇则专门发展一般制造业和零部件生产，由此形成中间粗、两头细的"棒型"结构（见图2－3）。

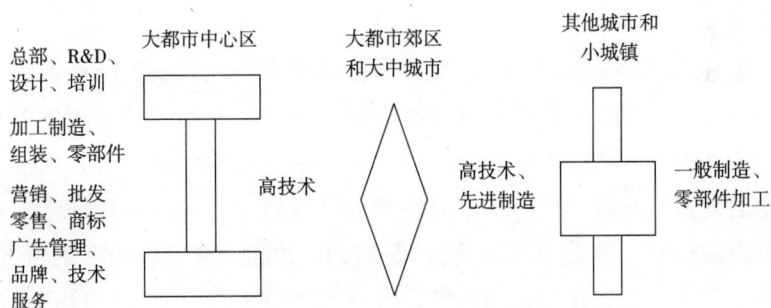

图2－3 大都市区内的产业链分工体系

资料来源：魏后凯：《大都市区新型产业分工与冲突管理——基于产业链分工的视角》，《中国工业经济》2007年第2期。

2.3.4 城市群经济规模效应

2.3.4.1 城市群产业集聚

集聚和扩散是城市群发育的重要机制。新经济地理学的观点认为，产业集聚和扩散取决于本地市场效应、价格指数效应和市场拥挤效应的共同作用（李瑞林，2009）。前二者均属于引致产业集聚的力量。所谓本地市场效应又称为后向联系，是指垄断型企业选择市场规模较大的区位进行生产并向规模较小的市场区出售其产品的行为。这意味着，快速发展的城市化会加速这种类型的产业集聚，表现为产业追随人口集聚的特点。在城市密集的地区，不同规模的市场所吸引的产业类型、产品种类以及产业链的具体环节都会存在差异。为了竞争较大规模的市场，企业和产业之间充满了竞争。所以，集聚本身内生着一股扩散的力量，这种力量最终主导着经济活动的空间分布模式。至于价格指数效应，被称为前向联系，是指企业的集中对当地居民生活成本的影响。在企业比较集中的地区，由于本地生产的产品种类和数量比较多，从外地输入的产品种类和数量较少，从而使得消费者能够从较低的生活成本中受益。这种类型的产业集聚，主要体现为产业发展对人口集中的正向促进作用。

以上分析表明，在城市化过程中，普遍存在着人口集中与产业集聚的互动作用关系。那么，为什么城市群的形成与发展不是一种区域性的普遍现象，或者在不同的地区中存在发展上的时间先后呢？这主要是因为，市场机制的发育、基础设施条件、对外开放程度以及对地区市场的垄断与保护等方面的差异，都会通过影响区域一体化而制约城市群的形成与发展。由于产业集聚具有自我增强的特性，所以城市群发展到高级阶段就会出现经济增长的极化现象。王红霞和王桂新（2005）通过对长三角地区的研究发现，当我国的改革重心转向城市之后，工业企业集中度的增加对人口城市化的加速发展起到了重要贡献。但是，具体到两省一市，情况又有所不同。对上海而言，由于受到控制大城市规模的政策限制，所以人口的城市化更主要地是通过工业布局的优化和对土地的经济利用而实现的。在江苏，工业企业集聚对人口城市化的正向影响相比工业化而言要更为持久，并在一定程度上弥补了市场化滞后的不足。浙江的情况类似，其人口城市化也受到工业企业集聚的积极影响。当市场开放度减弱之后，企业或产业集聚对人口城市化的促进作用也相应减小。长三角地区的例子表明，无论是从微观的企业行为角度，还是从城市突破行政边界限制的区域化发展角度来看，市场化都是一个核心的影响因素。它不仅为产业集聚创造要素流动上的条件，并且自由交易的产品市场，也是至关重要的。否则，产业集聚的两类吸引机制，就会因为市场规模不足和消费空间过于狭小而受到抑制。因此，城市群能否受益于产业集聚，还主要是看城市化与产业集聚之间能否建立起良性的互动关系。

由于城市群是大、中、小城市共同构成的功能一体化集合体。在新的历史条件下，城市群体空间呈现出大城市深度拓展与中、小城市强势整合的特征（唐茂华，2005）。从产业集聚的角度来分析，这说明了规模不等的城市所依托的集群类型也不尽相同。伴随城市功能的专业化和高级化，城市群嵌入竞争空间的尺度范围也将逐步扩大。就城市群存在的空间尺度，Friedmann 和 Wolf（1982）认为除了地区性和国家性城市体系以外，还可能是跨国城市体系和全球城市体系。这意味着，产业链在发生价值裂解之后，将根据所能扩散的空间范围而进行区位上的重新配置。制造业各环节、金融机构及服务业等在扩散的同时也在寻找和选择各自的最优区位，同时为了管理、控制和服务分散的经济活动，又会涌现出新的集聚形式，即生产者服务业在世界城市的集聚（苏雪串，2009）。可见，城市群与产业集群之间具有协同演进的关系。

2.3.4.2 城市群规模经济

规模经济是城市群存在的基础，主要体现在以下方面。首先，城市化是协调规模经济与多样化消费之间两难冲突的平衡机制。解决这种两难冲突的办法是使人口规模变大，而国家和区域之间的专业化生产和自由贸易正具有这种功效（江川，2008）。这意味着，城市化的启动充当着规模经济和多样化消费之间协调的过程机制。当然，具体在怎样的人口规模水平上能够达到均衡，还取决于由交易成本决定的区域间专业化生产和贸易的规模。其次，城市群的规模经济是一种超越微观层次的空间规模经济。这种空间层面上的外部规模产生于企业外部，学术界将其归因为产业集聚，对此上一节已经详细述及。最后，城市群规模经济还特指一种消费聚集经济。空间交易成本节约是功能专业化的前提，产业集聚之间高效率的联系机制有助于降低空间性的交易成本。伴随城市化带来的消费水平的提高，专门为消费者服务的产业也呈现出集聚趋势。赵晓民、王文革、陶咏梅（2007）认为，在商业企业的经营活动中同样存在着规模经济，这种规模经济是指随着经营规模的扩大，商业企业出现成本下降的趋势。在商业集聚区域内商业企业的规模经济可以从两个层次体现出来，一是单个商业企业本身经营规模的扩大带来的单位经营成本降低的趋势，二是在集聚区域内随相关商业企业数量的增加，企业间依存关系的存在使区域内商业企业单位经营成本降低的趋势。集聚的规模经济指的是第二个层次。由于许多店铺集中在一个紧凑的区域，形成的商业聚合能满足各个层次、各种偏好消费者的需要，吸引大量的消费者光顾，提高区域内商品的销售数量，因此，通过区域内的企业联合批量购买，产生成本的降低。

2.4 城市群协调发展的理论分析

2.4.1 劳动地域分工理论与城市群协调发展

劳动地域分工，是指社会生产力发展的必然趋势，是社会分工在地域空间上的反映，它的发展必然形成区域生产的专业化，而劳动地域分工的发展，也必然促进区域之间的商品生产和商品交换的进一步发展（吴郁文，1995）。劳动地域分工理论发展到今天，已经经历了从传统到新型的演化过程。

传统的地域分工理论，包括亚当·斯密的绝对利益理论、大卫·李嘉图的比较利益理论及赫克歇尔和俄林提出的要素禀赋理论。亚当·斯密是地域分工理论的创始人，他提出的"绝对利益理论"（又称绝对成本学说）认为，每一个国家都有其绝对有利的适于某些特定产品生产的条件，所以应根据当地条件专业化生产在社会上绝对有利可图的产品，然后用其销售所得去购买所需要的其他物品。至于绝对优势的来源，斯密界定为两种：一类是自然优势，是指包括气候、土地、矿产和其他相对固定状态的优势；另一类是获得性优势，包括工业发展所需要的诸多经济条件，如资金和技术等。可见，绝对优势理论强调的是影响地域分工的地区间发展条件。由于条件过于苛刻，故而削弱了其理论解释能力。大卫·李嘉图提出了比较优势理论，这种观点认为地域分工的基础并不限于生产成本的绝对差别，只要地区间存在着生产成本的相对差别，就会使各地区在不同产品的生产上具有比较优势，从而使地域分工成为可能。赫克歇尔和俄林提出的要素禀赋理论，奠定了现代国际分工理论的基础。该理论以价格差异分析为核心，认为由于生产要素的组合上存在差异，从而形成国家或地区不同的比较优势，并因此主张各个国家或地区应该在区域分工贸易体系中专门利用自己相对丰富的要素进行生产，以充分发挥自己的生产要素优势。除此以外，俄林认为，大规模经济也是进行贸易的一个原因。因为在大规模生产而节约的那些工业中，对生产要素的需求也必须加以变动（贝蒂尔·俄林，2001），从而使得由要素禀赋决定的比较优势并不一定成为地域分工的唯一条件。

马克思也阐释了其地域分工的思想，他认为现代地域分工受到社会经济条件的广泛影响（杨永华，2003）。他的核心观点之一是，社会劳动地域分工其实是由社会生产专门化决定的，即区域分工是社会生产专业化，包括部门、产品在各个生产阶段的专业化，在空间地区生产专门化的表现（马中东，2008）。

为关注经济全球化的影响效应，劳动地域分工理论也进入了一个新的研究阶段。分析地域分工的空间特性和组织演化机理，是新劳动地域分工理论研究的重点。社会—空间系统功能高度分化的直接体现就是社会分工的不断细化，社会—空间系统的组织过程也是各组织元素如何有效配置、有效分工和有效协作的过程（张毓峰、胡雯，2009）。

从演化的角度看，地域分工的一般意义是产业分工深化在空间关系变化上的反映。当前，地域分工已经从产业间分工经由产业内分工，逐渐发展到了产品内垂直分工或水平分工的新形式，参见表2-3。在此过程中，建立在新型产业组织基础之上的贸易增长呈快速扩张态势，从而将更多的地区和区域卷入其中。哈维（Harvey，1982）认为，在资本主义扩张的过程中，空间被视为资本策略的一部分，借由新的空间利用（包括新的市场与劳动力），修补了（或延缓了）危机的产生。可见，资本对于新空间的利用，是出于满足市场规模和生产要素的需求。后者的差异性，决定了不同的地域在参与分工中所扮演的角色不尽相同。不同地区的要素禀赋在结构上存在着先天上的发展差异，加之基于产业集群的规模经济实现能力也不完全相同，从而使得地域分工将衍生出不同类型的空间结构。

表 2-3　地域分工的基本类型及其特征

类型		范畴界定	基本结构	实现方式和手段	理论依据	一般趋势
产业间分工		不同产业价值链分工	垂直型	产业间一般贸易	比较优势理论、资源禀赋理论	由上至下，呈逐渐增强态势
产业内分工		同一产业不同产品价值链的分工	水平型	产业内一般贸易、公司内贸易、直接投资	规模经济理论	
产品内分工	垂直产品内分工	同一产品价值链中上下游价值环节的分工	垂直型	一般贸易、加工贸易、全球外包、OEM、ODM、直接投资、公司内贸易等	比较优势理论、规模经济理论、竞争优势理论、交易成本理论等	
	水平产品内分工	同一产品价值链中技术水平和密度集相似环节的国际分工	水平型	一般贸易、合同外包、直接投资、公司内贸易、战略联盟等		

资料来源：刘春生：《全球生产网络的构建与中国的战略选择》，中国人民大学出版社 2008 年版。

　　审视不同类型地域分工的空间结构，可以统一地归纳为城市—区域生成各阶段中的具体表现形态。也就是说，应运用适宜于产业分工发展的眼光去看待地域分工的空间结构。一般而言，城市—区域系统的单元边界与中心城市的综合实力有关，较大的城市影响范围较广，将这条边界推得较远，较小的则相反（丁志伟、王发曾，2012）。与中心城市作为城市—区域系统的互动核心相对应，城市体系充当着城市—区域系统的组织结构。

以这两个条件为基础，整个城市群区域可看成是以中心城市为辐射源，通过各种通道不断扩散中心城市的各种效应，以中心城市的辐射和牵引区为依托的一种地域综合体（丁志伟、王发曾，2012），是适应地域分工演化而形成的承担特殊功能的城市—区域系统。

结合产业分工演化的特点，地域分工起到的是重新建立城市区域联系的重要作用，网络化是其高级形态的具体表现。其特征主要包括：城市与区域经济关系，已经不是行政区和而是市场区联系，并扩展到全球联系；城市间和区域间的经济联系单元已由宏观空间转为微观产业活动；区域内城市间空间交流不仅是人与物而更重要的是信息、资金和技术流；城市群的等级经济联系不全在于人口规模和经济总量，而更在于组织经济活动的能量和地位，处理与转化信息技术、吸引资金和人才的能力。并且，正是由于联系特征的上述变化，使得城市群的空间结构呈现空间拓展广域化、空间结构多核化、空间运输网络化、空间联系国际化、空间扩散垂直化的发展特征（熊剑平、刘承良、袁俊，2006）。鉴于这些趋势，顾朝林、陈璐、丁睿等人（2005）提出，从政府的角度看，在2005—2020年间，国家城市体系功能再造主要在于国际性城市职能再造。

2.4.2　竞争合作理论与城市群协调发展

"竞合"，是1989年在商业战略领域提出的概念。Bengtsson和Kock（2006）认为，只有生产和营销相同产品的企业才可以被称为竞争者，才能构建出"竞合"关系。"竞合"是处于同一产业而又相互独立的企业之间所形成的既竞争又合作的关系。这种关系既不是过度竞争所导致的"双输"，也不是无谓让步所导致的"输—赢"，而是一种可以实现"双赢"的非零和博弈（黄卫平、刘一姣，2012）。正是产业内分工和产品内分工形式的出现，才使得市场推动的"竞合"关系得以大量涌现。经济体之间竞争与合作的市场基础既与其要素禀赋、发展战略、产业结构等促成竞争性与互补性的内部因素密不可分，也受到对外直接投资、区域经济格局、世界经济形势、各国共同诉求等外部环境的影响（黄卫平、刘一姣，2012）。

"竞合"是一个覆盖宏观与微观内涵的概念。体现在城市群发展上，亦有着相当丰富的涵义。首先，城市群是区域范围内的地区出现群体城市化的现象，它一方面促进了产业集聚的规模经济效应，另一方面则通过地域分工加强城市之间的联系。全球化时代的地域分工是由产业发展的微观主体驱动的，其构成要素包括产业区位和产业集聚及其具体的发展模式。对于产业区位的选择，特别是新兴的信息产业，越来越依赖于产业功能间的联系。这意味着，正是由于不同产业的空间组织模式有巨大的差异，从而导致了城市之间的联系强度具有较为明显的产业依赖性（宋吉涛、赵晖等，2009）。所以，城市群产业结构的差异，会因为功能联系需求的不同而造成竞合关系的差别，并进一步引起城市群空间结构的分异。其次，城市群中的竞合关系，最终将演化为城市群体的共生关系。城市群体共生关系，是指一组以地域空间为基础，劳动地域分工清楚，城市职能互补，等级规模合理，经济、产业结构关联，资源共享，交通网络和基础设施统一规划，城市化进程互控、共同促进区域可持续发展的城市群体作用关系（马远军、张小林，2008）。当然，城市群共生关系存在的基础互不相同，影响到城市群竞争优势来源及结构稳定性等方面的差异。吴缚龙和王红扬（2006）的研究发现，以英国的苏格兰中部城市群为例，它是通过城市之间的功能配合，把制造业向区域扩散，从而促使金融、公共服务业在大城市崛起，同时中小城市因承接了制造业和流通业而实现城市经济结构的转型。同样是英国，在伦敦和东南英格兰形成的城市群中，不但没有出现城市的分散化，反而通过在国防、科学与教育等方面的高强度公共投资，突出了核心城市伦敦的国际地位。至于东南英格兰的中小城市，特别是沿着高速公路 M3 和 M4 的走廊地带，形成了高科技产业的研发基地。

综上所述，所谓"竞合"即是基于合作的竞争，是内生于分工深化、经济组织演进的市场结果。在我国大都市区和城市群的形成与发展过程中，竞合也逐渐成为一种重要的驱动机制。其内在的机理是由产业空间集聚导致的都市经济区空间功能分异。这一过程，对于城市群内的核心城市和非核心城市是通过不同的机制实现的。杜瑜、樊杰（2008）对我国京津冀都市经济区、长三角都市经济区和珠三角都市经济区的研究表明，以信息咨询、商业经纪与代理、金融保险、航空运输等高端服务业为代表的现代服务业受技术进步影响较大，规模报酬递增特性非常明显，从而倾向于高度集聚于核心城市。至于那些非核心城市中的产业集聚则表现出强烈的空间专业化特征，产业专业化集聚首先表现在集聚程度较高产业的数量增长，其次表现在产业专业化分工程度的深化，最后表现为产业规模的日趋拓宽。产业规模的日益拓宽，在一定的条件下，又会造就新一级的城市群层次。以长三角城市群中的江苏为例，围绕高新技术产业集群的产业链和产业配套体系以及配套能力的分工与合作，逐步通过提升产业和地区的国际竞争力，形成了依托城市高新技术产业集群的次级城市群——江苏城市群（赵峰，2007）。总结这类以特色产业簇群为基础的城市群形成，通常要经历企业层面的单个企业发展阶段、小城镇层面产业簇群的发展阶段、城市层面的特色产业簇群阶段和城市群特色产业簇群阶段（郭荣朝、苗长虹，2010）。城市群形成的时间特征，又对应着一些显著的空间变化特征。其一，产业发展呈现出追随地区性新比较优势的特点。在全球化条件下，新比较优势的形成取决于产业链内部不同阶段的相对生产成本（徐康宁，2002）。其二，由于全球价值链各个价值环节的空间分离，虽然在全球空间范围内具有跳跃式布局的特点，不过在特定的地域范围内却又存在蔓延式的布局特点，……特定地域内最高附加值的价值环节将决定产业蔓延发展的地理边界（张辉，2005）。这表明了，本质上，城市群的空间增长及其边界效应主要是产业发展作用的结果（余斌、刘明华等，2012）。

2.4.3　可持续发展理论与城市群协调发展

城市化快速发展同时所面临的资源约束、人地矛盾以及以邻为壑的竞争模式，逐渐将可持续发展议题提上了日程。从理论层面来看，杨东峰、毛其智和龙瀛（2010）认为，可持续发展理念带来了城市建设转型的新契机，它意味着城市发展范式的转型……。对于城市可持续性的理解，不但要考虑到其形成背景的复杂性和矛盾冲突的多样性，也必须兼顾到城市自身和区域网络这两个不同的层面：城市不但要保证其自身在现在及未来的持续发展需要，而且也不能破坏其他的城市和周边地区的可持续性。对此，Steve Egger（2006）指出，城市必须协调作为两个角色的矛盾冲突，一方面是作为全球城市网络中的竞争性节点，另一方面是满足城市自身的日常需要。由于全球化的竞争是由区域来体现的，所以既便是这两个方面的内容，也并非彼此独立无关，前一方面对后一方面存在支配性的影响作用。在第一个方面，意味着那些充当全球城市网络竞争节点的区域性首位城市，担负着协调区域发展的角色。依托符合产业分工需求、功能配置一体化、空间结构优化的城市群，可为全球城市及其所依托的区域带来持久的系统竞争优势。在城市自身方面，创新、基础设施、社会资本等城市能力方面的因素反映了城市运行的内在效率，经济产出、就业、教育、住房等城市状态方面的因素反映了城市运行的外在结果（杨东峰、殷成志，2010）。所以可通过客观评估城市能力和城市状态这两方面的发展因素，根据城市群演进的需要，推进并实现城市的可持续发展。由于开放条件下的城市可持续发展涵盖相当丰富的内容（包括代内公平、代际公平、地理公平、程序公平和物种公平等内容），所以城市群成为各国和区域追求社会、文化和生态协调发展的战略推进载体。例如，欧盟基于区域经济一体化发展的需要，自 1993 年开展跨境的"欧洲空间发展展望"（European Spatial Development Perspective）规划。日本则力图建设一个 21 世纪自然—空间—人类融合的城市群体系统（邬丽萍、柯颖、谭威，2010）。为了平衡城市群经济竞争力、社会稳定与和谐、环境增长限制这三者的关系，一个良好的制度治理架构显得格外重要，是城市群可持续发展中的重大命题。

2.4.4 空间政策理论与城市群协调发展

空间政策作为国家或地区在一定时期内为实现生产力的合理布局而采取的调整国民经济空间结构和地域比例的一系列政策手段的总合，是区域政策的重要内容，也是区域政策在空间的表现，是在实施国家发展战略过程中促进国民经济发展和解决区域问题的有效措施和手段，也是实现资源合理配置、生产力合理布局的重要途径（宋玉祥、丁四保，2010）。

首先，在城市群内部的层面上，促进城市群协调发展的空间政策旨在通过政府的集体行动实现空间意义的一体化发展目标，包括减弱各成员地区经济社会发展的不平衡程度、共同治理日益严峻的环境资源消耗以及社会发展过程中的阶层分化等问题。对此，可借鉴欧盟的做法，在制定政策方面，可以尝试建立多层次的谈判协调机制。围绕着经济和社会的融合、保护和管理自然资源和文化遗产、提供欧洲地域范围内公平竞争机会这三个基本政策,作为欧盟各国历时多年制定完成的空间一体化规划政策,"欧洲空间展望"的制订和决策政策主体涉及超国家、国家和地区三个层面,并以谈判充当决策的有效方式(谷海洪、诸大建,2006)。

其次,具体到城市群的空间政策,可根据尺度的不同分成不同的层次。完整的空间政策层次包括:国家战略空间政策、地方发展空间政策、城市扩张空间政策、产业开拓空间政策(宋玉祥、丁四保,2010)。战略层次的空间政策,归属于城市空间发展的宏观政策体系,其实施标准在于:城镇体系的空间分布是否具有最佳的空间经济绩效,以及城镇体系的空间分布是否有利于可持续发展(罗静、曾菊新,2002)。

最后,鉴于城市群是一个开放的、动态演进的空间系统,所以城市群之间的协调发展最终必然会纳入政策议题。宋玉祥和丁四保(2010)认为,随着某项具有试验田性质的倾斜政策的广域展开,或出于均衡发展的要求,在更多地域推行倾斜政策,都会导致政策的区域效应减弱,此时应适时地将城市群空间政策调整为产业倾斜政策。所谓产业倾斜政策,就是国家根据经济发展的需要、产业技术经济条件和各地区要素禀赋,确定若干重点开发产业及其空间发展格局,并在资源分配和政策投入上实行适度倾斜。产业倾斜可有效地实现效率、公平和环境三个目标的统一,是空间政策发展的高级阶段和必然趋势。

参考文献

[1] Ade Kearns, Ronan Paddison, "New Challenges for Urban Governance: Introduction to The Review Issue", *Urban Studies*, Vol. 37, 2000, pp. 845-850.

[2] Dosi, *Technical Change and Economic Theory*, London: Frances Printer, 1988, p. 52.

[3] Duranton, G., and D. Puga, *From Sectoral to Functional Urban Specialization*, Cambridge, MA: National Bureau of Economic Research, 2002.

[4] Foray and Freeman, *Technologie et Richesse des Nations Economics*, Par-

is,1992,pp. 45-67.

[5] Gottmann J. Megalopolis, *The Urbanized Northeastern Seaboard of the United States*, New York:Twentieth Century Fund,1961,p. 132.

[6] Maria Bengtsson and Sören Kock,"'Coopetition' in Business Networks—To Cooperate and Compete Simultaneously", *Industrial Marketing Management*,Vol. 29,2000,pp. 411-426.

[7] 保罗·诺克斯、琳达·迈克卡西:《城市化》,科学出版社 2009 年版。

[8] 贝蒂尔·俄林:《地区间贸易和国际贸易》,首都经济贸易大学出版社 2001 年版,第 47 页。

[9] J. 戈特曼:《大城市连绵区:美国东北海岸的城市化》,《国际城市规划》2007 年第 5 期。

[10] Peter Hall:《塑造后工业化城市》,《国外城市规划》2004 年第 4 期。

[11] 彼得·霍尔、考蒂·佩因:《从大都市到多中心都市》,《国际城市规划》2008 年第 1 期。

[12] 陈美玲:《城市群相关概念的研究探讨》,《城市发展研究》2011 年第 3 期。

[13] 陈彦光、刘继生:《城市体系时空演化的广义维数分析》,《地理科学》2003 年第 5 期。

[14] 陈玉光:《城市群形成的条件、特点和动力机制》,《城市问题》2009 年第 1 期。

[15] 戴宾:《城市群及其相关概念辨析》,《财经科学》2004 年第 6 期。

[16] 丁建军:《城市群经济、多城市群与区域协调发展》,《经济地理》2010 年第 12 期。

[17] 丁志伟、王发曾:《城市—区域系统内涵与机理研究——从城市、城市体系、城市群到城市—区域系统》,《人文地理》2012 年第 2 期。

[18] 杜瑜、樊杰:《基于产业—人口集聚分析的都市经济区空间功能分异——以我国三大都市经济区为例》,《北京大学学报》2008 年第 5 期。

[19] 樊敏、洪芸:《城市空间体系理论研究综述》,《云南财贸学院学报》2007 年第 2 期。

[20] 冯健、刘玉:《中国城市规划公共政策展望》,《城市规划》2008 年第 4 期。

[21] 付磊:《全球化和信息化进程中城市经济空间结构的演变特征与趋势》,《现代城市研究》2006 年第 7 期。

[22] 谷海洪、诸大建:《公共政策视角的欧洲空间一体化规划及其借鉴》,《城市规划》2006 年第 2 期。

[23] 顾朝林、陈璐、丁睿、李震、代媚媚:《全球化与重建国家城市体系设想》,《地理科学》2005 年第 6 期。

[24] 郭九林:《美国大都市连绵带的综合考察及启示》,《经济地理》2008 年第 2 期。

[25] 郭荣朝、苗长虹:《基于特色产业簇群的城市群空间结构优化研究》,《人文地理》2010 年第 5 期。

[26] 胡彬:《市场效率诱致的城市功能供给与演化——以上海市为例》,《城市问题》2010 年第 7 期。

[27] 黄昌丽:《城市群国内研究综述》,《知识经济》2010 年第 15 期。

[28] 黄卫平、刘一姣:《竞合:经济全球化的一种新格局趋势》,《中国人民大学学报》2012 年第 2 期。

[29] 江川:《规模经济、城市化和经济聚集》,《商业研究》2008 年第 11 期。

[30] 李国平、杨洋:《分工演进与城市群形成的机理研究》,《商业研究》2009 年第 3 期。

[31] 李瑞林:《区域经济一体化与产业集聚、产业分工:新经济地理学视角》,《经济问题探索》2009 年第 5 期。

[32] 李少星、顾朝林:《全球化与国家城市区域空间重构》,东南大学出版社 2011 年版,第 32—33 页。

[33] 李少星、颜培霞、蒋波:《全球化背景下地域分工演进对城市化空间格局的影响机理》,《地理科学进展》2010 年第 8 期。

［34］李仙德、宁越敏：《城市群研究述评与展望》，《地理科学》2012 年第 3 期。

［35］李学鑫：《基于专业化与多样性分工的城市群经济研究》，河南大学博士学位论文，2007 年。

［36］梁进社：《中心地体系的替代性与点轴系统》，《地理学报》1998 年第 12 期。

［37］刘勇：《我国城市群演进轨迹与前瞻》，《改革》2009 年第 4 期。

［38］刘友金、王玮：《世界典型城市群发展经验及对我国的启示》，《湖南科技大学学报》2009 年第 1 期。

［39］罗静、曾菊新：《论基于空间结构的宏观经济政策》，《华中师范大学学报》2002 年第 5 期。

［40］马远军、张小林：《城市群竞争与共生的时空机理分析》，《长江流域资源与环境》2008 年第 1 期。

［41］马中东：《分工视角下的产业集群形成与演化研究》，人民出版社 2008 年版，第 56 页。

［42］曼纽尔·卡斯特尔：《全球化、信息化与城市管理》，《国外城市规划》2006 年第 5 期。

［43］年福华、姚士谋：《信息化与城市空间发展趋势》，《世界地理研究》2002 年第 1 期。

［44］宁越敏、李仙德：《城市群研究综述与展望》，《地理科学》2012 年第 3 期。

［45］宁越敏：《关于城市体系系统特征的探讨》，《城市问题》1985 年第 3 期。

［46］宋吉涛、赵晖、陆军、李铭、蔺雪芹：《基于投入产出理论的城市群产业空间联系》，《地理科学进展》2009 年第 6 期。

［47］宋玉祥、丁四保：《空间政策：由区域倾斜到产业倾斜》，《经济地理》2010 年第 1 期。

［48］苏雪串：《经济活动的空间分散与世界城市的产业集聚》，《中央财经大学学报》2009 年第 9 期。

［49］孙中伟、金凤君、王杨：《信息化对区域经济发展的组织作用》，

《地理与地理信息科学》2008 年第 4 期。

[50] 唐茂华：《城市群体空间：演化机理与发展趋向》，《上海行政学院学报》2005 年第 9 期。

[51] 唐勇：《一体化市场制度与区域经济一体化——制度变迁的“中间抵制”与突破》，《浙江社会科学》2006 年第 1 期。

[52] 王成金、金凤君：《从航空国际网络看我国对外联系的空间演变》，《经济地理》2005 年第 9 期。

[53] 王红霞、王桂新：《市场开放进程中的工业企业集聚与人口城市化》，《市场与人口分析》2005 年第 5 期。

[54] 王缉宪、林辰辉：《高速铁路对城市空间演变的影响：基于中国特征的分析思路》，《国外城市规划》2011 年第 1 期。

[55] 王家祥：《厦泉漳龙城市联盟若干问题的思考》，《福建建筑》2008 年第 7 期。

[56] 韦亚平：《大都市区化与空间分工演进的理论思考》，《城市规划面对面——2005 城市规划年会论文集》，中国水利水电出版社 2005 年版。

[57] 魏后凯：《比较优势、竞争优势与区域发展战略》，《福建论坛》2004 年第 9 期。

[58] 魏后凯：《大都市区新型产业分工与冲突管理——基于产业链分工的视角》，《中国工业经济》2007 年第 2 期。

[59] 邬丽萍、柯颖、谭威：《基于集聚经济三维框架的城市群形成与发展战略》，《经济问题探索》2010 年第 12 期。

[60] 吴缚龙、王红扬：《解读城市群发展的国际动态》，《规划 50 年——2006 中国城市规划年会论文集》（上册），中国建筑工业出版社 2006 年版。

[61] 吴启焰：《城市密集区空间结构特征及演变机制——从城市群到大都市带》，《人文地理》1999 年第 1 期。

[62] 吴郁文：《略论地域分工与地域发展》，《地域研究与开发》1995 年第 12 期。

[63] 夏永祥：《城市体系与区域经济空间结构》，《江海学刊》2007 年第 2 期。

［64］肖丕楚、张建儒：《产业扩散、企业分蘖与空间再造》，《当代经济科学》2004 年第 2 期。

［65］谢守红：《大都市区的空间组织》，科学出版社 2004 年版，第 45 页。

［66］熊剑平、刘承良、袁俊：《国外城市群经济联系空间研究进展》，《世界地理研究》2006 年第 1 期。

［67］徐和平：《美国郊区化的经验与教训》，《开发研究》2007 年第 3 期。

［68］徐康宁：《全球化、地区化与中国产业的新比较优势》，《江海学刊》2002 年第 2 期。

［69］徐现祥、李郇：《市场一体化与区域协调发展》，《经济研究》2005 年第 12 期。

［70］杨东峰、毛其智、龙瀛：《迈向可持续的城市：国际经验解读——从概念到范式》，《城市规划学刊》2010 年第 1 期。

［71］杨东峰、殷成志：《城市可持续性：理论基础与概念模型》，《国际城市规划》2010 年第 6 期。

［72］杨帆：《区域经济的多中心空间结构》，《现代管理科学》2005 年第 5 期。

［73］杨开忠、陈良文：《中国区域城市体系演化实证研究》，《城市问题》2008 年第 3 期。

［74］杨永华：《马克思的地域分工理论、刘易斯的二元经济模型与区域协调发展战略》，《华南师范大学学报》2003 年第 4 期。

［75］姚士谋、朱英明、陈振光：《中国城市群》，中国科学技术大学出版社 2001 年版，第 4—5 页。

［76］银温泉、才婉茹：《中国地区间市场分割成因和治理》，《经济研究》2001 年第 6 期。

［77］于洪俊、宁越敏：《城市地理概论》，安徽科学技术出版社 1983 年版，第 56—58 页。

［78］余斌、刘明华、朱丽霞、高军波、曾菊新：《城市群的边界效应与边界地区发展》，《地理科学》2012 年第 6 期。

[79] 张辉：《全球价值链理论与我国产业发展研究》，《中国工业经济》2004 年第 5 期。

[80] 张辉：《全球价值链下地方产业集群升级模式研究》，《中国工业经济》2005 年第 9 期。

[81] 张京祥、何建颐、殷洁：《全球城市密集地区发展与规划的新趋势》，《规划 50 年——2006 中国城市规划年会论文集》（上册），中国建筑工业出版社 2006 年版。

[82] 张毓峰、胡雯：《劳动空间分工：一个概念性理论框架》，《经济社会体制比较》2009 年第 5 期。

[83] 赵峰：《高新技术产业集群提升国际竞争力的制度创新安排》，《财贸经济》2007 年第 11 期。

[84] 赵红军、尹伯成、孙楚仁：《交易效率、工业化与城市化——一个理解中国经济内生发展的理论模型与经验证据》，《经济学季刊》2006 年第 4 期。

[85] 赵红军：《交易效率、城市规模扩张及未来策略》，《社会科学辑刊》2005 年第 6 期。

[86] 赵璟、党兴华、王修来：《城市群空间结构的演变——来自中国西部地区的经验证据》，《经济评论》2009 年第 4 期。

[87] 赵晓民、王文革、陶咏梅：《商业聚集经济性推动与消费需求拉动的耦合分析》，《管理现代化》2007 年第 5 期。

[88] 周天勇：《城市及其体系起源和演进的经济学描述》，《财经问题研究》2003 年第 7 期。

[89] 朱英明：《城市群经济空间分析》，科学出版社 2005 年版，第 4 页。

[90] 朱英明：《我国城市群区域联系发展趋势》，《城市问题》2001 年第 6 期。

第二部分　专题研究

3

中国城市群的
界定与竞争力
评析

2011 年 12 月发布的《社会蓝皮书：2012 中国社会形势分析与预测》指出中国城镇化人口已经超过 50%。在这样的背景下，中国的城市、都市圈、城市群正在中国的经济发展中扮演越来越重要的角色，成为驱动中国未来经济发展的最重要的力量，也成为促进中国城镇化和城乡一体化的最重要的依托和保障。

2010 年，国务院印发了《全国主体功能区规划》（国发〔2010〕46 号），这是中国首个国土空间开发规划。它明确了中国未来不同区域的主体功能和未来国土空间的开发格局。在此基础上，各个地区又先后颁布了未来的发展规划并掀起了城市群的讨论热潮。中国未来以城市群和核心城市为依托，带动地区经济发展的基本思路已经形成。然而，中国目前有多少被明确定义的城市群？这些城市群处于怎样的发展阶段？从经济、环境、社会等视角来分析，这些城市群的竞争力如何？通过本章的研究，试图对这些问题加以解析和说明。

3.1　中国城市群的界定

3.1.1　中国城市群发展的政策规划

改革开放三十多年来，中国的经济和社会取得了巨大的发展和进步。同时，中国的城市也经历了深刻的变化过程。随着我国城市化进程的加快，城乡统筹发展的迫切需要，交通基础设施的不断改善，以及城市之间竞争合作需求的日益迫切，城市群已经成为中国未来经济发展的重要载体和"发动机"。

与国外城市群的形成和发展不同的是，中国城市群发展明显受到相关政策的影响和推动。国家"十一五"规划纲要中明确提出："要把城市群作为推进城镇化的主体形态；已形成城市群发展格局的京津冀、长江三角洲、珠江三角洲等区域，要继续发挥带动和辐射作用，加强城市群内各城市的分工协作和优势互补，增强城市群的整体竞争力；具备城市群发展条件的区域，要加强统筹规划，以特大城市和大城市为龙头，发挥中心城市作用，形成若干用地少、就业多、要素集聚能力强、人口分布合理的新城市群。"

"十二五"规划纲要中提出了未来中国城市群的发展构想："按照统筹规划、合理布局、完善功能、以大带小的原则，遵循城市发展客观规律，以大城市为依托，以中小城市为重点，逐步形成辐射作用大的城市群，促进大中小城市和小城镇协调发展。构建以陆桥通道、沿长江通道为两条横轴，以沿海、京哈京广、包昆通道为三条纵轴，以轴线上若干城市群为依托、其他城市化地区和城市为重要组成部分的城市化战略格局，促进经济增长和市场空间由东向西、由南向北拓展。在东部地区逐步打造更具国际竞争力的城市群，在中西部有条件的地区培育壮大若干城市群。科学规划城市群内各城市功能定位和产业布局，缓解特大城市中心城区压力，强化中小城市产业功能，增强小城镇公共服务和居住功能，推进大中小城市基础设施一体化建设和网络化发展。积极挖掘现有中小城市发展潜力，优先发展区位优势明显、资源环境承载能力较强的中小城市。有重点地发展小城镇，把有条件的东部地区中心镇、中西部地区县城和重要边境口岸逐步发展成为中小城市。"

十八大报告中提出要"科学规划城市群规模和布局，增强中小城市和小城镇产业发展、公共服务、吸纳就业、人口集聚功能"。

在中央一系列政策规划的带动以及《全国主体功能区规划》的基础上，各地市又相继出台了针对各地区各城市群的详细发展规划，包括《东北振兴"十二五"规划》、《西部大开发"十二五"规划》、《山东半岛城市群总体规划（2006—2020年)》、《成渝经济区区域规划》等，进一步对各城市群的范围、功能进行了界定。

在这些列政策的推动下，中国的城市群在数量和范围上都如雨后春笋般迅速增长和扩张。中国的城市群将成为中国参与全球竞争与国际分工的最重要的地域单元，也将是中国未来竞争力的重要体现（王婧、方创琳，2011）。但是在有关中国城市群的数量和空间范围的界定方面却始终未能达成一致，学者们从不同的角度对中国城市群的数量和范围进行了界定（见表 3 – 1）。

表 3 – 1　中国城市群的界定

作者及发表年份	城市群个数	城市群名称
代合治（1998）	17	沪宁杭、京津唐、辽中南、山东半岛和鲁中南、珠江三角洲、吉中、黑东、福厦、成都平原、石太、安徽沿江、郑洛汴、武汉、长株湘、北部湾沿岸、重庆、关中
苗长虹和王海江（2005）	13	长三角、珠三角、京津冀北、辽中南、福厦、山东半岛、长株潭、武汉、中原、吉中、哈大齐、成渝、关中
姚士谋（2006）	6 + 7	超大城市群（6）：沪宁杭、京津唐、珠江三角洲、山东半岛、辽中南、四川盆地；近似城市群的城镇密集区（7）：关中、湘中、中原、福厦、哈大齐、武汉、台湾西海岸
肖金成（2009）	10	长三角、京津冀、珠三角、山东半岛、川渝、辽中南、长江中游、中原、海峡西岸、关中
宁越敏（2011）	13	京津冀、辽中南、长吉、哈大齐、山东半岛、长三角、闽东、中原、武汉、长株潭、珠三角、成渝、关中
方创琳（2011）	15 + 8	长江三角洲、珠江三角洲、京津冀、山东半岛、聊东南半岛、海峡西岸、长株潭、武汉、哈达长、中原、江淮、环鄱阳湖、晋中、成渝、南北钦防、关中、天山北坡、兰白西、滇中、黔中、呼包鄂、银川平原、酒嘉玉

从表 3 – 1 中可以看出，在中国的城市群数量和名称上面目前都未能达成一致，通过不同的指标和视角对中国的城市群进行分析将会得到不同的结论。在这样的背景下，国家颁布了《全国主体功能区规划》，从官方的途径为中国城市群的划分提供了最佳依据。

3.1.2　根据政策规划的城市群划分

2010 年，国务院印发了《全国主体功能区规划》，这是中国第一次颁布实施的中长期国土开发总体规划，立足于构筑我国长远的、可持续的发展蓝图，涉及国家影响力和控制力的提升、人口和产业未来的集聚、生态和粮食安全格局的保障，是对中国未来城市群的定位和发展具有重要指导意义的文件。

《全国主体功能区规划》中提出了中国城市群的未来发展格局，即构建"两横三纵"为主体的城市化战略格局。基于不同区域的资源环境承载能力、现有开发强度和未来发展潜力将我国国土空间分为优化开发区域、重点开发区域、限制开发区域和禁止开发区域。

优化开发区域是经济比较发达、人口比较密集、开发强度较高、资源环境问题更加突出，从而应该优化进行工业化、城镇化开发的城市化地区。重点开发区域是有一定经济基础、资源环境承载能力较强、发展潜力较大、集聚人口和经济的条件较好，从而应该重点进行工业化、城镇化开发的城市化地区。《全国主体功能区规划》中将优化开发区域和重点开发区域落实到 21 个地区，分别为环渤海地区、长三角地区、珠三角地区、冀中南地区、太原城市群、呼包鄂榆地区、哈长地区、东陇海地区、江淮地区、海峡西岸经济区、中原经济区、长江中游地区、北部湾地区、成渝地区、黔中地区、滇中地区、藏中南地区、关中—天水地区、兰州—西宁地区、宁夏沿黄经济区、天山北坡地区（如图 3-1 所示）。其中，环渤海地区又分为京津冀、辽中南和山东半岛城市群；长江中游地区分为武汉城市圈、环长株潭城市群和鄱阳湖生态经济区。因冀中南地区与京津冀包含的城市相互重合，故删掉冀中南地区。至此，《全国主体功能区规划》中明确提出的城市群数实为 24 个，为后续各地方政府的规划和有关中国城市群的研究奠定了基础。

《全国主体功能区规划》虽然明确了中国未来的优先和重点发展区域，但是却并没有划分明确的范围。然而，要使城市群成为中国推进城市化的主体形态，首先需要明确城市群的范围，才能进一步对城市群对经济的发展和带动作用进行进一步的分析。因此，本书以国家的主体功能区规划为依据，参考各地方规划，共界定了 24 个城市群①，既对中国城市群从数量

---

① 由于数据收集问题，本书后续的分析中没有包括藏中南城市群，故为 23 个城市群。

和范围上进行了明确的界定，又为后文的研究和分析奠定了基础，其划分的依据和范围如表 3 - 2 所示。

表 3 - 2 根据政策规划的城市群划分

序号	城市群名称	文件名称	包括范围
1	京津冀城市群	《京津冀都市圈区域规划》、《全国主体功能区规划》	包括北京、天津、石家庄、秦皇岛、唐山、廊坊、保定、沧州、张家口、承德
2	长三角城市群	《长江三角洲地区区域规划纲要》、《全国主体功能区规划》	包括上海市、南京市、无锡市、常州市、苏州市、南通市、扬州市、镇江市、台州市、杭州市、宁波市、嘉兴市、湖州市、绍兴市、舟山市、台州市
3	珠三角城市群	《珠江三角洲地区改革发展规划纲要（2008—2020年)》、《全国主体功能区规划》	包括深圳市、广州市、珠海市、佛山市、江门市、肇庆市、惠州市、东莞市、中山市
4	辽中南城市群	《全国主体功能区规划》	包括沈阳市、大连市、鞍山市、抚顺市、本溪市、辽阳市、丹东市、营口市、盘锦市、铁岭市
5	山东半岛城市群	《山东半岛城市群总体规划（2006—2020年)》、《全国主体功能区规划》	山东半岛城市群包括济南市、青岛市、烟台市、淄博市、威海市、潍坊市、东营市、日照市
6	哈长城市群	《全国主体功能区规划》	包括哈尔滨市、长春市、大庆市、齐齐哈尔市、牡丹江市、吉林市、松原市、延边朝鲜族自治州
7	东陇海城市群①	《全国主体功能区规划》	包括徐州市、连云港市、日照市
8	江淮城市群②	《皖江城市带承接产业转移示范区规划》、《全国主体功能区规划》	包括合肥市、芜湖市、马鞍山市、铜陵市、安庆市、滁州市、池州市、巢湖市、宣城市

---

① 也有研究称为徐州城市群，包括徐州、连云港、宿迁、宿州、淮北、枣庄、滕州、济宁市的微山县和商丘市的永城市，本书主要依照《全国主体功能区规划》规划，选用包括徐州、连云港、日照市在内的东陇海城市群这一名称。

② 也有研究称为皖江城市带，但为与依照《全国主体功能区规划》而界定的其他城市群统一，本书采用江淮城市群这一名称。

序号	城市群名称	文件名称	包括范围
9	海峡西岸城市群	《全国主体功能区规划》、《海峡西岸城市群协调发展规划》	包括厦门市、福州市、莆田市、三明市、泉州市、漳州市、南平市、龙岩市和宁德市
10	中原城市群	《中原城市群总体发展规划纲要》、《全国主体功能区规划》	包括郑州市、济源市、开封市、洛阳市、平顶山市、新乡市、焦作市、许昌市和漯河市
11	武汉城市群	《武汉城市圈总体规划》、《全国主体功能区规划》	包括武汉市、天门市、黄石市、鄂州市、孝感市、咸宁市、黄冈市、仙桃市和潜江市
12	环长株潭城市群	《湖南省"十二五"环长株潭城市群发展规划》、《全国主体功能区规划》	包括长沙市、株洲市、湘潭市、衡阳市、岳阳市、益阳市、常德市、娄底市
13	鄱阳湖城市群	《鄱阳湖生态经济区规划》、《全国主体功能区规划》	包括南昌市、九江市、新余市、吉安市、宜春市、景德镇市、鹰潭市、抚州市和上饶市
14	成渝城市群	《成渝经济区区域规划》、《全国主体功能区规划》	包括重庆市，四川省成都、德阳、绵阳、眉山、资阳、遂宁、乐山、雅安、自贡、泸州、内江、南充、宜宾、达州、广安
15	关中—天水城市群	《关中—天水经济区发展规划》、《全国主体功能区规划》	包括陕西省西安、铜川、宝鸡、咸阳、渭南、杨凌、商洛（部分区县）和甘肃省天水所辖行政区域
16	天山北坡城市群	《自治区国民经济和社会发展第十二个五年规划纲要》、《全国主体功能区规划》	包括乌鲁木齐市、克拉玛依市、石河子市、昌吉回族自治州、伊犁哈萨克自治州、博尔塔拉蒙古自治州、塔城地区、吐鲁番地区、哈密地区
17	太原城市群	《"十二五"国家经济开发战略规划》、《全国主体功能区规划》	包括太原、晋中、阳泉、吕梁、祈州
18	北部湾城市群	《广西北部湾经济区发展规划》、《全国主体功能区规划》	包括南宁、北海、钦州、防城港四市所辖行政区域

序号	城市群名称	文件名称	包括范围
19	兰州—西宁城市群	《西部大开发"十二五"规划》、《全国主体功能区规划》	兰州、西宁、白银、定西、临夏回族自治州
20	滇中城市群	《全国主体功能区规划》	构建以昆明为中心，以曲靖、玉溪和楚雄等节点城市为支撑，以主要交通轴线为纽带，一体化的滇中城市经济圈空间开发格局
21	黔中城市群	《全国主体功能区规划》	包括贵州省贵阳市、遵义市、安顺市、毕节市、黔东南州、黔南州
22	呼包鄂榆城市群	《全国主体功能区规划》	包括内蒙古自治区呼和浩特、包头、鄂尔多斯和陕西省榆林的部分地区
23	宁夏沿黄城市群	《西部大开发"十二五"规划》、《全国主体功能区规划》	包括银川、石嘴山、吴忠和中卫市4个城市
24	藏中南城市群	《全国主体功能区规划》	拉萨、日喀则地区、那曲地区、山南地区、林芝地区

3.2　中国城市群的发展阶段识别

　　根据国家及地区的发展规划，这24个城市群将作为中国未来发展的重心，经济、人口、资源等要素集聚的中心，成为未来中国经济发展的引擎。但是中国的区域发展不平衡反映至城市群的空间发展单元上，造成城市群在发展阶段方面的巨大差距。有些城市群，如长三角城市群、京津冀城市群和珠三角城市群作为我国的三大经济增长极，其发展已达到一定国际城市群发展水平和高度。但有些城市群，如天山北坡城市群、藏中南城市群仍处在城市群发展的初级阶段或雏形阶段。宁越敏和张凡（2012）认为这些地区还不能被称为城市群。从经济、社会、地理等角度对中国的城市群进行分析，会发现这些区域确实与真正的城市群还存在很大的差距，未产生明显的集聚效应，还未能形成对地区经济发展的带动作用。但是，由于中国城市群的界定和发展带有较多的政策影响因素，中国城市群的发展肩负着解决中国区域发展不平衡、城乡发展不平衡的重任，因此不能简单的从经济和地理的角度对城市群进行界定。在本书的研究中，将对政策规划的 24 个城市群进行分析和研究，从发展阶段上对其进行划分，试图对中国已经成熟的城市群、正在发展型城市群以及未来具有发展潜力的城市群进行界定。作为中国经济的发展引擎，这些城市群发展到了怎样的阶段？根据国家主体功能区规划而形成的 24 个城市群中有多少城市群已经在经济、社会和地理意义上形成了真正意义的城市群？

通过对目前有关城市群的界定和城市群的发展研究相关文献进行总结，发现在城市群的发展阶段界定和识别中中主要有两种方法：第一种方法主要反映城市群的地理属性，通过综合城市之间的物质流、人流、信息流等数据，借用地理学的相关研究方法，对城市群的范围进行界定，对城市群的发展阶段进行识别，本书中将其定义为地理学视角的城市群发展识别方法；第二种方法则从城市群的相关定义出发，主要反映城市群的经济属性，依据经济社会统计指标，对城市群的范围及发展阶段进行界定，本书中将其定义为经济学视角的城市群发展识别。

3.2.1 地理学视角的城市群发展阶段识别

地理学方面的有关研究主要依托于城市群的空间特征。依据一些比较复杂的空间测算模型和比较抽象的经济社会统计衍生指标进行城市群的划分。这些指标主要是一些和空间相关的指标，包括：周围地区到中心城市的通勤率、中心城市到外围圈的通勤时间、外贸货流、铁路客货流、人口迁移流、信件流等流量，城市群发育程度指数模型，城市综合实力的 R 型因子模型、重力模型、摩擦系数模型等（张倩等，2011）。

周一星和张莉（2003）通过外贸货流、铁路客货流、人口迁移流、信件流等流量流向分析，将中国经济区划分为北方区、东中区和南方区 3 个一级城市经济区和 11 个二级经济区。

顾朝林和庞海峰（2008）应用重力模型对中国城市的空间联系强度进

行测度，对中国的区域城市体系进行了界定，发现至2003年，中国共形成了64个城市体系（即城市群），北方有34个城市体系，南方有30个城市体系，并依据计算结果对每一个城市体系的范围进行了明确的界定。

王丽等（2011）基于改进场模型，研究城市影响范围的动态演变特征，对中部地区核心城市的影响范围进行界定，进而对城市群的范围进行进一步分析。

张倩等（2011）基于交通、人口和经济的相关因素对中国的城市群进行了进一步的识别，明确了2000年中国九大城市群的空间位置以及其覆盖区域。

3.2.2　经济学视角的城市群发展阶段识别

经济学视角的城市发展识别是依据经济社会统计年鉴资料确定城市群范围，即首先提出若干判定城市群的准则，而后主要根据统计年鉴数据对城市群的发展阶段进行识别，对城市群进行判断（张倩等，2011）。城市群在不同的发展阶段有各自的特点，根据这些特点可对该城市群发展阶段进行识别。方创琳（2011）从空间范围、影响范围、城市个数、人口规模、空间组成、交通网络、产业联系、地域结构、梯度扩张模式、发展阶段、中心功能等方面对城市群发展不同阶段的特征进行了分析。陈群元和喻定权（2009）也从城市化率、城镇体系、空间结构、空间作用、城市分工、增长路径等方面提出了城市不同发展阶段的特征。根据这些特征，设定相关判断指标，对城市群发展阶段进行识别。很多国内外学者都运用这种方法对城市群的发展进行识别和判定（表3-3）。

通过对前人的研究进行总结后发现，现有城市群的识别指标主要从城市群规模、中心城市、城市联系水平和城市发展水平几个方面对城市群进行识别：

（1）城市群规模反映的是城市群的大小，代表的是城市群土地资源、人口资源、自然资源等禀赋的丰富程度，是城市群界定的基础，通常研究包括区域范围和人口规模两方面的指标。其中，区域范围主要通过城市数量、城市群面积以及都市圈半径等指标来界定；而人口规模也是基本上所有文献都关注的重要指标，从500万—3000万不等，Gottmann（1964）还

表 3 - 3　城市群发展识别相关文献及指标

文献名称	区域范围	人口规模	中心城市	城市联系	城市化水平	经济发展水平
Megalopolis: The Urbanized Northeastern Seaboard of the United States（Gott-mann, 1964）		人口规模 2500 万，人口密度为 250 人/平方公里	有相当多的大城市形成各自的都市区，核心城市与都市区外围地区有密切的社会经济联系	成为区域内各种发展轴线的枢纽，国家对内以及对外联系网络的枢纽	有联系方便的交通走廊把核心城市连接起来，各都市区之间没有间隔，且联系密切	
《建立中国城市的实体地域概念》（周一星和史玉龙, 1995）	有数量较多的中小城市，且多个都市区沿交通走廊相连	总人口规模达到 2500 万人，人口密度达到 700 人/平方公里	有 2 个以上人口超过 100 万的特大城市作为发展极，其中至少 1 个城市有相对较高的对外开放度，具有国际性城市的主要特征	有相当规模的和技术水平领先的大型海港（年货运吞吐量大于 1 亿吨）及空港，并有多条定期国际航线；有多重现代运输方式叠加而成的综合交通走廊；存在紧密的经济社会联系		
《中国城市群的界定及其分布研究》（代合治, 1998）	地域面积在 1 万平方公里以上；城市数量 5 座以上	总人口在 500 万以上	应有特大城市或大城市		城市人口在 150 万人以上	

续表

文献名称	区域范围	人口规模	中心城市	城市联系	城市化水平	经济发展水平
《中国城市群》（姚士谋等，2006）	城市群等级规模结构完善，形成5个等级	总人口规模1500万—3000万	特大超级城市不少于2座	铁路网密度250—350公里/万平方公里，公路网密度为2000—2500公里/万平方公里	城市人口比重大于35%，城镇人口比重大于40%，城镇人口占省区比重大于55%	社会消费品零售总额占全省比重大于45%，流动人口占全省，区比重大于65%，工业总产值占全省，区比重大于70%
《中国城市群发展态势分析》（苗长虹和王海江，2005）	区域范围应达到2万平方公里，建制市数量不少于5个		至少有1个人口在200万以上的超大城市或一个省级以上城市，人口在100万以上的特大城市，与核心城市的通勤距离不超过4小时			
《中国都市圈评价报告》（高汝熹等，2008）	中心城市国内生产总值大于5000亿元，都市圈半径300公里；生产总值1500亿—2500亿元，都市圈半径200公里；生产总值1500亿元以下，都市圈半径100公里				中心城市的市区非农业人口规模必须在200万以上，非农人口比重达到70%以上	

续表

文献名称	区域范围	人口规模	中心城市	城市联系	城市化水平	经济发展水平
《2010中国城市群发展报告》(方创琳等，2011)	城市群或都市圈或大城市数量不少于3个	人口规模不低于2000万人	作为核心城市的城镇人口大于100万人的特大或超大城市至少有1个；城市群内核心城市的GDP中心度大于45%，具有跨省省际城市功能	铁路网密度为250—350公里/万平方公里，公路网密度为2000—2500公里/万平方公里，基本形成高度发达的综合运输通道，能够形成半小时、1小时、2小时经济圈	城镇人口规模不少于1000万人，区域城市化水平大于50%	人均GDP超过3000美元，工业化程度较高，城市群经济密度大于500万元/平方公里，经济外向度大于30%，非农业产值比率超过70%
《中国都市区和大城市群的界定——兼论大城市群在区域经济发展中的作用》(宁越敏，2011)			至少有2个人口百万以上大都市区作为发展极，或至少拥有1个人口在200万以上的大都市区	沿着一条或多条交通走廊，连同周边有着密切社会、经济联系的城市和社区，相互连接形成的巨型城市化区域	一个大城市拥有较高的城市化水平	

运用了人口密度这一指标。

（2）中心城市或核心城市反映的是城市群的核心竞争力，根据增长极理论，城市群的中心城市对整个城市群发展的带动作用至关重要，是城市群发展的凝聚力和发展潜力的重要体现，主要包括中心城市的数量、中心城市的规模以及中心城市的影响力等几个方面的指标。

（3）城市联系水平是城市群构成的必然要素，也是城市群形成的必要条件，是城市群内部以及外部物质和文化交流的基础，主要通过公路、铁路、港口码头等交通基础设施方面的指标来反映。

（4）城市群是城市发展到成熟阶段的最高空间组织形式，因此城市的发展水平是界定城市群发展阶段的重要指标。通过文献的总结可以看出，目前的研究中主要通过城市化水平、城市群的经济发展现状等因素来反映城市群的发展水平。

3.2.3　中国城市群发展识别

城市群是一个复杂且开放的系统，城市群发展阶段的识别对于制定城市群未来的发展方针具有重要的意义和作用。在对前人研究成果进行总结的基础上，综合地理学和经济学视角，结合中国城市群目前发展所面临的最关键问题，本书将主要从城市群规模、中心城市、城市联系水平、城市发展水平四个方面对中国 23 个城市群①的发展阶段进行识别。

（1）城市规模方面将从城市群人口规模和城市数量两个方面进行界定和判断。

（2）中心城市方面选用了特大城市数量和核心城市 GDP 所占比重，来表明城市群拥有特大城市的数量以及中心城市的辐射影响能力。其中，特大城市指的是城镇人口大于 300 万②的城市，而核心城市指城市群中生产总值排名第一的城市。

（3）联系强度方面，除选用了表示交通基础设施建设情况的公路网密度以外，还着重引入了城市群联系强度这一地理学城市群研究中的常用指

---

① 藏中南城市群数据缺失，没有进行发展阶段识别。

② 这里的城镇人口是以全市为统计范围。

标来表示城市群中的城市的相互作用关系。

城市群的联系强度指标基于城市间相互作用强度。此指标是地理学中用来反映城市间相互吸引、相互联系的强度的指标。其大小与城市规模成正比，与城市间距离成反比。通过城市间相互作用强度，可以反映出各个城市间相互作用的强弱程度。其公式如下：

$$E = \frac{\sqrt{P_1V_1 \cdot P_2V_2}}{R^2} \qquad (3.1)$$

其中，E 为城市间相互作用强度，P_1 和 P_2 为两城市的人口数，这里用该城市当年的常住人口来表示，V_1 和 V_2 分别为两城市的地区生产总值，R 为两城市之间的距离（景建军，2006）。本书对城市群中的城市两两计算城市相互作用强度后取均值作为反映城市群联系强度的指标。

（4）发展水平方面，选用了城市化率、人均 GDP 和经济密度三个指标，分别对城市群的城市化发展水平、经济的人均和地均发展水平进行度量。

目前，有关城市群的界定往往是单维度的，即只对是否形成城市群进行界定。但是城市群的发展也是分阶段的。方创琳（2011）总结了从城市到都市区、都市圈、城市群，再到大都市带的四个扩张过程，证明城市群的发展是分阶段的。例如长三角城市群的发展阶段必然与中原城市群以及天山北坡城市群发展所处的阶段是不同的。虽然根据国家政策的规划，本书关注的城市群将在中国未来的经济发展中扮演重要的角色，但是从现阶段来看，这些城市群仍处于不同的发展阶段并具有各自的发展特点。在国家及地区规划基础上的中国城市群已经成为对中国经济具有强劲拉动作用的增长极？或是区域经济发展的重心？还是近似城市群的城镇发展密集区？为了对中国城市群的发展阶段进行识别，在借鉴国际城市群发展以及识别经验的基础上，将中国城市群的判别标准划分为Ⅰ级、Ⅱ级、Ⅲ级、×，分别对应于该指标的发展成熟度，Ⅰ级表示非常成熟、Ⅱ级表示成熟、Ⅲ级为发展初级阶段、×表示不具有城市群发展特征，如表3−4。

表 3 – 4　中国城市群的发展阶段识别指标

指标名称		序号	判别标准		
			Ⅰ级	Ⅱ级	Ⅲ级
规模指标	城市群人口规模	1	人口规模≥5000 万人	人口规模≥3000 万人	人口规模≥1000 万人
	城市数量	2	城市数量≥8 个	城市数量≥5 个	城市数量≥3 个
核心城市	特大城市数量	3	城镇人口 300 万以上特大城市≥3	城镇人口 300 万以上特大城市≥2	城镇人口 300 万以上特大城市≥1
	中心城市集聚程度	4	中心城市 GDP≥40%	中心城市 GDP≥30%	中心城市 GDP≥20%
联系强度	公路网密度	5	公路网密度≥5000 公里/万平方公里	公路网密度≥3000 公里/万平方公里	公路网密度≥2000 公里/万平方公里
	城市群联系强度	6	平均作用强度≥100 亿元·万人/平方公里	平均作用强度≥30 亿元·万人/平方公里	平均作用强度≥20 亿元·万人/平方公里
发展水平	城市化水平	7	城市化水平≥50%	城市化水平≥40%	城市化水平≥30%
	人均 GDP	8	人均 GDP≥8000 美元	人均 GDP≥5000 美元	人均 GDP≥3000 美元
	经济密度	9	经济密度≥2000 万元/平方公里	经济密度≥1000 万元/平方公里	经济密度≥500 万元/平方公里

　　在对 23 个城市群发展数据进行整理的基础上（表 3 – 5），对中国 23 个城市群的发展阶段进行识别，分别对发展Ⅰ级、Ⅱ级、Ⅲ级、×阶段进行赋值，Ⅰ级—3 分、Ⅱ级—2 分、Ⅲ级—1 分、×—0 分，对这些分数进行叠加，最后得到城市群的发展阶段识别评分（表 3 –6）。

表 3-5 2010 年中国城市群发展阶段识别数据

序号	城市群名称	规模指标		核心城市		联系强度		发展水平		
		城市群常住人口（万人）	城市数量（个）	城镇人口大于300万城市数量（个）	中心城市集聚程度（%）	公路网密度（公里/万平方公里）	城市群相互作用强度（亿元·万人/平方公里）	城市化水平（%）	人均GDP（美元）	经济密度（万元/平方公里）
1	京津冀城市群	8389.2	10	5	35.64	0.83	117.65	59.04	7866.99	2169.78
2	辽中南城市群	3313.2	10	2	28.39	0.72	41.61	67.87	9140.94	1875.28
3	山东半岛城市群	4377.5	8	4	22.46	1.33	47.32	49.81	9603.11	3445.80
4	长三角城市群	10767.5	16	8	24.29	1.47	140.23	62.09	10939.61	6415.52
5	珠三角城市群	5616.5	9	4	28.53	1.02	466.62	82.72	11179.34	6883.10
6	哈长城市群	3896.3	8	2	24.47	0.40	14.21	49.55	6406.50	557.14
7	东陇海城市群	1578.2	3	1	57.01	1.41	21.57	49.75	5449.81	2140.23
8	江淮城市群	3825.6	12	1	26.62	1.07	13.18	48.84	4420.75	1029.46
9	海峡西岸城市群	3689.5	9	3	24.65	0.74	24.88	58.46	6533.29	1173.05
10	中原城市群	4158.5	9	1	30.21	1.51	43.65	46.10	5360.65	2276.43
11	武汉城市圈	3024.3	9	1	57.54	1.35	48.13	50.52	5282.32	1651.14
12	环长株潭城市群	4008.2	8	2	36.21	1.33	63.54	48.02	5222.13	1300.89
13	鄱阳湖城市群	3438.3	9	1	28.30	0.86	8.43	44.79	3780.12	630.22
14	成渝城市群	9576	16	2	34.16	1.21	22.15	45.89	4038.24	967.03

续表

序号	城市群名称	规模指标		核心城市		联系强度		发展水平		
		城市群常住人口（万人）	城市数量（个）	城镇人口大于300万城市数量（个）	中心城市集聚程度（%）	公路网密度（万平方公里）	城市群相互作用强度（亿元·万人/平方公里）	城市化水平（%）	人均GDP（美元）	经济密度（万元/平方公里）
15	关中—天水城市群	2882.5	7	1	47.04	0.96	77.34	38.46	3984.82	771.92
16	天山北坡城市群	1065.4	9	0	33.68	0.13	4.47	64.74	6217.76	82.63
17	太原城市群	1562.6	5	1	41.79	0.79	47.99	53.14	4537.60	573.74
18	北部湾城市群	1214.8	4	1	59.17	0.49	11.65	48.77	4174.57	715.71
19	兰州—西宁城市群	1218.8	5	0	47.80	0.55	5.21	48.78	3148.25	336.32
20	滇中城市群	1731	4	1	49.69	0.81	21.43	45.58	4108.42	451.73
21	黔中城市群	2602.8	6	0	31.75	0.80	7.80	35.88	2262.68	268.82
22	呼包鄂榆城市群	1083.4	4	0	30.29	0.37	14.53	51.14	13424.42	611.65
23	宁夏沿黄城市群	509.6	4	0	53.50	0.44	4.44	51.79	4845.50	364.31

资料来源：《中国城市统计年鉴（2011）》、《中国区域经济统计年鉴（2011）》。

表 3 - 6 2010 年中国城市群发展阶段识别评分

序号	城市群名称	规模指标		核心城市		联系强度		发展水平			发展阶段识别评分（L）
		城市群常住人口	城市数量	城镇人口大于300万城市数量	中心城市集聚程度	公路网密度	城市群相互作用强度	城市化水平	人均GDP	经济密度	
1	京津冀城市群	Ⅰ级	Ⅰ级	Ⅰ级	Ⅱ级	Ⅰ级	Ⅰ级	Ⅰ级	Ⅱ级	Ⅰ级	25
2	辽中南城市群	Ⅱ级	Ⅰ级	Ⅱ级	Ⅲ级	Ⅰ级	Ⅱ级	Ⅰ级	Ⅰ级	Ⅱ级	21
3	山东半岛城市群	Ⅱ级	Ⅰ级	Ⅰ级	Ⅲ级	Ⅰ级	Ⅱ级	Ⅱ级	Ⅰ级	Ⅰ级	22
4	长三角城市群	Ⅰ级	Ⅰ级	Ⅰ级	Ⅲ级	Ⅰ级	Ⅰ级	Ⅰ级	Ⅰ级	Ⅰ级	25
5	珠三角城市群	Ⅰ级	Ⅰ级	Ⅰ级	Ⅲ级	Ⅰ级	Ⅰ级	Ⅰ级	Ⅰ级	Ⅰ级	25
6	哈长城市群	Ⅱ级	Ⅱ级	Ⅱ级	Ⅲ级	Ⅱ级	×	Ⅱ级	Ⅱ级	Ⅲ级	15
7	东陇海城市群	Ⅲ级	Ⅲ级	Ⅲ级	Ⅰ级	Ⅰ级	Ⅲ级	Ⅱ级	Ⅱ级	Ⅰ级	17
8	江淮城市群	Ⅱ级	Ⅰ级	Ⅲ级	Ⅲ级	Ⅰ级	×	Ⅱ级	Ⅲ级	Ⅱ级	15
9	海峡西岸城市群	Ⅱ级	Ⅰ级	Ⅰ级	Ⅱ级	Ⅰ级	Ⅲ级	Ⅱ级	Ⅱ级	Ⅰ级	20
10	中原城市群	Ⅱ级	Ⅰ级	Ⅲ级	Ⅰ级	Ⅰ级	Ⅱ级	Ⅰ级	Ⅰ级	Ⅱ级	20
11	武汉城市圈	Ⅱ级	Ⅰ级	Ⅲ级	Ⅰ级	Ⅰ级	Ⅱ级	Ⅰ级	Ⅰ级	Ⅱ级	21
12	环长株潭城市群	Ⅱ级	Ⅰ级	Ⅱ级	Ⅲ级	Ⅰ级	×	Ⅱ级	Ⅰ级	Ⅱ级	20
13	鄱阳湖城市群	Ⅱ级	Ⅰ级	Ⅲ级	Ⅲ级	Ⅰ级	Ⅲ级	Ⅱ级	Ⅲ级	Ⅲ级	14
14	成渝城市群	Ⅰ级	Ⅰ级	Ⅱ级	Ⅱ级	Ⅰ级	Ⅱ级	Ⅱ级	Ⅱ级	Ⅲ级	18
15	关中—天水城市群	Ⅲ级	Ⅱ级	Ⅲ级	Ⅰ级	Ⅰ级	Ⅱ级	Ⅲ级	Ⅲ级	Ⅲ级	15

续表

序号	城市群名称	规模指标		核心城市		联系强度		发展水平			发展阶段识别评分（L）
		城市群常住人口	城市数量	城镇人口大于300万城市数量	中心城市集聚程度	公路网密度	城市群相互作用强度	城市化水平	人均GDP	经济密度	
16	太原城市群	Ⅲ级	Ⅱ级	Ⅲ级	Ⅰ级	Ⅰ级	Ⅱ级	Ⅰ级	Ⅲ级	Ⅲ级	17
17	北部湾城市群	Ⅲ级	Ⅲ级	Ⅲ级	Ⅰ级	Ⅱ级	×	Ⅱ级	Ⅲ级	Ⅲ级	12
18	兰州—西宁城市群	Ⅲ级	Ⅱ级	×	Ⅰ级	Ⅰ级	×	Ⅱ级	Ⅲ级	×	12
19	滇中城市群	Ⅲ级	Ⅲ级	Ⅲ级	Ⅰ级	Ⅰ级	Ⅲ级	Ⅱ级	Ⅲ级	×	13
20	呼包鄂榆城市群	Ⅲ级	Ⅲ级	×	Ⅱ级	Ⅱ级	×	Ⅰ级	Ⅰ级	Ⅲ级	13
21	宁夏沿黄城市群	×	Ⅲ级	×	Ⅰ级	Ⅱ级	×	Ⅰ级	Ⅲ级	×	10
22	天山北坡城市群	Ⅲ级	Ⅰ级	×	Ⅱ级	×	×	Ⅰ级	Ⅱ级	×	11
23	黔中城市群	Ⅲ级	Ⅱ级	×	Ⅱ级	Ⅰ级	×	Ⅲ级	×	×	9

资料来源：《中国城市统计年鉴（2011）》、《中国区域经济统计年鉴（2011）》。

根据表 3 - 6 的分析结果将中国城市群的发展阶段划分为三个阶段，分别对应的得分与城市群如表 3 - 7 所示。

表 3 - 7　2010 年中国城市群发展阶段识别

序号	阶段名称	阶段得分	城市群名称（简称）
1	成熟型城市群	L≥25	京津冀、长三角、珠三角
2	发展型城市群	15≤L<25	辽中南、山东半岛、哈长、东陇海、江淮、海峡西岸、中原、武汉、环长株潭、成渝、关中—天水、太原
3	形成型城市群	L<15	鄱阳湖、天山北坡、北部湾、兰州—西宁、滇中、黔中、呼包鄂榆、宁夏沿黄

（1）成熟型城市群发展的主要特征：城市群规模较大、特大城市数量多、城市群整体发展水平较高、城市群联系紧密、发展已接近国际先进水平。具体来看，可以发现成熟型城市群是中国传统意义上的三大城市群、国家主体功能区规划中的优先开发区域，也是中国经济的三大增长极。三大城市群集中了全国大量的人口、资源，其中以政治中心北京为发展核心的京津冀城市群将成为中国北方经济发展的重要增长极；依托上海的长三角城市群未来将建成国际经济中心、国际金融中心、国际贸易中心和国际航运中心；而毗邻港澳的珠三角城市群将成为探索科学发展模式的实验区和深化改革的先行区。成熟型城市群是中国最具潜力成为世界级城市群的区域，它们的发展也关系到中国未来经济的发展。

（2）发展型城市群发展的主要特征：城市群发展已达到一定的规模、有一定数量的特大城市、中心城市具有一定的集聚水平、城市间已具有良好的交通基础设施联系，但城市相互作用强度仍较弱，具有成为成熟型城市群的发展潜力。发展型城市群中所包含的城市群基本以中国东、中、西部的重点城市为核心，其中有包括重庆市和成都市两个全国统筹城乡综合配套改革试验区的成渝城市群、包括全国资源节约型和环境友好型（"两型"社会）综合配套改革实验区的环长株潭城市群和武汉城市群、包括国家新型工业化综合配套改革实验区的沈阳城市群①、包括国家资源型经济转型综合配套改革试验区的太原城市群和包括深化两岸交流合作综合配套改革试验区的海峡西岸城市群。发展型城市群已有一定的经济和社会发展基础，为承接成熟型城市群的产业转移、抓住中国经济转型发展所带来的机遇奠定了基础和条件，它们的发展关系到未来中国经济发展的新格局和新方向。

（3）形成型城市群发展的主要特征：城市群规模较小、基本不具有特大城市，由于地区整体发展水平不高，中心城市反而显示出一定的集聚水平，城市间有一定的交通基础设施联系，但相互作用强度很弱，还不具有典型城市群的特征，只能称为形成中的城市群。通过分析可以看出，形成型城市群基本都位于中国的西部，虽然还不能被称之为真正意义的城市群，但是这些地区的发展对平衡中国的东西部发展、缩小地区间收入差距、维持中国的边境稳定和领土完整具有非常重要的战略意义。因此，并不能从简单的经济学意义判别这些城市群的发展。通过国家的政策扶持和自身的发展方式转变，这些地区未来有可能形成真正的城市群，并为中国未来经济的发展贡献一份力量。

通过对表3-6每一项的得分进行进一步的分析，可以看出中国城市群目前在形成和发展方面还存在一些特点以及问题，可以总结为：

第一，城市群规模庞大，但核心城市的凝聚力不足。宁越敏和张凡（2012）指出中国城市群的规模划定范围过大，导致其城市发展水平过低，很难形成对区域经济的引领和带动作用。从表3-5可以看出，有关城市群规模判别指标的得分是几类得分中分值最高的，表明几类城市群对这一指标的达标情况较高，尤其在城市数量方面，几类城市群的指标都较为接近。但是在核心城市的指标方面，特别是城镇人口大于300万城市数量这个指标方面，各等级城市群之间差距显著，表明中国仍然缺少具有凝聚力的核心城市。此外，中国的成熟型城市群中心城市集聚力较弱，除京津冀以外，长三角和珠三角的中心城市集聚程度都维持在25%的水平左右。2010年，三大城市群的首位城市北京、上海、广州的GDP占全国的比重

---

① 即沈阳经济区，包括沈阳、鞍山、抚顺、本溪、营口、辽阳、铁岭、阜新等城市，属于辽中南城市群。

分别为 3.5%、4.2%、2.6%，而纽约、东京、伦敦等世界级城市群的核心城市 GDP 分别占全国 GDP 的 24%、26% 和 22%（汪丽，2005），中国城市群发展中仍然缺乏具有影响力和凝聚力的超大城市。此外，城市群的发展不是在核心城市的带动下发展起来的，而更多的是通过政府主导的规划和战略而形成的城市群。方创琳（2011）认为中国城市群的空间构成与形成发育均带有浓厚的计划经济色彩。正是在政策规划的影响下，才造成了目前大多数城市群规模庞大却缺少核心城市的发展现状。

第二，城市群基础设施发展良好，但城市间相互作用强度较弱。城市群的公路网密度得分是几项指标中的最高分，表明中国城市群良好的基础设施建设基础。但是城市间的相互作用强度却在几项指标中得分最低，并且不同等级的城市群之间差异显著。成熟型城市群中的三大城市群联系强度紧密，城市间相互作用强度的平均值超过 100 亿元·万人/平方公里。而其余城市群的城市间相互作用强度平均值均在 60 亿元·万人/平方公里以下，天山北坡、宁夏沿黄城市群等的相互作用强度只有 4 亿元·万人/平方公里左右。城市群最重要的特征之一即在重要城市的走廊沿线许多小城市或者中等规模的城市且城乡之间存在强烈的经济互动（李仙德、宁越敏，2012）。但是中国的城市群发展缺少这些环绕在大城市周围的、具有各自发展特点和发展潜力的中小城市。城市之间缺乏分工协作、产业结构趋同现象严重，城市群内部城市之间的竞争作用常常大于其协同合作作用，造成了中国城市群联系强度的减弱，这既不利于核心城市作用的发挥，也不利于城市群整体的发展。

第三，城市化水平较高，但经济密度较低。长期以来，一直存在着关于中国"伪城市化"或者是"半城市化"的争论。如前所述，中国的城市化过程多不是靠工业化推动的，而是在政治因素影响下，由政府的规划、城市的土地面积扩张等造成的户籍改革、农转非等过程形成的。这些在制度因素下人为推高的"城市化"，没有相当的产业发展作为支撑、公共基础设施难以保障，成为游离于城市和农村之间的"半城市化"地带。正是这种"伪城市化"的现象造成了中国的城市化水平远高于城市经济发展水平的发展现状。中国的城市群发展中也同样面临这样的问题，所以虽然中国城市群的城市化水平较高且各等级城市群之间的差异较小，但城市化的实质却存在较大差距，造成了城市经济密度之间的巨大差异。

3.2.4　中国城市群的未来发展

城市群将在未来中国经济发展中扮演越来越重要的角色。根据前面的分析可以发现，中国的城市群发展表现出鲜明的政策导向的自身发展特点，在《全国主体功能区规划》以及相关国家、地方政策的规划下，中国已经形成 24 个名义上的城市群。

然而，通过城市群的发展阶段识别分析发现，目前中国的 24 个名义上的城市群还不能够全部被称为真正意义上的城市群。京津冀城市群、长三角城市群、珠三角城市群作为中国的三大增长极，已经成为发展较为成熟的城市群；而辽中南城市群、山东半岛城市群、哈长城市群、东陇海城市群、江淮城市群、海峡西岸城市群、中原城市群、武汉城市群、环长株潭城市群、成渝城市群、关中—天水城市群、太原城市群从发展阶段上来分析，仍然是处于发展阶段的城市群；鄱阳湖城市群、天山北坡城市群、北部湾城市群、兰州—西宁城市群、滇中城市群、黔中城市群、呼包鄂榆城市群、宁夏沿黄城市群还不能被称为城市群，从国家战略布局的角度看，这些地区仍是正在形成过程中的城市群。

从发展指标的判别上可以发现，中国城市群在核心城市的建设、城市间相互联系和作用、城市群的发展水平，特别是经济发展方面，仍然有较大的发展和提升空间，这些也是制约中国城市群进一步发展和壮大的瓶颈因素。

在未来的发展中，为了促进中国城市群整体发展级别的提升，催生更多真正意义的城市群和经济增长点，应当在未来的发展中注重以下几点：

第一，建立合理的城市群等级结构，形成空间合理有序的竞争体系。推进和培育核心大城市的发展，合理布局和引导中小城市的发展，构建以核心城市为中心，众多中小城市为依托的合理的城市群等级结构；加强城市群内部城市间的产业联动性，建立分工有序、协同合作的城市群产业体系，形成空间合理有序的竞争体系。

第二，建立市场运行高效、政府合理引导的一体化城市群体系。依托各地区的发展基础和资源条件，逐步建立城市群内部市场机制引导的高效发展体系，通过政府的合理引导，形成城市群内部的产业一体化、交通一体化、公共服务一体化等，促进一体化的城市群体系的建立和发展。

第三，适度控制城市群发展规模，努力提升城市群的发展质量。摒弃以往通过大规模政府圈地而形成"超级"城市群的做法，通过对城市群发展定位的合理认识和城市群范围的合理界定，合理配置资源，构建合理的城市群发展规模；注重城市群的发展质量，重视城市群经济、社会、环境的协调和稳定，因地制宜的挖掘各个城市群的发展特点和发展潜力，开展城市群间的协同合作，促进城市群的可持续发展。

3.3 中国城市群的竞争力评析

城市群发展阶段的识别更多的关注城市群中——"群"这一概念。对中国有明确定义的城市群的发展阶段进行界定，对其是否已经形成城市群，还是正在形成城市群，亦或是具有形成城市群的潜力进行判断。而中国城市群的竞争力分析则更多的从经济、社会、环境几个角度关注城市群或是近似城市群的地区其发展情况如何，是否具有发展潜力，在哪一方面与其他城市群存在差距。

3.3.1 城市群竞争力评价指标体系的构建

竞争力是一个综合的概念，其应该涵盖城市群经济、社会、生态及其内生发展的各个方面。要对城市群竞争力进行评析，竞争力指标体系的构建至关重要。一般来说，竞争力评价指标体系的构建应该满足相关性、综合性、科学性和可获得性原则。

● 相关性。竞争力评价指标体系所选择的每个指标至少能够在一定程度上反映城市群竞争力的某一方面的某些基本特征，或者说，每个指标都能从某一特定角度反映城市群竞争力的程度。

● 综合性。竞争力评价指标体系应该能够反映城市群各个方面的竞争力水平，要综合考虑城市群的竞争力，指标选取应做到既无遗漏，也无冗余。

● 科学性。竞争力评价的指标不应盲目选取，要本着科学谨慎的原则，选取那些最能反映城市群竞争力的指标。

● 可获得性。应该选取那些能够量化的指标，避免出现过度主观评价的指标。另外，选取指标的数值应该能够从统计年鉴或权威机构发布的报告中获得，从而能够进行评价分析。

基于以上原则，本书对 2005—2012 年的国内主要论文和书籍文献进行梳理，共选取与城市群竞争力、都市圈竞争力相关文献 45 篇。选择在至少三篇文献中出现过的城市或城市群竞争力指标作为本书评价城市群竞争力的主要依据。在此基础上，根据当前城市群发展的新特点、新趋势以及城市群数据可获得性，最终形成本书的中国城市群竞争力评价指标体系（见表 3-8）。

表 3-8　中国城市群竞争力评价指标体系

类别 1	类别 2	序号	指　　标
经济发展	GDP	1	GDP（亿元）
	工业	2	规模以上工业总产值（亿元）
	投资	3	全社会固定资产投资总额（亿元）
	财政	4	地方财政一般预算收入（亿元）
		5	地方财政一般预算支出（亿元）
	产业结构	6	第二产业产值比重（%）
		7	第三产业产值比重（%）
	经济外向度	8	外商直接投资实际使用额（万美元）
		9	货物进出口总额（万美元）
	收入和消费	10	社会消费品零售总额（万元）
		11	在岗职工平均工资（元）
		12	城镇居民人均可支配收入（元）
		13	农村居民人均纯收入（元）

续表

类别1	类别2	序号	指　　标
社会发展	医疗	14	卫生机构人员数（人）
	文化	15	公共图书馆数（个）
	教育	16	教育财政支出（亿元）
		17	每万人在校大学生数（人）
	就业	18	城镇登记失业率（%）
	收入差距	19	城乡人均收入差距（元）
	城市化水平	20	城市化率（%）
生态环境	绿化	21	人均绿地面积（平方米）
		22	建成区绿化覆盖率（%）
	环境污染	23	单位 GDP 工业废水排放量（吨/万元）
		24	单位 GDP 工业二氧化硫排放量（吨/万元）
		25	单位 GDP 工业烟尘排放量（吨/万元）
	环境治理	26	工业固体废物综合利用率（%）
		27	生活垃圾无害化处理率（%）
		28	城镇生活污水处理率（%）
基础设施	交通	29	城市道路面积（万平方米）
		30	公路里程（公里）
		31	每万人拥有公共汽车（辆）
		32	完成客运量（万人）
		33	完成货运量（万吨）
	邮电通信	34	电信业务总量（万元）
		35	邮政业务总量（万元）
		36	移动电话年末用户数（万户）
		37	国际互联网用户数（户）
		38	本地电话年末用户数（万户）
	水电	39	人均用电量（千瓦时/人）
		40	人均用水量（吨/人）

类别 1	类别 2	序号	指　标
城市群整合发展	规模	41	城市密度（10—4 个/平方公里）
		42	人口密度（人/平方公里）
	核心城市发展	43	城镇人口大于 300 万城市数量（个）
		44	首位城市产值占城市群总产值的比重（%）
	联系强度	45	城市群间相互作用强度（亿元·万人/平方公里）

3.3.1.1　经济发展竞争力

经济发展水平是城市群竞争力的核心，它最能体现城市群参与竞争、获取资源、创造产出的能力。我们从 GDP、工业、投资、财政、产业结构、经济外向度、收入和消费 7 个角度对城市群经济发展水平进行评价，选取了 GDP、规模以上工业总产值、全社会固定资产投资、地方财政一般预算收入、地方财政一般预算支出、第二产业产值比重、第三产业产值比重、外商直接投资实际利用额、货物进出口贸易总额、社会消费品零售总额、在岗职工平均工资、城镇居民人均可支配收入、农村居民人均纯收入 13 个子指标。

3.3.1.2　社会发展竞争力

党的十八大提出了"五位一体"的发展方针，明确提出经济建设、政治建设、文化建设、社会建设和生态文明建设于一体的总体发展布局。作为"五位一体"的重要组成部分，社会环境是城市群竞争力的重要体现，社会的稳定与和谐是城市群保持竞争力的必要条件。我们从医疗、文化、教育、就业、收入分配和城市化水平 6 个角度来对城市群社会发展进行评价，选取了卫生机构人员数、公共图书馆数、教育财政支出、万人在校大学生数、城乡人均收入差距、城镇登记失业率、城市化率 7 个子指标。

3.3.1.3　生态环境竞争力

生态文明同样是党的十八大提出的"五位一体"发展方针的重要组成部分，也同样是城市群可持续发展的重要决定因素。本书从绿化、环境污染、环境治理 3 个角度对城市群生态环境进行评价，选取了建成区绿化覆盖率、人均绿地面积、单位 GDP 工业废水排放量、单位 GDP 工业二氧化硫排放量、单位 GDP 工业烟尘排放量、工业固体废物综合利用率、生活垃圾无害化处理率、城镇生活污水处理率 8 个子指标。

3.3.1.4 基础设施竞争力

基础设施建设是城市群竞争力的支撑和基础，是城市群参与竞争、不断发展的前提和重要保障。我们从交通、邮电通信和水电 3 个角度对基础设施建设情况进行评析，选取了城市道路面积、公路里程、每万人拥有公共汽车数、完成客运量、完成货运量、邮政业务总量、电信业务总量、移动电话年末用户数、本地电话年末用户数、国际互联网用户数、人均用电量、人均用水量 12 个子指标。

3.3.1.5 城市群整合发展竞争力

城市群是城市发展到成熟阶段的最高空间组织形式，为了体现城市群作为一个整体的集聚程度、凝聚力和整体发展水平，本书设置了城市群发展水平这一表现城市群整体发展能力的指标，它也是城市群竞争力区别于城市竞争力的最重要的体现。我们从城市群规模、城市群联系强度以及核心城市发展 3 个角度来对城市群整合能力进行分析，选取了城市密度、人口密度、城市群内部联系系数、城镇人口大于 300 万城市数量、首位城市产值占城市群总产值比重 5 个子指标。

3.3.2 城市群竞争力评析方法

城市群竞争力评价是一项涉及多指标与多层系统的工作，在此类分析中，权数的确定是关键。目前，主要的多指标综合评价方法有专家评估法、多目标决策法、数据包络分析法、层次分析法、模糊数学综合评判法、主成分分析法、因子分析法、聚类分析法等等。但总体上可以分为两类：主观赋权方法和客观赋权方法。主观赋权法大多采用相关领域专业人士进行打分来确定权重，如专家评价法、层次分析法、模糊综合评判法等。客观赋权法则依据各指标间的相关关系或各指标的变异程度，通过计量经济的处理方法来确定权数，如因子分析法、主成分分析法、灰色聚类分析法等。由于主观赋权法主要依靠专业人士从不同的角度对各指标进行打分，难免主观臆断，而客观赋权法则可避免人为因素带来的偏差，因此我们选用客观赋权的因子分析法对城市群竞争力进行综合评价。

因子分析法是多元统计分析中非常重要的一种方法，它的主要思想是"降维"。在原始变量比较多而且各个变量之间存在相关关系的情况下，因子分析法通过研究多个原始变量之间的内在结构关系，将具有错综复杂关系的原始变量综合成少数几个相互独立的公共因子，并且再现因子和原始变量之间的相互关系。这些因子能够反映原始变量所代表的主要信息，并能够解释原始变量之间的相互依存关系。因此，因子分析法就是以最少的数据信息丢失来将众多的原始变量转化成较少的互不相关的因子，从而简化数据分析过程。因子分析法假设每一个观测变量 V_i 线性地依赖少数几个不可观测的公共因子 F_1，F_2，F_3，…，Fn 和随机误差项 ε_i，即：

$$V_i = A_{i1}F_1 + A_{i2}F_2 + A_{i3}F_3 + \cdots + A_{in}Fn + \varepsilon_i \qquad (i = 1, 2, 3, \cdots, 13, 14)$$

$$(3.2)$$

其中 A_{ij}（$i = 1, 2, 3, \cdots$；$j = 1, 2, \cdots, n$）为第 i 个变量在第 j 个因子上的载荷，称为因子载荷。ε 为随机误差项，表示原始变量不能被公共因子解释的部分。运用 SPSS 软件进行因子分析的步骤为：首先，对原始指标的数据进行 Z 标准化处理。其次，根据相关系数矩阵对原始指标进行相关性判定，进行 KMO 和 Bartlett 的球形度检验以判断是否适合用因子分析。再次，提取主因子，根据方差贡献率≥85%的原则确定因子个数，并对初始因子载荷矩阵进行旋转，得到旋转之后的因子载荷矩阵，比较每个原始变量在各个主因子上的载荷，根据旋转之后的因子载荷赋予每个主因子以实际意义。最后，得出因子得分系数矩阵，计算每个主因子的得分，并以因子的方差贡献率为权重进行加权平均计算因子总得分，并进行排名。

我们从经济发展、社会环境、生态环境、基础设施以及城市群整合发展五个方面来对城市群竞争力进行评价，首先对五个方面的指标分别进行因子分析，得到城市群经济发展因子总得分、社会环境因子总得分、生态环境因子总得分、基础设施因子总得分以及城市群整合发展因子总得分，基于这五方面的因子得分分别对各个城市群的经济发展竞争力、社会环境竞争力、生态环境竞争力、基础设施竞争力以及城市群整合发展竞争力进行评析。最后，将五个方面的因子得分作为原始变量再进行一次因子分析，以得到城市群综合竞争力得分，并对各个城市群的综合竞争力进行排名和评析。

3.3.3 数据获取和处理

城市群竞争力原始指标的数据全部来自 2011 年的《中国城市统计年鉴》、《中国区域经济统计年鉴》和各省市自治区的统计年鉴。由于获得的原始数据是以城市为单位，所以结合上述城市群包含的城市的情况，对原始数据进行处理以得到每个城市群的各个指标的数据，具体处理方法如下：

（1）对于总量指标，对城市群内的各个城市的数据进行直接加总得到城市群的数据；

（2）对于城市密度和人口密度两个指标，分别是用城市群的城市数目和总的常住人口除以城市群总的面积得到的；

（3）对于人均用水量、人均用电量、单位 GDP 工业废水排放量、单位 GDP 工业二氧化硫排放量、单位 GDP 工业烟尘排放量 5 个指标，先根据每个城市的总量数据计算出城市群的总量数据，然后除以城市群的总人口或总 GDP；

（4）对于第二产业产值比重、第三产业产值比重两个指标，以城市群各城市的 GDP 为权重对各城市的数据进行加权平均得到；

（5）对于工业固体废物综合利用率指标，以城市群各城市的规模以上工业总产值为权重对各城市的数据进行加权平均得到；

（6）对于建成区绿化覆盖率指标，以城市群各城市的建设用地面积为权重对各城市的数据进行加权平均得到；

（7）对于其他均值指标和比率指标，则以城市群各城市的人口为权重对各城市的数据进行加权平均得到；

（8）对于城市化率指标，计算方法是城市群总的城镇人口除以总的常住人口；

（9）对于城市群内部联系系数指标，是根据引力模型对城市群内部两两城市之间的联系系数进行计算，然后取其平均值。

（10）对于城乡人均收入差距、城镇登记失业率、工业废水排放量、工业二氧化硫排放量、工业烟尘排放量这 5 个逆向指标，在城市群竞争力分析时，进行因子分析前采用加负号法对其进行了正向化处理。

此外，由于天山北坡城市群、黔中城市群和藏中南城市群数据缺失较多，没有对其进行竞争力分析，因此，实际参加城市群竞争力分析的城市群数量为 21 个。

3.3.4 城市群竞争力因子分析结果

根据中国城市群竞争力评价指标体系，通过因子分析方法，最后得出的中国 21 个城市群 2010 年竞争力得分如表 3 - 9 所示。

3.3.4.1 城市群经济发展竞争力因子分析结果

根据排名和得分，将中国城市群的经济发展竞争力因子作图，如图 3 - 1 所示。可以看出，中国的三大成熟型城市群在经济竞争力方面与其他城市群之间具有显著的差异。其中，又以长三角城市群表现更为突出。

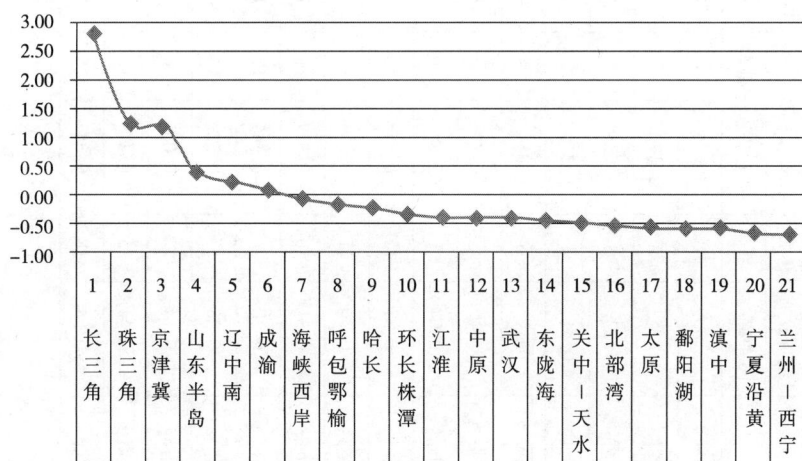

图 3 - 1 中国城市群经济发展竞争力因子分析结果

长三角城市群 2010 年 GDP 已达到 70675.32 亿元，是排在第二位的京津冀城市群的 1.8 倍。同时，长三角城市群在规模以上工业总产值、全社

表3-9 2010年中国城市群竞争力①

	城市群	经济发展竞争力		社会发展竞争力		生态环境竞争力		基础设施竞争力		整合发展竞争力		综合竞争力	
		因子得分	排名	因子得分	排名	因子得分	排名	因子得分	排名	因子得分	排名	因子得分	排名
1	长三角城市群	2.80	1	1.606	1	0.444	5	2.175	1	1.417	1	2.243	1
2	珠三角城市群	1.25	2	1.122	2	0.926	1	1.414	2	1.405	2	1.519	2
3	京津冀城市群	1.22	3	1.028	3	0.638	2	1.002	3	0.240	5	1.019	3
4	山东半岛城市群	0.41	4	0.310	5	0.556	3	0.153	5	0.564	3	0.435	4
5	成渝城市群	0.11	6	0.356	4	-0.126	14	0.808	4	-0.099	12	0.335	5
6	辽中南城市群	0.25	5	0.126	7	0.276	7	-0.027	6	0.090	7	0.138	6
7	海峡西岸城市群	-0.04	7	0.228	6	0.105	9	-0.033	7	0.059	8	0.077	7
8	中原城市群	-0.37	12	-0.244	12	-0.048	13	-0.214	11	0.454	4	-0.106	8
9	江淮城市群	-0.36	11	-0.354	17	0.037	12	-0.129	9	0.103	6	-0.208	9
10	环长株潭城市群	-0.31	10	-0.357	18	0.182	8	-0.119	8	-0.010	10	-0.218	10
11	哈长城市群	-0.20	9	-0.149	10	0.084	11	-0.178	10	-0.327	15	-0.233	11
12	武汉城市群	-0.38	13	-0.329	14	-0.212	16	-0.306	13	-0.003	9	-0.299	12
13	呼包鄂榆城市群	-0.14	8	-0.066	8	0.486	4	-0.463	15	-0.637	21	-0.336	13
14	关中—天水城市群	-0.44	15	-0.273	13	-0.299	18	-0.306	12	-0.305	14	-0.387	14
15	鄱阳湖城市群	-0.54	18	-0.347	15	0.282	6	-0.378	14	-0.199	13	-0.390	15

① 城市群数据的统计范围为全市，包括市辖区和市辖县。

续表

	城市群	经济发展竞争力		社会发展竞争力		生态环境竞争力		基础设施竞争力		整合发展竞争力		综合竞争力	
		因子得分	排名	因子得分	排名	因子得分	排名	因子得分	排名	因子得分	排名	因子得分	排名
16	东陇海城市群	-0.40	14	-0.623	19	0.091	10	-0.574	18	-0.043	11	-0.469	16
17	太原城市群	-0.53	17	-0.110	9	-0.859	19	-0.518	17	-0.396	16	-0.473	17
18	滇中城市群	-0.54	19	-0.238	11	-0.166	15	-0.471	16	-0.635	20	-0.531	18
19	北部湾城市群	-0.50	16	-0.354	16	-0.232	17	-0.578	19	-0.474	17	-0.547	19
20	兰州—西宁城市群	-0.66	21	-0.630	20	-1.041	20	-0.594	20	-0.599	18	-0.764	20
21	宁夏沿黄城市群	-0.62	20	-0.703	21	-1.122	21	-0.663	21	-0.607	19	-0.803	21

资料来源:《中国城市统计年鉴(2011)》、《中国区域经济统计年鉴(2011)》。

会固定资产投资、地方财政一般预算收入、地方财政一般支出、外商直接投资实际使用额、货物进出口额、社会消费品零售总额、职工平均工资、可支配收入等多项指标中都高于其他城市群，使长三角城市群的经济发展竞争力遥遥领先于其他城市群。这一方面得益于中心城市上海的经济发展实力，另一方面也得益于长三角整体的经济实力。2010 年，国内生产总值排名前 10 的城市中，长三角城市群占去 4 个席位，苏州、杭州、无锡等城市作为长三角城市群的核心城市，与上海一起为长三角城市群成为未来的"亚太地区重要的国际门户、全球重要的现代服务业和先进制造业中心"做出贡献。

与上海相比，排在第二位和第三位的珠三角城市群、京津冀城市群在经济发展竞争力方面的得分较为接近。除了京津冀城市群的北京和天津、珠三角城市群的深圳和广州，这两个城市群的其他城市与长三角城市相比仍有较大差距。通过分析发现，珠三角城市群在规模以上工业总产值、第二产业比重、货物进出口总额、在岗职工平均工资、城镇居民人均可支配收入、农村居民人均收入方面均领先于京津冀城市群。

从图 3-2 中可以看出，其他城市群的经济发展竞争力与三大城市群相比仍存在较大差距，且未出现经济竞争力表现较为突出的城市群，中国经济发展的第四极尚不明朗。此外，东部城市群普遍表现出较强的经济发展竞争力，除三大城市群以外，东部的山东半岛城市群、辽中南城市群、海峡西岸城市群和哈长城市群也都有较强的经济发展竞争力。中西部城市群中进入前 10 名的只有成渝城市群和呼包鄂榆城市群。成渝城市群主要依赖于其西部核心的特殊地理位置，而呼包鄂榆城市群的经济发展目前主要依赖其资源要素。

3.3.4.2 城市群社会发展竞争力因子分析结果

根据表 3-9 城市群社会环境竞争力得分和排名，将中国城市群社会环境竞争力作图，得图 3-3。发现三大城市群——长三角城市群、珠三角城市群、京津冀城市群在社会发展竞争力方面也表现出显著的竞争优势。其中，长三角城市群的表现更为明显，而珠三角城市群和京津冀城市群表现则较为接近。

2010 年，长三角城市群在卫生机构人员数、公共图书馆数、教育财政

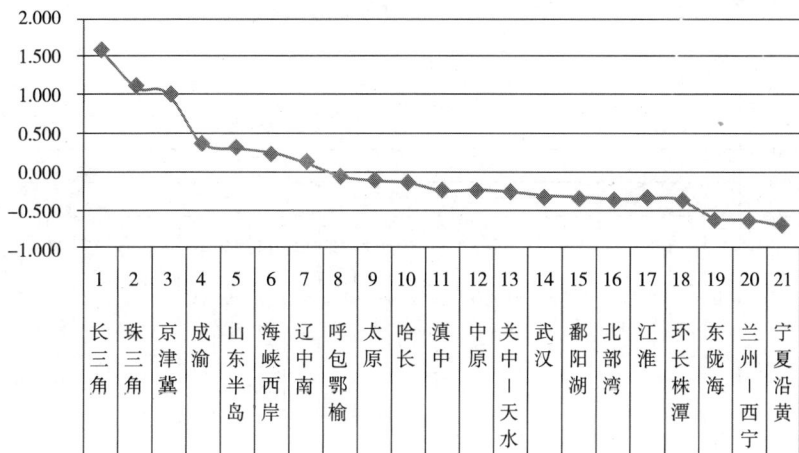

图3-2　中国城市群社会发展竞争力因子分析结果

支出方面都优于珠三角城市群和京津冀城市群，表明长三角城市群医疗、文化、教育等方面的竞争潜力。珠三角城市群在社会发展竞争力因子得分方面也与京津冀城市群较为接近。

从图3-2中可以看出，其他城市群与三大城市群在社会发展竞争力因子方面也存在较大差距。特别是东陇海城市群、兰州—西宁城市群和宁夏沿黄城市群，又与其他城市群的竞争力存在较明显的差距，形成了社会发展竞争力中的第三类别。通过分析发现此三个城市群在卫生机构人员、公共图书馆、教育财政支出方面都与其他城市群存在较为显著的差距。

3.3.4.3　城市群生态环境竞争力因子分析结果

从图3-3可以看出，在城市群生态环境竞争力方面珠三角城市群排名第一，随后是京津冀城市群、山东半岛城市群、呼包鄂榆城市群和长三角城市群。

三大城市群在城市群生态环境方面并未表现出较为明显的优势，长三角城市群的生态环境竞争力在三大城市群中最低。发现其在城市绿化覆盖率、工业废水排放量、二氧化硫排放量、工业烟尘排放量都与珠三角城市群和京津冀城市群之间存在较大差距。表明长三角城市群在经济发展的同时，付出了巨大的环境成本，城市群发展效率较低。如何优化长三角城市

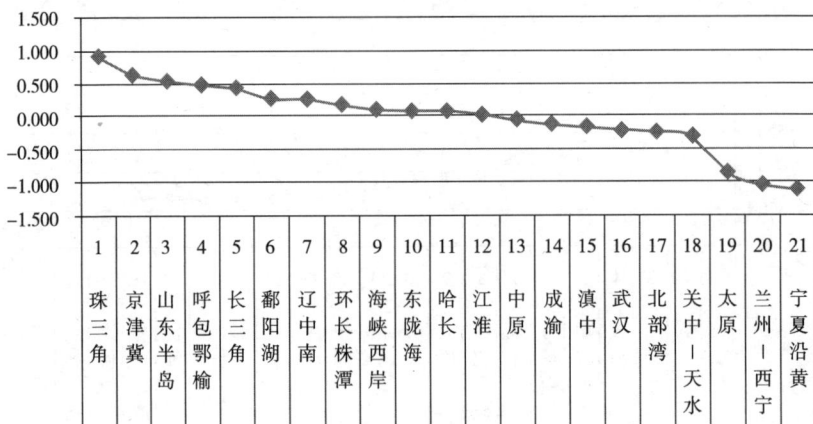

	1	2	3	4	5	6	7	8	9	10	11	12	13	14	15	16	17	18	19	20	21
	珠三角	京津冀	山东半岛	呼包鄂榆	长三角	鄱阳湖	辽中南	环长株潭	海峡西岸	东陇海	哈长	江淮	中原	成渝	滇中	武汉	北部湾	关中—天水	太原	兰州—西宁	宁夏沿黄

图 3 - 3　中国城市群生态环境竞争力因子分析结果

群的产业结构，提高城市的发展效率，是未来提升长三角城市群综合竞争力的第一要务。

城市群生态环境竞争力的曲线趋势较为平缓，表明城市群生态环境竞争力因子的表现总体较为接近。但是在排名 19—21 处出现了明显的拐点，太原城市群、兰州—西宁城市群、宁夏沿黄城市群在生态环境方面与其他城市群相比存在较大的差距。通过进一步分析发现，其单位 GDP 的工业废水排放量、单位 GDP 二氧化硫排放量、单位 GDP 工业烟尘排放量都具有较高值。表明其 GDP 单位能耗和排放量较高，经济发展效率较低，产业结构不合理，生态环境已经较为脆弱，极大的影响了这些城市群的发展潜力。

3.3.4.4　城市群基础设施竞争力因子分析结果

根据表 3 - 9 城市群基础设施竞争力得分和排名，将中国城市群基础设施竞争力作图，得图 3 - 4。在城市群基础设施竞争力方面，长三角城市群、珠三角城市群、京津冀城市群和成渝城市群明显领先于其他城市群。

作为中国经济综合实力最强的地区，长三角城市群基础设施表现出较强的竞争力。长三角地区已初步形成了集铁路、公路、水运、航空等多种运输方式为一体的综合交通体系。根据对 2010 年各城市群的数据分析发现，长三角城市群在交通基础设施的多个方面都领先于其他城市群，特别

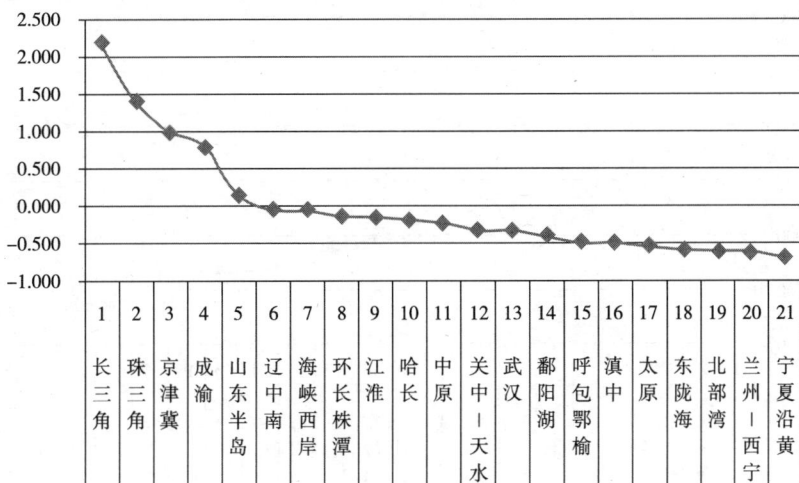

图3-4   中国城市群基础设施竞争力因子分析结果

是在完成货运量方面，超过京津冀城市群和珠三角城市群的总和。在邮电通信基础设施方面，长三角城市群也明显优于其他城市群。交通快速化和信息化是中国城市群发展的新型驱动力量（王婧、方创琳，2011），在这些新型力量的推动下，长三角城市群将获得更大的竞争优势。

珠三角城市群、京津冀城市群和成渝城市群分列城市群基础设施竞争力的第二至第四位，并与其他城市群之间形成了较大的差距，表明这些城市群在基础设施竞争力方面拥有较强的竞争优势。此外，在城市基础设施的竞争力方面也表现出较强的"东高西低"现象，东部城市群在城市基础设施竞争力方面明显高于中部及西部的城市群。

3.3.4.5   城市群整合发展竞争力因子分析结果

从图3-5中可以看出，长三角城市群和珠三角城市群在城市群整合发展竞争力方面表现出较为明显的竞争优势。长三角城市群和珠三角城市群作为中国经济发展的两大引擎和发育成熟度较高的两大城市群，在城市群规模、城市群核心城市发展和城市群的联系强度方面都表现出较为明显的竞争优势，特别是人口密度、特大城市数量和城市群间相互作用强度方面。

京津冀城市群落后于山东半岛城市群和中原城市群，在城市群发展竞

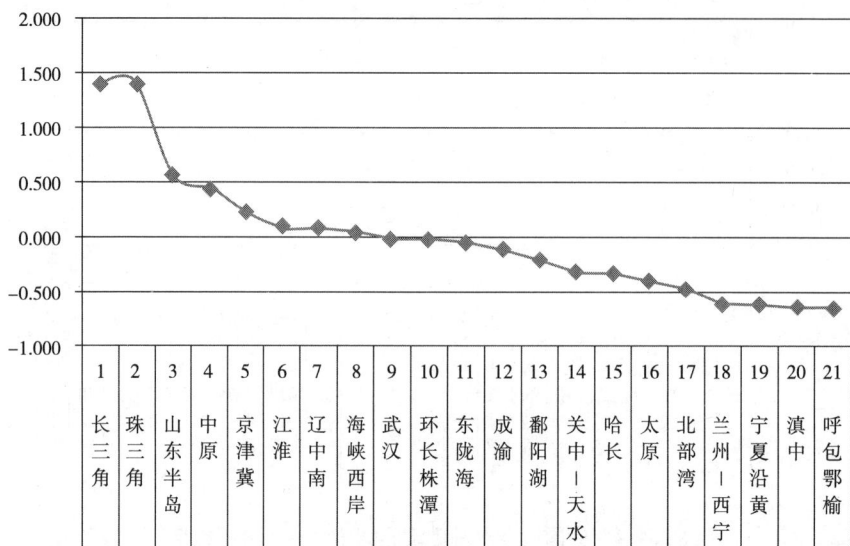

图 3 - 5   中国城市群整合发展竞争力因子分析结果

争力排名仅列第五，这与京津冀城市群的发展模式有关。与依靠经济发展
和要素资源的市场化配置而形成集聚的长三角城市群和珠三角城市群不
同，京津冀城市群更多的表现为一种政治资源的凝聚。长期以来，北京依
靠其政治优势的"摊大饼"式扩张方式饱受诟病。朱虹等（2012）通过对
长三角城市群和京津冀城市群 1997—2005 年的发展情况进行研究发现上海
和北京的辐射模式有显著的差异。上海主要表现为一种"反哺"式效应，
即中心城市的产业升级和梯度转移会对外围地区形成市场和技术外溢效
应，通过促进市场一体化和生产要素的优化配置，实现中心与外围地区的
共同增长。而北京则主要表现出一种"空吸"效应，即中心城市吸空外围
地区的资本、劳动、自然资源等生产要素，其发展会抑制周边地区的经济
发展，导致中心与外围地区的差距扩大。由于北京"空吸"式的发展模
式，导致北京周边地区发展的滞后，从而在城市密度、人口密度方面都落
后于长三角城市群和珠三角城市群，以及山东半岛城市群和中原城市群。

　　此外，从图 3 - 5 中可以看出，东部城市群的发展竞争力多优于中西部
城市群，表明中西部城市群在城市群的规模、联系强度、核心城市发展等
方面与东部城市群仍存在一定的差距。

3.3.4.6 城市群综合竞争力因子分析结果

将上述五个方面的因子总得分作为原始数据再进行一次因子分析，得到的各个城市群的综合竞争力因子得分和排名情况如图3-6所示。

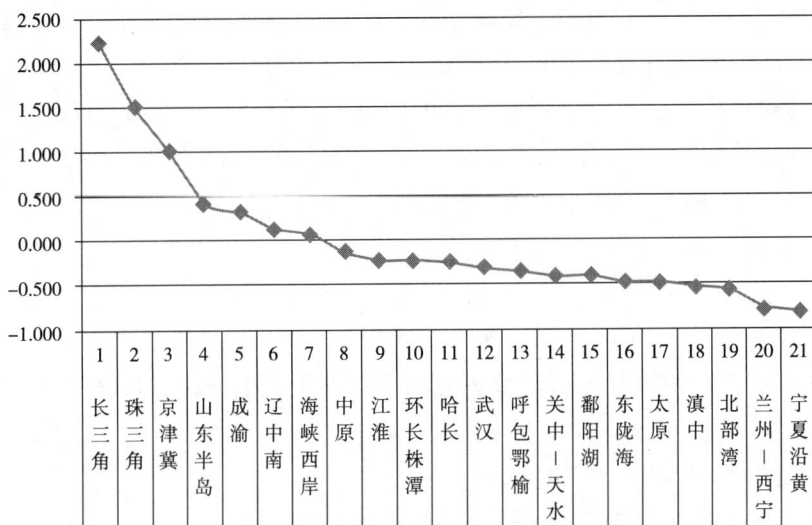

图3-6 中国城市群综合竞争力因子分析结果

（1）中国三大经济增长极

从图3-6中可以看出，长三角城市群、珠三角城市群和京津冀城市群在城市竞争力的综合得分方面与其他城市群有比较显著的差距，构成了中国最具竞争力的三大城市群和三大增长极。

长三角城市群在经济发展竞争力、社会发展竞争力、基础设施竞争力方面都拥有绝对优势，未来的发展中应更重视生态环境竞争力，实现城市群的协调可持续发展，建设成为中国世界级的城市群。

珠三角城市群虽然在经济发展竞争力、社会发展竞争力、基础设施竞争力方面都显著落后于长三角城市群，但是其在生态环境竞争力方面有突出的表现，城市群发展竞争力方面接近长三角城市群，在综合竞争力方面排名第二。珠三角城市群毗邻香港地区，作为中国最先发展的特区，具有较高的国际化程度。但珠三角城市群的产业结构主要以出口加工产业为主，在未来的发展中，应通过产业的升级转型、企业创新和效率的提升等方法进一步提升珠三角城市群的竞争力，使其成为中国东部沿海地区最具活力的城市群。

京津冀城市群在经济发展竞争力、社会发展竞争力、生态环境竞争力方面都与珠三角城市群较为接近。但是在基础设施竞争力、城市群发展竞争力方面与长三角城市群和珠三角城市群仍存在较大的差距。改变京津冀城市群的发展模式，将北京在城市群中的"空吸"效应转变为对周边区域和城市群的"反哺"效应，提升核心城市的发展和辐射作用，将使京津冀城市群成为中国最具发展特色的城市群。

（2）中国经济增长"第四极"

虽然目前有较多关于中国经济增长"第四极"的争论，但是从图3-6中可以看出，排在第四位的山东半岛城市群和排在第五位的成渝城市群与三大城市群在城市群综合竞争力方面仍存在较大的差距，中国经济增长"第四极"尚不明朗。但是从前面的分析也可以看出，山东半岛城市群和成渝城市群在发展上各具特色。

山东半岛是环黄海地区区域经济合作的先进制造业生产服务中心之一。与韩国西南海岸地区、日本九州地区组成的三角地带跨国城市走廊，是中国面向东北亚的重要窗口。而成渝城市群位于中国西部的核心位置，包括重庆市、成都市两个全国统筹城乡综合配套改革试验区，是中国西部发展的重要引擎。山东半岛城市群在经济发展竞争力方面仅落后于三大城市群，而在生态环境竞争力、城市群发展竞争力方面都排在第三位。成渝城市群在社会发展竞争力和基础设施竞争力方面都有较好的表现。山东半岛城市群和成渝城市群在合理利用自身优势地理位置和资源的基础上，都有可能发展成为中国未来经济增长的"第四极"。

（3）中国经济未来"增长点"

从图3-6中可以看出，中国城市群综合竞争力仍然呈现出"东高西低"的态势。除三大城市群以外，位于东部的山东半岛城市群、辽中南城市群、海峡西岸城市群也都有较好的表现。东部城市群预期未来仍然是中国经济发展的"前哨"，依托自身沿海发展优势，将产生更多的新的经济增长点。中西部城市群与东部城市群在综合竞争力方面存在一定的差距，但是中西部城市群也具有自身的发展特点和潜力。除了成渝城市群之外，中原城市群、江淮城市群和环长株潭城市群也进入了城市群综合竞争力的前十位。近期，中西部地区的发展速度较快，经济增长率已经超过东部城市，表明中西部城市群正在不断缩小与东部城市群之间的差距。中西部城市群利用自身在人力资本、资源禀赋等方面的先天优势，通过转变发展模式，提升产业结构，提高城市群的发展效率，预期未来将产生更多的经济"增长点"。

3.3.5 城市群竞争力模式

如前所述，城市群的经济发展竞争力、社会发展竞争力、生态环境竞争力、基础设施竞争力、整合发展竞争力是城市群竞争力最重要的组成部分。其中，经济发展竞争力是城市群发展的动力，社会发展竞争力和生态环境竞争力是城市群发展的必要条件和可持续发展的重要决定要素，基础设施竞争力是城市群发展的支撑条件，而整合发展竞争力正是城市群发展的核心所在，这五部分相辅相成、缺一不可，是城市群综合竞争力的重要组成部分和表现形式。然而，在城市群的发展过程中却较难同时实现这些方面的发展，并保持发展的平衡，而出现顾此失彼的非平衡发展现象。

在对前文分析的得分结果进行标准化的基础上，对城市群竞争力五个组成部分作图，可以看出不同城市群在发展模式上的不同选择路径以及发展存在的问题（1—经济发展竞争力，2—社会环境竞争力，3—生态环境竞争力，4—基础设施竞争力，5—整合发展竞争力）。

3.3.5.1 平衡发展型

平衡发展型，顾名思义，即表示城市群竞争力的五个组成部分平衡协调发展。竞争力五个方面的发展阶段和发展程度相互匹配。

从图 3-7 中可以看出，长三角城市群和珠三角城市群基本满足平衡发展型的条件，即城市群竞争力各项得分以及在全国城市群中所处排名基本相当，五项竞争力协调发展，构成和谐的五边形状。从图 3-7 中也可以看出，长三角城市群和珠三角城市群虽然在各项指标发展方面基本保持平衡，但是其在生态环境竞争力方面都有一定程度的缺失。若继续推进城市群竞争力的协调平衡发展，需更关注城市群的环境发展相关指标。

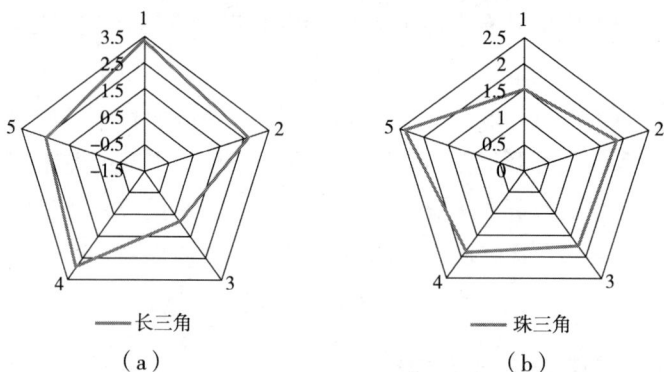

——长三角　　　　　　　——珠三角

（a）　　　　　　　　　　（b）

图 3-7　平衡发展型城市群

3.3.5.2　不平衡发展型

在城市群的发展过程中，很难达到各项指标平衡发展，不同的城市群由于其发展条件、发展阶段和发展方式不同，存在不同的发展缺陷，造成了城市群的不平衡发展。根据对城市群不同方面的竞争力得分进行总结发现，中国城市群的不平衡发展主要有以下几种类型：

（1）社会发展竞争力缺失型城市群

从图 3-8 可以看出，江淮城市群和环长株潭城市群表现出较为明显的社会发展竞争力缺失。通过对表 3-8 的进一步分析发现，这两个城市群的社会发展竞争力与其经济、环境、基础设施等其他城市群竞争力综合指标存在严重的不匹配性，为城市群发展的薄弱环节。应在政府的推动下逐步

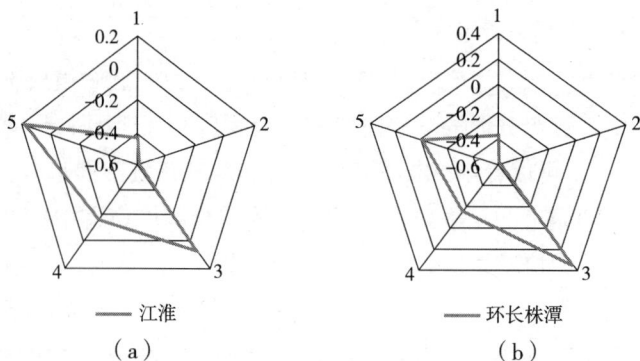

——江淮　　　　　　　——环长株潭

（a）　　　　　　　　　　（b）

图 3-8　社会发展竞争力缺失型城市群

改善医疗、卫生、教育、就业和收入差距，提高城市化率，促进城市群综合竞争力的进一步提升。

（2）生态环境竞争力缺失型城市群

生态环境竞争力是城市群实现可持续发展的必要条件，然而个别城市群却选择了牺牲环境作为城市群发展的路径，这将极大的影响这些城市群未来的发展。从图 3 - 9 中可以看出，宁夏沿黄城市群、太原城市群、兰州—西宁城市群、关中—天水城市群在城市的生态环境竞争力方面存在不同程度的缺失。在有关城市生态环境竞争力的相关分析中也可以发现，这 4 个城市群的生态环境竞争力是 21 个所研究城市群中最低的，再次证明了这些城市群在此方面的竞争劣势。提升经济发展的效率、转变发展模式和发展思路是促进城市群平衡发展和提升城市群综合竞争力的重要途径。

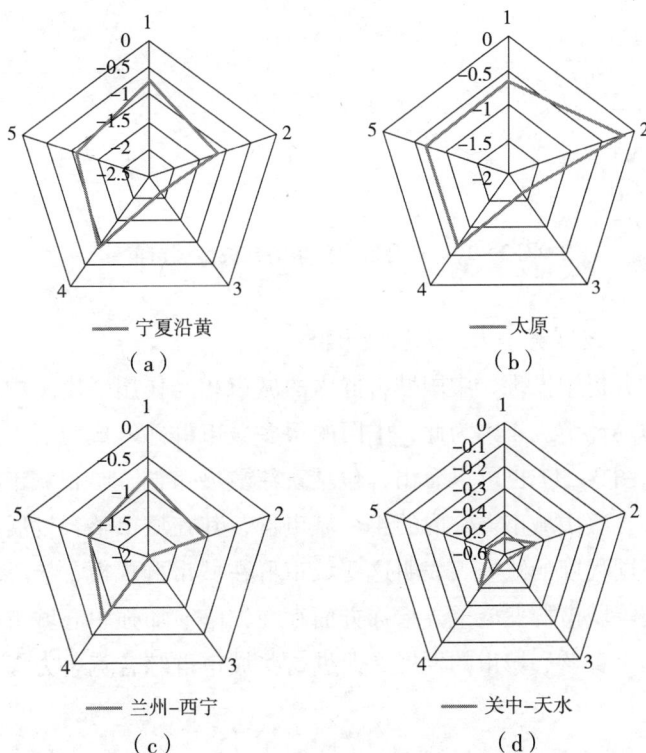

（a）宁夏沿黄

（b）太原

（c）兰州-西宁

（d）关中-天水

图 3 - 9 生态环境竞争力缺失型城市群

（3）基础设施竞争力缺失型城市群

基础设施是城市群竞争力发展的支撑和基础。然而，各城市群之间在基础设施建设方面存在一定的差距，很多城市群存在基础设施竞争力缺失的现象。从图 3－10 中可以看出，山东半岛城市群、北部湾城市群和辽中南城市群都存在不同程度的基础设施竞争力缺失，其中北部湾城市群和辽中南城市群还伴随着城市群整合发展竞争力的缺失。根据各城市群发展的不同特色和阶段，促进城市群交通基础设施、邮电通信基础设施和水电基础设施的发展是提升这些城市群竞争力的要务。

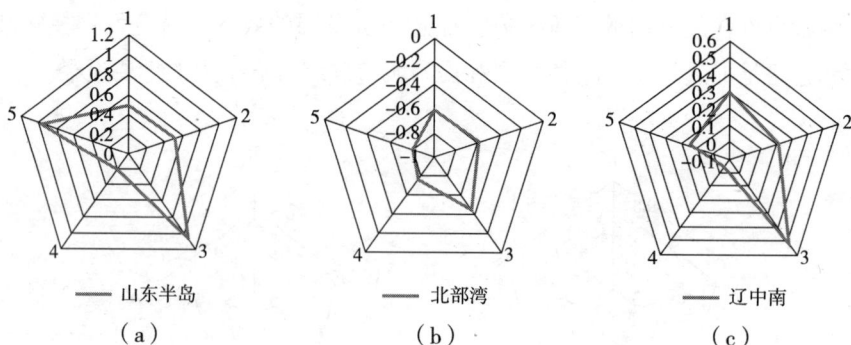

图 3－10　社会发展竞争力缺失型城市群

（4）整合发展竞争力缺失型城市群

前面的分析中发现，中国城市群内的城市相互作用强度是中国城市群发展的最薄弱环节。正因为此，中国的很多城市群并未成为真正意义上的城市群。从图 3－11 也可以看出，包括京津冀城市群、哈长城市群、呼包鄂榆城市群、滇中城市群在内的 4 个城市群，其在城市整合发展竞争力方面都存在不同程度的缺失。表明这些城市群在城市群规模、核心城市发展和联系强度等城市群发展重要指标方面存在缺陷。加强中心城市的辐射能力、扶持和培育核心城市的发展是促进这些城市群综合竞争力提升的重要措施。

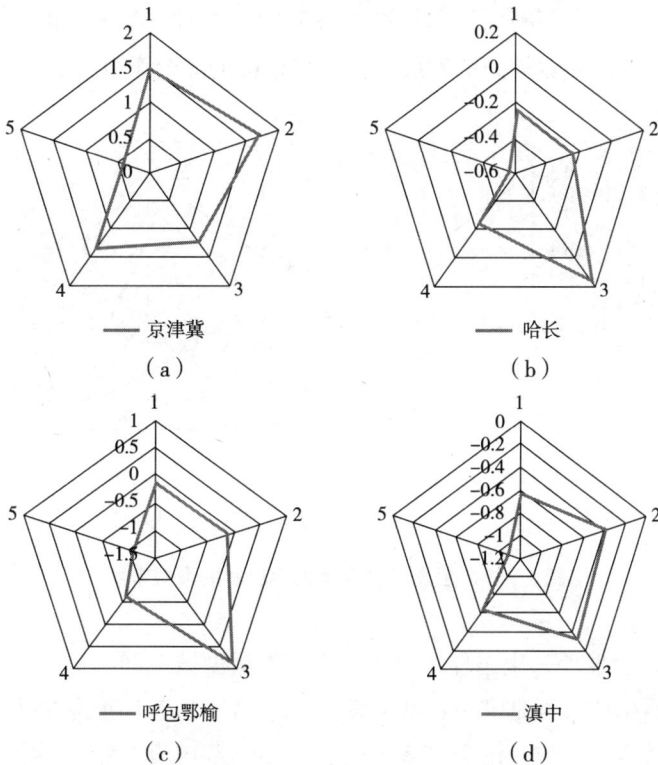

（a）京津冀

（b）哈长

（c）呼包鄂榆

（d）滇中

图 3 –11　整合发展竞争力缺失型城市群

3.3.5.3　极度不平衡发展型

在城市群竞争力的分析中，发现一些城市群存在某项指标特别突出的发展模式，在本书中将其定义为极度不平衡发展。如果能将城市群在这一指标上的优势合理利用，形成自身的发展特点，进而带动其他竞争力的发展，将在很大程度上促进这些城市群综合竞争力的提升。

（1）生态环境竞争力突出发展型城市群

鄱阳湖城市群和东陇海城市群的生态环境竞争力都明显优于其他方面的竞争力。鄱阳湖城市群以中国最大的淡水湖为中心，在绿化覆盖率、人均绿地面积、二氧化硫排放量等方面都有较好的表现。而东陇海城市群靠近中国东部海岸线，在绿化覆盖率、人均绿地面积、工业排放等各项指标上均有较好表现。优美的生态环境可以成为鄱阳湖城市群和东陇海城市群的发展特色，应在不断保护和促进生态环境的同时，推进经济、社会、基础设施、整合发展竞争力的发展，提升城市群的综合竞争力。

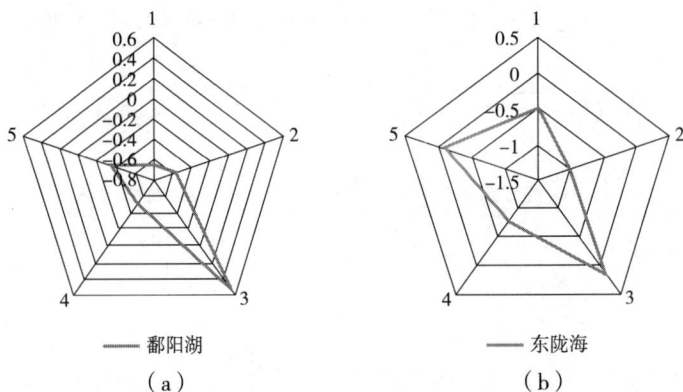

图3-12　生态环境竞争力突出发展型城市群

（2）社会发展—生态环境竞争力突出发展型城市群

海峡西岸城市群是唯一在社会发展竞争力和生态环境竞争力方面有突出表现的城市群。但是由于经济发展竞争力、基础设施竞争力和城市群整合竞争力的落后，影响了城市群综合竞争力的进一步提升。

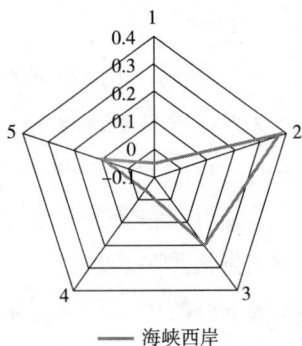

图3-13　社会发展—生态环境竞争力
突出发展型城市群

（3）基础设施竞争力突出发展型城市群

从前面的分析可以看出，成渝城市群的基础设施竞争力在2010年排名为第四，表明其完善和优越的城市群基础设施发展水平。但是成渝城市群在其他方面的竞争力与其基础设施方面的发展水平仍存在一定的差距。成渝城市群未来的发展中应发挥其在基础设施方面的优势，特别是客货运和信息化水平方面的优势，驱动城市群综合竞争力的快速提升。

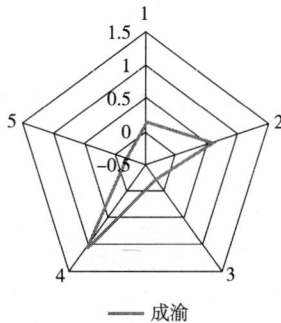

—— 成渝

**图 3 - 14 基础设施竞争力突出
发展型城市群**

（4）整合发展竞争力突出发展型城市群

与城市群竞争力的其他方面相比，武汉城市群和中原城市群在城市群的整合发展竞争力方面有较为突出的表现。武汉城市群和中原城市群地处中国中部，历史上就是人口密集的区域，因此城市群人口密度较大，此外在城市密度、城市群间相互作用强度等指标方面也有突出的表现。但是其在其他方面的表现则较弱，特别是中原城市群，其在经济发展竞争力、社会发展竞争力、生态环境竞争力和基础设施竞争力方面的得分明显低于其在城市整合发展方面的得分，表明其在这些方面的发展较为薄弱，与先进水平仍存在一定的差距。如何将城市群整合发展方面的优势转化为城市群竞争力的优势，是武汉城市群和中原城市群未来发展所面临的重要问题。

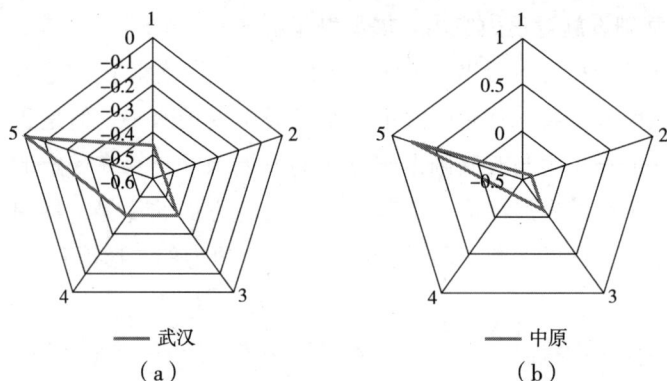

（a）　　　　　　　　　　　（b）

图 3 – 15　整合发展竞争力突出发展型城市群

参考文献

［1］Gottmann J. Megalopolis, *The Urbanized Northeastern Seaboard of the United States*, New York：Twentieth Century Fund, 1961.

［2］陈群元、喻定权：《我国城市群发展的阶段划分、特征与开发模式》，《现代城市研究》2009 年第 6 期。

［3］代合治：《中国城市群的界定及其分布研究》，《地域研究与开发》1998 年第 2 期。

［4］方创琳：《中国城市群形成发育的新格局及新趋向》，《地理科学》2011 年第 9 期。

［5］方创琳、姚士谋、刘盛和：《2010 中国城市群发展报告》，科学出版社 2011 年版。

［6］高汝熹、吴晓隽、车春鹏：《2007 中国都市圈评价报告》，格致出版社 2008 年版。

［7］顾朝林、庞海峰：《基于重力模型的中国城市体系空间联系与层域划分》，《地理研究》2008 年第 1 期。

［8］景建军：《山东半岛城市群的功能联系与结构优化》，《经济地理》2006 年第 3 期。

［9］李仙德、宁越敏：《城市群研究述评与展望》，《地理科学》2012年第3期。

［10］苗长虹、王海江：《中国城市群发展态势分析》，《城市发展研究》2005年第4期。

［11］宁越敏：《中国都市区和大城市群的界定——兼论大城市群在区域经济发展中的作用》，《地理科学》2011第3期。

［12］宁越敏、张凡：《关于城市群研究的几个问题》，《城市规划学刊》2012年第1期。

［13］王婧、方创琳：《中国城市群发育的新型驱动力研究》，《地理研究》2011年第2期。

［14］王丽、邓羽、刘盛和、王江浩：《基于改进场模型的城市影响范围动态演变——以中国中部地区为例》，《地理学报》2011年第2期。

［15］汪丽：《我国城市群发展现状、问题和对策研究》，《宏观经济管理》2005年第6期。

［16］肖金成、袁朱：《中国十大城市群》，经济科学出版社2009年版。

［17］姚士谋、陈振光、朱英明：《中国城市群》，中国科学技术大学出版社2006年版。

［18］张倩、胡云锋、刘纪远、刘越、任旺兵、李军：《基于交通、人口和经济的中国城市群识别》，《地理学报》2011年第6期。

［19］周一星、史玉龙：《建立中国城市的实体地域概念》，《地理学报》1995年第5期。

［20］周一星、张莉：《改革开放条件下的中国城市经济区》，《地理学报》2003年第2期。

［21］朱虹、徐琰超、尹恒：《空吸抑或反哺：北京和上海的经济辐射模式比较》，《世界经济》2012年第3期。

4

中国成熟型
城市群

我国正处在社会经济高速发展，人口和经济活动不断向城市集中时期。实施城市群战略，培育区域增长极，已经成为当前我国区域经济发展的主要战略选择。长三角、珠三角、京津冀城市群是我国当前经济发展格局中最具活力和潜力的核心地区，在本书等3章中国城市群综合竞争力排名中，长三角城市群排名第一位，珠三角和京津冀城市群分列第二、第三位，我们称之为成熟型城市群。这三大城市群是我国以至世界经济增长最迅速、城市化进程最快的地区之一，在未来可能成为我国最具国际竞争力和重要影响力的城市群，地位举足轻重。

本章首先分析了我国三大城市群空间结构特征、城市群功能定位、人口与经济发展；其次采用区位商法和灰色关联方法对城市群的产业结构异同进行测度，并就城市群中存在的产业同构问题进行剖析；再次采用城市流强度概念，对城市群区域内城市外向功能（集聚与辐射）所产生的影响量进行测度；最后对城市群综合交通体系建设进行了分析。

4.1　长三角城市群

4.1.1　长三角城市群总体特征

4.1.1.1　长三角城市群空间范围

长江三角洲（简称"长三角"）是一个具有多重意义的概念。在自然地理概念上，长三角是指长江和钱塘江在入海处冲积成的三角洲，是长江中下游平原的一部分。传统意义的长江三角洲北起通扬运河，南抵杭州湾，西至南京，东到海滨，包括上海市、江苏省南部、浙江省北部以及邻近海域。在文化地理概念上，长三角的范围和江南文化亚区的范围大体相当。其核心区是环太湖区域，即上海、苏南和浙北。在经济地理概念上，长三角经济区的地域范围比较模糊，已经超出了地理上的长江三角洲。一般是把上海视为长三角经济圈的中心，南京、杭州视为长三角经济区的两个副中心。长三角核心城市群由沿江城市带和杭州湾城市群构成，成员包括：上海、江苏（南京、苏州、无锡、常州、镇江、扬州、南通、泰州）、浙江（杭州、宁波、嘉兴、湖州、绍兴、舟山、台州）。随着长三角城市间"同城化"进程的加快，交通基础设施建设的提速，区域内空间和时间距离正在不断缩短，长三角城市群的范围也进一步扩容，吸收了盐城、淮安、金华、衢州4个苏浙城市和泛长三角区域内的合肥、马鞍山两个安徽省的城市。

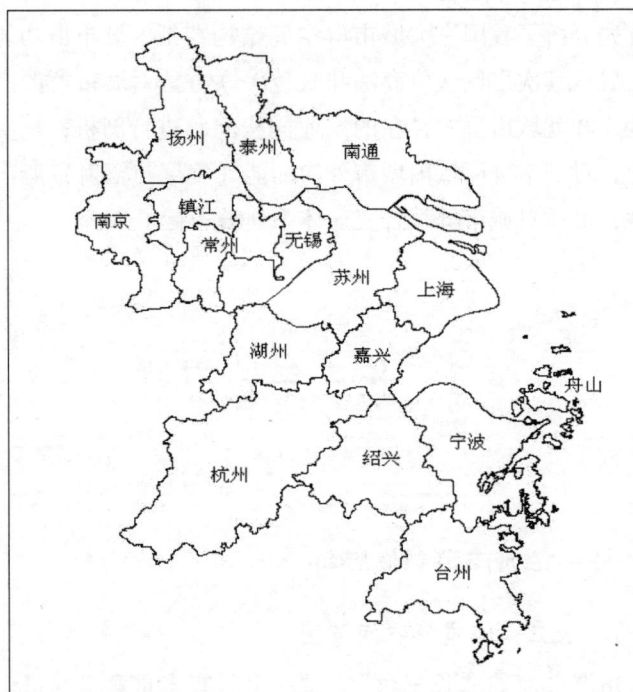

图 4 - 1　长三角城市群空间范围

本书中长三角核心城市群的范围，包括上海、南京、无锡、常州、苏州、南通、扬州、镇江、泰州、杭州、宁波、嘉兴、湖州、绍兴、舟山、台州 16 个城市。土地面积 10.99 万平方千米，约占全国国土面积的 1.14%。2010 年底人口 8490.7 万人，约占全国总人口的 6.8%。2010 年地区生产总值达到 70675.32 亿元，约占当年国内生产总值的 17.62%。

4.1.1.2 长三角城市群空间结构体系

表 4 - 1 长三角城市群内部等级规模结构

级序	级别划分（万人）	城市数量（座）	城市名称
1	>1000	1	上海
2	500—1000	7	南京、苏州、南通、泰州、杭州、宁波、台州
3	200—500	7	无锡、常州、扬州、镇江、嘉兴、湖州、绍兴
4	200 以下	1	舟山

资料来源：根据《中国城市统计年鉴（2011）》整理。

从表 4 - 1 中可以看出，长三角城市群的城市规模结构主要是呈葫芦状分布，在 16 个城市中，只有 1 个超过 1000 万人口以上的大城市，也只有 1 个 200 万人口以下的小城市。长三角城市群规模级别差别明显，城市群城市的首位度较高，上海作为长三角城市群的核心城市，无论是在聚集力，还是在人口规模上，都占有绝对优势，对城市群区域经济和社会发展的带动作用较强。

城市间相互作用强度是指城市间相互吸引、相互联系的强度，其大小与城市规模成正比，与城市间距离成反比。通过城市间相互作用强度，可以反映出各个城市间相互作用的强弱程度。其公式如下：

$$E = \frac{\sqrt{P_1 V_1 \cdot P_2 V_2}}{R^2} \tag{4.1}$$

其中，E 为城市间相互作用强度，P_1 和 P_2 为两城市的人口数，这里用该城市当年的常住人口来表示，V_1 和 V_2 分别为两城市的地区生产总值，R 为两城市之间的距离。通过计算，长三角城市群各城市间相互作用强度如表 4 - 2 所示。

表 4 - 2　2010 年长三角城市群各城市间相互作用强度

（单位：亿元·万人/平方公里）

	上海	南京	无锡	常州	苏州	南通	扬州	镇江	泰州	杭州	宁波	嘉兴	湖州	绍兴	舟山
南京	139.73														
无锡	663.01	109.06													
常州	226.95	141.84	465.18												
苏州	1739.28	135.04	2270.02	399.69											
南通	619.25	43.52	195.41	81.31	393.65										
扬州	78.84	170.14	65.55	94.02	79.88	55.47									
镇江	79.15	231.52	77.16	142.53	88.76	33.91	598.82								
泰州	101.91	73.33	104.14	64.08	118.14	95.83	213.60	92.66							
杭州	456.69	59.69	102.07	61.61	263.00	54.74	26.44	25.31	22.03						
宁波	255.18	21.04	51.12	23.33	115.47	30.95	11.21	10.36	13.15	190.21					
嘉兴	653.00	24.88	129.32	42.65	479.89	54.03	13.82	14.02	18.09	293.12	83.99				
湖州	171.51	29.32	53.13	38.67	166.64	24.62	12.53	12.83	8.83	207.73	21.85	76.62			
绍兴	153.62	20.43	39.43	17.18	93.86	22.29	9.22	8.52	9.31	647.03	169.70	80.15	33.74		
舟山	20.37	2.14	4.47	2.16	9.41	2.87	1.13	1.02	1.29	11.56	72.20	5.50	1.69	8.46	
台州	49.51	8.01	11.79	5.98	23.27	7.97	3.73	3.25	3.82	36.23	68.25	11.53	5.80	28.63	4.54

资料来源：根据《中国城市统计年鉴（2011）》计算得到。

从表4－2中可以看出，作用强度最高的是苏州—无锡（2270.02亿元·万人/平方公里），其次是上海—苏州（1739.28亿元·万人/平方公里），排在第三的是上海—无锡（663.01亿元·万人/平方公里），第四位的是上海—嘉兴（653.00亿元·万人/平方公里）。从分析可以看出，长三角城市群的龙头城市上海除与扬州市、镇江市、舟山市、台州市的相互作用强度在100以下，和大多数城市之间表现出较为明显的相互作用强度，对周边城市发挥着带动作用。此外，南京、无锡、苏州、杭州与其他城市之间也表现出较为明显的相互作用强度，对周边城市也发挥着各自的带动作用。

4.1.1.3 长三角城市群功能定位

《长江三角洲地区区域规划纲要》于2006年制定，提出未来长三角地区的发展将是以上海为"核心"，以沿长江、沿杭州湾等6个"发展带"为框架的区域联动发展。"一核六带"被视为该区域总体布局的框架。2010年5月24日，国务院正式批准实施的《长江三角洲地区区域规划》明确了长江三角洲地区发展的战略定位，即亚太地区重要的国际门户、全球重要的现代服务业和先进制造业中心、具有较强国际竞争力的世界级城市群。根据规划，长三角将形成以上海为核心的"一核九带"空间格局。

根据《全国主体功能区规划——构建高效、协调、可持续的国土空间开发格局》，长三角地区是国家层面的优化开发区域。该区域位于全国"两横三纵"城市化战略格局中沿海通道纵轴和沿长江通道横轴的交汇处，包括上海市和江苏省、浙江省的部分地区。该区域的功能定位是：长江流域对外开放的门户，我国参与经济全球化的主体区域，有全球影响力的先进制造业基地和现代服务业基地，世界级大城市群，全国科技创新与技术研发基地，全国经济发展的重要引擎，辐射带动长江流域发展的龙头，我国人口集聚最多、创新能力最强、综合实力最强的三大区域之一。

——优化提升上海核心城市的功能，建设国际经济、金融、贸易、航运中心和国际大都市，加快发展现代服务业和先进制造业，强化创新能力和现代服务功能，率先形成服务经济为主的产业结构，增强辐射带动长江三角洲其他地区、长江流域和全国发展的能力。

——提升南京、杭州的长江三角洲两翼中心城市功能。增强南京金融、科教、商贸物流和旅游功能，发挥南京在长江中下游地区承东启西枢纽城市作用，建设全国重要的现代服务业中心、先进制造业基地和国家创新型城市，区域性的金融和教育文化中心。增强杭州科技、文化、商贸和旅游功能，建设国际休闲旅游城市，全国重要的文化创意中心、科技创新基地和现代服务业中心。

——优化提升沪宁（上海、南京）、沪杭（上海、杭州）发展带的整体水平，建设沪宁高新技术产业带。培育形成沿江、沿海、杭湖宁（杭州、湖州、南京）、杭绍甬舟（杭州、绍兴、宁波、舟山）发展带，积极发展高新技术产业和现代服务业，加强港口和产业的分工协作，控制城镇蔓延扩张。调整太湖周边地区产业布局，建设技术研发和旅游休闲基地。

——强化宁波、苏州、无锡综合服务和辐射带动能力。宁波建设成为长江三角洲南翼的经济中心和国际港口城市，苏州建设成为高新技术产业基地、现代服务业基地和旅游胜地，无锡建设成为先进制造业基地、国家传感信息中心、商贸物流中心、服务外包和创意设计基地。

——增强常州、南通、扬州、镇江、泰州、湖州、嘉兴、绍兴、台州、舟山等节点城市的集聚能力，加强城市功能互补，提高整体竞争力。

——发展高附加值的特色农业、都市农业和外向型农业，完善农业生产、经营、流通等服务体系，建设现代化的农产品物流基地。

——加强沿江、太湖、杭州湾等地区污染治理，严格控制长江口、杭州湾陆源污染物排江排海和太湖地区污染物入湖，加强海洋、河口和山体生态修复，构建以长江、钱塘江、太湖、京杭大运河、宜溧山区、天目山—四明山以及沿海生态廊道为主体的生态格局。

4.1.1.4 城镇化与经济发展

从长三角城市群的城市土地资源使用情况来看，土地面积最大的几个城市包括杭州、宁波、台州和苏州。而根据城市建设用地面积来看，南京、杭州、苏州、宁波为建设面积最大的几个城市。从城市建设用地面积占市区面积比重来看，比重最大的几个市分别为绍兴、泰州、南京和无锡。其中，绍兴的城市建设用地面积超过了20%。

表 4-3 2010 年长三角城市群土地资源利用概况

	土地面积（平方公里）	城市建设用地面积（市辖区）		其中：居住用地面积（市辖区）	
		面积（平方公里）	占市区面积比重（%）	面积（平方公里）	占建设用地面积（%）
上海市	6340				
南京市	6587	647	13.67	178	27.51
无锡市	4627	215	13.09	63	29.30
常州市	4372	153	8.22	44	28.76
苏州市	8488	329	10.19	77	23.40
南通市	8001	93	6.11	16	17.20
扬州市	6591	90	8.81	26	28.89
镇江市	3847	109	10.07	25	22.94
泰州市	5787	88	13.75	34	38.64
杭州市	16596	374	12.19	95	25.40
宁波市	9816	307	12.47	66	21.50
嘉兴市	3915	85	8.78	24	28.24
湖州市	5818	142	9.06	36	25.35
绍兴市	8279	96	26.89	37	38.54
舟山市	1440	52	5.06	18	34.62
台州市	9411	140	9.11	38	27.14

资料来源：《中国城市统计年鉴（2011）》、《中国区域经济统计年鉴（2011）》。

从表 4-4 中可以看出，长三角城市群中常住人口最多的几个城市依次为上海、苏州、杭州和南京。而人口密度最大的几个城市依次为上海、无锡、南京和南通。杭州的人口密度最小，只有 415.23 人／平方公里。从从业人员比重来看，第二产业从业人员仍然占到长三角城市群总从业人员的大部分比例，基本都在 50% 以上。最高的绍兴达到 79.37%。另外，上海、南京、常州、泰州和舟山的第三产业从业人员比重已经超过了 50%，表明这五个城市第三产业已经发展到一定的规模。

表 4 - 4　2010 年长三角城市群人口概况

	常住人口（万人）	人口密度（人/平方公里）	第一产业从业人员比重（%）	第二产业从业人员比重（%）	第三产业从业人员比重（%）
上海市	2302.7	2227.63	0.39	40.26	59.35
南京市	800.8	960.1	0.33	47.43	52.24
无锡市	637.6	1008.34	0.29	62.88	36.83
常州市	459.3	825.25	0.31	49.34	50.34
苏州市	1046.9	751.25	0.11	72.35	27.53
南通市	728.2	953.53	1.79	57.66	40.55
扬州市	446.1	696.59	0.22	57.32	42.45
镇江市	311.5	703.69	0.4	56.9	42.7
泰州市	462.1	872.04	0.65	48.24	51.12
杭州市	870.5	415.23	0.06	54.08	45.85
宁波市	761.1	584.83	0.09	65.68	34.23
嘉兴市	450.5	872.54	0.11	70.24	29.65
湖州市	289.4	446.85	0.05	66.14	33.81
绍兴市	491.3	530.15	0.03	79.37	20.6
舟山市	112.1	672.01	0.3	39.46	60.24
台州市	597.4	619.64	0.69	61.34	37.98

资料来源：《中国城市统计年鉴（2011）》、《中国区域经济统计年鉴（2011）》。

从长三角地区的经济发展情况来看，上海的地区生产总值最高，2010 年达到了 17165.98 亿元，是排在第二位的苏州市的 1.86 倍。长三角城市群的城市都表现出较高的增长潜力，2010 年的地区生产总值增长率都在 10% 以上。从地方财政收入来看，上海的财政收入超过了长三角城市群的其他城市，达到 2873.58 亿元，是排在第二位的苏州的 3.19 倍。除此之外，上海在货物进出口、外商直接投资和经济密度等指标方面全面占优，表明上海在长三角城市群中的重要位置，长三角城市群城市首位度相当高。另外一些大城市如苏州、杭州、无锡等地的地区生产总值虽不及上海，但也达到了较高水平。

表 4 – 5   2010 年长三角城市群经济发展概况

	地区生产总值（亿元）	人均地区生产总值（元）	地区生产总值增长率（%）	地方财政一般预算收入（亿元）	货物进出口总额（万美元）	外商直接投资（万美元）	经济密度（万元/平方公里）
上海市	17165.98	76074	10.3	2873.58	36886900	1112100	27075.68
南京市	5130.65	65273	13.1	518.8	4560125	267592	7789.054
无锡市	5793.3	92167	13.2	511.89	6122296	330007	12520.64
常州市	3044.89	67327	13.1	286.18	2227750	244342	6964.524
苏州市	9228.91	93043	13.3	900.55	27407639	853511	10872.89
南通市	3465.67	48083	13	290.81	2107510	206059	4331.546
扬州市	2229.49	49786	13.5	167.78	823993	205645	3382.628
镇江市	1987.64	64284	13.3	138.1	815392	161462	5166.727
泰州市	2048.72	44118	13.5	170.8	858580	116148	3540.211
杭州市	5949.17	69828	12	671.34	5235548	435627	3584.701
宁波市	5163	69368	12.5	530.93	8290424	232336	5259.78
嘉兴市	2300.2	52143	13.7	176.83	2282418	160994	5875.351
湖州市	1301.73	45323	12.1	97.27	692770	91905	2237.418
绍兴市	2795.2	57580	11	193.23	2701612	95327	3376.253
舟山市	644.32	58378	11.3	61.04	1073258	6719	4474.444
台州市	2426.45	41172	13.2	164.88	1700137	13206	2578.313

资料来源：《中国城市统计年鉴（2011）》、《中国区域经济统计年鉴（2011）》。

4.1.2 长三角城市群产业结构与分工

4.1.2.1 长三角城市群三次产业结构对比分析

表 4-6 2010 年长三角城市群产业发展概况

	第一产业		第二产业			第三产业	
	生产总值 （亿元）	所占比例 （%）	生产总值 （亿元）	所占比例 （%）	工业企业数 （家）	生产总值 （亿元）	所占比例 （%）
上海市	114.15	0.66	7218.32	42.05	16684	9833.51	57.28
南京市	142.29	2.77	2327.86	45.37	3917	2660.49	51.85
无锡市	104.94	1.81	3208.79	55.39	7988	2479.57	42.8
常州市	99.78	3.28	1683.68	55.3	6375	1261.43	41.43
苏州市	155.79	1.69	5253.81	56.93	13538	3819.31	41.38
南通市	266.22	7.68	1908.56	55.07	7589	1290.89	37.25
扬州市	161.37	7.24	1229.34	55.14	3847	838.78	37.62
镇江市	81.53	4.1	1120.63	56.38	3125	785.48	39.52
泰州市	151.65	7.4	1125.85	54.95	4012	771.22	37.64
杭州市	208.41	3.5	2844.07	47.81	10370	2896.69	48.69
宁波市	219.13	4.24	2870.69	55.6	12492	2073.18	40.15
嘉兴市	127	5.52	1339.57	58.24	7311	833.63	36.24
湖州市	104.22	8.01	715.01	54.93	3561	482.5	37.07
绍兴市	149.67	5.35	1566.61	56.05	5545	1078.93	38.6
舟山市	62.02	9.63	293.29	45.52	659	289	44.85
台州市	160.42	6.61	1254.33	51.69	7308	1011.7	41.69

资料来源：《中国城市统计年鉴（2011）》。

从长三角城市群产业发展情况来看，上海、南京、杭州三个城市的产业结构表现为"三、二、一"结构，表明这些城市的第三产业较为发达；除这三个城市以外长三角城市群中的主要城市的产业结构都表现为"二、三、一"结构，即第二产业较为发达。

从全国数据来看，2010年全国国内生产总值构成为第一产业10.1%，第二产业46.8%，第三产业43.1%。各城市及全国整体的三次产业结构对比如图4-2所示。

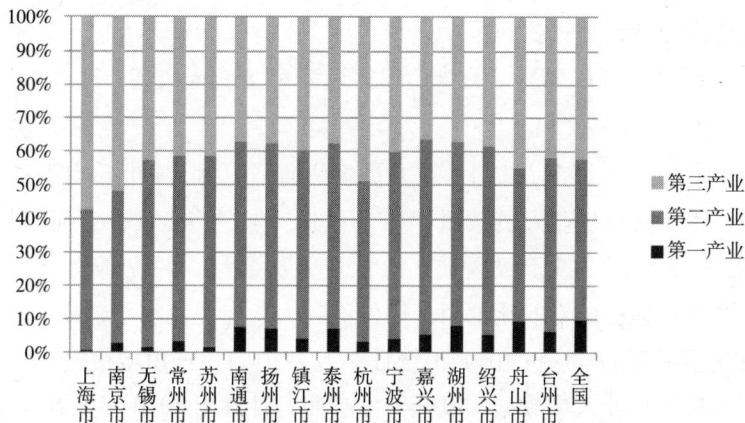

图4-2 2010年长三角城市群各城市产业结构对比

资料来源：根据《中国城市统计年鉴（2011）》整理而得。

由表4-6中的数据及图4-2可以看出，长三角城市群16个城市第一产业所占比重均小于全国整体水平，这说明长三角城市群16个城市的工业化、现代化水平较高。从第二产业所占比重来看，除上海、南京和舟山第二产业所占比重低于全国整体水平之外，其余城市的第二产业比重均高于全国水平，第二产业仍是多数市的主导产业。其中，无锡、常州、苏州、南通、镇江、泰州、杭州、宁波、嘉兴、湖州、绍兴、泰州均高于全国第二产业整体水平（46.8%），属典型的工业型地区。上海、南京和舟山的第三产业比重较高，高于全国城市整体水平，城市的综合功能较强。但从总体来看，长三角城市群第三产业比重主要分布在35%—45%之间，远远低于发达国家的70%左右的水平，第三产业比重明显偏低，长三角城市群第三产业还存在着巨大的发展空间和潜力。

4.1.2.2　长三角城市群产业同构及产业协同发展

本节采用区位商法和灰色关联方法对长三角城市群的产业结构异同进行测度。

（1）区位商

区位商的计算公式：

$$Lq_{ij} = (G_{ij}/G_i)/(G_j/G) \quad (i=1,2,3,\cdots,n;j=1,2,3,\cdots,m)$$

$$(4.2)$$

式中，Lq_{ij} 为 i 城市 j 部门从业人员区位商，G_{ij} 为 i 城市 j 部门从业人员数量，G_i 为 i 城市从业人员数量，G_j 为全国（或上级区域）j 部门从业人员数量，G 为全国（或上级区域）总从业人员数量。区位商大于1，可以认为该产业是地区的专业化部门；区位商越大，专业化水平越高。

首先根据 2011 年《中国城市统计年鉴》中的长三角城市群 16 个城市各部门的单位从业人员数据，以全国为参照，计算出 2010 年各城市主要部门区位商，如表 4-7 所示。

根据区位商计算结果，长三角城市群 16 个城市中，除了舟山的制造业区位商小于1，其余城市都大于1。这说明长三角区域的总体制造业发展水平较高，长三角地区目前是中国制造业集聚和专业化分工最显著的地区。对于第一产业，长三角城市群所有城市的区位商都小于1，这说明相比全国水平而言，长三角地区第一产业比重低，工业化程度较高。

在 19 个主要部门中，上海有 11 个部门的区位商大于1，这 11 个产业在上海的专业化程度较高，超过全国水平，具有相对优势。从区位商大于1 的产业个数的角度来看，上海位居长三角城市群首位，说明上海市是区域经济发展的核心城市，发挥着辐射和带动作用。舟山市仅次于上海，有 10 个产业的区位商大于1，杭州有 9 个产业区位商大于1，南京有 8 个产业部门的区位商大于1。舟山市、杭州市、南京市可以视为长三角城市群经济和社会发展的次中心城市。经济发展水平较高的上海、舟山、杭州、南京的产业结构可视为综合发展型。此外，上海、杭州、舟山和南京的制造业区位商虽然都大于1，但都是略大于1，远小于苏州和嘉兴等其他城市，产业专业化系数不高，这反映了这些大城市的产业结构在逐步调整和

表4-7 2010年长三角城市群各城市主要部门区位商

	第一产业	采矿业	制造业	电力、燃气及水的生产和供应业	建筑业	交通运输、仓储及邮政业	信息传输、计算机服务和软件业	批发和零售业	住宿、餐饮业	金融业	房地产业	租赁和商业服务业	科学研究、技术服务和地质勘查业	水利、环境和公共设施管理业	教育	卫生、社会保障和社会福利业	文化、体育和娱乐业	居民服务和其他服务业	公共管理和社会组织
上海市	0.18	0.01	1.23	0.59	0.29	2.1	1.17	1.56	1.78	1.66	1.68	2	2.62	0.9	0.56	0.89	1.18	1.71	0.45
南京市	0.15	0.06	1.29	0.61	0.81	1.61	1.33	1.61	1.86	0.69	0.96	1.33	1.54	0.85	0.78	0.79	1.36	0.54	0.62
无锡市	0.13	0	1.87	0.74	0.64	0.65	0.68	0.94	1.18	0.88	0.45	0.84	0.64	0.67	0.65	0.83	0.68	0.42	0.57
常州市	0.14	0.02	1.51	0.81	0.31	1.05	0.72	0.8	0.92	1.17	0.65	0.67	0.87	1.3	1.05	1.33	0.83	0.16	0.86
苏州市	0.05	0	2.35	0.47	0.25	0.4	0.57	0.52	0.81	0.78	0.41	0.29	0.25	0.59	0.5	0.75	0.53	0.16	0.53
南通市	0.81	0	1.64	0.68	0.82	0.68	0.66	0.57	0.33	1.26	0.44	0.53	0.3	0.72	0.96	1.15	0.56	0.16	0.74
扬州市	0.1	1.05	1.18	0.44	1.75	0.52	0.89	0.55	0.66	0.85	0.46	0.47	0.52	1	1.04	1.07	0.52	0.36	0.91
镇江市	0.18	0.11	1.68	0.91	0.51	0.88	0.42	0.88	0.67	1.21	0.75	0.41	0.62	1.22	0.79	1.04	0.58	0.27	0.79
泰州市	0.29	0	1.41	0.71	0.54	0.62	0.94	1.07	0.58	1.27	0.77	0.97	0.43	0.94	1.15	1.31	0.48	0.33	0.98
杭州市	0.03	0.03	1.12	0.4	2.05	0.86	1.91	1.28	2.08	0.89	1.54	1.34	1.62	1.14	0.53	0.7	0.86	0.73	0.47
宁波市	0.04	0	1.55	0.54	1.91	0.76	0.45	0.83	0.76	1.03	0.79	1.57	0.42	0.56	0.45	0.68	0.71	0.45	0.5
嘉兴市	0.05	0	2.22	0.82	0.34	0.33	0.38	0.72	0.7	0.67	0.99	1.11	0.4	0.55	0.51	0.65	0.5	0.31	0.48
湖州市	0.02	0.39	1.73	0.67	1.24	0.43	0.52	0.6	0.6	0.95	0.63	0.36	0.47	0.84	0.63	0.84	0.5	0.11	0.74
绍兴市	0.01	0.05	1.2	0.46	4.33	0.31	0.31	0.48	0.42	0.5	0.28	0.47	0.23	0.43	0.41	0.53	0.32	0.08	0.35
舟山市	0.13	0.21	0.9	1.3	0.94	1.67	0.94	0.61	1.46	1.12	1.76	3.23	0.66	1.01	0.7	1.13	1.06	0.37	1.31
台州市	0.31	0.01	1.12	0.61	2.72	0.44	0.59	0.66	0.69	1.35	0.65	0.84	0.41	0.61	0.72	0.92	0.52	0.41	0.73

资料来源:根据《中国城市统计年鉴(2011)》计算得到。

升级，服务业占地区生产总值的比重在逐渐上升。上海作为城市群经济和社会发展的核心，尽管在多数第三产业具有比较优势，专业化程度较高，但是优势并不突出，需要进一步提高。

（2）产业结构相似系数

灰色关联分析法可以有效地测度任意两条曲线的相似性。根据苗长虹、李学鑫（2006）提出的区位熵的灰色关联分析（或称改良的区位商法），用产业结构的灰色关联系数测度区域产业结构，不仅可以测度两地区产业结构的总体相似程度，而且还能反映地区产业的专业化、比较优势和区域分工的程度，可以定量地测度两地区产业的总体相似性、两地区不同产业的相似性。以长三角城市群的产业结构为参考序列，记为 $X_0(k)$；长三角各城市的产业结构则为比较序列，记为 $X_i(k)$。

求出参考序列与比较序列的绝对差：

$$\triangle_i = \left| X_o(k) - X_i(k) \right|$$

求出两级最小差和两级最大差，记 $\min_i \min_k \triangle_i$ 为两级最小差，$\min_k \triangle_i$ 为一级最小差，则两级最小差为：

$$\min_i \min_k \triangle_i = \min \left\{ \min \triangle_i(1), \min \triangle_i(2), \min \triangle_i(3), \cdots, \min \triangle_i(n) \right\}$$

同样求出两级最大差：

$$\max_i \max_k \triangle_i = \max \left\{ \max \triangle_i(1), \max \triangle_i(2), \max \triangle_i(3), \cdots, \max \triangle_i(n) \right\}$$

计算灰色关联系数 $\xi_i(k)$：

$$\xi_i(k) = \frac{\min_i \min_k \left| x_0(k) - x_i(k) \right| + \sigma \min_i \min_k \left| x_0(k) - x_i(k) \right|}{\left| x_0(k) - x_i(k) \right| + \sigma \min_i \min_k \left| x_0(k) - x_i(k) \right|}$$

式中 σ 为分辨系数，$\sigma = [0, 1]$，依照经验一般取 $\sigma = 0.5$。根据各城市主要部门的单位从业人员有关数据，以长三角城市群为参照系，依上式得到 2010 年长三角城市群各城市产业结构关联系数矩阵（见表 4-8）。

计算 16 个城市的产业灰色关联度 $R_i = \frac{1}{N} \sum_{k=1}^{n} \xi_i(k)$，并按照从大到小的顺序排列，得到表 4-9、表 4-10。

表4-8 2010年长三角城市群各城市产业结构关联系数矩阵

	第一产业	采矿业	制造业	电力、燃气及水的生产和供应业	建筑业	交通运输、仓储及邮政业	信息传输、计算机服务和软件业	批发和零售业	住宿、餐饮业	金融业	房地产业	租赁和商务服务业	科学研究、技术服务和地质勘查业	水利、环境和公共设施管理业	居民服务和其他服务业	教育	卫生、社会保障和社会福利业	文化、体育和娱乐业	公共管理和社会组织
上海市	0.976	0.997	0.333	0.925	0.983	0.608	0.903	0.692	0.837	0.714	0.839	0.758	0.705	0.916	0.944	0.724	0.794	0.927	0.794
南京市	0.998	0.999	0.925	0.993	0.959	0.923	0.980	0.924	0.966	0.982	0.995	0.980	0.969	0.992	1.000	0.923	0.987	0.983	0.957
无锡市	0.999	0.996	0.961	0.999	0.877	0.954	0.988	0.975	0.990	0.973	0.978	0.974	0.969	0.991	0.997	0.979	0.985	0.995	0.979
常州市	0.996	0.996	0.649	0.987	0.817	0.943	0.980	0.937	0.969	0.954	0.973	0.955	0.960	0.989	0.994	0.948	0.968	0.990	0.951
苏州市	0.997	0.996	0.512	1.000	0.845	0.952	0.993	0.966	0.993	0.994	0.983	0.960	0.960	0.998	0.995	0.995	0.987	0.997	0.974
南通市	0.984	0.996	0.789	0.992	0.874	0.945	0.984	0.941	0.965	0.978	0.974	0.958	0.954	0.988	0.994	0.994	0.989	0.990	0.979
扬州市	0.996	0.969	0.623	0.980	0.904	0.927	0.982	0.930	0.967	0.947	0.971	0.952	0.955	0.986	0.995	0.951	0.961	0.987	0.959
镇江市	0.997	0.999	0.662	0.988	0.826	0.937	0.976	0.938	0.966	0.954	0.974	0.950	0.956	0.988	0.994	0.925	0.957	0.988	0.945
泰州市	0.999	0.996	0.635	0.985	0.828	0.929	0.982	0.944	0.965	0.955	0.975	0.959	0.953	0.984	0.994	0.953	0.967	0.987	0.958
杭州市	0.997	1.000	0.601	0.984	0.581	0.924	0.906	0.857	0.892	0.933	0.920	0.917	0.895	0.942	0.991	0.875	0.930	0.977	0.898
宁波市	0.997	0.996	0.707	0.993	0.773	0.998	0.990	0.993	0.993	0.976	0.998	0.956	0.971	0.998	0.999	1.000	0.989	0.997	0.974
嘉兴市	0.996	0.996	0.848	0.998	0.838	0.932	0.981	0.958	0.976	0.960	0.992	0.984	0.960	0.987	0.996	0.950	0.970	0.991	0.962
湖州市	0.994	0.992	0.669	0.984	0.867	0.924	0.978	0.931	0.965	0.948	0.973	0.949	0.954	0.983	0.994	0.914	0.951	0.987	0.942
绍兴市	0.995	1.000	0.893	0.995	0.591	0.937	0.982	0.953	0.973	0.960	0.975	0.966	0.957	0.988	0.994	0.957	0.974	0.990	0.960
舟山市	0.995	0.999	0.557	0.982	0.822	0.933	0.976	0.921	0.966	0.937	0.975	0.967	0.951	0.978	0.994	0.890	0.940	0.987	0.931
台州市	0.997	0.996	0.705	0.993	0.880	0.935	0.984	0.949	0.974	0.988	0.980	0.969	0.959	0.987	0.996	0.970	0.981	0.991	0.988

资料来源：根据《中国城市统计年鉴（2011）》计算得到。

表 4 - 9　2010 年长三角城市群各城市产业结构的灰色关联度排序

无锡	南京	宁波	嘉兴	南通	台州	苏州	绍兴	常州	泰州	扬州	镇江	湖州	舟山	杭州	上海
0.977	0.97	0.963	0.962	0.961	0.959	0.953	0.949	0.945	0.945	0.944	0.943	0.942	0.932	0.896	0.809

资料来源：根据《中国城市统计年鉴（2011）》计算得到。

表 4 - 10　2010 年长三角城市群不同产业的灰色关联度排序

第一产业	采矿业	居民服务和其他服务业	电力、燃气及水的生产和供应业	文化、体育和娱乐业	水利、环境和公共设施管理业	信息传输、计算机服务和软件业	房地产业	住宿、餐饮业	卫生、社会保障和社会福利业	租赁和商业服务业	金融业	公共管理和社会组织	科学研究、技术服务和地质勘查业	教育	批发和零售业	交通运输、仓储及邮政业	建筑业
0.995	0.692	0.992	0.986	0.985	0.981	0.973	0.967	0.960	0.958	0.947	0.947	0.947	0.939	0.934	0.926	0.919	0.829

资料来源：根据《中国城市统计年鉴（2011）》计算得到。

由表4-9可以看出，以长三角城市群为参照系，各城市与城市群总体产业结构的灰色关联度由大到小的排序是无锡、南京、宁波、嘉兴、南通、台州、苏州、绍兴、常州、泰州、扬州、镇江、湖州、舟山、杭州和上海，除了杭州和上海的灰色关联度低于0.9，其余城市的灰色关联度都在0.9以上，总体差异不大，说明长三角城市群各城市的产业同构性较强。由于上海、舟山、杭州的大部分区位商都大于1，且显著大于长三角城市群其他城市，所以这三个城市的产业结构与长三角城市群差异最大，可视为综合发展型结构。

由表4-10可以看出，长三角城市群不同产业的灰色关联度也不同。制造业的灰色关联度最小，约为0.692，反映出制造业区域差异很大，其中上海的制造业关联系数仅为0.333，制造业占地区生产总值的比重较低，并且预计在一段时期内还将继续下降；无锡高达0.961，工业是无锡的支柱产业。建筑业的灰色关联度也较小，表明该产业在长三角地区区域差异较大，建筑业在长三角城市群内的分工逐渐显现，绍兴、杭州表现最为突出。交通运输、仓储及邮政业的灰色关联度为0.919，处在较低水平，这说明长三角城市群内该产业的发展存在一定差异。其他第三产业，如居民服务和其他服务业、燃气及水的生产和供应业、文化体育和娱乐业、水利环境和公共设施管理业、信息传输计算机服务和软件业、房地产业、住宿餐饮业、金融业等，灰色关联度普遍较高，这反映了在第三产业方面，长三角地区各市存在较大同构性，地域分工并不明显。采矿业的灰色关联度最高（0.995），这说明采矿业的地域差异较小，主要是因为除扬州外的15个城市的采矿业都不发达，且无锡、苏州、南通等5个城市的采矿业几乎不存在单位从业人员。

（3）主要结论

本节基于区位熵的灰色关联分析法对长三角城市群产业结构与分工的研究表明：第一，区位熵的灰色关联分析法融合区位熵方法和灰色关联分析法的优点，既能测度城市群中各城市的专业化程度、地域分工程度，也能定量测度各城市中产业与城市群整体的相似程度，因此区位熵的灰色关联分析法能够较好地测度城市群的产业结构与分工。第二，通过对长三角城市群的产业结构概况进行分析可知，除了上海市、南京市、杭州市以外，整体而言，长三角城市群各城市的产业结构均为"二三一"型，地区之间产业结构趋同化严重。第三，长三角城市中采矿业和第一产业的灰色关联系数均为 0.995，地域差异最小。制造业（0.692）、建筑业（0.829）等第二产业与长三角城市群相似程度较低，在城市间形成了一定程度的分工，第三产业中各个产业关联系数波动范围较大，并没有体现出明显的规律性。

4.1.3 长三角城市群空间经济联系分析

4.1.3.1 城市流强度的内涵与测度

城市流是指城市间人流、物流、信息流、资金流、技术流等空间流在城市群内所发生的频繁、双向或多向的流动现象，它是城市间相互作用的一种基本形式。量化描述城市流的指标为城市流强度，城市流强度是指在各区域城市间的联系中城市外向功能（集聚与辐射）所产生的影响量。城市群区域中各城市城市流强度的大小，影响着城市群整体功能的发挥。城市流强度的计算公式为：

$$F = NE \tag{4.3}$$

（4.3）式中，F 为城市流强度，揭示了城市对外联系的强弱；N 为城市功能效益，即各城市间单位外向功能量所产生的实际影响；E 为城市外向功能量，反映了城市外向功能的大小。

根据指标选取的可获得性及代表性，一般选取城市从业人员为城市功能量指标。利用区位商可以判断一个产业是否构成地区专业化部门，区位商大于 1，可以认为该产业是地区的专业化部门；区位商越大，专业化水平越高；如果区位商小于或等于 1，则认为该产业是自给性部门。借助区位商原理，可以准确测算城市的对外功能量。区位商的计算公式如公式（4.2）所示，即：

$$Lq_{ij} = (G_{ij}/G_i)/(Gj/G) \qquad (i=1, 2, 3, \cdots, n; j=1, 2, 3, \cdots, m)$$

若 $Lq_{ij} < 1$，则 i 城市 j 部门不存在外向功能，即 $E_{ij} = 0$；若 $Lq_{ij} > 1$，则 i 城市 j 部门存在着外向功能，因为 i 城市的总从业人员中分配给 j 部门的比例超过了全国（或上级区域）的分配比例，即 j 部门在 i 城市中相对于全国（或上级区域）是专业化部门，除满足自身需求外，能够为城市外界区域提供服务。因此 i 城市 j 部门的外向功能 E_{ij} 为：

$$E_{ij} = G_{ij} - G_{ij} \cdot (G_j/G) \qquad (4.4)$$

i 城市的 n 个部门总的外向功能两 Ei 为：

$$E_i = E_{ij} \qquad (4.5)$$

N_i 表示 i 城市的城市功能效益，一般采用人均从业人员的地区生产总值来表示，即

$$Ni = GDPi/Gi \qquad (4.6)$$

i 城市的城市流强度为：
$$\begin{aligned} F_i &= E_i \cdot N_i \\ &= E_i \cdot (GDP_i/G_i) \\ &= GDP_i \cdot (E_i/G_i) \\ &= GDP_i \cdot K_i \end{aligned} \qquad (4.7)$$

（4.7）式中，K_i 为 i 城市外向总功能量占总功能量的比例，反映了 i 城市总功能量的外向程度，称之为城市流倾向度。

4.1.3.2　长三角城市群空间经济联系测度

本节采用 2010 年长三角城市群 16 个地级以上城市，15 个部门的从业人员数据来计算城市流强度。对国家统计局《三次产业划分规定》所列的全部 20 个产业门类逐一筛选，经实际测算对比，剔除第一产业和第三产业的国际组织，剔除第二产业中的采掘业和第三产业中的公共管理和社会组织、居民服务和其他服务业。

剔除第一产业和第三产业的国际组织是因为其与城市对外服务功能不符；剔除采掘业是因为地区专业化较强；剔除公共管理和社会组织部门是因为用该部门从业人员的基本部分作为量测城市政府行政管理中心性的指标时，城市样本体系的行政最小需要量与城市规模并不存在相关关系；剔除居民服务和其他服务业，是因为该部门在研究区域中各城市的区位商大都小于 1，对外服务功能性不强。剔除过后选取的 15 个指标分别为：第二产业中的制造业、电力燃气及水的生产和供应业、建筑业，第三产业中的交通运输仓储及邮政业、信息传输计算机服务和软件业、批发和零售业、住宿餐饮业、金融业、房地产业、租赁和商业服务业、科学研究技术服务和地质勘查业、水利环境和公共设施管理业、教育、卫生社会保障和社会福利业、文化体育和娱乐业。

　　表4-11 为2010 年长三角城市群各城市15 个主要部门单位从业人员的情况。根据公式（4.2），计算出长三角城市群16 个城市15 个主要部门的区位商（如表4-12 所示）。结果显示，上海有10 个部门区位商大于1，表明上海是长三角城市群区域的核心城市，具有很强的对外辐射功能；杭州有9 个部门的区位商大于1，南京有8 个部门的区位商大于1，仅次于核心城市上海，表明杭州、南京的对外辐射功能也很强；对制造业部门而言，除舟山外，其余城市区位商均大于1，反映出该城市群的制造业部门具有很强的外向功能。

表4-11　2010年长三角城市群各城市主要部门从业人员情况

（单位：万人）

城市	制造业	电力、燃气及水的生产和供应业	建筑业	交通运输、仓储及邮政业	信息传输、计算机服务和软件业	批发和零售业	住宿、餐饮业	金融业	房地产业	租赁和商业服务业	科学研究、技术服务和地质勘查业	水利、环境和公共设施管理业	教育	卫生、社会保障和社会福利业	文化、体育和娱乐业	年末单位从业人员总数
上海市	141.3	5.41	11.3	36.3	6.71	26.4	11.7	23.63	11.2	18.6	23.3	5.86	26.1	16.7	4.71	392.87
南京市	47.41	1.78	10.1	8.87	2.43	8.71	3.9	3.12	2.03	3.97	4.36	1.77	11.5	4.72	1.73	125.64
无锡市	45.43	1.44	5.29	2.36	0.82	3.36	1.64	2.64	0.63	1.65	1.2	0.92	6.36	3.3	0.57	82.95
常州市	16.88	0.72	1.19	1.76	0.4	1.32	0.59	1.62	0.42	0.61	0.75	0.82	4.72	2.42	0.32	38.16
苏州市	90.06	1.43	3.2	2.29	1.09	2.93	1.77	3.69	0.9	0.91	0.73	1.27	7.67	4.69	0.7	130.87
南通市	30.26	1	5.13	1.88	0.61	1.54	0.35	2.89	0.47	0.8	0.43	0.75	7.12	3.46	0.36	63.11
扬州市	13.78	0.41	6.99	0.91	0.52	0.95	0.44	1.24	0.31	0.45	0.47	0.66	4.91	2.04	0.21	40.09
镇江市	18.35	0.79	1.88	1.44	0.23	1.41	0.42	1.63	0.47	0.36	0.52	0.75	3.47	1.85	0.22	37.26
泰州市	15.3	0.62	2	1.01	0.51	1.71	0.36	1.71	0.48	0.86	0.36	0.58	5.02	2.33	0.18	37.15
杭州市	75.91	2.19	47.5	8.78	6.49	12.9	8.1	7.52	6.05	7.42	8.52	4.38	14.4	7.76	2.03	232.71
宁波市	63.67	1.76	26.6	4.65	0.92	5.03	1.79	5.25	1.87	5.24	1.33	1.29	7.42	4.58	1.01	140.19
嘉兴市	52.2	1.53	2.75	1.17	0.45	2.5	0.94	1.94	1.34	2.12	0.73	0.73	4.84	2.51	0.41	80.4
湖州市	19.17	0.59	4.66	0.72	0.29	0.98	0.38	1.3	0.4	0.32	0.4	0.53	2.81	1.52	0.19	37.91
绍兴市	37.5	1.16	46.1	1.44	0.49	2.2	0.76	1.95	0.51	1.2	0.56	0.76	5.2	2.71	0.35	107.13
舟山市	4.4	0.51	1.57	1.23	0.23	0.44	0.41	0.68	0.5	1.29	0.25	0.28	1.38	0.91	0.18	16.8
台州市	22.87	1.05	18.9	1.34	0.6	2	0.8	3.4	0.76	1.39	0.65	0.71	5.92	3.07	0.37	69.78

资料来源：《中国城市统计年鉴（2011）》。

表 4-12 2010 年长三角城市群各城市主要部门区位商

	制造业	电力、燃气及水的生产和供应业	建筑业	交通运输、仓储及邮政业	信息传输、计算机服务和软件业	批发和零售业	住宿和餐饮业	金融业	房地产业	租赁和商业服务业	科学研究、技术服务和地质勘查业	水利、环境和公共设施管理业	教育	卫生、社会保障和社会福利业	文化、体育和娱乐业
上海市	1.23	0.59	0.29	2.1	1.17	1.56	1.78	1.66	1.68	2	2.62	0.9	0.56	0.89	1.18
南京市	1.291	0.61	0.81	1.61	1.33	1.61	1.86	0.685	0.96	1.33	1.54	0.85	0.78	0.79	1.36
无锡市	1.873	0.74	0.64	0.65	0.68	0.94	1.18	0.878	0.45	0.84	0.64	0.67	0.65	0.83	0.68
常州市	1.513	0.81	0.31	1.05	0.72	0.8	0.92	1.172	0.65	0.67	0.87	1.3	1.05	1.33	0.83
苏州市	2.354	0.47	0.25	0.4	0.57	0.52	0.81	0.778	0.41	0.29	0.25	0.59	0.5	0.75	0.53
南通市	1.64	0.68	0.82	0.68	0.66	0.57	0.33	1.264	0.44	0.53	0.3	0.72	0.96	1.15	0.56
扬州市	1.176	0.44	1.75	0.52	0.89	0.55	0.66	0.854	0.46	0.47	0.52	1	1.04	1.07	0.52
镇江市	1.684	0.91	0.51	0.88	0.42	0.88	0.67	1.207	0.75	0.41	0.62	1.22	0.79	1.04	0.58
泰州市	1.409	0.71	0.54	0.62	0.94	1.07	0.58	1.27	0.77	0.97	0.43	0.94	1.15	1.31	0.48
杭州市	1.116	0.4	2.05	0.86	1.91	1.28	2.08	0.892	1.54	1.34	1.62	1.14	0.53	0.7	0.86
宁波市	1.553	0.54	1.91	0.76	0.45	0.83	0.76	1.034	0.79	1.57	0.42	0.56	0.45	0.68	0.71
嘉兴市	2.221	0.82	0.34	0.33	0.38	0.72	0.7	0.666	0.99	1.11	0.4	0.55	0.51	0.65	0.5
湖州市	1.729	0.67	1.24	0.43	0.52	0.6	0.6	0.946	0.63	0.36	0.47	0.84	0.63	0.84	0.5
绍兴市	1.197	0.46	4.33	0.31	0.31	0.48	0.42	0.502	0.28	0.47	0.23	0.43	0.41	0.53	0.32
舟山市	0.896	1.3	0.94	1.67	0.94	0.61	1.46	1.117	1.76	3.23	0.66	1.01	0.7	1.13	1.06
台州市	1.121	0.64	2.72	0.44	0.59	0.66	0.69	1.345	0.65	0.84	0.41	0.61	0.72	0.92	0.52

资料来源：根据《中国城市统计年鉴（2011）》计算得到。

根据相关数据，利用（4.4）式、（4.5）式、（4.6）式可以分别计算出 16 个城市各部门的外向功能量 E_{ij}（见表 4 - 13）、各城市的外向功能量 E_i、城市流强度 F_i、城市流倾向度 K_i。当区位商小于 1 时，该部门的外向功能量为 0，i 城市的外向功能量 E_i 为各部门外向功能量之和。根据表 4 - 13、表 4 - 14 中的计算结果，上海在长三角城市群的 16 个城市中具有最高的外向功能量，高达 99.41，表明上海在整个城市群的空间经济联系中有重要作用，且上海在很多部门都显示了比其他城市更强的外向功能量，其中交通运输仓储及邮政业、批发和零售业、住宿餐饮业、金融业、房地产业、租赁和商业服务业、科学研究技术服务和地质勘查业、文化体育和娱乐业上海显示了最高的外向功能量，通过这些部门的传导与辐射，上海在长三角城市群区域的经济和社会发展中发挥了重要作用；苏州、杭州、绍兴、宁波的外向功能量也较高，分别居城市群中第二、三、四、五位，苏州外向功能量为 51.8，仅次于上海，但苏州的外向功能量全部来自于制造业，绍兴的外向功能量绝大部分来自于建筑业，杭州和宁波的外向功能量分别为 50.16 和 37.44，不仅显示了较高水平，而且在部门间的分布较为平均；南京、无锡、嘉兴的外向功能量虽然不及上述城市高，却也远远高于其他地级城市，分别达到 22.68、21.43、28.9。此外，除舟山市以外，长三角城市群其他城市制造业部门的外向功能量都为正，且数值较大，表明长三角城市群的整体制造业在国内具有较强的竞争优势，对其他地区有辐射作用。

以城市流强度值为标准，可以把城市群所在区域城市分为三大类，超高城市流强度城市——上海（城市流强度高达 4343.6），是该区域的中心城市，带动区域经济和社会发展；较高城市流强度城市——南京（$F_i = 926.31$）、无锡（$F_i = 1496.7$）、苏州（$F_i = 3652.6$）、杭州（$F_i = 1282.4$）、宁波（$F_i = 1379$）、嘉兴（$F_i = 826.87$）、绍兴（$F_i = 1087.2$），城市流强度在 800 以上，是区域的次中心城市，也是区域发展的重点城市；低城市流强度城市——常州、南通、扬州、镇江、泰州、湖州、舟山、台州。

表 4 - 13 2010 年长三角城市群各城市主要部门外向功能量

	制造业	电力、燃气及水的生产和供应业	建筑业	交通运输、仓储及邮政业	信息传输、计算机服务和软件业	批发和零售业	住宿餐饮业	金融业	房地产业	租赁和商业服务业	科学研究、技术服务和地质勘查业	水利、环境和公共设施管理业	教育	卫生、社会保障和社会福利业	文化、体育和娱乐业
上海市	26.45	0	0	19	0.98	9.48	5.1	9.394	4.53	9.3	14.4	0	0	0	0.73
南京市	10.68	0	0	3.35	0.6	3.29	1.8	0	0	0.98	1.53	0	0	0	0.46
无锡市	21.18	0	0	0	0	0	0.25	0	0	0	0	0	0	0	0
常州市	5.723	0	0	0.08	0	0	0	0.237	0	0	0	0.19	0.22	0.6	0
苏州市	51.8	0	0	0	0	0	0	0	0	0	0	0	0	0	0
南通市	11.81	0	0	0	0	0	0	0.603	0	0	0	0	0	0.45	0
扬州市	2.058	0	3	0	0	0	0	0.28	0	0	0	0	0.18	0.13	0
镇江市	7.456	0	0	0	0	0.11	0	0.364	0	0	0	0.13	0	0.07	0
泰州市	4.438	0	0	0	0	2.81	4.21	0	2.13	1.89	0	0	0.64	0.56	0
杭州市	7.87	0	24.4	0	3.1	0	0	0	0	0	3.27	0.53	0	0	0
宁波市	22.68	0	12.7	0	0	0	0	0.17	0	1.91	0	0	0	0	0
嘉兴市	28.69	0	0	0	0	0	0	0	0	0.21	0	0	0	0	0
湖州市	8.086	0	0.89	0	0	0	0	0	0	0	0	0	0	0	0
绍兴市	6.177	0	35.5	0	0	0	0	0	0	0	0	0	0	0	0
舟山市	0	0.12	0	0.49	0	0	0.13	0.071	0.22	0.89	0	0	0	0.11	0.01
台州市	2.468	0	11.9	0	0	0	0	0.872	0	0	0	0	0	0	0

资料来源：根据《中国城市统计年鉴（2011）》计算得到。

表 4 – 14 2010 年长三角城市群各城市城市流倾向度与强度

	年末单位从业人员总数（万人）	外向功能量（E_i）	从业人员人均地区生产总值（N_i）（万元）	城市流强度（F_i）	城市流倾向度（K_i）
上海市	392.87	99.41	43.69	4343.6	0.253033
南京市	125.64	22.68	40.84	926.31	0.180544
无锡市	82.95	21.43	69.84	1496.7	0.258349
常州市	38.16	7.051	79.79	562.65	0.184785
苏州市	130.87	51.8	70.52	3652.6	0.395783
南通市	63.11	12.86	54.91	706.16	0.203758
扬州市	40.09	5.372	55.61	298.75	0.133999
镇江市	37.26	7.941	53.35	423.62	0.213126
泰州市	37.15	6.105	55.15	336.69	0.164341
杭州市	232.71	50.16	25.56	1282.4	0.215551
宁波市	140.19	37.44	36.83	1379	0.267088
嘉兴市	80.4	28.9	28.61	826.87	0.359476
湖州市	37.91	8.977	34.34	308.25	0.2368
绍兴市	107.13	41.67	26.09	1087.2	0.388939
舟山市	16.8	2.038	38.35	78.16	0.121306
台州市	69.78	15.26	34.77	530.71	0.218718

资料来源：根据《中国城市统计年鉴（2011）》计算得到。

4.1.4 长三角城市群综合交通体系分析

4.1.4.1 长三角城市群立体化综合交通体系初建

交通是经济社会发展的基础性行业，是一个城市经济发展的命脉。城市群的发展需要有合理、高效的交通系统来承担群域内大量的客货流。加强城市群对内对外的交通基础设施建设，协调区域经济与交通之间的发展，是实现城市群资源有效配置、加快城市化进程和区域经济均衡、可持续发展的关键。长三角地区经过 20 世纪 90 年代以后的大规模投资建设，区域交通服务水平和功能得到显著改善和提升，尤其是高速公路建设更是呈现"井喷式"增长态势，发展迅速，网络化交通体系初具规模，地区间的时空距离大大缩短。目前长三角地区已初步形成了集铁路、公路、水运、航空等多种运输方式为一体的综合交通体系。

（1）铁路方面

长三角地区铁路网是我国铁路运输负荷最大、运输效率最高的铁路网之一，目前已形成了由沪宁、沪杭、杭甬、浙赣、宣杭等铁路组成的国家干线运输网。2005 年 3 月，国务院审议并原则通过了《环渤海京津冀地区、长江三角洲地区、珠江三角洲地区城际轨道交通网规划（2005—2020年)》。根据长江三角洲地区城际轨道交通规划（范围涉及江苏、浙江、上海两省一市），长三角将建设以上海为中心，以沪宁、沪杭（甬）为两翼的城际铁路主构架，覆盖长三角地区主要城市，基本形成以上海、南京、杭州为中心的"1—2 小时交通圈"。当前长江三角洲已经初步形成并将进一步强化"两纵三横一圈"的综合运输通道。"两纵"分别是：由京沪铁路、京杭运河、高速公路等构成的南北向综合运输大通道；海运、沿海铁路、高速公路为主的南北及对外运输大通道。"三横"分别是：由长江、沿江铁路、高速公路、管道组成的沿江综合运输大通道；由陇海铁路、高速公路等组成的东西向综合运输大通道；由浙赣铁路、高速公路等组成的舟山—宁波—杭州—金华—江西的综合运输大通道。"一圈"指由高速公路、轨道交通构成的快速交通网。在长三角主要的人口、城市和经济密集带，构成长三角城市群城际轨道交通网络主构架的交通通道是沪宁轨道交通走廊和沪杭（甬）轨道交通走廊。长三角的主要节点城市均分布在沪宁、沪杭、杭甬三条交通轴线上，构成了"Z"字形的城市空间格局。沪宁轨道交通走廊由沪宁铁路、沪宁城际铁路、京沪高速铁路（沪宁段）三大通道组成，是长三角运输能力最大的现代化轨道交通走廊。沪杭（甬）轨道交通走廊由沪杭铁路、沪杭磁悬浮线、沪杭客运专线、萧甬铁路和杭甬铁路客运专线构成，是连接上海与浙江杭州、宁波之间的主要轨道交通走廊。

（2）公路方面

高速公路以其快速、安全、通行能力大的特点在区域公路运输网络中起着主动脉的作用。长三角地区的高等级公路（包括高速公路和一级公路）承担着区域对外交通和主要城市间城际紧密和频繁的交通联系，已建、扩建、在建的高速公路有杭甬、沪宁、宁太、宁杭等近20条。作为区域路网的骨架网，长江三角洲高速公路网将基本连接10万人口以上城市、主要港口及机场；城市间以高速公路顺直连接，中心城市间形成多线路、稳定可靠的高速公路通道。

（3）民航方面

长三角民航业是我国民航业发展最为迅速的区域之一。目前，长三角地区共有12个民航机场，覆盖了全国各个地区以及海外主要国家及城市。上海有虹桥、浦东机场，杭州有萧山新机场，南京有南京、禄口机场，另外还有无锡硕放机场、苏州光福机场、常州机场、南通机场、宁波机场、舟山机场等。

（4）水运方面

长三角地区内河资源丰富，水网密布。长江水系已经形成以上海为核心、联系三角洲地区和长江沿线地区的航运体系。20世纪90年代以来，在交通部"三主一支持"长远规划指导下，长三角地区重点加快了国道主干线、水运主通道、主枢纽港的建设，优化了基础设施布局、改善了结构，初步形成了集装箱运输系统、能源运输系统和外贸物资运输系统。与此同时，长三角远洋航运的发展也相当迅速，上海港通达世界12大航区，与近200个国家和地区的500多个港口建立了业务联系；宁波港与全球100多个国家和地区的600多个港口都有贸易往来。

4.1.4.2 长三角城市群综合交通体系发展面临的瓶颈和挑战

长三角综合交通体系建设在全国处于较为领先的地位，并呈现出良好的发展态势。但是，目前在长三角综合交通体系中也存在着一些突出的问题，影响综合交通体系的进一步发展。这些问题主要表现在：

（1）区域大交通体系的规划需要进一步统筹

长三角区域各城市在产业发展、城镇布局、社会建设中，与国家综合性规划及专项规划的衔接仍然存在分歧，对基础设施规划建设的执行力度有待提高。由于局部利益最大化往往导致各城市功能定位不明确，基础设施重复建设现象较多。由于地方利益不同、市场机制不同、土地指标等原因，往往导致规划难以落实。

（2）主要交通走廊旅客运输能力不足，供需矛盾凸显

随着产业结构升级和城市化、经济一体化进程加快，长三角区域内各城市间及对外经济交流将更加密切，同城化效应将日益明显，人员流动将更加频繁。现有以公路、铁路为主的客运结构和线网规模难以满足客流密集地区的运输要求，主要交通走廊旅客运输能力不足，运输服务质量得不到保障。在国庆等国家法定节日来临时，上海至周边城市的短途出行车票购票紧张，汽车站、火车站、飞机场常出现大批旅客滞留的现象。交通管制、道路限流成了缓解交通压力的重要手段。随着生活水平的提高，探亲流、旅游流等多流重重叠加，现有的交通运输体系将很难满足巨大的客运需求。

（3）各种运输方式发展不均衡，制约区域内可达性

长三角地区各类运输体系发展不均衡，布局不尽合理。铁路方面，长三角地区部分城市由于隔江、隔湖、隔海等天然阻隔，至今还没有与主要的铁路货物运输网络接轨。没有直达铁路往来，货物运输需要绕行其他路线或者水运，中转里程长，运输成本加大，物流压力加重，导致经济损失。在公路方面，区域内作为干线的国道、省道仍不能充分满足长三角地区快速发展以及同城化效应不断加剧带来的货物运输压力，现代化的高速公路网路仍需更大发展。以高速公路为例，尽管区域内的大部分城市都已贯通，但由于高速公路里程有限，区域内的路网密度与区域经济的整体实力并不相称。尤其是长江越江通过能力严重不足，制约了江南江北之间的联系。

（4）多种运输方式之间缺乏有效衔接，影响优势发挥

虽然目前长三角区域交通体系发展较快，但是多种运输方式之间缺乏有效的衔接，综合利用效率不高，不适应经济一体化的要求。主要表现为交通枢纽、城市间交通与市内交通干线之间的衔接不够顺畅；各种运输方式之间尚未形成有效的协调配合，运输设施缺乏统筹规划，交通资源未得到充分利用。由于行政区划等制度问题，枢纽城市的铁路、公路站场与港口布局之间合理衔接问题长期未得到解决，缺乏协调。货物换装环节多，不仅增加运输时间和费用，也增加了城市交通压力。铁路、公路客运站等独立建设，衔接不畅，公路客运与城市公交分离，旅客出行换乘不便。

（5）交通管理标准需要进一步统一

目前，长三角各城市交通管理标准不统一，影响了要素的高效流动。例如，高速公路收费口过多，车辆收费标准不同；各地内河航道等级、船型标准、过闸收费系统不一致；公路客运企业规模小、各地交通卡不互通、货运供需信息交流不畅，缺乏大型公共信息平台等问题比较严重。

4.1.4.3 推进长三角城市群综合交通一体化的发展对策

（1）要明确近期和中远期目标

近期目标要以完善区域内部交通体系为重点，要以上海国际航运中心建设为核心，完善大型综合性交通枢纽等基础设施及其配套的枢纽网络、产业发展、人口布局等规划建设，推进大型综合性交通枢纽与枢纽网络、运输方式的衔接，完善空轨、海铁、公铁、水水等各种运输方式之间的有机衔接，实现各种交通方式的一体化建设。远期目标是在完善长三角内部综合交通体系的基础上，推动长三角内通外联的综合交通网络主构架，通过加快区域内外综合交通主干道的建设，推动长三角区域交通网络与外部的对接，逐步形成面向国际、连接南北、联动西部的内通外联的综合交通体系。

（2）综合交通协调机制要进一步完善

在目前长三角三个层面协调机制的基础上，进一步完善交通系统的联席会议，及时协调解决在区域合作过程中出现的机制不畅、体制不到位、前期审批环节多、政策处理无法律法规依据、建设资金筹措难等问题。支持各城市之间建立交通系统的交流合作关系，扩大在规划、建设等方面的交流合作，实现资源、信息共享。

（3）发展城市智能交通系统（ITS）

以城市交通空间数据基础设施为核心的信息基础设施将构成新的交通数字化网络，成为未来城市群交通的重要基础设施。而发展城市智能交通系统将是数字城市建设的重要组成部分，也是未来城市交通的发展趋势。ITS技术是通过全球定位系统（GPS）技术、无线电通信技术、互连网技术、虚拟现实技术的有机结合，利用城市交通地理信息系统的数据库操作技术和空间分析技术，建立整个城市的数字交通信息服务体系，可对交通系统的空间、时间和属性特征进行描述，为城市交通管理、车辆导航、客货运输调度、居民出行等提供有效的信息服务。

（4）加强长三角港口协调，促进港口间良性、有序发展

长三角港口群承担了长江经济带海运中转以及腹地内的吞吐任务，上海港主要作为长江近洋、远洋货物和集装箱运输的中转枢纽港，定位是国际性的枢纽港、国际航运中心；宁波的北仑港、苏州的太仓港以及南京港的定位是地区性的枢纽港，可以承担近洋运输。长江三角洲必须加强港口间的联合，加强全局观念，全力建设层次清晰、分工合理、优势互补的港口集群。

4.2　珠三角城市群

4.2.1　珠三角城市群总体特征

4.2.1.1　珠三角城市群空间范围

珠江三角洲（简称"珠三角"）是珠江在广东中部入海处冲积成的三角洲，由西江、北江和东江冲积的三个小三角洲组成。珠江三角洲旧称粤江平原，又叫南粤，以粤文化为主。珠三角最初由广州、深圳、佛山、南海、顺德等中小城市组成。后来，珠三角范围调整扩大为由珠江沿岸广州、深圳、珠海、佛山、东莞、肇庆、江门、中山、惠州9个城市组成的区域，这也就是通常所指的"珠三角"或"珠三角经济区"。通常所说的"大珠三角地区"则是指包括华南地区的香港、澳门和广东的珠江三角洲地区。

本书中珠三角城市群的范围，包括广东省的广州、深圳、珠海、佛山、东莞、肇庆、江门、中山、惠州9个城市。珠三角城市群土地面积5.56万平方公里，占全国国土面积的0.58%。2010年底人口3024.6万人，占全国总人口的2.42%。2010年地区生产总值达到401202亿元，占当年国内生产总值的9.39%。

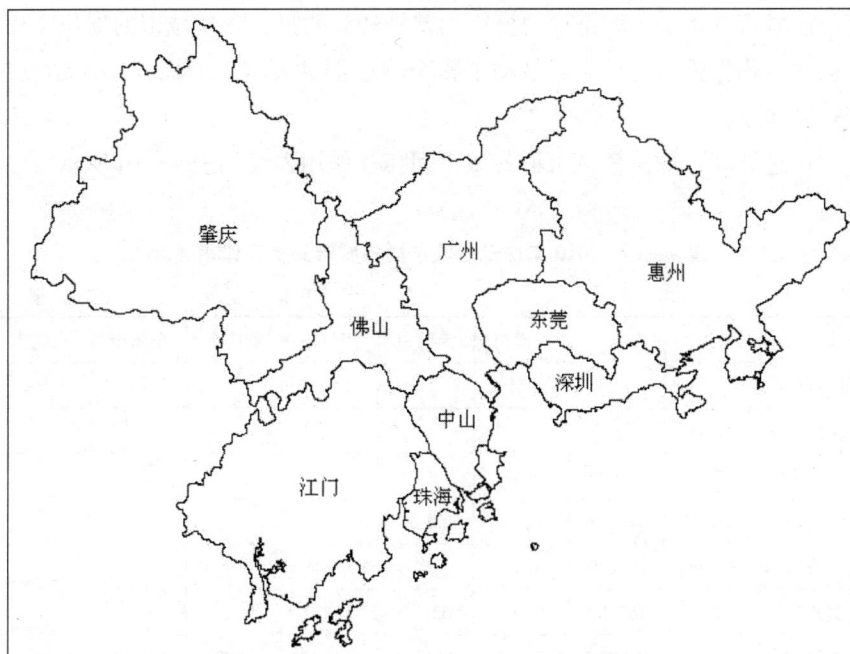

图 4 - 3　珠三角城市群空间范围

4.2.1.2　珠三角城市群空间结构体系

表 4 - 15　珠三角城市群内部等级规模结构

级序	级别划分（万人）	城市数量（座）	城市名称
1	>1000	2	深圳、广州
2	500—1000	2	佛山、东莞
3	200—500	4	江门、肇庆、惠州、中山
4	200 以下	1	珠海

资料来源：根据《中国城市统计年鉴（2011）》整理得到。

从表 4 - 15 中可以看出，珠三角城市群的城市规模多样，在 9 个城市中，既有超过 1000 万人口以上的大城市，如深圳、广州，也有 200 万人口以下的小城市——珠海。珠三角城市群城市达到 200 万—500 万人口的中等规模城市有4个。城市群规模级别差别较为明显,首位城市的地位突出,深圳和广州作为核心城市,带动了整个城市群的发展,对周边小城镇发挥着辐射作用。

通过计算,珠三角城市群各城市间相互作用强度如表4-16所示。

表4-16 2010年珠三角城市群各城市间相互作用强度

(单位:亿元·万人/平方公里)

	深圳市	广州市	珠海市	佛山市	江门市	肇庆市	惠州市	东莞市
广州市	629.96							
珠海市	57.01	95.02						
佛山市	315.35	6085.90	59.86					
江门市	118.72	348.98	45.76	356.27				
肇庆市	36.32	192.29	7.16	114.97	39.86			
惠州市	331.57	163.53	10.41	63.01	21.10	9.10		
东莞市	1058.65	1624.91	51.15	442.48	106.72	42.70	191.95	
中山市	150.96	353.15	133.19	230.30	236.88	19.14	25.53	152.26

资料来源:根据《中国城市统计年鉴(2011)》计算得到。

从表4-16中可以看出,作用强度最高的是广州—佛山,高达6085.90亿元·万人/平方公里,这一方面是因为两城市之间的距离很短,另一方面是因为广州与佛山分别是广东省的第一大、第三大城市。应该进一步推进"广佛同城",即广州和佛山两市打破行政壁垒,进行区域一体化建设。其次是广州—东莞(1624.91亿元·万人/平方公里),排在第三的是深圳—东莞(1058.65亿元·万人/平方公里),第四位的是广州—深圳(629.965亿元·万人/平方公里)。从分析可以看出,珠三角城市群的龙头城市广州和深圳与其他城市之间的相互作用强度基本都在100亿元·万人/平方公里以上,表现出较强的相互作用强度,对周边城市发挥着带动作用。

4.2.1.3 重要规划文件及城市群功能定位

表4－17 近年来有关珠三角的重要规划文件及政策

2004 年 9 月	广东省委、省政府、国家建设部	联合编制了《珠江三角洲城镇群协调发展规划（2004—2020)》：指出将珠三角城市群发展为世界级的城市群
2009 年 1 月	国家发展和改革委员会	公布了《珠江三角洲地区改革发展规划纲要（2008—2020年)》：规划范围以广东省的广州、深圳、珠海、佛山、江门、东莞、中山、惠州和肇庆市为主体，辐射泛珠江三角洲区域，并将与港澳紧密合作纳入规划
2009 年 8 月	国务院	《横琴总体发展规划》：将横琴岛纳入珠海经济特区范围，要逐步把横琴建设成为"一国两制"下探索粤港澳合作新模式的示范区
2010 年 12 月	国务院	《全国主体功能区规划》：以广州、深圳、珠海为核心，以广州、佛山同城化为示范，积极推动广佛肇（广州、佛山、肇庆）、深莞惠（深圳、东莞、惠州）、珠中江（珠海、中山、江门）的建设，构建珠江三角洲一体化发展格局。促进产业和劳动力双转移，带动环珠江三角洲地区的发展
2011 年 3 月	国务院	《十二五国家经济开发战略规划》：珠三角城市群包括9个城市，实际上有11个城市，另外两个是香港和澳门。珠三角城市群以香港、广州和深圳为中心

根据国家主体功能区规划，珠三角地区是国家层面的优化开发区域。该区域位于全国"两横三纵"城市化战略格局中沿海通道纵轴和京哈京广通道纵轴的南端，包括广东省中部和南部的部分地区。该区域的功能定位是：通过粤港澳的经济融合和经济一体化发展，共同构建有全球影响力的先进制造业基地和现代服务业基地，南方地区对外开放的门户，我国参与经济全球化的主体区域，全国科技创新与技术研发基地，全国经济发展的重要引擎，辐射带动华南、中南和西南地区发展的龙头，我国人口集聚最多、创新能力最强、综合实力最强的三大区域之一。

——以广州、深圳、珠海为核心，以广州、佛山同城化为示范，积极推动广佛肇（广州、佛山、肇庆）、深莞惠（深圳、东莞、惠州）、珠中江（珠海、中山、江门）的建设，构建珠江三角洲一体化发展格局。促进产业和劳动力双转移，带动环珠江三角洲地区的发展。

——增强与香港、澳门的优势对接与功能互补，推进与港澳地区的经济一体化，发展与香港国际金融中心相配套的现代服务业，建设与港澳地区错位发展的国际航运、物流、贸易、会展、旅游和创新中心。

——增强广州高端要素集聚、科技创新、文化引领和综合服务功能，强化作为国家中心城市、综合性门户城市和区域文化教育中心的地位，建设国际大都市。

——增强深圳科技研发和高端服务功能，继续发挥经济特区的示范带动作用，建设国家创新型城市和国际化城市。

——优化提升珠江口东岸地区的发展水平，打造科技创新中心，大力发展高新技术产业和现代服务业，提高制造业水平，增强交通枢纽功能。

——提升珠江口西岸地区的发展能力，提高产业层次，建设科技创新基地和先进制造业基地。增强珠海综合服务功能，培育成为珠江口西岸的中心城市。

——增强东莞、中山、佛山、江门、惠州等节点城市的集聚能力，壮大规模，实现各城市分工协作、共同发展，提高区域整体竞争力。

4.2.1.4 城镇化与经济发展

表 4 - 18　2010 年珠三角城市群土地资源利用概况

	土地面积（平方公里）	城市建设用地面积（市辖区）		其中：居住用地面积（市辖区）	
		面积（平方公里）	占市区面积比重（％）	面积（平方公里）	占建设用地面积比重（％）
深圳市	1992	817	41.01	214	26.19
广州市	7434	/	/	/	/
珠海市	1711	342	19.99	114	33.33
佛山市	3798	167	4.40	54	32.34
江门市	9568	151	8.31	44	29.14
肇庆市	15464	82	10.76	22	26.83
惠州市	11343	203	7.54	63	31.03

	土地面积 （平方公里）	城市建设用地面积（市辖区）		其中：居住用地面积（市辖区）	
		面积 （平方公里）	占市区面积 比重（%）	面积 （平方公里）	占建设用地面积 比重（%）
东莞市	2460	92	3.74	32	34.78
中山市	1800	45	2.50	14	31.11

资料来源：《中国城市统计年鉴（2011）》、《中国区域经济统计年鉴（2011）》。

从珠三角城市群的城市土地资源使用情况来看，土地面积最大的几个城市包括肇庆、惠州、江门和广州。而根据城市建设用地面积来看，深圳、广州、珠海为建设面积最大的几个城市。从城市建设用地面积占市区面积比重来看，比重最大的几个市分别为深圳、肇庆、珠海。其中，只有深圳的城市建设用地面积达到了40%。

表4-19 2010年珠三角城市群人口概况

	常住人口 （万人）	人口密度 （人/平方公里）	第一产业从业 人员比重（%）	第二产业从业 人员比重（%）	第三产业从业 人员比重（%）
深圳市	1037.2	5206.83	0.11	54.82	45.07
广州市	1271	1709.71	0.24	42.92	56.84
珠海市	156.2	912.92	1.17	69.94	28.88
佛山市	719.9	1895.47	0.07	51.97	47.96
江门市	445.1	465.20	0.25	60.18	39.58
肇庆市	392.2	253.62	0.51	45.69	53.81
惠州市	460.1	405.62	0.14	75.26	24.61
东莞市	822.5	3343.50	0.3	38.02	61.68
中山市	312.3	1735.00		61.95	38.05

资料来源：《中国城市统计年鉴（2011）》、《中国区域经济统计年鉴（2011）》。

从表4-19中可以看出，珠三角城市群中常住人口最大的几个城市依次为广州、深圳、东莞和佛山。而人口密度最大的几个城市依次为深圳、东莞和佛山。惠州的人口密度最小，只有 405.62 人/平方公里。从从业人员比重来看，第二产业从业人员仍然占到珠三角城市群总从业人员的大部分比例，基本都在 50% 以上。最高的惠州达到 75.26%。有 4 个城市的第二产业从业人员比重超过 60%，分别是珠海、江门、惠州和中山。从表 4 - 19 中可以看出，广州、肇庆和东莞的第三产业从业人员比重已经超过了 50%，表明这三个城市第三产业已经发展到一定的规模。

表 4 - 20　2010 年珠三角城市群经济发展概况

	地区生产总值（亿元）	人均地区生产总值（元）	地区生产总值增长率（%）	地方财政一般预算收入（亿元）	货物进出口总额（万美元）	外商直接投资（万美元）	经济密度（万元/平方公里）
深圳市	9581.51	94296	12.2	991.98	34676322	429734	48099.95
广州市	10748.28	87458	13.2	704.06	10376198	397858	14458.27
珠海市	1208.6	77888	12.9	103.1	4348282	122350	7063.705
佛山市	5651.52	80313	14.3	252.13	5165847	196754	14880.25
江门市	1570.42	35622	14.5	84.96	1433309	110810	1641.325
肇庆市	1085.87	27987	17.5	48.26	439080	93389	702.1922
惠州市	1729.95	38650	17.99	105.05	3423469	143761	1525.126
东莞市	4246.45	52798	10.3	221.77	12156572	273171	17261.99
中山市	1850.65	60797	13.9	127.74	3111256	66829	10281.39

资料来源：《中国城市统计年鉴（2011）》、《中国区域经济统计年鉴（2011）》。

从珠三角区域的经济发展情况来看，广州的地区生产总值最高，2010 年达到了 10748.28 亿元，深圳地区生产总值也达到了 9581.51 亿元，远高于其他城市。珠三角城市群的城市都表现出较高的增长潜力，2010 年的地区生产总值增长率都在 10% 以上，其中惠州高达 17.99%。从地方财政收入来看，广州和深圳的财政收入也超过珠三角城市群的其他城市，分别达到 991.98 亿元和 704.06 亿元。除此之外，深圳在货物进出口、外商直接投资和经济密度等指标方面全面占优，表明深圳市在珠三角城市群中的重

要位置。广州市 2010 年地区生产总值为 10748.28 亿元，与上海 17165.98
亿元相比还悬殊较大，表明广州发展仍具潜力。值得关注的是，惠州虽然
在地区生产总值和人均地区生产总值方面表现并不突出，但在 2010 年货物
进出口总额、经济密度和外商直接投资方面展现了实力，前两项均高于广
州。就核心城市的地区生产总值来看，广州在 2010 年排名第三，深圳排名
第四，仅次于上海和北京。这表明珠三角城市群核心城市实力较强，对城
市群区域经济和社会发展发挥着带动作用。

4.2.2 珠三角城市群产业结构与分工

4.2.2.1 珠三角城市群三次产业结构对比分析

表 4-21 2010 年珠三角城市群产业发展概况

	第一产业		第二产业			第三产业	
	生产总值（亿元）	所占比例（%）	生产总值（亿元）	所占比例（%）	工业企业数（家）	生产总值（亿元）	所占比例（%）
深圳市	6.47	0.07	4523.37	47.21	8249	5051.67	52.72
广州市	188.56	1.75	4002.27	37.24	6969	6557.45	61.01
珠海市	32.36	2.68	662.01	54.77	1347	514.23	42.55
佛山市	105.4	1.86	3542.49	62.68	7684	2003.63	35.45
江门市	117.03	7.45	872.21	55.54	3246	581.18	37.01
肇庆市	190.26	17.52	456.67	42.06	1131	438.94	40.42
惠州市	102.38	5.92	1019.57	58.94	1853	608	35.15
东莞市	16.57	0.39	2160.82	50.89	5899	2069.07	48.72
中山市	50.74	2.74	1074.1	58.04	5063	725.81	39.22

资料来源：根据《中国城市统计年鉴（2011）》计算得到。

就产业发展情况来看，深圳、广州的产业结构表现为"三、二、一"
结构，作为珠三角城市群的核心城市，深圳和广州的第三产业较为发达；
除这两个城市以外珠三角城市群中的主要城市的产业结构都表现为"二、
三、一"结构，即第二产业较为发达。

从全国数据来看，2010 年全国国内生产总值构成为第一产业 10.1%，第二产业 46.8%，第三产业 43.1%。各城市及全国整体的三次产业结构对比如图 4-4 所示。

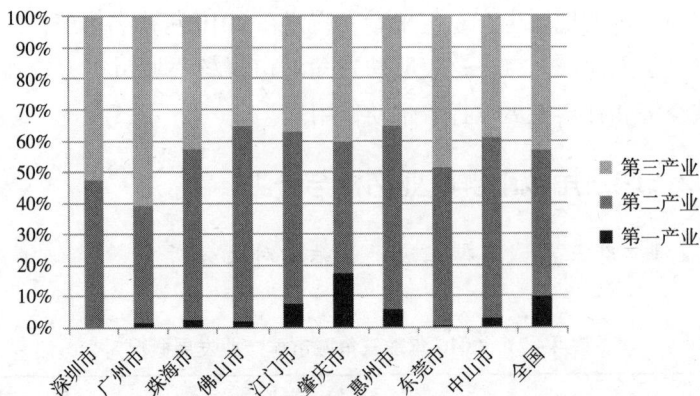

图 4-4　2010 年珠三角城市群各城市产业结构对比
资料来源：根据《中国城市统计年鉴（2011）》数据得到。

由表 4-21 中的数据及图 4-4 可以看出，珠三角城市群 9 个城市中，肇庆第一产业所占比重高于全国整体水平，为 17.52%。从第二产业所占比重来看，除广州和肇庆第二产业所占比重低于全国整体水平之外，第二产业仍是多数市的主导产业，其中，佛山（62.68%）、惠州（58.94%）、中山（58.04）、江门（55.54%）、珠海（54.77%）、东莞（50.89%）、深圳（47.21%）的第二产业所占比重高于全国整体水平，属典型的工业型地区，说明珠三角城市群各城市的工业化水平较高。广州和肇庆的第二产业比重低于全国水平，广州的第三产业（61.01%）比重较高，城市的综合功能较强，肇庆市的第一产业比重较高。珠三角城市群的第三产业发展参差不齐，深圳（52.72%）和广州（61.01%）作为城市群的中心城市，其服务职能比较突出，产值比重明显高于全国整体水平（43.1%）。但从总体来看，除核心城市外，珠三角城市群第三产业比重主要分布在35%—45%之间，远远低于发达国家的 70% 左右的水平。第三产业比重明显偏低，第三产业吸纳的劳动力也不多，处于欠发达水平。珠海

（42.55%）、佛山（35.45%）、江门（37.01%）、肇庆（40.42%）、惠州（35.15%）、中山（39.22%）的第三产业占比低于全国整体水平，珠三角城市群第三产业存在着巨大的发展空间和潜力。

4.2.2.2　长三角城市群产业同构及产业协同发展

本节采用区位商法和灰色关联方法对珠三角城市群的产业结构进行分析。

（1）区位商

首先根据2011年《中国城市统计年鉴》中的珠三角城市群9个城市各部门的单位从业人员数据，以全国为参照，计算出2010年各城市主要部门区位商，如表4-22所示。

根据区位商计算结果，珠三角城市群9个城市的制造业区位商均大于1，这说明珠三角区域的制造业发展水平较高，是中国制造业集聚和专业化分工较显著的地区。对于第一产业，珠三角城市群所有城市的区位商都小于1，这说明较全国水平而言，珠三角区域第一产业比重低，反映出珠三角区域工业化、现代化程度较高，珠三角已经进入工业化的高级阶段，甚至进入后工业化阶段。

在19个主要部门中，深圳有9个部门的区位商大于1，广州有10个部门的区位商大于1，这些产业在深圳市和广州市的专业化程度较高，超过全国水平，具有相对优势。深圳在房地产业、租赁和商业服务业表现突出，广州在交通运输仓储及邮政业、住宿餐饮业、居民服务和其他服务业表现突出。尽管作为核心城市，深圳和广州在多数第三产业有比较优势，专业化程度较高，但是总体优势并不突出，仍有很大潜力。从区位商大于1的产业个数的角度来看，广州（10个）位居珠三角城市群首位，深圳（9个）仅次于广州，深圳和广州可视为区域经济发展的核心城市，发挥着辐射和带动作用。佛山和肇庆有6个产业的区位商大于1，位居第三。佛山和肇庆可以视为长三角城市群经济和社会发展的次中心城市。其余各城市的区位商大于1的产业个数均少于5个。

（2）产业结构相似系数

根据各城市主要部门的单位从业人员有关数据，以珠三角城市群为参照系，根据区位熵的灰色关联分析得到2010年珠三角城市群各城市产业结构关联系数矩阵（如表4-23）。

表 4-22　2010 年珠三角城市群各城市主要部门区位商

	第一产业	采矿业	制造业	电力、燃气及水的生产和供应业	建筑业	交通运输、仓储及邮政业	信息传输、计算机服务和软件业	批发和零售业	住宿、餐饮业	金融业	房地产业	租赁和商务服务业	科学研究、技术服务和地质勘查业	水利、环境和公共设施管理业	教育	卫生、社会保障和社会福利业	文化、体育和娱乐业	居民服务和其他服务业	公共管理和社会组织
深圳市	0.05	0.02	1.67	0.32	0.52	1.47	1.41	1.26	1.67	1.18	2.97	2.07	0.95	0.43	0.26	0.45	0.66	1.57	0.45
广州市	0.11	0.00	1.23	0.42	0.60	2.09	1.47	1.15	2.45	0.89	2.20	1.70	1.38	0.82	0.63	0.95	1.45	2.54	0.61
珠海市	0.53	0.01	2.26	0.31	0.31	0.52	0.96	0.78	1.20	0.81	1.31	0.62	0.29	0.78	0.30	0.36	0.70	0.58	0.47
佛山市	0.03	0.00	1.55	0.86	0.46	0.68	1.28	0.52	1.14	1.35	0.78	0.47	0.44	0.70	1.08	1.54	0.39	0.40	0.84
江门市	0.11	0.00	1.73	0.76	0.79	0.46	0.66	0.55	1.00	1.11	0.52	0.28	0.24	0.80	0.85	1.06	0.44	0.87	0.88
肇庆市	0.23	0.16	1.35	0.92	0.34	0.65	0.80	0.42	1.17	0.79	0.54	0.52	0.43	1.14	1.45	1.48	0.90	0.22	1.24
惠州市	0.06	0.01	2.45	0.39	0.27	0.35	0.30	0.32	0.59	0.64	0.66	0.38	0.23	0.54	0.43	0.48	0.44	0.36	0.62
东莞市	0.14	0.01	1.16	1.40	0.09	0.63	0.74	0.67	0.18	2.69	0.13	0.44	0.40	0.18	0.95	2.47	0.77	0.18	1.77
中山市	0.00	0.00	2.04	0.62	0.10	0.81	0.66	0.27	0.68	1.27	0.86	0.72	0.34	0.27	0.72	1.07	0.71	0.28	0.75

资料来源：根据《中国城市统计年鉴（2011）》计算得到。

表4-23 2010年珠三角城市群各城市产业结构关联系数矩阵

	第一产业	采矿业	制造业	电力、燃气及水的生产和供应业	建筑业	交通运输、仓储及邮政业	信息传输、计算机服务和软件业	批发和零售业	住宿、餐饮业	金融业	房地产业	租赁和商务服务业	科学研究、技术服务和地质勘查业	水利、环境和公共设施管理业	居民服务和其他服务业	教育	卫生、社会保障和社会福利业	文化、体育和娱乐业	公共管理和社会组织
深圳市	1.000	0.997	0.333	0.979	0.822	0.782	0.917	0.798	0.896	0.844	0.803	0.807	0.915	0.979	0.968	0.960	0.957	0.978	0.875
广州市	0.992	0.999	0.472	0.966	0.796	0.696	0.915	0.824	0.839	0.900	0.865	0.850	0.870	0.943	0.943	0.764	0.839	0.934	0.807
珠海市	0.988	0.999	0.948	0.986	0.943	0.915	0.983	0.963	0.972	0.961	0.964	0.953	0.969	0.996	0.989	0.915	0.942	0.992	0.931
佛山市	0.995	0.999	0.683	0.998	0.957	0.919	0.988	0.943	0.967	0.982	0.949	0.947	0.972	0.992	0.987	0.972	0.987	0.986	0.971
江门市	0.996	0.998	0.652	0.995	0.980	0.903	0.973	0.939	0.959	0.959	0.941	0.939	0.965	0.991	0.989	0.964	0.969	0.985	0.953
肇庆市	0.997	0.997	0.547	0.990	0.921	0.901	0.970	0.927	0.955	0.937	0.938	0.940	0.965	0.989	0.985	0.970	0.961	0.987	0.940
惠州市	0.996	0.999	0.746	0.993	0.949	0.910	0.971	0.940	0.960	0.961	0.953	0.949	0.969	0.994	0.988	0.955	0.959	0.989	0.978
东莞市	0.996	0.999	0.525	0.994	0.906	0.898	0.968	0.930	0.944	0.970	0.934	0.938	0.964	0.978	0.985	0.923	0.980	0.985	0.957
中山市	0.994	0.998	0.599	0.985	0.907	0.906	0.969	0.923	0.950	0.949	0.942	0.944	0.964	0.980	0.986	0.919	0.950	0.986	0.912

资料来源：根据《中国城市统计年鉴（2011）》计算得到。

计算 9 个城市的产业灰色关联度 $R_i = \dfrac{1}{N} \sum_{k=1}^{n} \xi_i(k)$ ，并按照从大到小的顺序排列，得到表 4 – 24、表 4 – 25。

由表 4 – 24 可以看出，以珠三角城市群为参照系，各城市与城市群总体产业结构的灰色关联度由大到小的排序是珠海、佛山、惠州、江门、肇庆、东莞、中山、深圳、广州，除了深圳和广州的灰色关联度低于 0.9，其余城市的灰色关联度都在 0.9 以上，总体差异不大，说明珠三角城市群各城市的产业同构性较强。由于深圳和广州的大部分区位商都大于 1，且显著大于珠三角城市群其他城市，所以这两个城市的产业结构与珠三角城市群差异最大，可视为综合发展型结构。

由表 4 – 25 可以看出，珠三角城市群不同产业的灰色关联度也不同。制造业的灰色关联度最小，约为 0.611，反映出制造业区域差异很大；交通运输、仓储及邮政业的灰色关联度为 0.87，处在较低水平，这说明珠三角城市群内该产业的发展存在一定差异。结合区位商的计算结果，深圳和珠海不仅是珠三角的经济中心，也发挥着交通枢纽的作用；建筑业的灰色关联度也较小，表明该产业在珠三角地区区域差异较大，建筑业在珠三角城市群内的分工逐渐显现，广州市表现最为突出；其他第三产业，如居民服务和其他服务业、燃气及水的生产和供应业、文化体育和娱乐业、水利环境和公共设施管理业、信息传输计算机服务和软件业、房地产业、住宿餐饮业、金融业等，灰色关联度普遍较高，这反映了在第三产业方面，珠三角区域各城市存在较大同构性，地域分工并不明显。

（3）主要结论

本节基于区位熵的灰色关联分析法对珠三角城市群产业结构与分工的研究表明：第一，区位熵的灰色关联分析法融合区位熵方法和灰色关联分析法的优点，既能测度城市群中各城市的专业化程度、地域分工程度，也能定量测度各城市中产业与城市群整体的相似程度，因此区位熵的灰色关联分析法能够较好地测度城市群的产业结构与分工；第二，通过对珠三角城市群的产业结构概况进行分析可知，除了广州市、深圳市以外，珠三角城市群各城市的产业结构均为"二三一"型，因此，从三大产业的角度来看，珠三角城市群的产业结构存在同构现象；第三，珠三角城市群各产业

表4-24　2010年珠三角城市群各城市产业结构的灰色关联度排序

珠海市	佛山市	惠州市	江门市	肇庆市	东莞市	中山市	深圳市	广州市
0.964	0.957	0.956	0.950	0.938	0.935	0.935	0.874	0.853

资料来源：根据《中国城市统计年鉴（2011）》计算得到。

表4-25　2010年珠三角城市群不同产业的灰色关联度排序

制造业	交通运输、仓储及邮政业	建筑业	批发和零售业	租赁和商业服务业	房地产业	公共管理和社会组织	教育	住宿餐饮业	金融业
0.611	0.870	0.909	0.910	0.919	0.921	0.925	0.927	0.938	0.940

卫生、社会保障和社会福利业	科学研究、技术服务和地质勘查业	信息传输、计算机服务和软件业	居民服务和其他服务业	文化、体育和娱乐业	水利、环境和公共设施管理业	电力、燃气及水的生产和供应业	第一产业	采矿业
0.949	0.950	0.961	0.980	0.980	0.983	0.987	0.995	0.999

资料来源：根据《中国城市统计年鉴（2011）》计算得到。

的灰色关联系数大部分位于 0.85—0.95 之间，不同产业与作为整体的珠三角城市群的相似程度不同，其中采矿业和第一产业的地域差异最小，灰色关联系数分别为 0.995 和 0.999，同构性很强，地域分工不明确，制造业 (0.611)、交通运输仓储及邮政业 (0.870)、建筑业 (0.909) 等与珠三角城市群相似程度相对较低，第三产业中各个产业关联系数波动范围较大，并没有体现出明显的规律性。

4.2.3　珠三角城市群空间经济联系分析

表 4-26 为 2010 年珠三角城市群各城市 15 个主要部门单位从业人员的情况。根据公式 (4.2)，计算出珠三角城市群 9 个城市 15 个主要部门的区位商 (如表 4-27 所示)。结果显示，广州有 9 个部门区位商大于 1，深圳仅次于广州，有 8 个部门区位商大于 1，表明深圳、广州是珠三角城市群区域的核心城市，具有很强的对外辐射功能；对制造业来说，城市群中 9 个城市的区位商均大于 1，反映出该城市群的制造业部门具有很强的外向功能；对电力燃气及水的生产和供应业、建筑业、科学研究技术服务和地质勘查业、文化体育和娱乐业而言，其外向功能很弱。

表4-26 2010年珠三角城市群各城市主要部门从业人员情况

(单位：万人)

	制造业	电力、燃气及水的生产和供应业	建筑业	交通运输、仓储及邮政业	信息传输、计算机服务和软件业	批发和零售业	住宿、餐饮业	金融业	房地产业	租赁和商业服务业	科学研究、技术服务和地质勘查业	水利、环境和公共设施管理业	教育	卫生、社会保障和社会福利业	文化、体育和娱乐业	年末单位从业人员总数
深圳市	123.66	1.87	13	16.31	5.19	13.76	7.08	10.9	12.7	12.4	5.43	1.81	7.66	5.38	1.7	253.02
广州市	88.64	2.44	14.6	22.57	5.29	12.21	10.1	7.96	9.13	9.93	7.68	3.36	18.31	11.2	3.61	246.37
珠海市	41.76	0.45	1.93	1.45	0.88	2.13	1.27	1.85	1.39	0.93	0.42	0.81	2.25	1.09	0.45	63.15
佛山市	25.46	1.13	2.54	1.68	1.05	1.25	1.07	2.75	0.74	0.63	0.55	0.65	7.14	4.12	0.22	56.07
江门市	22.65	0.8	3.54	0.91	0.43	1.06	0.75	1.8	0.39	0.3	0.24	0.59	4.47	2.27	0.2	44.85
肇庆市	10.89	0.59	0.93	0.79	0.32	0.5	0.54	0.79	0.25	0.34	0.27	0.52	4.72	1.95	0.25	27.58
惠州市	57.55	0.73	2.19	1.25	0.35	1.1	0.79	1.87	0.89	0.73	0.42	0.72	4.09	1.86	0.36	80.39
东莞市	7.84	0.76	0.21	0.64	0.25	0.67	0.07	2.26	0.05	0.24	0.21	0.07	2.61	2.74	0.18	23.2
中山市	17.29	0.42	0.28	1.03	0.28	0.34	0.33	1.34	0.42	0.5	0.22	0.13	2.46	1.48	0.21	29.04

资料来源：《中国城市统计年鉴（2011）》。

表 4 - 27　2010 年珠三角城市群各城市主要部门区位商

	制造业	电力、燃气及水的生产和供应业	建筑业	交通运输、仓储及邮政业	信息传输、计算机服务和软件业	批发和零售业	住宿、餐饮业	金融业	房地产业	租赁和商业服务业	科学研究、技术服务和地质勘查业	水利、环境和公共设施管理业	教育	卫生、社会保障和社会福利业	文化、体育和娱乐业
深圳市	1.671574	0.3166	0.52	1.468	1.41	1.261	1.67	1.18	2.97	2.07	0.95	0.43	0.257	0.446	0.66
广州市	1.230532	0.42425	0.6	2.086	1.47	1.149	2.45	0.89	2.2	1.7	1.38	0.82	0.63	0.953	1.45
珠海市	2.261717	0.30525	0.31	0.523	0.96	0.782	1.2	0.81	1.31	0.62	0.29	0.78	0.302	0.362	0.7
佛山市	1.553027	0.86332	0.46	0.682	1.28	0.517	1.14	1.35	0.78	0.47	0.44	0.7	1.08	1.54	0.39
江门市	1.727257	0.7641	0.79	0.462	0.66	0.548	1	1.11	0.52	0.28	0.24	0.8	0.845	1.061	0.44
肇庆市	1.350469	0.91639	0.34	0.652	0.8	0.42	1.17	0.79	0.54	0.52	0.43	1.14	1.451	1.481	0.9
惠州市	2.448468	0.38899	0.27	0.354	0.3	0.317	0.59	0.64	0.66	0.38	0.23	0.54	0.431	0.485	0.44
东莞市	1.155791	1.40329	0.09	0.628	0.74	0.669	0.18	2.69	0.13	0.44	0.4	0.18	0.954	2.475	0.77
中山市	2.036336	0.61955	0.1	0.808	0.66	0.271	0.68	1.27	0.86	0.72	0.34	0.27	0.718	1.068	0.71

资料来源：根据《中国城市统计年鉴（2011）》计算得到。

根据相关数据，利用（4.4）式、（4.5）式、（4.6）式可以分别计算出 9 个城市各部门的外向功能量 E_{ij}（见表 4 - 28）、各城市的外向功能量 E_i、城市流强度 F_i、城市流倾向度 K_i。当区位商小于 1 时，该部门的外向功能量为 0，i 城市的外向功能量 E_i 为各部门外向功能量之和。根据表 4 - 28、表 4 - 29 中的计算结果，深圳在城市群 9 个城市中具有最高的外向功能量，高达 78.6，远高于处于第二位的广州，表明深圳在整个城市群的空间经济联系中有重要作用，其中制造业贡献了外向功能量的约 63.2%，电力燃气及水的生产和供应业、建筑业、教育、科学研究技术服务和地质勘查业、水利环境和公共设施管理业卫生、社会保障和社会福利业、文化体育和娱乐业的外向功能量却都为 0，从一定程度上也反映出深圳在这些方面相对薄弱的事实；广州的外向功能量仅次于深圳，达到 49.92，虽比深圳低，但外向功能量在各部门之间的分布更分散。深圳和广州外向功能量远高于其他城市，表明两市在城市群的经济联系中占有突出位置。此外，与长三角城市群类似，珠三角城市群各城市制造业部门的外向功能量都为正，且数值较大，表明珠三角城市群的整体制造业在国内具有较强的竞争优势，对其他地区有辐射作用。

根据表 4 - 29 中城市流强度的计算结果，可以把珠三角城市群城市分为三大类，高城市流强度城市——深圳、广州（城市流强度高达 2976.34 和 2177.69），是该区域的中心城市，带动区域经济和社会发展；中等城市流强度城市——惠州（$Fi = 732.64$）、东莞（$Fi = 792.06$）、佛山（$Fi = 1221.78$），是区域的次中心城市，也是区域发展的重点城市；低城市流强度城市——珠海、肇庆、江门、中山。

表4-28 2010年珠三角城市群各城市主要部门外向功能量

	制造业	电力、燃气及水的生产和供应业	建筑业	交通运输、仓储及邮政业	信息传输、计算机服务和软件业	批发和零售业	住宿、餐饮业	金融业	房地产业	租赁和商业服务业	科学研究、技术服务和地质勘查业	水利、环境和公共设施管理业	教育	卫生、社会保障和社会福利业	文化、体育和娱乐业
深圳市	49.68	0.00	0.00	5.20	1.50	2.84	2.85	1.69	8.42	6.41	0.00	0.00	0.00	0.00	0.00
广州市	16.61	0.00	0.00	11.75	1.70	1.58	5.99	0.00	4.98	4.08	2.12	0.00	0.00	0.00	1.12
珠海市	23.30	0.00	0.00	0.00	0.00	0.00	0.21	0.00	0.33	0.00	0.00	0.00	0.00	0.00	0.00
佛山市	9.07	0.00	0.00	0.00	0.23	0.00	0.13	0.72	0.00	0.00	0.00	0.00	0.53	1.44	0.00
江门市	9.54	0.00	0.00	0.00	0.00	0.00	0.00	0.17	0.00	0.00	0.00	0.00	0.00	0.13	0.00
肇庆市	2.83	0.00	0.00	0.00	0.00	0.00	0.08	0.00	0.00	0.00	0.00	0.06	1.47	0.63	0.00
惠州市	34.05	0.00	0.00	0.00	0.00	0.00	0.00	0.00	0.00	0.00	0.00	0.00	0.00	0.00	0.00
东莞市	1.06	0.22	0.00	0.00	0.00	0.00	0.00	1.42	0.00	0.00	0.00	0.00	0.00	1.63	0.00
中山市	8.80	0.00	0.00	0.00	0.00	0.00	0.00	0.29	0.00	0.00	0.00	0.00	0.00	0.09	0.00

资料来源:根据《中国城市统计年鉴(2011)》计算得到。

表 4-29　2010 年珠三角城市群各城市城市流倾向度与强度

	年末单位从业人员总数（万人）	外向功能量（Ei）	从业人员人均地区生产总值（Ni）（万元）	城市流强度（Fi）	城市流倾向度（Ki）
深圳市	253.02	78.60	37.87	2976.34	0.31
广州市	246.37	49.92	43.63	2177.69	0.20
珠海市	63.15	23.84	19.14	456.18	0.38
佛山市	56.07	12.12	100.79	1221.78	0.22
江门市	44.85	9.84	35.01	344.59	0.22
肇庆市	27.58	5.07	39.37	199.62	0.18
惠州市	80.39	34.05	21.52	732.64	0.42
东莞市	23.20	4.33	183.04	792.06	0.19
中山市	29.04	9.18	63.73	585.09	0.32

资料来源：根据《中国城市统计年鉴（2011）》计算得到。

4.2.4　珠三角城市群综合交通体系分析

4.2.4.1　珠三角城市群立体化综合交通体系初建

经过多年的建设，珠三角城市群已形成了以广州为中心，铁路、公路、水运、民航等多种运输方式相配合，沟通广东省和全国的综合运输交通网络。珠三角地区既有交通运输方式的基础设施不仅在供给规模、能力上得到了增长与提升，而且在技术结构上得到了进一步优化。尤其是广珠城际、穗莞深城际、广佛城际的开工建设，打破了区域没有城际轨道交通的历史，将优化区域总体运输结构。截至 2010 年底，广东省公路通车总里程达 19.1 万公里，公路密度达 106.8 公里/百平方公里。其中高速公路 4839 公里，一级公路 10126 公里，二级公路 19082 公里，三级公路 16089 公里，四级公路 120008 公里，各项指标均位居全国前列。已建成的高速公路主要有广州至深圳、广州至开平、广州至三水、广州至清远、惠州至深圳等。

（1）铁路方面

目前珠三角城市群已形成了以广州为中心，以京广、京九、广深、广茂、广梅汕为主的铁路网络骨架。根据《珠江三角洲地区城际轨道交通网规划（2005—2020 年）》，珠三角地区将建设以广州为中心，以广深、广珠城际轨道交通为主轴，覆盖区内主要城市，衔接港澳地区的城际轨道交通网络。到 2020 年，珠三角地区城际轨道交通总里程约达 600 公里，线网布局满足区域经济社会发展要求，主要技术装备达到国际先进水平。建设内容包括广州—东莞—深圳城际轨道交通线、广州—珠海城际轨道交通线、广州—佛山城际轨道交通线、小榄—虎门城际轨道交通线、江门—小榄城际轨道交通线、广州—肇庆城际轨道交通线、东莞—惠州城际轨道交通线。

（2）公路方面

珠三角现有广深、莞深、广佛、广惠、惠深、西部沿海、北二环等十余条高速公路，另有深港西部通道、广珠东线、广贺等多条高速公路在建，国道包括 G105、G106、G107、G205、G234 等，形成了以高速公路和国道为骨架，省道为干线，县乡公路为支线，四通八达、纵横交错的公路交通网络。公路线网迅猛发展的同时，公路枢纽站场建设也取得较大的进展。根据《国家公路运输枢纽布局规划》，珠三角地区有广州、深圳、珠海、佛山、肇庆、东莞、江门 7 个城市纳入国家公路运输枢纽（广州与佛山、深圳与东莞为组合枢纽）。区域内客货站场正向专业化、综合化和枢纽化方向发展。

（3）民航方面

经过几十年的建设和发展，珠江三角洲形成了以广州白云国际机场为航空枢纽，深圳、珠海、香港、澳门等机场相配合的格局。作为中国三大枢纽机场之一的广州白云国际机场，截至 2011 年底，已拥有定期航班通航城市 153 个，定期航班航线 181 条，其中：国内航线 124 条，国际航线 53 条，地区航线 4 条。2011 年全年，该机场完成飞机起降 34.93 万架次，旅客吞吐量 4504.38 万人次，货邮吞吐量 118 万吨。

（4）水运方面

珠三角港口群已基本形成分工合理的港口体系：以香港为国际航运中心，重点开展国际集装箱中转业务；以广州、深圳为主枢纽港，广州港重点开展煤炭、油品、粮食、钢材等大宗货类以及近洋外贸、内贸集装箱运输，是我国华南地区最大的综合性港口，深圳港重点发展远洋集装箱运输，是我国集装箱运输的干线港；另外珠海、东莞、中山、虎门、江门和肇庆等中小港口则凭借毗邻港澳的有利条件，成为三大枢纽港口的支线港或喂给港。

4.2.4.2 珠三角城市群综合交通体系发展面临的瓶颈和挑战

（1）网络布局不完善，运输结构性矛盾突出

目前珠三角地区交通基础设施规模总量偏小，各种运输方式发展不平衡，主要表现为局部地区、主要运输通道出现了新的"瓶颈"，广深高速公路、京广铁路等区内及区际主要交通通道处于饱和或超饱和状态；城市间的快速轨道交通网络建设才刚起步；沟通广州、深圳、珠海、佛山四大交通枢纽的跨市公路通行能力明显不足。

（2）综合交通枢纽的规划和建设有待完善与推进

综合交通枢纽规划、建设、运营明显滞后，各种交通方式衔接不畅，主要表现为：综合交通枢纽站场的规划、建设、运营一体化滞后；枢纽空间布局不适应区域城镇、产业布局要求和发展的需求，与城市交通便捷衔接方面考虑不足；各种运输方式之间功能衔接不够，导致旅客和货物换乘、换装不便；已规划的枢纽站场，实施时往往难以按照规划的位置、面积落实土地，以致功能不全；综合运输服务一体化发展滞后，各种运输方式之间存在政策规范不一致、技术标准不统一、信息平台不共享等问题，制约快捷客流与现代物流集约化、一体化发展。

（3）市际间网络衔接与分运输方式的衔接欠协调

珠三角区域内，特别是跨行政区域的公路、航道等基础设施的无缝对接仍有待进一步加强，欠缺对中心地区与接受中心辐射地区的路网对接问题的协调。珠江三角洲地区各种运输方式，在基础设施的统一规划、实施序列、综合枢纽换乘、集疏运配套设施等实现无缝衔接方面有待加强；在各种运输方式的运营方面形成分工合理、优势互补、零换乘方面仍然有待进一步加强。

（4）港口资源的集约化利用水平不高

珠三角地区城镇密集，交通需求大，已建与规划线网密度大，与可利用土地资源形成突出的供需矛盾，通道资源合理利用缺乏统筹规划和协调，导致通道资源利用比较粗放、效率低、土地分割严重。珠江三角洲地区经济快速发展，对港口运输的需求迅猛增长，各地掀起了一轮港口建设的高潮。港口群的规划定位、协调发展，亟待从交通一体化的角度进行统

筹与协调。

4.2.4.3 推进珠三角城市群综合交通一体化的发展对策

(1) 加快完善珠三角综合交通枢纽建设

加快广佛、莞深、珠海等国家公路运输枢纽建设,统筹规划建设多种运输方式相配套的综合交通运输枢纽,重点做好各种运输方式的协调及与城市交通的衔接,增强广州新客站、白云机场、深圳新客站、深圳机场等铁路枢纽、民航机场的运营能力和集疏运能力,强化铁路、公路、航空、城市轨道交通运输之间的快捷转换;统筹规划建设城市客运交通枢纽,强化换乘功能,改善区域公交换乘条件,实现以人为本的宗旨,大力倡导以公交为导向的土地利用模式,引导城市紧凑发展。

(2) 加速智能交通系统建设,为珠三角交通运输管理一体化提速

建立统一、高效的综合交通管理体制,促进城际交通与城市交通对接融合。对珠三角城际轨道交通系统实行全网统一建设、经营和管理;围绕轨道交通车站安排公共汽车线路,提高轨道交通车站至周边地区的通达性;积极推进城市间公交互通互连,推进珠三角各地级以上市公交 IC 卡并网,并扩展至城际轨道交通。

(3) 统筹建设区域交通基础设施,大力推动城际轨道交通同城化

形成以广州为中心,连通区域内所有地级以上市的城际轨道交通网络构架。统筹区域高速公路网建设,建成覆盖珠三角所有县(市)、辐射周边的高速公路网。加强综合交通枢纽的规划建设,增强主要港口、机场、车站等交通枢纽的运营能力和集疏运能力;统筹规划建设城市客运交通枢纽,改善区域公交换乘条件,使各种运输方式之间、城市间与城市内交通线路紧密衔接,实现旅客"零距离"换乘。

(4) 深化粤港澳交通运输合作,加快推进粤港澳交通一体化

加快建设轨道交通项目,增强珠三角与港澳地区间快速通道通行能力。加强珠江三角洲民航机场与港澳机场在运营和管理等方面的合作,构筑优势互补、共同发展的机场体系,增强大珠三角地区"机场群"的整体竞争能力。通过有效整合珠江口港口资源,完善广州、深圳、珠海港的现代化功能,形成与香港港口分工明确、优势互补、共同发展的珠江三角洲港口群体,增强大珠三角地区"港口群"的整体竞争能力。

4.3　京津冀城市群

4.3.1　京津冀城市群总体特征

4.3.1.1　京津冀城市群空间范围

京津冀城市群所在的环渤海地区地处中国东北、华北、西北、华东四大经济区的交汇处，是中国经济由东向西扩展、由南向北推移的重要纽带。从文化资源上来看，燕赵文化是京津冀三地文化的母体，共同的文化背景，相连的地域人缘，使得京津冀三地文化相辅相成。

图 4－5　京津冀城市群空间范围

本书中京津冀城市群的范围，包括北京、天津两个直辖市和河北省的石家庄、秦皇岛、唐山、廊坊、保定、沧州、张家口、承德 8 个城市。土地面积 18.25 万平方公里，占全国国土面积的 3.87%。2010 年底京津冀城市群人口 7405.1 万人，占全国总人口的 5.93%。2010 年地区生产总值达到 39598.64 亿元，占当年国内生产总值的 9.87%。

4.3.1.2 京津冀城市群空间结构体系

表 4-30　京津冀城市群内部等级规模结构（地级市）

级序	级别划分（万人）	城市数量（座）	城市名称
1	>1000	4	北京、天津、石家庄、保定
2	500—1000	2	唐山、沧州
3	200—500	4	秦皇岛、张家口、承德、廊坊
4	200 以下	0	

资料来源：根据《中国城市统计年鉴（2011）》整理得到。

从表 4-30 可以看出，在 10 个城市中，超过 1000 万人口以上的大城市有 4 个，没有 200 万人口以下的小城市，这反映出京津冀城市群城市规模总体较大。但京津冀城市群首位城市的地位不十分突出，可能不利于中心城市的辐射，难以带动整个城市群的发展。

通过计算，京津冀城市群各城市间相互作用强度如表 4-31 所示。

表 4-31　2010 年京津冀城市群各城市间相互作用强度

（单位：亿元·万人/平方公里）

	北京	天津市	石家庄市	唐山市	秦皇岛市	保定市	张家口市	承德市	沧州市
天津市	929.29								
石家庄市	96.78	63.29							
唐山市	302.26	349.67	18.69						
秦皇岛市	32.77	24.15	3.01	41.48					
保定市	319.48	156.71	128.74	32.73	4.25				
张家口市	81.16	20.00	5.26	8.49	1.44	8.30			
承德市	57.26	20.82	3.82	28.95	3.17	5.69	2.50		

续表

	北京	天津市	石家庄市	唐山市	秦皇岛市	保定市	张家口市	承德市	沧州市
沧州市	140.16	296.63	44.11	35.24	4.20	75.22	4.75	3.88	
廊坊市	1297.47	219.70	14.96	48.34	4.65	51.73	7.54	5.77	32.56

资料来源：根据《中国城市统计年鉴（2011）》计算得到。

从表 4-31 中可以看出，作用强度最高的是北京—廊坊（1297.47 亿元·万人/平方公里），这主要是由于两个城市间距离小，且北京作为核心城市，无论是地区生产总值还是人口规模都很大，对周边城市的带动作用明显。其次是北京—天津（929.29 亿元·万人/平方公里），排在第三的是天津—唐山（302.26 亿元·万人/平方公里），第四位的是北京—唐山（302.26 亿元·万人/平方公里）。京津冀城市群的核心城市北京和天津与其他城市之间的相互作用强度较高，对周边城市发挥着重要的带动作用。

4.3.1.3 重要规划文件及城市群功能定位

根据《京津冀都市圈区域规划》，京津冀都市圈目前已经形成较为完整的区域经济规划蓝图，有望成为中国经济的"第三极"。北京城市功能定位是国家首都、国际城市、文化名城、宜居城市，重点发展第三产业，以交通运输及邮电通信业、金融保险业、房地产业和批发零售及餐饮业为主。同时，充分发挥大学、科研机构林立，人才高度密集的优势，与高新技术产业园区、大型企业相结合，积极发展高新产业，以发展高端服务业为主，逐步向外转移低端制造业。

天津市的功能定位是构建国际港口城市、北方经济中心和宜居生态城市。天津主要发展航空航天、石油化工、装备制造、电子信息、生物医药、新能源新材料、国防科技和轻工纺织等先进制造业和现代物流、现代商贸、金融保险、中介服务等现代服务业，并适当发展大运量的临港重化工业。

河北省作为原材料重化工基地、现代化农业基地和重要的旅游休闲度假区域，是京津高技术产业和先进制造业研发转化及加工配套基地。此外，河北省在第一产业中着重发展农业和牧业，作为京津的"米袋子"和"菜篮子"。

4.3.1.4 城镇化与经济发展

表 4 - 32   2010 年京津冀城市群土地资源利用概况

	土地面积（平方公里）	城市建设用地面积（市辖区）		其中：居住用地面积（市辖区）	
		面积（平方公里）	占市区面积比重（%）	面积（平方公里）	占建设用地面积比重（%）
北京市	16411	1386	11.37	393	28.35
天津市	11760	687	9.29	187	27.22
石家庄市	15848	207	97.18	59	28.50
唐山市	13472	230	18.67	68	29.57
秦皇岛市	7523	95	26.17	21	22.11
保定市	20584	132	42.31	40	30.30
张家口市	36873	87	23.14	25	28.74
承德市	39548	55	7.24	16	29.09
沧州市	14053	42	22.95	15	35.71
廊坊市	6429	59	20.21	20	33.90

资料来源：《中国城市统计年鉴（2011）》、《中国区域经济统计年鉴（2011）》。

　　从京津冀城市群的城市土地资源使用情况来看，土地面积最大的几个城市包括承德、石家庄、保定和北京。而根据城市建设用地面积来看，北京、天津、石家庄、唐山为建设面积最大的几个城市。从城市建设用地面积占市区面积比重来看，比重最大的几个城市分别为石家庄、保定、秦皇岛和张家口。其中，石家庄的城市建设用地面积达到了97.18%，主要是由于石家庄市区面积较小导致的。

　　从表 4 - 33 中可以看出，京津冀城市群中常住人口最大的几个城市依次为北京、天津、保定和石家庄。而人口密度最大的几个城市依次为北京、天津和廊坊。承德的人口密度最小，只有87.89人/平方公里。从从业人员比重来看，第三产业从业人员占到京津冀城市群总从业人员的大部分比例，除唐山以外都在 50% 以上，最高的北京达到 76.11%，表明京津冀城市群城市的第三产业已经发展到一定的规模。

表 4 - 33　2010 年京津冀城市群人口概况

	常住人口（万人）	人口密度（人/平方公里）	第一产业从业人员比重（%）	第二产业从业人员比重（%）	第三产业从业人员比重（%）
北京市	1961.2	1195.0521	0.5	23.39	76.11
天津市	1299.3	1104.84694	0.35	47.53	52.13
石家庄市	1017.5	642.03685	0.49	36.97	62.54
唐山市	758.2	562.796912	3.61	51.33	45.06
秦皇岛市	299	397.447827	0.67	37.55	61.78
保定市	1120.8	544.500583	0.4	41.48	58.12
张家口市	434.9	117.94538	1.63	35.38	62.99
承德市	347.6	87.8931931	2.02	31.69	66.29
沧州市	714.3	508.290045	2.15	33.46	64.39
廊坊市	436.4	678.799191	0.46	42.09	57.45

资料来源：《中国城市统计年鉴（2011）》、《中国区域经济统计年鉴（2011）》。

从京津冀地区的经济发展情况来看，北京的地区生产总值最高，2010年达到了 14113.6 亿元，排在第二位的天津市达到 9224.46 亿元。京津冀城市群的城市都表现出较高的增长潜力，2010 年的地区生产总值增长率几乎都在 12% 以上，最高的天津市达到 17.4%。从地方财政收入来看，北京的财政收入也超过京津冀城市群的其他城市，达到 2353.93 亿元，是排在第二位的天津的两倍多。除此之外，北京在货物进出口总额方面也占有绝对优势，是排在第二位的天津的 3.67 倍。在外商直接投资和经济密度方面，北京和天津也远高于其他城市。单就核心城市的地区生产总值来看，北京（14113.6 亿元）排在全国第二，天津（9224.46）排在第五。核

心城市实力较强，对周边城镇发挥着辐射作用，带动区域经济和社会
发展。

表 4 - 34 2010 年京津冀城市群经济发展概况

	地区生产总值（亿元）	人均地区生产总值（元）	地区生产总值增长率（%）	地方财政一般预算收入（亿元）	货物进出口总额（万美元）	外商直接投资（万美元）	经济密度（万元/平方公里）
北京市	14113.6	75943	10.3	2353.93	30166129	636358	8600.09
天津市	9224.46	72994	17.4	1068.81	8220078	1084872	7843.93
石家庄市	3401.02	33915	12.24	163.63	1097410	24415	2146.02
唐山市	4469.16	59389	13.1	195.84	753895	87409	3317.37
秦皇岛市	930.5	31182	12.3	72.02	350931	49706	1236.87
保定市	2050.3	18451	14	91.03	585860	47450	996.06
张家口市	966.42	22517	14.15	62.45	28491	10045	262.09
承德市	888.96	25698	11.4	54.84	31894	6994	224.78
沧州市	2203.12	31091	14.5	91.3	167837	23257	1567.72
廊坊市	1351.1	31844	12.5	105.86	479867	49070	2101.57

资料来源：《中国城市统计年鉴（2011）》、《中国区域经济统计年鉴（2011）》。

4.3.2 京津冀城市群产业结构与分工

4.3.2.1 京津冀城市群三次产业结构对比分析

表 4-35 2010 年京津冀城市群产业发展概况

	第一产业		第二产业			第三产业	
	生产总值 （亿元）	所占比例 （%）	生产总值 （亿元）	所占比例 （%）	工业企业数 （家）	生产总值 （亿元）	所占比例 （%）
北京市	124.4	0.88	3388.4	24.01	6885	10600.8	75.11
天津市	145.58	1.58	4840.23	52.47	7947	4238.65	45.95
石家庄市	369.61	10.87	1653.76	48.63	2576	1377.66	40.51
唐山市	421.87	9.44	2598.4	58.14	1568	1448.89	32.42
秦皇岛市	126.72	13.62	367.79	39.53	642	435.99	46.86
保定市	303.65	14.81	1057.87	51.6	1848	688.78	33.59
张家口市	152.94	15.83	415.18	42.96	530	398.3	41.21
承德市	139.41	15.68	453.7	51.04	553	295.85	33.28
沧州市	252.65	11.47	1115.22	50.62	1919	835.26	37.91
廊坊市	157.48	11.66	723.81	53.57	1223	469.8	34.77

资料来源：根据《中国城市统计年鉴（2011）》计算得到。

就产业发展情况来看，北京、秦皇岛的产业结构表现为"三、二、一"结构，表明这两个城市的第三产业较为发达；除这两个城市以外京津冀城市群中的主要城市的产业结构都表现为"二、三、一"结构，即第二产业较为发达。

从全国数据来看，2010 年全国国内生产总值构成为第一产业 10.1%，第二产业 46.8%，第三产业 43.1%。京津冀城市群各城市及全国整体的三次产业结构对比如图 4-6 所示。

由表 4-35 中的数据及图 4-6 可以看出，京津冀城市群 10 个城市中，除北京（0.88%）、天津（1.58%）、唐山（9.44%）之外，其他城市的第一产业所占比重高于全国整体水平（10.1%）。从第二产业所占比重来看，北京为 24.01%，是京津冀城市群中比重最低的城市，秦皇岛为 39.53%，张家口为 42.96%，低于全国城市整体水平，天津（52.47%）、石家庄（48.63%）、唐山（58.14%）、保定（51.6%）、承德（51.04%）、沧州（50.62%）、廊坊（53.57%）的比重高于全国总体水平，第二产业仍是多数城市的主导产业，属典型的工业型地区，总体来说京津冀城市群区域的工业化水平较高。

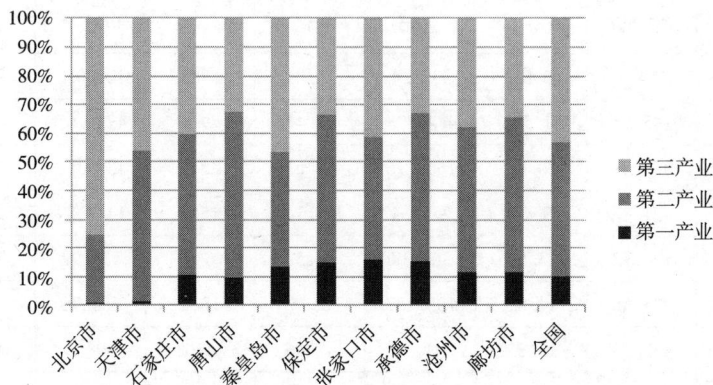

图 4 - 6　2010 年京津冀城市群各城市产业结构对比

资料来源：《中国城市统计年鉴（2011）》。

北京的第二产业比重低于全国总体水平，第三产业产值（75.11%）比重较高，居全国城市首位，城市的综合功能很强。秦皇岛和张家口的第二产业比重低于全国水平，但第一产业的比重高于全国总体水平，属于第一产业发展较好的地区。京津冀城市群的第三产业发展参差不齐，北京（75.11%）、天津（45.95%）、秦皇岛（46.86%）的第三产业产值比重高于全国整体水平（43.1%）。其他城市第三产业比重主要分布在 30%—40% 之间，低于发达国家的 70% 左右的水平，第三产业比重明显偏低，第三产业吸纳的劳动力也不多，处于欠发达水平，存在着巨大的发展空间和潜力。

4.3.2.2　京津冀城市群产业同构及产业协同发展

本节采用区位商法和灰色关联方法对京津冀城市群的产业结构进行

分析。

（1）区位商法

首先根据 2011 年《中国城市统计年鉴》中的京津冀城市群 10 个城市各部门的单位从业人员数据，以全国为参照，计算出 2010 年各城市主要部门区位商，如表 4 - 36 所示。

根据区位商计算结果，在 19 个主要部门中，有 10 个或以上部门的区位商大于 1 的城市有北京（10）、天津（10）、承德（10）、沧州（11），这些城市可视为综合发展型。

（2）产业结构相似系数

根据各城市主要部门的单位从业人员有关数据，以京津冀城市群为参照系，根据区位熵的灰色关联分析得到 2010 年京津冀城市群各城市产业结构关联系数矩阵（表 4 - 37）。

计算 16 个城市的产业灰色关联度 $R_i = \dfrac{1}{N} \sum_{k=1}^{n} \xi_i(k)$，并按照从大到小的顺序排列，得到表 4 - 38、表 4 - 39。

由表 4 - 38 可以看出，以京津冀城市群为参照系，各城市与城市群总体产业结构的灰色关联度由大到小的排序是承德市、秦皇岛、廊坊、张家口、沧州、保定、唐山、石家庄、天津和北京，除了天津和北京的灰色关联度低于 0.9，其余城市的灰色关联度都在 0.9 以上，总体差异不大，说明京津冀城市群各城市的产业同构性较强。

由表 4 - 39 可以看出，京津冀城市群不同产业的灰色关联度也不同。制造业的灰色关联度最小，约为 0.667，反映出制造业区域差异很大，其中北京的制造业关联系数仅为 0.266，制造业占地区生产总值的比重较低，但北京的制造业加速向高端化方向发展，制造业竞争力和集约发展水平进一步提升；教育的灰色关联度也较小，表明该产业在京津冀地区区域差异较大，教育在京津冀城市群内的分工逐渐显现。公共管理和社会组织（0.791）、建筑业（0.855）、交通运输仓储及邮政业（0.866）、批发和零售业（0.871）、卫生社会保障和社会福利业（0.892）、金融业（0.895）等产业的灰色关联系数都不高，这说明这些行业在京津冀城市群内的发展存在一定差异。其他第三产业，如租赁和商业服务业、住宿餐饮业、文化

表 4－36　2010 年京津冀城市群各城市主要部门区位商

	第一产业	采矿业	制造业	电力、燃气及水的生产和供应业	建筑业	交通运输、仓储及邮政业	信息传输、计算机服务和软件业	批发和零售业	住宿、餐饮业	金融业	房地产业	租赁和商务服务业	科学研究、技术服务和地质勘查业	水利、环境和公共设施管理业	教育	卫生、社会保障和社会福利业	文化、体育和娱乐业	居民服务和其他服务业	公共管理和社会组织
北京市	0.23	0.16	0.53	0.45	0.61	1.80	4.43	1.99	2.59	1.16	2.89	5.06	3.14	0.82	0.53	0.67	2.33	2.36	0.61
天津市	0.16	1.01	1.25	0.68	0.50	1.38	0.75	1.40	1.40	0.93	1.04	1.42	1.40	1.04	0.68	0.91	0.84	6.83	0.64
石家庄市	0.22	0.19	0.95	1.35	0.54	1.53	0.74	1.68	0.91	1.46	0.29	0.43	1.18	1.21	1.24	0.97	1.67	0.78	1.26
唐山市	1.63	2.89	1.01	1.41	0.62	1.05	0.53	1.14	0.44	1.24	0.40	0.42	0.21	1.19	0.92	0.86	0.56	0.29	0.94
秦皇岛市	0.30	0.16	0.99	1.74	0.37	2.72	0.83	0.53	0.66	1.50	0.40	0.37	0.73	1.56	1.09	1.27	1.59	0.76	1.26
保定市	0.18	0.07	0.80	1.61	1.40	0.73	0.92	0.82	0.38	1.14	0.24	0.31	1.25	0.77	1.61	1.18	0.84	0.15	1.38
张家口市	0.74	1.60	0.66	1.69	0.52	0.73	0.94	1.01	0.50	1.10	1.11	0.35	0.54	1.34	1.46	1.21	0.67	0.49	1.83
承德市	0.91	1.39	0.64	1.72	0.29	1.19	1.12	0.68	0.37	1.64	0.25	0.70	0.50	1.57	1.47	1.43	1.19	0.16	1.79
沧州市	0.97	1.31	0.43	1.73	1.13	1.01	1.26	0.77	0.38	1.23	0.47	0.28	0.37	1.02	1.63	1.38	0.75	5.44	1.58
廊坊市	0.21	0.00	1.07	1.10	0.83	0.50	0.73	0.54	0.45	0.98	1.51	0.73	1.41	1.08	1.43	0.97	0.46	0.30	1.55

资料来源：根据《中国城市统计年鉴（2011）》计算得到。

表4-37 2010年京津冀城市群各城市产业结构关联系数矩阵

	第一产业	采矿业	制造业	电力、燃气及水的生产和供应业	建筑业	交通运输、仓储及邮政业	信息传输、计算机服务和软件业	批发和零售业	住宿、餐饮业	金融业	房地产业	租赁和商务服务业	科学研究、技术服务和地质勘查业	水利、环境和公共设施管理业	居民服务和其他服务业	教育	卫生、社会保障和社会福利业	文化、体育和娱乐业	公共管理和社会组织
北京市	0.920	0.891	0.266	0.844	0.482	0.417	0.467	0.397	0.567	0.573	0.537	0.319	0.444	0.808	0.832	0.474	0.639	0.706	0.471
天津市	0.983	0.804	0.327	0.919	0.782	0.746	0.944	0.747	0.884	0.841	0.911	0.841	0.851	0.913	0.843	0.690	0.804	0.956	0.728
石家庄市	0.991	0.984	0.611	0.934	0.892	0.867	0.977	0.858	0.968	0.893	0.991	0.979	0.944	0.957	0.993	0.748	0.905	0.964	0.768
唐山市	0.925	0.779	0.596	0.931	0.878	0.906	0.984	0.900	0.985	0.908	0.987	0.979	0.991	0.958	0.998	0.802	0.916	0.989	0.816
秦皇岛市	0.996	0.996	0.810	0.970	0.972	0.913	0.992	0.983	0.993	0.959	0.996	0.995	0.988	0.981	0.999	0.907	0.955	0.989	0.905
保定市	0.994	0.996	0.689	0.934	0.789	0.943	0.977	0.937	0.990	0.928	0.994	0.988	0.950	0.978	1.000	0.732	0.903	0.985	0.783
张家口市	0.987	0.942	0.849	0.966	0.956	0.973	0.989	0.963	0.994	0.966	0.985	0.994	0.991	0.982	1.000	0.864	0.951	0.995	0.851
承德市	0.988	0.961	0.884	0.974	0.982	0.966	0.990	0.982	0.997	0.961	0.999	0.990	0.994	0.984	1.001	0.893	0.956	0.993	0.885
沧州市	0.977	0.939	0.870	0.956	0.883	0.951	0.980	0.963	0.994	0.951	0.992	0.994	0.992	0.982	0.971	0.814	0.928	0.993	0.836
廊坊市	0.997	1.002	0.772	0.978	0.929	0.981	0.992	0.980	0.995	0.969	0.978	0.985	0.972	0.985	1.000	0.863	0.960	0.997	0.868

资料来源：根据《中国城市统计年鉴（2011）》计算得到。

表 4 - 38　2010 年京津冀城市群各城市产业结构的灰色关联度排序

承德市	秦皇岛市	廊坊市	张家口市	沧州市	保定市	唐山市	石家庄市	天津市	北京市
0.967	0.963	0.958	0.958	0.946	0.921	0.907	0.906	0.817	0.582

资料来源：根据《中国城市统计年鉴（2011）》计算得到。

表 4 - 39　2010 年京津冀城市群不同产业的灰色关联度排序

第一产业	采矿业	制造业	居民服务和其他服务业	文化、体育和娱乐业	水利、环境和公共设施管理业	电力、燃气及水的生产和供应业	房地产业	住宿、餐饮业	信息传输、计算机服务和软件业	科学研究、技术服务和地质勘查业	租赁和商业服务业	金融业	卫生、社会保障和社会福利业	批发和零售业	交通运输、仓储及邮政业	建筑业	公共管理和社会组织	教育
0.976	0.929	0.667	0.964	0.957	0.953	0.941	0.937	0.937	0.929	0.912	0.906	0.895	0.892	0.871	0.866	0.855	0.791	0.779

资料来源：根据《中国城市统计年鉴（2011）》计算得到。

体育和娱乐业、居民服务和其他服务业等，灰色关联度普遍较高，这反映了在第三产业方面，京津冀区域各市存在较大同构性，地域分工并不明显。

（3）主要结论

本节基于区位熵的灰色关联分析法对京津冀城市群产业结构与分工的研究表明：第一，区位熵的灰色关联分析法融合区位熵方法和灰色关联分析法的优点，既能测度城市群中各城市的专业化程度、地域分工程度，也能定量测度各城市中产业与城市群整体的相似程度，因此区位熵的灰色关联分析法能够较好地测度城市群的产业结构与分工；第二，通过对京津冀城市群的产业结构概况进行分析可知，除了北京市、秦皇岛市以外，整体而言，京津冀城市群各城市的产业结构均为"二三一"型，即京津冀城市群大部分城市在三大产业结构方面存在同构性；第三，随着产业结构的不断细化，产业结构的同构性逐步减小，产业地域分工也开始显现，其中第一产业（0.976）及居民服务和其他服务业（0.964）的地域差异最小，同构性较强，制造业（0.667）、教育（0.779）等产业与京津冀城市群相似程度较低，同构性不强。

4.3.3　京津冀城市群空间经济联系分析

表4-40为2010年京津冀城市群各城市15个主要部门单位从业人员的情况。根据相关数据和公式（4.2），计算出京津冀城市群10个城市15个主要部门的区位商（如表4-41所示）。结果显示，北京有9个部门区位商大于1，表明北京是京津冀城市群区域的核心城市，具有很强的对外辐射功能；天津、石家庄、承德、沧州有8个部门的区位商大于1，仅次于核心城市北京，表明天津、石家庄、承德、沧州的对外辐射功能也很强；对电力燃气及水的生产和供应业、金融业、水利环境和公共设施管理业而言，除个别城市外，其余城市区位商均大于1，反映出这些部门具有很强的外向功能；对建筑业、住宿餐饮业、租赁和商业服务业而言，除个别城市外，其余城市区位商大多小于1，表明这些部门对外辐射能力较弱。

表4-40 2010年京津冀城市群各城市主要部门从业人员情况

（单位：万人）

城市	制造业	电力、燃气及水的生产和供应业	建筑业	交通运输、仓储及邮政业	信息传输、计算机服务和软件业	批发和零售业	住宿、餐饮业	金融业	房地产业	租赁和商业服务业	科学研究、技术服务和地质勘查业	水利、环境和公共设施管理业	教育	卫生、社会保障和社会福利业	文化、体育和娱乐业	年末单位从业人员总数
北京市	100.6	6.8	39.4	51	41.73	55.38	28	27.2	31.5	77.8	45.7	8.76	40.56	20.7	15.3	646.6
天津市	75.3	3.27	10.2	12.5	2.24	12.39	4.83	6.95	3.61	6.95	6.47	3.55	16.43	8.98	1.75	205.7
石家庄市	23.28	2.66	4.5	5.67	0.91	6.09	1.28	4.44	0.41	0.85	2.23	1.69	12.34	3.91	1.42	84.15
唐山市	24.81	2.76	5.14	3.87	0.65	4.12	0.62	3.77	0.56	0.84	0.4	1.66	9.07	3.43	0.48	84.02
秦皇岛市	8.65	1.21	1.1	3.56	0.36	0.68	0.33	1.62	0.2	0.26	0.49	0.77	3.81	1.8	0.48	29.75
保定市	16.57	2.64	9.81	2.26	0.94	2.5	0.45	2.9	0.29	0.52	1.99	0.9	13.39	3.97	0.6	70.44
张家口市	6.54	1.33	1.74	1.08	0.46	1.47	0.28	1.35	0.63	0.28	0.41	0.75	5.8	1.95	0.23	33.72
承德市	4.85	1.03	0.74	1.34	0.42	0.75	0.16	1.53	0.11	0.43	0.29	0.67	4.45	1.75	0.31	25.72
沧州市	5.52	1.76	4.89	1.93	0.8	1.45	0.28	1.94	0.35	0.29	0.36	0.74	8.42	2.88	0.33	43.7
廊坊市	10.84	0.89	2.85	0.76	0.37	0.8	0.26	1.23	0.88	0.6	1.1	0.62	5.85	1.6	0.16	34.64

资料来源：《中国城市统计年鉴（2011）》。

表4-41 2010年京津冀城市群各城市主要部门区位商

	制造业	电力、燃气及水的生产和供应业	建筑业	交通运输、仓储及邮政业	信息传输、计算机服务和软件业	批发和零售业	住宿、餐饮业	金融业	房地产业	租赁和商业服务业	科学研究、技术服务和地质勘查业	水利、环境和公共设施管理业	教育	卫生、社会保障和社会福利业	文化、体育和娱乐业
北京市	0.53	0.45	0.61	1.80	4.43	1.99	2.59	1.16	2.89	5.06	3.14	0.82	0.53	0.67	2.33
天津市	1.25	0.68	0.50	1.38	0.75	1.40	1.40	0.93	1.04	1.42	1.40	1.04	0.68	0.91	0.84
石家庄市	0.95	1.35	0.54	1.53	0.74	1.68	0.91	1.46	0.29	0.43	1.18	1.21	1.24	0.97	1.67
唐山市	1.01	1.41	0.62	1.05	0.53	1.14	0.44	1.24	0.40	0.42	0.21	1.19	0.92	0.86	0.56
秦皇岛市	0.99	1.74	0.37	2.72	0.83	0.53	0.66	1.50	0.40	0.37	0.73	1.56	1.09	1.27	1.59
保定市	0.80	1.61	1.40	0.73	0.92	0.82	0.38	1.14	0.24	0.31	1.25	0.77	1.61	1.18	0.84
张家口市	0.66	1.69	0.52	0.73	0.94	1.01	0.50	1.10	1.11	0.35	0.54	1.34	1.46	1.21	0.67
承德市	0.64	1.72	0.29	1.19	1.12	0.68	0.37	1.64	0.25	0.70	0.50	1.57	1.47	1.43	1.19
沧州市	0.43	1.73	1.13	1.01	1.26	0.77	0.38	1.23	0.47	0.28	0.37	1.02	1.63	1.38	0.75
廊坊市	1.07	1.10	0.83	0.50	0.73	0.54	0.45	0.98	1.51	0.73	1.41	1.08	1.43	0.97	0.46

资料来源：根据《中国城市统计年鉴（2011）》计算得到。

表 4 - 42 2010 年京津冀城市群各城市主要部门外向功能量

	制造业	电力、燃气及水的生产和供应业	建筑业	交通运输、仓储及邮政业	信息传输、计算机服务和软件业	批发和零售业	住宿、餐饮业	金融业	房地产业	租赁和商业服务业	科学研究、技术服务和地质勘查业	水利、环境和公共设施管理业	教育	卫生、社会保障和社会福利业	文化、体育和娱乐业
北京市	0.00	0.00	0.00	22.60	32.30	27.48	17.15	3.81	20.64	62.44	31.16	0.00	0.00	0.00	8.70
天津市	15.17	0.00	0.00	3.47	0.00	3.52	1.39	0.00	0.14	2.06	1.83	0.15	0.00	0.00	0.00
石家庄市	0.00	0.70	0.00	1.97	0.00	2.46	0.00	1.39	0.00	0.00	0.33	0.30	2.42	0.00	0.57
唐山市	0.24	0.80	0.00	0.18	0.00	0.50	0.00	0.73	0.00	0.00	0.00	0.27	0.00	0.00	0.00
秦皇岛市	0.00	0.52	0.00	2.25	0.00	0.00	0.00	0.54	0.00	0.00	0.00	0.28	0.30	0.38	0.18
保定市	0.00	1.00	2.81	0.00	0.00	0.00	0.00	0.35	0.00	0.00	0.40	0.00	5.08	0.61	0.00
张家口市	0.00	0.54	0.00	0.00	0.05	0.02	0.00	0.13	0.06	0.00	0.00	0.19	1.82	0.34	0.00
承德市	0.00	0.43	0.00	0.21	0.00	0.00	0.00	0.60	0.00	0.00	0.00	0.24	1.42	0.52	0.05
沧州市	0.00	0.74	0.55	0.01	0.16	0.00	0.00	0.36	0.00	0.00	0.00	0.02	3.27	0.79	0.00
廊坊市	0.71	0.08	0.00	0.00	0.00	0.00	0.00	0.00	0.30	0.00	0.32	0.05	1.77	0.00	0.00

表 4 - 43　2010 年京津冀城市群各城市城市流倾向度与强度

	年末单位从业人员总数（万人）	外向功能量（E_i）	从业人员人均地区生产总值（N_i）（万元）	城市流强度（F_i）	城市流倾向度（K_i）
北京市	646.63	226.29	21.83	4939.00	0.35
天津市	205.65	27.73	44.86	1244.03	0.13
石家庄市	84.15	10.13	40.42	409.61	0.12
唐山市	84.02	2.71	53.19	144.32	0.03
秦皇岛市	29.75	4.45	31.28	139.16	0.15
保定市	70.44	10.24	29.11	298.17	0.15
张家口市	33.72	3.10	28.66	88.96	0.09
承德市	25.72	3.52	34.56	121.54	0.14
沧州市	43.70	5.89	50.41	297.12	0.13
廊坊市	34.64	3.22	39.00	125.59	0.09

资料来源：根据《中国城市统计年鉴（2011）》计算得到。

根据相关数据，利用（4.4）式、（4.5）式、（4.6）式可以分别计算出 10 个城市各部门的外向功能量 E_{ij}（见表 4 - 42）、各城市的外向功能量 E_i、城市流强度 F_i、城市流倾向度 K_i。当区位商小于 1 时，该部门的外向功能量为 0，i 城市的外向功能量 E_i 为各部门外向功能量之和。根据表 4 - 42、表 4 - 43 中的计算结果，北京市在城市群 10 个城市中具有最高的外向功能量，高达 646.63，是位于第二位的天津外向功能量的 8 倍多，表明北京在整个城市群的空间经济联系中有重要作用，占据着绝对突出地位。天津市外向功能量紧随其后，达到 27.73，天津也是人口达到 1000 万以上的超大城市，天津与北京共同作为京津冀城市群区域的中心城市，呈现"双核"模式。石家庄和保定的外向功能量也较高，分别为 10.13 和 10.24，在区域对外联系中发挥重要作用。

根据表 4 - 43 内城市流强度的计算结果，可以把京津冀城市群区域的城市分为三大类，高城市流强度城市——北京、天津（城市流强度高达 4939.00 和 1244.03），是该区域的中心城市，带动区域经济和社会发展；

中等城市流强度城市——石家庄（$F_i = 409.61$）、保定（$F_i = 298.17$）、沧州（$F_i = 297.12$），是区域的次中心城市，也是区域发展的重点城市；低城市流强度城市——唐山、秦皇岛、张家口、承德、廊坊。

4.3.4 京津冀城市群综合交通体系分析

4.3.4.1 京津冀城市群立体化综合交通体系初建

京津冀城市群位于华北、华东、东北和西北四大经济区的交汇之地，其交通设施不但承担着京津冀区域内繁忙的客货运输任务，而且在四大经济区间的经济社会交流中发挥着主干通道的作用。京津冀城市群一直是国家交通建设的重点地区，经过六十多年的大力建设，初步形成了以北京为主中心（陆路及空路）、天津为副中心（水陆）的综合交通运输网络，成为我国交通基础设施较为齐全、技术装备水平较高、综合运输能力较强、客货运量较为繁忙的综合交通枢纽区域之一。

（1）铁路方面

京津冀地区客货运输发展迅速，至 2010 年底，铁路客货运量为 1.8 亿人次、2.8 亿吨。京津城际铁路是我国城市群内修建的第一条高标准铁路客运专线，全长约 120 公里，连接北京、天津两大直辖市，起点为北京南站，终点为天津站城际场。该线路采用高新技术的系统集成，为双线电气化铁路。全线设北京南、亦庄、永乐、武清、天津 5 个车站，2008 年 8 月 1 日正式开通运营。京津城际铁路采用公交化城际列车和跨线列车混合开行的运输组织模式，大量开行动车组列车。京津城际铁路的开通极大缓解了京津通道的运输压力，改善了京津之间交通运营环境，提高了居民出行效率。根据《环渤海京津冀地区城际轨道交通网规划（2005—2020 年）》，环渤海京津冀地区将建设以北京为中心，以京津为主轴，以石家庄、秦皇岛为两翼的城际轨道交通网络，覆盖京津冀地区的主要城市，基本形成以北京、天津为中心的"2 小时交通圈"。到 2020 年，京津冀地区城际轨道交通总里程达到 710 公里，线网布局满足区域经济社会发展要求，主要技术装备达到国际先进水平。建设内容包括北京—天津—塘沽城际轨道交通线、北京—石家庄城际轨道交通线、北京—唐山—秦皇岛城际轨道交通线。

（2）公路方面

京津冀区域已形成以北京、天津、石家庄为枢纽的公路网络。截至2010年底，京津冀区域公路客货运量分别达到22.4亿人次、11.3亿吨。京津冀区域有着良好的公路基础设施，区域内有35条高速公路和280多条一般国省干线相连，基本形成了覆盖京津和河北的3小时都市交通圈。

（3）水运方面

区域已形成以天津港、秦皇岛港为中心，黄骅、京唐等专业港口为补充的沿海港口体系。天津港地处渤海湾西端，位于海河下游及其入海口处，是首都北京的海上门户，是我国华北、西北和京津地区的重要水路交通枢纽。天津港对外交通十分发达，并有京哈、京沪、京津三条铁路干线在此交汇。秦皇岛港地处华北、东北两大经济区的结合部，是我国煤炭、原油运输的主要港口。

（4）民航方面

区域内已形成以首都国际机场为核心，天津、石家庄等机场为补充的区域民航机场格局。首都机场2010年旅客吞吐量达到7395万人次，是目前世界第三、亚洲第一繁忙的民用机场。目前已完成首都国际机场三期扩建工程，建成全球最大的单体航站楼——T3航站楼。另外，北京市政府已规划在大兴区建设第二个民用机场，主要分担首都国际机场部分国内航班，目前称为首都第二机场。

4.3.4.2 京津冀城市群综合交通体系发展面临的瓶颈和挑战

京津冀城市群已基本形成了干支结合、四通八达的基础网络，为区域交通一体化发展奠定了坚实的基础。但是，在跨区域政策、市场、管理、信息等协调和一体化方面还存在很多问题。

（1）区域交通基础设施整体水平仍落后于经济社会发展要求

除京、津、唐、石等大城市间的交通联系相对较强外，大城市与中小城市之间，特别是小城镇之间的快速交通联系仍相对较弱，总体上对于经济社会发展的服务支撑能力需要进一步提高。

（2）区域性重大交通设施规划建设缺乏有效的区域协调机制

目前区域性重大交通设施规划建设，从区域综合规划、交通专项规划及城市总体规划和省域城镇体系规划的编制层面，到重大交通设施建设的时序安排及相互衔接层面，尚未建立起主管部门之间、部门与地方之间的充分有效的区域协调机制，以及共建、共享、共用、共管的协同机制，条块分割、利益冲突等问题突出，区域交通一体化发展相对滞后。

（3）区域交通设施运营管理水平参差不齐，设施利用效率偏低

主要表现为城市交通与区域交通之间以及各种交通方式之间的衔接不充分，城市间对外交通设施的建设标准、管理标准及管理水平等差异较大，影响设施综合利用效率和交通的通达性。

4.3.4.3　推进京津冀城市群综合交通一体化的发展对策

（1）加强规划实施的协调及综合交通规划的动态编制

京津冀城市群应在推进城市总体规划和省域城镇体系规划过程中，认真落实国家建设部组织编制的《京津冀城镇群协调发展规划（2006—2020年）》和国家发改委组织编制的《京津冀都市圈规划（2006—2010年）》中关于加强区域交通体系建设的相关要求，并与铁道部、交通部、民航总局等专业主管部门编制的铁路、公路、民航等专业发展规划相衔接，协同推进区域综合交通体系建设，为促进区域经济社会发展创造条件。同时，应进一步根据区域经济、人口、建设的发展变化，打破条块分割体制，重点加强区域综合交通规划的滚动编制与动态实施，提高区域综合交通规划的动态适应性。

（2）加强轨道交通与区域综合交通体系的整合

应当将轨道交通资源整合以及轨道交通与区域综合交通体系的衔接，作为区域综合交通体系资源整合及区域交通一体化的突破口。北京作为首都，应借机借势（借推进北京及周边地区轨道交通资源整合之机，借区域经济一体化发展之势）率先推进轨道交通与区域综合交通体系的整合衔接，以此推进打破条块分割体制，在区域交通规划建设层面，逐步实现铁路、公路、民航等部门的协调，以及部门与地方的协调，促进区域交通一体化发展。

（3）加强交通建设的区域协调

着力解决好城市发展中面临的、必须通过区域协调才能有效解决的区域性交通设施建设问题。例如，基于北京视角需要通过加强区域协调解决的重大交通问题，主要有北京新机场选址建设，过境货运通道建设以及京

石、京秦、京张、京承等方向的城际铁路，高速公路新通道建设等。这些建设，特别是北京新机场选址建设，将会对完善地区交通体系及区域交通体系，加强北京与东南部周边地区及天津的交通联系产生重大影响。因此从实际出发，主动加强区域协调十分必要。

（4）提高城市群交通建设协调管理系统

一方面，要通过各种运输方式技术标准的统一和信息一体化，消除各环节的衔接障碍，为实行一体化运输和无缝连接创造发展条件。要以"统一规划、面向应用、重点突出、联合开发、统一标准、资源共享"为原则，建设综合管理信息技术平台，为各市交通管理部门提供及时交流的信息平台。另一方面，要形成一个协调机制，制定相应的政策，加快交通运输信息化、智能化建设。比如成立一个由 10 个城市交通综合管理部门共同组成的机构，负责全面协调京津冀城市群交通规划、建设、运营管理等。加大京津冀城市群联合工作力度，在联合治超、ETC（电子不停车收费）系统建设、交通拥堵治理、新机场交通保障、区域交通应急指挥协调处置、交通投融资等方面共同研究，联合行动，提高工作效率；加强工作经验交流，从区域交通一体化的角度，在节假日高速公路免费通行等方面加强交流合作和信息沟通，共同促进区域交通可持续发展。

4.4 三大城市群对比分析

4.4.1 三大城市群的空间格局

表 4-44 反映了我国三大城市群在空间分布和功能格局上的差异。城市群一般以一个或两个（有少数的城市群是多核心的例外）经济比较发达、具有较强辐射带动功能的中心城市为核心，由若干个空间距离较近、经济联系密切、功能互补、等级有序的周边城市共同组成。根据这一定义，长三角城市群形成了以上海为首位城市的单核城市群，而珠三角和京

津冀是分别以深圳和广州、北京和天津为中心城市的双核城市群。

表 4 - 44　三大城市群类型及核心城市

	长三角城市群	珠三角城市群	京津冀城市群
类型	单核心城市群	双核城市群	双核城市群
核心城市	上海	广州、深圳	北京、天津

4.4.2　三大城市群核心城市对比分析

4.4.2.1　三大城市群核心城市基本状况

表 4 - 45　2010 年三大城市群核心城市基本状况

	长三角	京津冀		珠三角	
	上海	北京	天津	广州	深圳
国土面积（平方公里）	6341	16411	11760	7287	1953
人口（万人）	2302.7	1961.2	1299.3	1271.0	1037.2
地区生产总值（亿元）	17165.98	14113.6	9224.46	10748.28	9581.51
人均地区生产总值（元）	76074	75943	72994	87458	94296
地区生产总值增长率（％）	10.3	10.3	17.4	13.2	12.2
地方财政一般预算收入（亿元）	2873.58	2353.93	1068.81	704.06	991.98
货物进出口总额（万美元）	36886900	30166129	8220078	10376198	34676322
外商直接投资（万美元）	1112100	636358	1084872	397858	429734
经济密度（万元/平方公里）	27075.68	8600.09	7843.93	14458.27	48099.95

资料来源：根据《中国城市统计年鉴（2011）》计算得到。

　　从表 4 - 45 可以看出，作为长三角城市群首位城市的上海，在地区生产总值、地方财政一般预算收入、货物进出口总额、外商直接投资四个方面位于五大城市首位。上海是全国最大的经济中心城市，但是上海的地区生产总值增长率相对较慢，在五大城市中居末位。即使在长三角城市群 16

个城市中，上海的增长速度也几乎是最慢的。在长三角城市群中，次中心城市的增长速度明显快于上海，长此以往将会影响上海中心城市的地位和领头作用的发挥。因此，今后需要进一步巩固上海作为长三角城市群中心城市的地位，更好地发挥其辐射带动作用。

北京和天津土地面积远高于其他三个城市，人口低于上海，地区生产总值略低于上海，人均地区生产总值与上海相当。作为核心城市，北京的外商直接投资水平较低，天津货物进出口总额低于其他城市，辐射能力不强。但随着近年来长三角、珠三角地区商务成本的上升，国际资本在区域投资边际收益递减规律的作用下呈现"北上"的趋势，作为中国经济增长的"第三极"，北京和天津在贸易和外商投资方面仍具潜力。天津地区生产总值增长率高达 17.4%，体现了天津作为第三大城市强大的增长实力。

深圳和广州的人均地区生产总值高于其他两个城市群的核心城市。珠三角是我国最早实行改革开放的地区，是对外开放的前沿，多年来已经形成了全方位多层次的对外开放格局，自 2000 年以来，所有年份实现贸易顺差。出口导向型经济和大量利用外资加深了珠三角与国际市场的联系，使其成为我国重要的轻工业生产基地和外贸出口基地。深圳和广州作为珠三角区域的核心城市，近年来在吸引外商直接投资方面存在不足，应该采取适当的政策措施提高对外商直接投资的吸引力。

4.4.2.2 核心城市对外辐射功能和城市间相互作用强度

表 4-46 2010 年上海与长三角城市群其他城市间相互作用强度

（单位：亿元·万人/平方公里）

	南京	无锡	常州	苏州	南通
上海	139.73	663.01	226.95	1739.28	619.25
	扬州	镇江	泰州	杭州	宁波
上海	78.84	79.15	101.91	456.69	255.18
	嘉兴	湖州	绍兴	舟山	台州
上海	653	171.51	153.62	20.37	49.51

资料来源：根据《中国城市统计年鉴（2011）》计算得到。

表 4 - 47 2010 年深圳、广州与珠三角城市群其他城市间相互作用强度

（单位：亿元·万人/平方公里）

	广州	珠海	佛山	江门	肇庆	惠州	东莞	中山
深圳	629.96	57.01	315.35	118.72	36.32	331.57	1058.65	150.96
广州		95.02	6085.9	348.98	192.29	163.53	1624.91	353.15

表 4 - 48 2010 年北京、天津与京津冀城市群其他城市间相互作用强度

（单位：亿元·万人/平方公里）

	天津	石家庄	唐山	秦皇岛	保定	张家口	承德	沧州	廊坊
北京	929.29	96.78	302.26	32.77	319.48	81.16	57.26	140.16	1297.47
天津		63.29	349.67	24.15	156.71	20	20.82	296.63	219.7

　　由表 4 - 46 至表 4 - 48 可知，三大城市群核心城市与其他城市的相互作用强度普遍较高。在长三角城市群中，上海位于东部海岸带和长江入海口的交汇点，海陆交通十分方便，拥有优越的地理位置、广阔的经济腹地、强劲的经济实力，是长三角地区经济规模最大的城市，因此，上海城市的辐射功能很强。对于京津冀城市群而言，北京与天津位于城市群圈层结构的核心位置，两个城市的服务业与工业在整个城市群中占有优势地位，经济规模的优势突出，并且北京和天津是北方重要的交通枢纽，与城市群其他城市之间的交通联系便利，这些因素共同决定了它们与其他城市之间的相互作用程度非常强。同样，就地理位置而言，广州和深圳位于珠三角城市群的接近中心位置，同时，两个核心城市的交通便利，深圳是世界第四大集装箱港口，中国大陆第四大航空港，广州为国家交通枢纽，海陆空交通便利；就经济实力而言，广州为中国第三大城市，人均地区生产总值达到中等发达国家和地区水平，深圳 2011 年 GDP 在全国内地城市中居第四位，是中国发展最快、经济最发达的城市之一，优越的地理位置、便利的海陆空交通条件、强大的经济实力等，决定了中心城市广州和深圳与其他城市之间的相互作用程度较高。

　　五大城市中，北京具有最高的外向功能量、城市流强度和城市流倾向度，说明北京对京津冀城市群的带动作用突出，发挥着龙头城市对周边欠

表4-49 2010年三大城市群核心城市主要部门外向功能量

	制造业	电力、燃气及水的生产和供应业	建筑业	交通运输、仓储及邮政业	信息传输、计算机服务和软件业	批发和零售业	住宿、餐饮业	金融业	房地产业	租赁和商业服务业	科学研究、技术服务和地质勘查业	水利、环境和公共设施管理业	教育	卫生、社会保障和社会福利业	文化、体育和娱乐业
上海	26.45	0	0	19	0.98	9.48	5.1	9.394	4.53	9.3	14.4	0	0	0	0.73
深圳	49.68	0.00	0.00	5.20	1.50	2.84	2.85	1.69	8.42	6.41	0.00	0.00	0.00	0.00	0.00
广州	16.61	0.00	0.00	11.75	1.70	1.58	5.99	0.00	4.98	4.08	2.12	0.00	0.00	0.00	1.12
北京	0.00	0.00	0.00	22.60	32.30	27.48	17.15	3.81	20.64	62.44	31.16	0.00	0.00	0.00	8.70
天津	15.17	0.00	0.00	3.47	0.00	3.52	1.39	0.00	0.14	2.06	1.83	0.15	0.00	0.00	0.00

资料来源：根据《中国城市统计年鉴（2011）》计算得到。

表4-50 2010年三大城市群核心城市城市流倾向度与强度

	年末单位从业人员总数（万人）	外向功能量（E_i）	从业人员人均地区生产总值（N_i）（万元）	城市流强度（F_i）	城市流倾向度（K_i）
上海	392.87	99.41	43.69	4343.6	0.253033
深圳	253.02	78.60	37.87	2976.34	0.31
广州	246.37	49.92	43.63	2177.69	0.20
北京	646.63	226.29	21.83	4939.00	0.35
天津	205.65	27.73	44.86	1244.03	0.13

资料来源：根据《中国城市统计年鉴（2011）》计算得到。

发达城市的辐射作用。而与北京同样作为京津冀城市群核心城市的天津，对区域的带动作用相对弱小，外向功能量、城市流强度和城市流倾向度位于末位，有待提高。珠三角城市群两个核心城市的辐射能力较为接近，共同带动珠三角区域的发展。

参考文献

［1］中华人民共和国交通部：《长江三角洲地区现代化公路水路交通规划纲要》，2005 年 3 月。

［2］陈冠雄、温惠英：《推进珠三角交通一体化发展战略研究》，《科技管理研究》2010 年第 16 期。

［3］单菁菁、何丽：《新形势下我国三大城市群的发展态势与战略定位》，《南阳师范学院学报（社会科学版)》2009 年第 1 期。

［4］《环渤海京津冀地区、长江三角洲地区、珠江三角洲地区城际轨道交通网规划（2005—2020 年)》。

［5］刘小航、黄靖：《珠江三角洲城市群交通问题与对策——日本近畿圈的实践与启示》，《人文地理》2006 年第 1 期。

［6］毛琼：《长三角地区交通一体化研究》，上海海事大学硕士学位论文，2005 年。

［7］苗长虹、李学鑫：《城市群产业结构与分工的测度研究——以中原城市群为例》，《人文地理》2006 年第 4 期。

［8］舒适、邵春福：《京津冀区域交通一体化发展浅析》，《科技信息》2007 年第 35 期。

［9］王海江、苗长虹、郝成元：《中国城市群对外服务功能强度与结构分析》，《人文地理》2010 年第 1 期。

［10］文磊：《城市群核心城市的发展与合作——以京津冀城市群为例》，《城市建设理论研究》2012 年第 12 期。

［11］肖昭升：《推进京津冀都市圈交通一体化发展思路》，《宏观经济研究》2005 年第 8 期。

［12］姚华松、欧君秀：《珠三角区域经济一体化的六个关键问题》，《特区经济》2009 年第 6 期。

［13］章权、陈冠雄、温惠英：《推进珠三角交通一体化发展战略研究》，《科技管理研究》2010 年第 16 期。

［14］赵军、符海月：《GIS 在人口重心迁移研究中的应用》，《测绘工程》2001 年第 9 期。

［15］张亚芹：《对北京城市群（京津冀地区）交通发展趋势的思考》，《北京规划建设》2009 年第 3 期。

［16］宗传宏：《长三角区域综合交通体系研究》，《现代城市研究》2011 年第 2 期。

［17］《中国交通年鉴 2011》，中国交通年鉴社 2011 年版。

5

中国发展型
城市群

根据第 3 章的对中国城市群发展阶段的划分,有 12 个城市群属于中国发展型城市群,包括:山东半岛城市群、辽中南城市群、海峡西岸城市群、武汉城市群、环长株潭城市群、成渝城市群、关中—天水城市群、中原城市群、哈长城市群、江淮城市群、太原城市群和东陇海城市群。中国正在发展阶段的城市群的典型特征为:城市群发展已经形成一定的规模,具有一定数量的特大城市和集聚水平,城市间具有较好的交通基础设施联系。但城市群的联系和经济发展规模与成熟城市群(长三角城市群、珠三角城市群、京津冀城市群)相比仍存在一定的差距,集聚水平仍然有待提高。通过选择合理的发展道路和适当的扶持,具有成为成熟型城市群和中国经济新的增长点的发展潜力。

5.1 山东半岛城市群

5.1.1 概 况

根据山东省委、省政府"促进山东半岛城市群崛起"的战略决策和有关部署,山东省建设厅与北京大学联合编制了《山东半岛城市群总体规划(2006—2020 年)》。根据此规划,山东半岛城市群包括济南、青岛、淄博、东营、烟台、潍坊、威海和日照 8 个地级市以及 22 个县级市。土地面积7.32 万平方公里,占全国国土面积的 0.76%。2010 年底人口 4041.4 万人,占全国总人口的 3.01%。2010 年地区生产总值达到 25222.57 亿元,占当年国内生产总值的 6.29%。

5.1.2 相关政策与规划

根据《山东半岛城市群总体规划》，山东半岛城市群将以胶济线、沿海岸线为依托组成 T 形产业带核心骨架，培育发展东营—淄博、淄博—济南、青岛—日照、烟台—威海、潍坊—青岛、日照—青岛—威海—烟台 6 条优势产业集聚带。构建区域对外辐射腹地、对内功能整合的综合交通基础设施体系，建设以济南、青岛为中心，沿济青聊、日东、德济枣、沿海 4 条区域城镇发展轴辐射的公路网和铁路网，完善机场体系，优化港口群配置。

在全球范围内，山东半岛城市群是以东北亚区域性国际城市青岛为龙头，带动山东半岛城市群外向型城市功能整体发展的城市密集区域，是全球城市体系和全球产品生产服务供应链中重要的一环。

在全国范围内，山东半岛城市群是黄河流域的经济中心和龙头带动区域，与京津冀、辽中南地区共同构筑引领中国经济发展的重要增长极。

在环黄海范围内，山东半岛城市群是环黄海地区区域经济合作的先进制造业生产服务中心之一。构筑由山东半岛、韩国西南海岸地区、日本九州地区组成的三角地带跨国城市走廊，推动"中韩日黄海地区成长三角"形成。

在山东省范围内，山东半岛城市群是经济发展的核心区域和对外开放的前缘，是全面体现山东省区域综合竞争力的城市密集地带。

5.1.3 城镇化与人口发展

从山东半岛城市群的城市土地资源使用情况来看，土地面积最大的几个城市包括潍坊市、烟台市、青岛市和济南市。从城市建设用地面积占市区面积比重来看，比重最大的几个城市分别为青岛市、威海市、济南市和烟台市。其中，只有青岛的城市建设用地面积达到了 20%。按照国际大都市建用地面积占城市总面积比例一般介于 20%—30% 之间来看，山东半岛城市群的各城市还有较大的发展空间。山东半岛城市群的居住用地占建筑用地面积基本维持在 25%—35% 的区间内，根据国家《城市用地分类与规划建设用地标准》，一般生活居住用地占总用地结构的 40%—50%，表明山东半岛城市群在此方面还有待提升。

表 5-1　2010 年山东半岛城市群土地资源利用概况

	土地面积（平方公里）	城市建设用地面积（市辖区）		其中：居住用地面积（市辖区）	
		面积（平方公里）	占市区面积比重（%）	面积（平方公里）	占建设用地面积比重（%）
青岛市	11045	281	20	82	29
东营市	8302	120	3.64	37	31
烟台市	13750	263	9.66	74	28
威海市	5698	132	16.99	34	26
济南市	8179	347	10.65	90	26
淄博市	5952	221	7.44	73	33
潍坊市	14919	142	5.36	49	35
日照市	5353	90	4.7	26	29

资料来源：《中国城市统计年鉴（2011）》、《中国区域经济统计年鉴（2011）》。

表 5-2　2010 年山东半岛城市群人口概况

	常住人口（万人）	人口密度（人/平方公里）	第一产业从业人员比重（%）	第二产业从业人员比重（%）	第三产业从业人员比重（%）
青岛市	871.9	695.61	0.42	60.92	38.66
东营市	203.7	233.33	1.47	57.11	41.42
烟台市	696.8	473.69	0.38	60.2	39.42
威海市	280.5	437.48	0.38	63.12	36.5
济南市	681.8	738.76	0.09	48.46	51.46
淄博市	453.3	708.06	0.4	64.46	35.15
潍坊市	909.2	541.38	0.46	51.86	47.68
日照市	280.3	538.37	0.53	46.09	53.38

资料来源：《中国城市统计年鉴（2011）》、《中国区域经济统计年鉴（2011）》。

从表5－2中可以看出，山东半岛城市群中常住人口最大的几个城市依次为潍坊市、青岛市、烟台市和济南市。而人口密度最大的几个城市依次为济南市、淄博市和青岛市。从业人员方面，第二产业从业人员仍然占到山东半岛城市群总从业人员的大部分比例，基本都在50%以上。最高的淄博市达到64.46%。日照市和济南市的第三产业从业人员比重已经超过了50%，表明这两个城市第三产业已经发展到一定的规模。

5.1.4 经济与产业发展

表5－3 2010年山东半岛城市群经济发展概况

	地区生产总值（亿元）	人均地区生产总值（元）	地区生产总值增长率（%）	地方财政一般预算收入（亿元）	货物进出口总额（万美元）	外商直接投资（万美元）	经济密度（万元/平方公里）
青岛市	5666.19	65812	12.9	452.61	5705973	280056	5130.095
东营市	2359.94	116404	13.4	104.88	800123	2097.5	2842.616
烟台市	4358.46	62254	14.1	237.8	4378096	115334	3169.789
威海市	1944.7	69187	12.73	118.27	1390640	55502	3412.952
济南市	3910.53	57947	12.65	266.13	743142	104011	4781.184
淄博市	2866.75	63384	13.71	162.4	670233	44838	4816.448
潍坊市	3090.92	34260	13.3	202.43	1175144	72145	2071.801
日照市	1025.08	36870	12.5	55.61	1337674	34936	1914.964

资料来源：《中国城市统计年鉴（2011）》、《中国区域经济统计年鉴（2011）》。

在山东半岛城市群中，青岛的地区生产总值最高，2010年达到了5666.19亿元，是排在第二位的烟台市的1.3倍。山东半岛城市群的城市都表现出较高的增长潜力，2010年的地区生产总值增长率都在12%以上。青岛市在财政收入、货物进出口、外商直接投资和经济密度等指标方面全面占优，表明青岛在山东半岛城市群中的重要位置。但是青岛的经济实力同全国其他发达城市相比还存在一定的差距。单就地区生产总值来看，青岛和第一位的上海（17165.98亿元）、第二位的北京（14113.6亿元）、排在第三位的广州（10748.28 亿元）相比悬殊较大。虽然山东半岛城市群的经济总量很大，2010 年山东半岛城市群的地区生产总值在 23 个城市群中排位第四，仅次于长三角、京津冀和珠三角城市群。但是，就核心城市的地区生产总值来看，青岛在 2010 年仅排名第十，还不及长三角地区苏州和无锡的地区生产总值。核心城市实力不强，带动能力不足，成为制约山东半岛城市群发展的主要问题。

表 5-4 2010 年山东半岛城市群产业发展概况

	第一产业		第二产业			第三产业	
	生产总值（亿元）	所占比例（%）	生产总值（亿元）	所占比例（%）	工业企业数（家）	生产总值（亿元）	所占比例（%）
青岛市	276.99	4.89	2758.62	48.69	5674	2630.58	46.43
东营市	87.38	3.7	1712.2	72.55	895	560.36	23.74
烟台市	334.49	7.67	2566.49	58.89	3447	1457.48	33.44
威海市	153.94	7.92	1087.03	55.9	1812	703.73	36.19
济南市	215.17	5.5	1637.45	41.87	2021	2057.9	52.62
淄博市	105.3	3.67	1766.57	61.62	3413	994.89	34.7
潍坊市	330.51	10.69	1720.28	55.66	5089	1040.13	33.65
日照市	100.26	9.78	561.55	54.78	854	363.27	35.44

资料来源：《中国城市统计年鉴（2011）》、《中国区域经济统计年鉴（2011）》。

除济南市以外，山东半岛城市群中的主要城市的产业结构都表现为"二、三、一"结构，即第二产业较为发达。表现最明显的是东营市，其第二产业产值所占比例超过 70%。东营的核心产业是石油和天然气开采，并且发展了医药制造业、化学纤维制造业和橡胶制品业等多个产业。此外，淄博市的第二产业也较为发达，淄博市的主导行业包括石油加工及炼焦业、化学原料及化学制品制造业、非金属矿物制品业、化学纤维制造业和医药制造业等，主要集中在化学及相关行业。资源产业也有一定的比例。

5.1.5 城镇空间结构体系

表5－5 山东半岛城市群内部等级规模结构（地级市）

级序	级别划分（万人）	城市数量（座）	城市名称
1	>1000	0	
2	500—1000	4	青岛、烟台、济南、潍坊
3	200—500	4	东营、威海、淄博、日照
4	200 以下	0	

资料来源：《中国城市统计年鉴（2011）》、《中国区域经济统计年鉴（2011）》。

从表5－5中可以看出，山东半岛城市群的城市规模结构主要是呈现葫芦式分布，在8个地级市中，没有超过1000万人口以上的大城市，也没有200万人口以下的小城市。山东半岛城市群规模级别差别不明显，首位城市的地位不十分突出，不利于中心城市的辐射，难以带动整个城市群的发展。

表5－6 2010年山东半岛城市群各城市间相互作用强度

（单位：亿元·万人/平方公里）

	青岛市	东营市	烟台市	威海市	济南市	淄博市	潍坊市
东营市	20.38						
烟台市	62.47	9.64					
威海市	24.10	2.96	299.09				
济南市	29.46	22.77	13.62	4.55			
淄博市	36.91	48.24	15.24	4.80	140.75		
潍坊市	151.17	69.85	44.58	12.56	60.33	152.34	
日照市	54.39	2.87	8.18	2.54	7.99	5.82	17.29

注：此表由笔者整理得到。

从表5－6中可以看出，作用强度最高的是烟台—威海（299.09亿元·万人/平方公里），其次是潍坊—淄博（152.34亿元·万人/平方公里），排在第三的是青岛—潍坊（151.17 亿元·万人/平方公里），第四位的是济南—淄博（140.75 亿元·万人/平方公里）。其余城市的相互作用强度均在 100 亿元·万人/平方公里以下。从分析可以看出，山东半岛城市群的龙头城市青岛和济南并未和其他城市之间表现出较为明显的相互作用强度，在其周边并未形成明显的城市带或者城市聚集圈效应，对周边城市的带动作用有限。

5.2　辽中南城市群

5.2.1　概　况

辽中南城市群包括沈阳、大连、鞍山、抚顺、本溪、辽阳、丹东、营口、盘锦、铁岭 10 个地级市。土地面积 9.69 万平方公里，占全国国土面积的 1.01%。2010 年底人口 3130 万人，占全国总人口的 2.33%。2010 年地区生产总值达到 18171.46 亿元，占当年国内生产总值的 4.53%。

5.2.2　相关政策与规划

辽中南城市群位于中国的东北地区，濒临渤海，与京津冀城市群和山东半岛城市群共同构成环渤海经济圈。辽中南城市群为国务院印发《全国主体功能区规划》中的优化开发区域。主体功能区规划中对辽中南城市群的定位为东北地区对外开放的重要门户和陆海交通走廊，全国先进装备制造业和新型原材料基地，重要的科技创新与技术研发基地，辐射带动东北地区发展的龙头。

辽宁省关于辽中南城市群未来的发展规划为形成以沈阳为核心的中部城市组团和大连为核心的辽东南沿海城市组团，以沈大空间快速通道为联系主轴，以鞍山、抚顺、本溪、营口、辽阳为重要拓展节点的"两核、一轴、五节点"的空间格局。重点推进以沈阳为中心的辽宁中部城市群建设、以大连为中心的辽宁沿海经济带建设。

在经济方面加强沈阳、大连两个城市组团的经济一体化，构建以沈阳为中心，包括鞍山、抚顺、本溪、辽阳等中部城市的装备制造业、高加工度原材料和现代服务业产业基地；构建以大连为中心，包括营口等城市在内的港航服务业、电子信息和软件基地、石化基地、造船基地等临港产业基地。沈阳要建成东北地区中心城市，全国先进装备制造基地、区域性商贸物流和金融中心，逐步转移冶金、化工等高耗能、高污染工业。大连要强化港航中心服务职能，建设国际性港口城市、金融会展中心，构筑东北亚重要的国际航运中心，控制高耗水、重污染产业。鞍山要加强科技创新，建成国内现代化的钢铁冶炼加工中心，建成冶金工业基地和生态城市。抚顺要通过资源型城市的产业转型，建成石油化工、煤化工基地和旅游休闲城市。本溪要利用现有资源建设现代化的生铁、焦煤基地，建成生态城市。营口要发挥港口优势，建设临港工业和沿海宜居城市。辽阳要立足现有基础，重点发展石化产业和精细化工产品，建成综合性休闲宜居城市。

5.2.3 城镇化与人口发展

表 5 - 7 2010 年辽中南城市群土地资源利用概况

	土地面积（平方公里）	城市建设用地面积（市辖区）		其中：居住用地面积（市辖区）	
		面积（平方公里）	占市区面积比重（%）	面积（平方公里）	占建设用地面积比重（%）
沈阳市	12980	412	11.87	133	32
大连市	12574	406	15.81	120	30
鞍山市	9252	158	25.32	39	25
抚顺市	11272	130	18.21	32	25
本溪市	8411	70	4.61	24	34
辽阳市	4736	98	15.73	35	36
丹东市	15222	53	5.63	18	34
营口市	5402	99	14.1	31	31

续表

	土地面积（平方公里）	城市建设用地面积（市辖区）		其中：居住用地面积（市辖区）	
		面积（平方公里）	占市区面积比重（%）	面积（平方公里）	占建设用地面积比重（%）
盘锦市	4071	61	22.93	24	39
铁岭市	12980	44	6.68	16	36

资料来源：《中国城市统计年鉴（2011）》、《中国区域经济统计年鉴（2011）》。

　　辽中南城市群的整体城市规模较为平均，普遍集中于8000—15000平方公里范围内，土地面积较大。但是城市建设用地面积占市区面积比例较低，只有鞍山市和盘锦市达到了20%以上，表明城市开发还处于初级阶段。

表5-8　2010年辽中南城市群人口概况

	常住人口（万人）	人口密度（人/平方公里）	第一产业从业人员比重（%）	第二产业从业人员比重（%）	第三产业从业人员比重（%）
沈阳市	810.6	554.39	0.9	37.38	61.73
大连市	669	466.39	1.03	50.5	48.47
鞍山市	364.6	380.23	1.81	51.82	46.38
抚顺市	213.8	195.98	2.06	57.51	40.43
本溪市	171	183.81	0.82	55.71	43.47
辽阳市	185.9	387.08	2.53	50.45	47.02
丹东市	244.5	157.85	1.41	37.75	60.84
营口市	242.8	449.31	0.56	38.12	61.31
盘锦市	139.2	322.4	37.98	39.94	22.08
铁岭市	271.8	235.09	9.13	39.36	51.51

资料来源：《中国城市统计年鉴（2011）》、《中国区域经济统计年鉴（2011）》。

　　辽中南城市群常住人口最大的几个城市依次为沈阳市、大连市、鞍山市。而人口密度最大的几个城市为沈阳市、大连市和辽阳市。盘锦市的第一产业从业人员比重较高，为 37.98%，表明盘锦市的第二和第三产业发展还较为落后。辽中南城市群的大部分城市第二产业从业人员比重都超过了 50%，表明辽中南城市群仍然处于以发展第二产业为主的阶段。第三产业从业人员比重只有沈阳、丹东、营口和铁岭市超过了 50%。

5.2.4 经济与产业发展

表 5-9 2010 年辽中南城市群经济发展概况

	地区生产总值（亿元）	人均地区生产总值（元）	地区生产总值增长率（%）	地方财政一般预算收入（亿元）	货物进出口总额（万美元）	外商直接投资（万美元）	经济密度（万元/平方公里）
沈阳市	5017.54	62357	14.13	465.35	785604	505361	3865.59
大连市	5158.16	77704	15.2	500.83	5198171	1003025	4102.24
鞍山市	2125.01	58426	16	180.03	390372	90496	2296.81
抚顺市	895.16	41810	17.02	81.25	102499	44182	794.14
本溪市	860.37	50612	16	74.6	347611	30100	1022.91
辽阳市	735.43	39686	16	76.48	124939	33352	1552.85
丹东市	728.89	29893	15.8	80.24	292851	70454	478.84
营口市	1002.45	41452	17.8	100.11	14546	11013	1855.70
盘锦市	926.32	66976	16.4	80.59	47984	91335	2275.41
铁岭市	722.13	26556	16	80.08	54537	26288	556.34

资料来源：《中国城市统计年鉴（2011）》、《中国区域经济统计年鉴（2011）》。

从辽中南城市群的经济发展情况来看，大连的地区生产总值最高，2010 年达到了 5158.16 亿元，沈阳次之，为 5017.54 亿元。远远超过排在第三位的鞍山市（2125.01 亿元）的地区生产总值。在地方财政收入、货物进出口、外商直接投资等方面，沈阳和大连也远超出其他地区，表明了辽中南城市群双核驱动的地区发展模式。此外，辽中南城市群各城市的生产总值增长率基本都在 15% 以上，超过全国平均水平，表明了此地区较强的发展潜力。在货物进出口和外商直接投资方面，大连市有较突出的表现，表明大连市是辽中南城市群对外发展的窗口。经济密度方面，大连市排位第一、沈阳市排位第二。总体来看，辽中南城市群的城市经济总量在全国23个城市群中并不具有突出的优势。但从战略上来看，在振兴东北地区老工业基地等方面扮演重要角色，具有良好的发展潜力。

表5-10　2010年辽中南城市群产业发展概况

	第一产业		第二产业			第三产业	
	生产总值（亿元）	所占比例（%）	生产总值（亿元）	所占比例（%）	工业企业数（家）	生产总值（亿元）	所占比例（%）
沈阳市	232.75	4.64	2529.93	50.42	5252	2254.86	44.94
大连市	345.1	6.69	2624.49	50.88	4684	2188.57	42.43
鞍山市	93.01	4.38	1154.37	54.32	2455	877.63	41.3
抚顺市	54.82	6.12	525.46	58.7	1410	314.88	35.18
本溪市	43.35	5.04	536.01	62.3	624	281.01	32.66
辽阳市	45.86	6.24	465.14	63.25	891	224.43	30.52
丹东市	100.09	13.73	373.19	51.2	1054	255.61	35.07
营口市	77.23	7.7	554.67	55.33	1651	370.55	36.96
盘锦市	81.52	8.8	616.49	66.55	708	228.31	24.65
铁岭市	142.18	19.69	381.03	52.77	1848	198.92	27.55

资料来源：《中国城市统计年鉴（2011）》、《中国区域经济统计年鉴（2011）》。

辽中南城市群的产业结构也表现为"二、三、一"结构。本溪市、辽阳市和盘锦市的第二产业生产总值所占比例超过60%。但从第二产业的工业企业数目来看，沈阳和大连占有绝对优势。辽中南城市群的第二产业仍主要集中于重工业产业，包括抚顺的煤炭产业、铁岭的煤电产业、鞍山和本溪的钢铁产业以及石化产业等。较为单一的产业结构限制了这一区域的发展，同时，重工业的发展也对环境造成了一定的影响。辽中南城市群正在着力于以沈阳和大连为核心，打造现代化的装备制造业基地。以沈阳、大连、鞍山为依托，促进高新技术产业园区的建设。能否顺利实现产业的升级转型成为影响辽中南城市群未来发展的重要因素。

5.2.5 城镇空间结构体系

表 5–11 辽中南城市群内部等级规模结构 (地级市)

级序	级别划分 (万人)	城市数量 (座)	城市名称
1	>1000	0	
2	500—1000	2	沈阳、大连
3	200—500	5	鞍山、抚顺、丹东、营口、铁岭
4	200 以下	3	本溪、辽阳、盘锦

资料来源:《中国城市统计年鉴 (2011)》、《中国区域经济统计年鉴 (2011)》。

从表 5–11 中可以看出,辽中南城市群的城市等级结构为金字塔结构。沈阳和大连作为该地区发展的双核,常住人口分别为 810 万和 669 万。其他城市人口与其相差较大,而且城市群内城市人口规模总体较小,200 万人口以下城市有 3 个。苏飞和张平宇 (2010) 认为辽中南城市群中矿业城市居多,并且大多数矿业城市处于成熟期和衰退期,面临着严峻的经济转型任务,有些矿业城市甚至出现了人口下降趋势。因此,如何不断提高城市经济实力和城市化水平,加快经济转型步伐,对于完善辽中南城市群具有十分重要的意义。

辽中南城市群的空间布局较为集中,除了作为港口城市的大连以外,该城市群中其他规模较大的城市都集中分布在沈阳的附近。因此,从表 5–12 中可以看出,沈阳市与地区生产总值和人口密度较大的几个主要城市鞍山、抚顺、本溪、铁岭、辽阳等都保持着较强的城市间相互作用强度。但由于大连和其他城市之间的空间距离较远 (根据 google 地图测算,距离最近的鞍山市也有 299 公里),因此,与其他城市之间的相互作用强度较弱。肖金成等 (2009) 也认为沈阳和大连之间的辐射范围中间存在断点。全部能纳入沈阳 GDP 和人口辐射范围的城市有铁岭、抚顺、本溪、辽阳、鞍山、营口、盘锦和丹东。而大连由于其特殊的地理区位,仅仅能辐射到营口附近位置。如何加强大连与城市群中其他城市的联系,发挥大连"双核"之一的重要作用,对于促进辽中南城市群发展具有重要意义。

表 5-12　2010 年辽中南城市群各城市间相互作用强度

（单位：亿元·万人/平方公里）

	沈阳市	大连市	鞍山市	抚顺市	本溪市	辽阳市	丹东市	营口市	盘锦市
大连市	25.54								
鞍山市	155.05	18.29							
抚顺市	279.34	4.16	13.97						
本溪市	123.63	4.88	40.95	12.26					
辽阳市	114.79	6.71	449.77	10.19	26.32				
丹东市	13.41	8.43	6.04	2.20	4.89	2.93			
营口市	29.71	18.94	43.60	4.12	5.65	12.46	2.84		
铁岭市	217.45	3.96	12.04	52.26	8.31	7.00	1.82	3.31	3.17

注：此表由笔者整理得到。

5.3　海峡西岸城市群

5.3.1　概　况

　　海峡西岸城市群包括厦门市、福州市、莆田市、三明市、泉州市、漳州市、南平市、龙岩市和宁德市。土地面积 12.32 万平方公里，占全国国土面积的 1.28%。2010 年底人口 3529.6 万人，占全国总人口的 2.63%。2010 年地区生产总值达到 14462.75 亿元，占当年国内生产总值的 3.6%。

5.3.2　相关政策与规划

2004 年 1 月，在福建省人大二次会议中，第一次提出建设海峡西岸经济区的战略构想。这是"海峡西岸经济区"概念首次完整、公开被提出。2006 年初，国家建设部将海峡西岸城市群列入《全国城镇体系规划纲要（2005—2020 年）》（征求意见稿），成为全国八大重点发展城市群之一；2006 年 9 月，国家建设部与福建省共同编制《海峡西岸城市群协调发展规划》，并于 2008 年 4 月获得国家建设部正式批复。在《海峡西岸城市群协调发展规划》中，明确界定海峡西岸城市群的范围，认为海峡西岸城市群位于长江三角洲和珠江三角洲之间，以福州、厦门为中心，包括漳州、泉州、莆田、宁德、三名、南平、龙岩 7 市，是福建省经济发展水平最高和城市发展最集中的区域。

海峡西岸经济区地处长江三角洲、台湾地区和祖国大陆的结合部，邻近港澳，发挥着承南启北、贯通东西的桥梁纽带作用，是加强两岸交流合作、推动两岸关系和平发展的重要前沿平台和纽带。对海峡西岸经济区的定位为两岸人民交流合作先行先试区域、服务周边地区发展新的对外开放综合通道、东部沿海地区先进制造业的重要基地、我国重要的自然和文化旅游中心。

在海峡西岸城市群明确提出了"两点、一线、四轴"的城市群空间布局结构。"两点"指福州大都市区和厦泉漳大都市区，"一线"指沿海城镇密集地带，"四轴"指"南（平）三（明）龙（岩）发展轴"、"福（州）武（夷山）发展轴"、"中部（三明至泉州、莆田）发展轴"和"厦（门）龙（岩）发展轴"。在这一规划的带动下，到 2020 年，海峡西岸城市群将率先建立充满活力、富有效率、更加开放、有利于科学发展的体制机制，闽台经济融合不断加强，将促进形成两岸共同发展的新格局。

5.3.3 城镇化与人口发展

表 5 – 13 2010 年海峡西岸城市群土地资源利用概况

	土地面积 （平方公里）	城市建设用地面积（市辖区）		其中：居住用地面积（市辖区）	
		面积 （平方公里）	占市区面积 比重（%）	面积 （平方公里）	占建设用地面积 比重（%）
厦门市	1576	230	14.62	46	20
福州市	11968	235	22.53	97	41
莆田市	4131	59	2.58	16	27
三明市	22940	28	2.38	8	29
泉州市	11015	120	14.12	38	32
漳州市	12881	51	12.72	16	31
南平市	26280	26	0.98	9	35
龙岩市	19052	37	1.38	9	24
宁德市	13452	24	1.56	8	33

资料来源：《中国城市统计年鉴（2011）》、《中国区域经济统计年鉴（2011）》。

从海峡西岸城市群的土地面积来看，核心城市厦门市的土地面积最小。面积最大的是南平市和三明市。城市建设用地面积占市区面积比重较低，9 个地级市中，只有福州市达到了 20% 以上，城市开发严重不足。

表 5 – 14 2010 年海峡西岸城市群人口概况

	常住人口 （万人）	人口密度 （人/平方公里）	第一产业从业 人员比重（%）	第二产业从业 人员比重（%）	第三产业从业 人员比重（%）
厦门市	353.1	1145.65	0.29	69.25	30.45
福州市	711.5	494.34	0.69	53	46.31
莆田市	277.9	785.48	0.45	64.07	35.48
三明市	250.3	118.1	2.65	40.38	56.97
泉州市	812.9	622.12	0.27	81.85	17.88

续表

	常住人口 （万人）	人口密度 （人/平方公里）	第一产业从业 人员比重（%）	第二产业从业 人员比重（%）	第三产业从业 人员比重（%）
漳州市	481	370.05	6.63	55.82	37.55
南平市	264.6	119.32	4.63	40.82	54.55
龙岩市	256	164.91	1.7	51.82	46.48
宁德市	282.2	252.28	1.99	26.28	71.72

资料来源：《中国城市统计年鉴（2011）》、《中国区域经济统计年鉴（2011）》。

从表 5－14 可以看出，海峡西岸城市群中没有人口超过 1000 万的超大型城市。常住人口最大的城市泉州市为 812.9 万人。人口密度方面，厦门市的人口密度超过 1000 人/平方公里，在全国也处于较高的水平，且大多数人口集中于第二和第三产业。

5.3.4 经济与产业发展

表 5－15 2010 年海峡西岸城市群经济发展概况

	地区生产 总值 （亿元）	人均地区 生产总值 （元）	地区生产 总值增长率 （%）	地方财政 一般预算 收入 （亿元）	货物进出口 总额 （万美元）	外商直接 投资 （万美元）	经济密度 （万元/ 平方公里）
厦门市	2060.07	59323	15.1	289.17	5703059	169651	13096.44
福州市	3123.41	44667	14.2	247.82	2458595	118524	2609.80
莆田市	850.33	30161	15.3	47.63	342180	22952	2058.41
三明市	975.1	37917	13.2	49.64	127982	8635	425.07
泉州市	3564.97	44563	12.8	181.53	1125573	149342	3236.47
漳州市	1430.71	29769	14.93	88.57	739920	70076	1110.71
南平市	728.65	26279	11.7	38.59	108292	6787	277.26
龙岩市	990.9	38698	13.89	66.75	151288	16506	520.10
宁德市	738.61	25200	15	40.51	121139	7098	549.07

资料来源：《中国城市统计年鉴（2011）》、《中国区域经济统计年鉴（2011）》。

《海峡西岸城市群协调发展规划》中明确提出"海西"的未来发展目标为：将海西建设成为促进祖国统一大业的前沿平台，推动国际合作的重要窗口，衔接长三角、珠三角，辐射中西部的沿海增长极，两岸文化交融、社会和谐的示范区，践行科学发展观的先行区。在此规划的带动下，海峡西岸城市群作为中国新近崛起的城市群，获得了较多的发展机会，从地区生产总值方面来看，大部分城市都保持了较高的增长率。但是，海峡西岸城市群的核心城市的经济地位并不显著，带动效应有限。2010 年地区生产总值最高的泉州为 3564.97 亿元，在全国排 24 位，略低于哈尔滨市。除福州和泉州外，其余各核心城市的地区生产总值均不超过 3000 亿元。在沿海的东部城市群中，发展水平较低，这也成为制约海峡西岸城市群发展的重要因素之一。

表 5-16 2010 年海峡西岸城市群产业发展概况

	第一产业		第二产业			第三产业	
	生产总值（亿元）	所占比例（%）	生产总值（亿元）	所占比例（%）	工业企业数（家）	生产总值（亿元）	所占比例（%）
厦门市	23.06	1.12	1024.51	49.73	2213	1012.5	49.15
福州市	282.73	9.05	1401.92	44.88	2877	1438.76	46.06
莆田市	87.86	10.33	477.1	56.11	1347	285.36	33.56
三明市	168.26	17.26	480.22	49.25	1640	326.62	33.5
泉州市	132.18	3.71	2144.86	60.16	5186	1287.93	36.13
漳州市	254.7	17.8	652.04	45.57	2273	523.97	36.62
南平市	159.53	21.89	304.79	41.83	1261	264.33	36.28
龙岩市	128.89	13.01	527.69	53.25	1399	334.32	33.74
宁德市	136.61	18.5	317.22	42.95	1034	284.78	38.56

资料来源：《中国城市统计年鉴（2011）》、《中国区域经济统计年鉴（2011）》。

海峡西岸城市群的产业结构也基本呈现出"二、三、一"的发展趋势。其中，福州的主导产业为电子信息产业和汽车及配件制造业，厦门的主导产业为电子信息业、机械制造业、石化产业，而泉州的主导产业为纺织服装产业、鞋革产业、石化和石材产业。拥有包括七匹狼、九牧王、贵人鸟、361°、鸿星尔克等一系列服装品牌在内的全国知名品牌。海峡西岸城市群中第三产业产值所占比重最高的厦门为 49.15%，第三产业主要以旅游服务业为主。

5.3.5 城镇空间结构体系

表 5-17 海峡西岸城市群内部等级规模结构（地级市）

级序	级别划分（万人）	城市数量（座）	城市名称
1	>1000	0	
2	500—1000	2	泉州、福州
3	200—500	7	厦门、莆田、三名、漳州、南平、龙岩、宁德
4	200 以下	0	

资料来源：《中国城市统计年鉴（2011）》、《中国区域经济统计年鉴（2011）》。

从表 5-17 中可以看出，海峡西岸城市群的城市规模主要集中于人口 500 万—1000 万，以及 200 万—500 万的大中型城市。缺少人口超过 1000 万的特大型城市。海峡西岸城市群作为多核心发展的城市群，其核心城市的集聚效应和带动效应有限。作为核心之一的厦门市，人口不足 500 万，不完善的城市群内部等级体系阻碍了海峡西岸城市群的进一步发展。

福建省地势西北高、东南低、西侧为海拔高达 1000 米左右的武夷山脉，闽中大山带被闽江和九龙江切割成鹫峰山脉、戴云山脉和博平岭三段，东侧则分布着规模不等的沿海平原，河流自西向东，且大都发源于省内并在本省入海。这种相对封闭和独立的自然地理环境，是海峡西岸经济区作为独立经济区的自然地理基础。海峡西岸经济区处于长三角和珠三角的共同影响下，但影响力相对薄弱，这又使得海峡西岸经济区产业结构相对完整而独立。同时，福建省内多丘陵的地理特征又造成了城市间作用强度的相对薄弱。如何增强城市之间的经济、产业、文化互动，提高和发挥核心城市的带动功能，是海峡西岸城市群未来发展的关键决定因素。

表 5－18　2010 年海峡西岸城市群各城市间相互作用强度

（单位：亿元·万人/平方公里）

	厦门市	福州市	莆田市	三明市	泉州市	漳州市	南平市	龙岩市
福州市	12.84							
莆田市	10.83	59.28						
三明市	2.82	13.97	2.56					
泉州市	126.11	67.99	94.99	11.9				
漳州市	121.72	13.3	9.92	3.09	85.77			
南平市	1.74	20.67	3.26	35.63	6.68	1.99		
龙岩市	13.08	5.09	3.14	4.99	18.15	42.34	2.67	
宁德市	2.59	68.13	6.88	2.65	11.29	2.87	3.42	1.22

注：此表由笔者整理得到。

5.4　武汉城市群

5.4.1　概　况

武汉城市群位于全国"两横三纵"城市化战略格局中沿长江通道横轴和京哈京广通道纵轴的交汇处，是由武汉为核心，包括黄石市、鄂州市、孝感市、咸宁市、黄冈市 5 个地级市和天门市、仙桃市、潜江市 3 个副地级市（省直辖市）组成的城市群。土地面积 5.8 万平方公里，占全国国土面积的 0.6%。2010 年底人口 3189.2 万人，占全国总人口的 2.38%。2010年地区生产总值达到 9585.2 亿元，占当年国内生产总值的 2.39%。

5.4.2 相关政策与规划

在《全国主体功能区规划》中，"长江中游地区"的概念被提出，该区域的功能定位是：全国重要的高新技术产业、先进制造业和现代服务业基地，全国重要的综合交通枢纽，区域性科技创新基地，长江中游地区人口和经济密集区。武汉城市圈作为《全国主体功能区规划》中长江中游地区的重要组成部分，包括湖北省以武汉为中心的江汉平原部分地区。该区域的功能定位是：全国资源节约型和环境友好型社会建设的示范区，全国重要的综合交通枢纽、科技教育以及汽车、钢铁基地，区域性的信息产业、新材料、科技创新基地和物流中心。

从地理位置上来看，武汉城市群位于中部之中，是中部崛起的重要战略支点。除了得天独厚的地理位置以外，武汉城市群拥有南通北达、东贯西联的交通通信优势，特色互补、差异竞争的错位发展优势，资源整合、产业共连的集群发展优势，智力密集、技术溢出的创新高地优势（方创琳、蔺雪芹，2008）。在国家政策和湖北省政府的支持下，武汉城市群利用自身优势，积极寻求与东西部地区的合作关系，对推动武汉城市群乃至中部地区经济的发展具有重要的意义和作用。

5.4.3 城镇化与人口发展

表 5-19 2010 年武汉城市群土地资源利用概况

	土地面积（平方公里）	城市建设用地面积（市辖区）		其中：居住用地面积（市辖区）	
		面积（平方公里）	占市区面积比重（％）	面积（平方公里）	占建设用地面积比重（％）
仙桃市	2538	/	/	/	26.78
潜江市	2004	/	/	/	22.73
天门市	2622	/	/	/	25.00
武汉市	8494	829	30.5	222	25.25
黄石市	4583	66	27.85	15	31.52
鄂州市	1594	52	3.26	13	35.85

续表

	土地面积（平方公里）	城市建设用地面积（市辖区）		其中：居住用地面积（市辖区）	
		面积（平方公里）	占市区面积比重（%）	面积（平方公里）	占建设用地面积比重（%）
孝感市	8910	26	2.55	2	34.34
咸宁市	9861	65	4.32	21	28.28
黄冈市	17446	24	6.63	12	25.00

资料来源：《中国城市统计年鉴（2011）》、《中国区域经济统计年鉴（2011）》。

从表 5-19 中可以看出，黄冈市是武汉城市群中土地面积最大的城市，核心城市武汉市的土地面积不足 10000 平方公里。但是武汉市的城市开发程度较高，达到了 30%。除了武汉市与黄石市以外，城市群整体开发程度较低，还有较大的发展空间。

表 5-20 2010 年武汉城市群人口概况

	常住人口（万人）	人口密度（人/平方公里）	第一产业从业人员比重（%）	第二产业从业人员比重（%）	第三产业从业人员比重（%）
仙桃市	117.5	604.02	/	/	/
潜江市	94.6	509.48	/	/	/
天门市	141.9	627.00	/	/	/
武汉市	978.5	985.05	0.44	49.89	49.66
黄石市	242.9	567.53	1	67.73	31.27
鄂州市	104.9	680.68	0.16	65.97	33.86
孝感市	481.5	595.62	2.88	58.88	38.23
咸宁市	246.3	295.10	1.99	37.03	60.98
黄冈市	616.2	425.54	2.11	47.1	50.79

资料来源：《中国城市统计年鉴（2011）》、《中国区域经济统计年鉴（2011）》。

武汉城市群中没有超过 1000 万人口的城市，人口密度最大的武汉市为 985.05 人/平方公里。就业人口方面，与其他城市群类似，第二和第三产业从业人员比重较高。

5.4.4 经济与产业发展

表 5 – 21   2010 年武汉城市群经济发展概况

	地区生产总值（亿元）	人均地区生产总值（元）	地区生产总值增长率（%）	地方财政一般预算收入（亿元）	货物进出口总额（万美元）	外商直接投资（万美元）	经济密度（万元/平方公里）
仙桃市	290.97	24742	/	7.35	28658	5226	1146.45
潜江市	290.67	30719	/	7.25	18150	2893	1450.45
天门市	219.48	15468	/	4.71	5123	2671	837.07
武汉市	5515.76	56367	14.7	390.19	1805506	329265	6493.71
黄石市	690.12	28481	15.7	34.1	150763	30000	1505.83
鄂州市	395.29	37928	15.3	15.66	19918	12400	2479.86
孝感市	800.67	16630	15.1	34.2	36853	17502	898.62
咸宁市	519.94	21129	15.9	23.34	18836	15439	527.27
黄冈市	862.3	13421	14.1	38.98	26410	13583	494.27

资料来源：《中国城市统计年鉴（2011）》、《中国区域经济统计年鉴（2011）》。

从表 5 – 21 中可以看出，武汉市在整个城市群中具有较高的经济地位，集聚效应较强。2010 年，武汉市的地区生产总值在全国城市中排名第 13 位，略低于成渝城市群中的成都市，虽与上海、北京等一线城市仍存在一定的差距，但是仍是中部地区地区生产总值最高的城市。同时可以发现，在武汉城市群中除武汉市以外其他城市的经济发展水平均较低，除武汉外没有地区生产总值过 1000 亿元的城市，其他城市在地方财政一般预算收入、货物进出口总额、外商投资和经济密度等方面均与核心城市武汉存在较大的差距，表现出"一强众弱"的发展特征。如何提升武汉城市群中其他城市的发展水平，是提高武汉城市群发展水平的重要任务。

表 5 – 22　2010 年武汉城市群产业发展概况

	第一产业		第二产业			第三产业	
	生产总值 （亿元）	所占比例 （％）	生产总值 （亿元）	所占比例 （％）	工业企业数 （家）	生产总值 （亿元）	所占比例 （％）
仙桃市	54.12	/	137.92	/	/	98.93	/
潜江市	48.20	/	152.06	/	/	90.41	/
天门市	55.66	/	101.26	/	/	62.56	/
武汉市	170.04	3.06	2532.82	45.51	2968	2812.9	51.44
黄石市	53.63	7.77	394.91	57.22	732	241.58	35.01
鄂州市	51.45	13.02	231.35	58.53	500	112.49	28.46
孝感市	171.18	21.38	360.93	45.08	1197	268.56	33.54
咸宁市	100.98	19.41	241.96	45.7	805	177	34.9
黄冈市	246.96	28.64	328.16	38.06	1559	287.18	33.3

资料来源：《中国城市统计年鉴（2011）》、《中国区域经济统计年鉴（2011）》。

　　武汉是国家著名的老工业基地。目前，以武汉为中心已经形成了以光电信息产业和生物医药产业为主体的高新技术产业群。沿长江的"宜昌—武汉—黄石"高新技术产业带和沿汉江的"十堰—襄阳—武汉"汽车工业走廊，工业基础雄厚。从表 5 – 22 中也可看出，第二产业生产总值在武汉城市群中占有较大的比重。而第三产业生产总值所占比重较低，除武汉以外，其他城市的第三产业生产总值所占比重均低于 50%。

5.4.5　城镇空间结构体系

表 5 – 23　武汉城市群内部等级规模结构（地级市）

级序	级别划分（万人）	城市数量（座）	城市名称
1	>1000	0	
2	500—1000	2	武汉、黄冈
3	200—500	3	黄石、孝感、咸宁
4	200 以下	4	仙桃、潜江、天门、鄂州

资料来源：《中国城市统计年鉴（2011）》、《中国区域经济统计年鉴（2011）》。

武汉城市群中缺乏人口大于 1000 万的超大型城市。城市内部等级规模结构呈扁平化，没有形成梯级分布的城市群内部等级体系。虽然武汉在城市群中的经济核心地位较强，但是在规模上，并未表现出明显的优势。此外，城市群多以中小城市为主，缺乏中型城市的依托和承接，将影响武汉市以及武汉城市群的整体发展。

表 5 - 24　2010 年武汉城市群各城市间相互作用强度

（单位：亿元·万人/平方公里）

	仙桃市	潜江市	天门市	武汉市	黄石市	鄂州市	孝感市	咸宁市
潜江市	10.45							
天门市	14.45	9.53						
武汉市	45.10	15.91	14.56					
黄石市	2.44	1.23	1.20	86.29				
鄂州市	1.44	0.69	0.67	60.58	67.70			
孝感市	9.09	3.13	5.65	210.31	8.31	5.66		
咸宁市	2.96	1.40	1.35	69.56	13.21	3.40	10.25	
黄冈市	4.83	2.41	2.35	177.88	142.93	698.68	15.63	11.29

注：此表由笔者整理得到。

从表 5 - 24 中可以看出，武汉城市群已形成以武汉为核心的城市间相互作用模式，武汉与其他城市之间的相互作用强度较大，特别是与其附近的孝感市和黄冈市。根据武汉城市群的总体建设思路，未来将形成"一核、两环、两带、四轴"的发展模式。"一核"指强化武汉主核，进一步发挥武汉对整个城市群的带动作用。"两环"指武汉市区绕城高速外环和环武汉城市群准高速。绕城高速将是"武汉核心产业组团"发展的外部边界和分散过境的主要通道，而环武汉城市群准高速将加强武汉与黄冈、咸宁、仙桃、天门等周边城市的联系强度，促进城市群的整合发展。

5.5 环长株潭城市群

5.5.1 概 况

环长株潭城市群是全国资源节约型和环境友好型社会建设的示范区，以长沙、株洲、湘潭 3 市为中心，包括衡阳市、岳阳市、益阳市、常德市和娄底市 5 市。城市群土地面积 9.7 万平方公里，占全国国土面积的 1.01%。2010 年底人口 4221.4 万人，占全国总人口的 3.15%。2010 年地区生产总值达到 12558.81 亿元，占当年国内生产总值的 3.13%。

5.5.2 相关政策与规划

在《全国主体功能区规划》中，环长株潭城市群被定义为包括湖南省以长沙、株洲、湘潭为中心的湖南东中部的部分地区。该区域的功能定位是：全国资源节约型和环境友好型社会建设的示范区，全国重要的综合交通枢纽以及交通运输设备、工程机械、节能环保装备制造、文化旅游和商贸物流基地，区域性的有色金属和生物医药、新材料、新能源、电子信息等战略性新兴产业基地。规划将建设长株潭为核心，以衡阳、岳阳、益阳、常德、娄底等重要节点城市为支撑，集约化、开放式、错位发展的空间开发格局。

长株潭城市群作为全国资源节约型和环境友好型社会综合配套改革实验区，不仅肩负着省域经济发展的重任，作为国家中部崛起的重要组成部分，更肩负着促进中部地区乃至全国经济发展的重任，预期未来将获得较好的发展。

5.5.3　城镇化与人口发展

表 5 – 25　2010 年环长株潭城市群土地资源利用概况

	土地面积 （平方公里）	城市建设用地面积（市辖区）		其中：居住用地面积（市辖区）	
		面积 （平方公里）	占市区面积 比重（%）	面积 （平方公里）	占建设用地面积 比重（%）
长沙市	11823	272	28.36	106	28.43
株洲市	11275	99	18.5	34	29.68
湘潭市	5015	99	15.05	28	25.00
衡阳市	15360	102	14.76	29	28.00
岳阳市	14616	155	12.44	46	36.17
益阳市	12144	88	4.55	22	27.94
常德市	18190	75	2.99	21	27.59
娄底市	8117	47	11.03	17	31.58

资料来源：《中国城市统计年鉴（2011）》、《中国区域经济统计年鉴（2011）》。

环长株潭城市群的土地面积较大，从表 5 – 25 中可以看出，除湘潭市和娄底市以外，其他城市的土地面积都在 10000 平方公里以上。但是城市开发程度较低，三个核心城市的城市开发程度只有长沙市达到了 20%以上。

表 5 – 26　2010 年环长株潭城市群人口概况

	常住人口 （万人）	人口密度 （人/平方公里）	第一产业从业 人员比重（%）	第二产业从业 人员比重（%）	第三产业从业 人员比重（%）
长沙市	704.1	551.81	0.05	45.32	54.63
株洲市	385.7	346.16	0.28	54.83	44.89
湘潭市	275.2	576.27	/	57.73	42.27
衡阳市	714.8	515.36	0.06	46.35	53.59
岳阳市	547.6	386.97	5.87	49.93	44.2

续表

	常住人口 （万人）	人口密度 （人/平方公里）	第一产业从业 人员比重（%）	第二产业从业 人员比重（%）	第三产业从业 人员比重（%）
益阳市	430.8	392.29	0.62	33.36	66.02
常德市	571.5	342.55	0.27	46.13	53.6
娄底市	378.5	533.45	1.53	49.01	49.46

资料来源：《中国城市统计年鉴（2011）》、《中国区域经济统计年鉴（2011）》。

环长株潭城市群没有人口超过1000万人的大城市，人口密度最大的湘潭市为576.27人/平方公里。人口就业以二三产业为主。

5.5.4 经济与产业发展

表5－27 2010年环长株潭城市群经济发展概况

	地区生产 总值 （亿元）	人均地区 生产总值 （元）	地区生产 总值增长率 （%）	地方财政 一般预算 收入 （亿元）	货物进出口 总额 （万美元）	外商直接 投资 （万美元）	经济密度 （万元/ 平方公里）
长沙市	4547.06	66464	15.5	314.28	608928	223757	3845.94
株洲市	1275.48	33604	15.4	78.04	147587	40221	1131.25
湘潭市	894.01	32305	15.2	47.38	215851	40304	1782.67
衡阳市	1420.34	20419	15.1	75.89	78759	40641	924.70
岳阳市	1539.36	28849	14.78	51.9	38511	15674	1053.20
益阳市	712.28	16710	14.7	24.5	37598	10085	586.53
常德市	1491.57	26551	15.2	70.02	25788	25066	819.99
娄底市	678.71	17569	14.3	30.01	144056	12082	836.16

资料来源：《中国城市统计年鉴（2011）》、《中国区域经济统计年鉴（2011）》。

环长株潭城市群致力于打造"3＋5"的发展模式，即以长沙市、株洲市和湘潭市为核心，带动整个城市群的发展。但是，在空间上又表现出北强南弱、东高西低、中快外慢的特点（汤放华等，2008），即长沙发展比株洲和湘潭要好，位于东部的岳阳、长沙等市发展比位于西部的益阳、娄底等市好，而位于核心的长沙、湘潭、株洲三市的发展整体优于周边的五市。

表 5-28　2010 年环长株潭城市群产业发展概况

	第一产业		第二产业			第三产业	
	生产总值（亿元）	所占比例（%）	生产总值（亿元）	所占比例（%）	工业企业数（家）	生产总值（亿元）	所占比例（%）
长沙市	202.01	4.44	2437.03	53.6	2615	1908.02	41.96
株洲市	123.85	9.71	736.86	57.77	1471	414.77	32.52
湘潭市	96.04	10.74	499.38	55.86	860	298.59	33.4
衡阳市	264.42	18.62	645.73	45.46	1123	510.19	35.92
岳阳市	215.53	14	834.23	54.19	1389	489.6	31.8
益阳市	162.36	22.8	288.41	40.49	819	261.51	36.71
常德市	280.1	18.78	685.25	45.94	983	526.22	35.28
娄底市	99.8	14.7	364.86	53.76	649	214.05	31.54

资料来源：《中国城市统计年鉴（2011）》、《中国区域经济统计年鉴（2011）》。

从表 5-28 中可以看出，环长株潭城市群的地区生产总值也主要由第二和第三产业构成。环长株潭城市群中，株洲是亚洲最大的有色金属冶炼基地、硬质合金研制基地、电动汽车研制基地；湘潭也是全国重要的工业城市，具有良好的发展基础。但是环长株潭城市群的产业同构现象严重，成为影响城市群发展的重大阻力。汤放华等（2008）的研究表明，长株潭三市产额结构相似系数在 0.98 以上，株洲和湘潭的相似系数达到 0.99。以建设全国资源节约型和环境友好型社会综合配套改革实验区为契机，推动环长株潭城市群的产业升级，城市群内的城市从竞争关系转变为合作共赢关系，形成产业优势互补，将是推动环长株潭城市群发展的关键要素。

5.5.5　城镇空间结构体系

表 5 – 29　环长株潭城市群内部等级规模结构（地级市）

级序	级别划分（万人）	城市数量（座）	城市名称
1	>1000	0	
2	500—1000	4	长沙、衡阳、岳阳、常德
3	200—500	4	株洲、湘潭、益阳、娄底
4	200 以下	0	

资料来源：《中国城市统计年鉴（2011）》、《中国区域经济统计年鉴（2011）》。

环长株潭城市群在城市等级体系上明显缺乏大城市的带动和引导，表现出较为明显的扁平化特征。培育核心城市的成长应作为推动环长株潭城市群发展的重要任务。

表 5 – 30　2010 年环长株潭城市群各城市间相互作用强度

（单位：亿元·万人/平方公里）

	长沙市	株洲市	湘潭市	衡阳市	岳阳市	益阳市	常德市
株洲市	226.18						
湘潭市	284.22	555.89					
衡阳市	50.64	37.58	25.39				
岳阳市	67.94	17.84	12.89	9.12			
益阳市	166.18	20.70	20.02	9.44	10.11		
常德市	59.97	12.94	11.11	8.61	8.75	53.35	
娄底市	40.95	20.53	17.50	13.34	5.84	6.66	5.53

注：此表为笔者整理得到。

环长株潭城市群在空间发展方面依托于"一核二纵二横"的发展格局。其中，"一核"指长沙、株洲、湘潭三个城市组成城市群发展核心。从表 5 – 30 中可以看出，环长株潭城市群的三个核心城市之间联系较为紧密，城市之间的相互作用强度都大于 200 亿元·万人/平方公里，作为环长株潭城市群的发展核心，三个核心城市的"组团"发展将对城市群的提升具有重大的意义和作用。"二纵"指京广铁路—京珠高速公路—107国道沿线经济发展主轴带和湘东铁路—106国道沿线的经济发展次轴带；"二横"指湘黔铁路—上瑞高速公路—320国道沿线南部经济发展轴带和长石铁路—长张高速公路—319国道沿线北部经济发展轴带。环长株潭城市群未来将以"一核"为中心，在"二纵二横"的推动下获得更好的发展。

5.6 成渝城市群

5.6.1 概 况

根据国家发改委2011年5月正式印发的《成渝经济区区域规划》，成渝城市群以重庆和成都为核心，包括四川省的德阳、绵阳、眉山、资阳、遂宁、乐山、雅安、自贡、泸州、内江、南充、宜宾、达州、广安14个市。土地面积23.99万平方公里，占全国国土面积的2.5%。2010年底人口10819.7万人，占全国总人口的8.07%。2010年地区生产总值达到23202.13亿元，占当年国内生产总值的5.78%。

5.6.2 相关政策与规划

早在2003年国家编制"十一五"规划时，就已提出了成渝经济区的概念。2007年，川渝两省市签订了《重庆市人民政府四川省人民政府关于推进川渝合作共建成渝经济区的协议》，将川渝城市群的发展推上了新台阶。2011年5月，国务院正式批复了《成渝经济区区域规划》。

成渝城市群位于西部地区的核心位置，北临西北，南带西南，东连华中，西引西藏，是连接西部各省（市、区）的重要交通枢纽。在当前环境下，东部地区产业向中西部地区转移的趋势不断加强，国家深入实施西部大开发战略，国家在重庆、成都设立统筹城乡综合配套改革试验区等一系列国内外环境和政策都给予成渝城市群前所未有的发展机遇。在《成渝经济区区域规划》中，成渝城市群定位为西部地区重要的经济中心、全国重要的现代产业基地、辐射西部的现代服务业高地、深化内陆开放的试验区、统筹城乡发展的示范区、长江上游生态安全的保障区。总体布局规划为以重庆和成都的双核为中心，发展服务业和先进制造业，带动沿长江发展带、成绵乐发展带、成内渝发展带、成南（遂）渝发展带、渝广达发展带的发展。

5.6.3　城镇化与人口发展

表 5-31　2010 年成渝城市群土地资源利用概况

	土地面积（平方公里）	城市建设用地面积（市辖区）		其中：居住用地面积（市辖区）	
		面积（平方公里）	占市区面积比重（%）	面积（平方公里）	占建设用地面积比重（%）
重庆市	82403	855	3.28	282	33
成都市	12163	442	20.76	154	35
自贡市	4373	80	5.56	27	34
泸州市	12234	81	3.8	21	26
德阳市	5952	54	8.33	16	30
绵阳市	20267	103	6.56	28	27
遂宁市	5324	49	2.61	19	39
内江市	5385	40	2.55	14	35
乐山市	12827	52	2.07	14	27
南充市	12480	78	3.09	33	42
眉山市	7174	42	3.16	17	40
宜宾市	13294	53	4.69	21	40
广安市	6301	30	1.95	9	30
达州市	16580	32	7.1	10	31
雅安市	15213	18	1.68	6	33
资阳市	7963	36	2.2	9	25

资料来源：《中国城市统计年鉴（2011）》、《中国区域经济统计年鉴（2011）》。

　　成渝城市群的土地面积较大，城市群中大部分城市土地面积都在10000 平方公里以上。2010 年，重庆市的土地面积达到了 82403 平方公里，远超过北京的 15411 平方公里和上海的 6341 平方公里，成为中国土地面积最大的城市。成渝城市群也被称为中国面积最大的城市群，表明成渝城市群丰富的土地资源。但是从另一方面看，成渝城市群中城市建设用地面积占市区面积比重普遍较低，除了成都达到 20% 以外，其余大部分城市都在10% 甚至 5% 水平以下，说明城市开发仍处于初级阶段，城市土地开发严重不足。从居住用地占建设用地面积的比例上来看，大部分成渝城市群的城市都保持在 30%—40% 区间内，高于全国平均水平，表明成渝城市群较高的宜居度。

表 5-32　2010 年成渝城市群人口概况

	常住人口（万人）	人口密度（人/平方公里）	第一产业从业人员比重（%）	第二产业从业人员比重（%）	第三产业从业人员比重（%）
重庆市	2884.6	398.83	0.69	46.91	52.4
成都市	1404.8	947.14	0.13	52.84	47.03
自贡市	267.9	745.39	0.36	43.59	56.05
泸州市	421.8	410.79	0.82	52.16	47.03
德阳市	361.6	658.35	0.27	54.78	44.95
绵阳市	461.4	267.6	0.46	47.19	52.34
遂宁市	325.3	716.3	0.06	49.6	50.34
内江市	370.3	790.07	0.93	52.36	46.71
乐山市	323.6	275.5	1.35	55.76	42.89
南充市	627.9	602.39	1	26.48	72.51
眉山市	295.1	485.78	1.38	42.11	56.52
宜宾市	447.2	406.16	0.3	54.92	44.78
广安市	320.5	734.8	1.05	25.26	73.68
达州市	546.8	413.17	1.58	34.86	63.55
雅安市	150.7	101.23	1.63	29.32	69.05

续表

	常住人口 （万人）	人口密度 （人/平方公里）	第一产业从业 人员比重（%）	第二产业从业 人员比重（%）	第三产业从业 人员比重（%）
资阳市	366.5	629.4	2.05	38.95	58.99

资料来源:《中国城市统计年鉴（2011)》、《中国区域经济统计年鉴（2011)》。

常住人口方面，重庆和成都的常住人口都超过 1000 万。2010 年重庆的常住人口在全国的城市中排名第 1，超过北京和上海，而成都排名第 4。再一次表明，作为人口大省四川所拥有的丰富的人力资源。从人口密度来看，成都的人口密度最高，为 947.14 人/平方公里，其次为内江、自贡和广安。

5.6.4 经济与产业发展

表 5–33 2010 年成渝城市群经济发展概况

	地区生产 总值 （亿元）	人均地区 生产总值 （元）	地区生产 总值增长率 （%）	地方财政 一般预算 收入 （亿元）	货物进出口 总额 （万美元）	外商直接 投资 （万美元）	经济密度 （万元/ 平方公里）
重庆市	7925.58	27596	17.1	586.71	1242634	634397	961.81
成都市	5551.33	48510	15	526.94	2244970	485575	4564.11
自贡市	647.73	23053	15.6	21.84	54138	1504	1481.20
泸州市	714.79	16698	16.5	47.59	13325	3051	584.27
德阳市	921.27	25335	14.4	45.8	223195	15133	1547.83
绵阳市	960.22	20053	15.34	45.21	159752	15063	473.78
遂宁市	495.23	14498	14.3	17.77	28150	2289	930.18
内江市	690.28	18022	20.1	20.39	16845	4637	1281.86
乐山市	743.92	22990	16.2	45.77	97630	9199	579.96
南充市	827.82	13212	15.3	32.26	30867	1842	663.32
眉山市	552.25	18586	15.6	24.69	9985	13622	769.79
宜宾市	870.85	19499	15.6	55.65	65275	4077	655.07

续表

	地区生产总值（亿元）	人均地区生产总值（元）	地区生产总值增长率（%）	地方财政一般预算收入（亿元）	货物进出口总额（万美元）	外商直接投资（万美元）	经济密度（万元/平方公里）
广安市	537.22	15588	15.6	21.28	29275	2432	852.59
达州市	819.2	14623	15.1	30.59	7070	5050	494.09
雅安市	286.54	18787	15.3	15.65	1333	3538	188.35
资阳市	657.9	16644	17	24.47	15669	1390	826.20

资料来源：《中国城市统计年鉴（2011）》、《中国区域经济统计年鉴（2011）》。

从表 5 - 33 中可以较为明显的看出成渝城市群典型的"双核"发展结构。重庆市和成都市的地区生产总值、地方财政一般预算收入、货物进出口额、外商直接投资等指标都明显高于成渝城市群的其他城市。重庆市 2010 年以 7925.58 亿元的地区生产总值排在全国城市的第 7 位，低于天津市但是高于杭州市。而成都市以 5551.33 亿元的地区生产总值排在全国城市的第 12 位。此外，成渝城市群中的城市都表现出较高的地区生产总值增长率，增长率基本都保持在 15% 以上，高于全国平均水平。2010 年内江市的地区生产总值增幅甚至超过 20%。表明成渝城市群在西部大开发和产业转移过程中具有强劲的发展潜力。2010 年，重庆吸引外商直接投资达 634397 万美元，仅比北京少 1961 万美元，排在全国第 6 位。成渝城市群作为西部最大、发展最快的城市群普遍被外界看好。

表 5 - 34　2010 年成渝城市群产业发展概况

	第一产业		第二产业			第三产业	
	生产总值（亿元）	所占比例（%）	生产总值（亿元）	所占比例（%）	工业企业数（家）	生产总值（亿元）	所占比例（%）
重庆市	685.38	8.65	4359.12	55	7130	2881.08	36.35
成都市	285.09	5.14	2480.9	44.69	3887	2785.34	50.17
自贡市	84.68	13.07	370.84	57.25	577	192.21	29.67

	第一产业		第二产业			第三产业	
	生产总值（亿元）	所占比例（%）	生产总值（亿元）	所占比例（%）	工业企业数（家）	生产总值（亿元）	所占比例（%）
泸州市	108.81	15.22	403.71	56.48	581	202.27	28.3
德阳市	152.39	16.54	532.72	57.82	1055	236.16	25.63
绵阳市	166.49	17.34	468.27	48.77	926	325.46	33.89
遂宁市	109.39	22.09	254.69	51.43	453	131.15	26.48
内江市	112.39	16.28	419.53	60.78	574	158.36	22.94
乐山市	100.08	13.45	442.45	59.48	803	201.39	27.07
南充市	201.62	24.36	401.57	48.51	515	224.63	27.14
眉山市	103.8	18.8	303.31	54.92	564	145.14	26.28
宜宾市	133.84	15.37	519.21	59.62	526	217.8	25.01
广安市	109.91	20.46	259.25	48.26	330	168.06	31.28
达州市	194.99	23.8	409.59	50	496	214.62	26.2
雅安市	49.97	17.44	157.83	55.08	386	78.74	27.48
资阳市	151.81	23.08	348.4	52.96	563	157.69	23.97

资料来源：《中国城市统计年鉴（2011）》、《中国区域经济统计年鉴（2011）》。

四川盆地长期以来被称为"天府之国"，土地肥沃，气候温和，雨量充足，一直是我国粮食的主要产地之一。因此，第一产业在成渝城市群的地区生产总值中所占比例较高。南充市甚至达到了24.36%。同时，第二产业在成渝城市群中所占比例也较高，基本都保持在50%左右。虽然成渝城市群有较高的第三产业从业人员比例，但是其第三产业生产总值所占比例仍然较低，除了成都市达到了50.17%以外，其余城市基本都在25%左右。表明成渝城市群的第二和第三产业都还有很大的发展和提升空间。工业企业数方面，重庆的工业企业数量最多，2010年有7130家，企业数量在全国排第13位，仅低于长三角地区的台州市。

5.6.5 城镇空间结构体系

表 5 – 35 成渝城市群内部等级规模结构（地级市）

级序	级别划分（万人）	城市数量（座）	城市名称
1	>1000	2	重庆、成都
2	500—1000	2	南充、达州
3	200—500	11	自贡、泸州、德阳、绵阳、遂宁、内江、乐山、眉山、宜宾、广安、资阳
4	200 以下	1	雅安

资料来源：《中国城市统计年鉴（2011）》、《中国区域经济统计年鉴（2011）》。

从表 5 – 35 中可以看出，成渝城市群的内部等级规模基本呈金字塔形分布，城市群的城市等级体系分布较为合理。重庆和成都为人口超过 1000 万的超大型城市。南充和达州为人口在 500 万—1000 万的大型城市。而大部分城市都为人口在 200 万—500 万之间的中型城市。

成渝城市群面积较大。除了重庆和成都以外，其他城市的发展水平和规模有限。因此，城市间的相互作用强度较弱。从表 5 – 36 中可以看出，城市间相互作用强度最大的是德阳和成都，为 291.18 亿元·万人/平方公里。成都为四川省的省会，从前面的分析可以看出其经济发展程度较高。德阳距成都 291.18 公里，与成都同属于川西地区。德阳工业发达，机械制造行业代表世界最高水平。德阳农业生产条件优越，现已建成十大优质农副产品基地，并已形成一批知名农业品牌以及龙头企业。因此，成都和德阳间形成了较高的相互作用强度。此外，重庆市和成都市的相互作用强度也达到 130 亿元·万人/平方公里，表明成渝城市群两个核心城市之间较为密切的相互影响关系。肖金成和袁朱（2009）认为重庆和成都在能源资源、产业、区位方面都有较强的互补性。但是，雅安市—泸州市、雅安市—自贡市、雅安市—广安市、雅安市—达州市等城市间相互作用强度没有达到 1 亿元·万人/平方公里，表明这些城市之间的相互作用强度并不十分明显，出现了一定的经济陷落。

表 5-36　2010 年成渝城市群各城市间相互作用强度

（单位：亿元·万人/平方公里）

	重庆市	成都市	自贡市	泸州市	德阳市	绵阳市	遂宁市	内江市	乐山市	南充市	眉山市	宜宾市	广安市	达州市	雅安市
成都市	130.40														
自贡市	38.42	23.77													
泸州市	62.35	19.86	10.82												
德阳市	20.35	291.18	3.11	2.84											
绵阳市	29.46	126.96	2.63	2.31	134.73										
遂宁市	65.94	40.92	4.96	3.84	4.53	9.73									
内江市	71.71	42.30	84.24	27.00	5.12	4.68	9.68								
乐山市	13.22	68.92	4.92	2.34	5.79	4.53	2.13	4.20							
南充市	108.07	39.45	4.69	4.15	5.51	10.46	49.06	8.01	2.68						
眉山市	12.16	179.27	2.50	1.42	9.16	6.28	2.76	3.12	38.31	3.18					
宜宾市	34.80	20.01	39.23	31.80	2.63	2.67	3.88	21.73	11.15	4.29	5.17				
广安市	96.35	13.22	1.65	2.00	2.01	4.48	7.71	2.61	1.08	41.60	1.22	1.70			
达州市	61.78	8.85	1.18	2.07	1.49	2.22	2.79	1.69	0.92	7.83	0.95	1.41	9.80		
雅安市	4.71	27.11	0.61	0.44	2.51	1.95	0.91	1.05	2.85	1.13	5.26	1.17	0.46	0.39	
资阳市	32.30	146.95	11.85	7.69	12.15	8.17	4.09	29.59	4.53	4.23	7.07	7.71	1.58	1.20	1.93

注：此表为作者整理得到。

5.7 关中—天水城市群

5.7.1 概 况

关中城市群是以西安为中心，包括铜川、宝鸡、咸阳、渭南、商洛、天水 6 个地级市，以及 3 个县级市。城市群土地面积 8.93 万平方公里，占全国国土面积的 0.93%。2010 年底人口 2490.9 万人，占全国总人口的 2.19%。2010 年地区生产总值达到 6891.74 亿元，占当年国内生产总值的 1.72%。

5.7.2 相关政策与规划

关中城市群位于亚欧大陆桥中心，处于承东启西、联接南北的战略要地。同时，关中地区是我国古文化发祥地之一，也是我国历代王朝建都历史最长的区域，这里曾经是我国城市相对密集、城市规模较大的地区。关中地区具有良好的历史基础和区位条件、发达的交通网络等优势条件（薛东前等，2000）。

2009 年 6 月，国家发改委出台了《关中—天水经济区发展规划》，进一步促进了关中—天水城市群的整体发展。关中—天水城市群的战略定位为：全国内陆型经济开发开放战略高地、统筹科技资源改革示范基地、全国先进制造业重要基地、全国现代农业高技术产业基地、彰显华夏文明的历史文化基地。

空间布局方面，构筑"一核、一轴、三辐射"的空间发展框架体系。"一核"即西安（咸阳）大都市是经济区的核心，对西部和北方内陆地区具有引领和辐射带动作用。"一轴"即宝鸡、铜川、渭南、商洛、杨凌、天水等次核心城市作为节点，依托陇海铁路和连霍高速公路，形成西部发达的城市群和产业集聚带。"三辐射"即核心城市和次核心城市依托向外放射的交通干线，加强与辐射区域的经济合作，促进生产要素合理流动和优化配置，带动经济区南北两翼发展。以包茂高速公路、西包铁路为轴线，向北辐射带动陕北延安、榆林等地区发展；以福银高速公路、宝鸡至平凉、天水至平凉等高速公路和西安至银川铁路为轴线，向西北辐射带动陇东平凉、庆阳等地区发展；以沪陕、西康、西汉等高速公路和宝成、西康、宁西铁路为依托，向南辐射带动陕南汉中、安康和甘肃陇南等地区发展。

　　产业发展方面，将依托西安阎良国家航空高技术产业基地重点发展航空航天产业；以西安、咸阳、宝鸡、天水为集中布局区域，重点发展装备制造业；以宝鸡、渭南、铜川、商洛、天水等地为重点，加快重要矿产资源开发及深加工；发挥关中—天水城市群历史源远流长、文化积淀深厚的优势，积极发掘历史文化遗产，传承和创新秦风唐韵、佛道宗教等历史文化；以西安为中心，加快旅游资源整合，大力发展历史人文旅游、自然生态旅游、红色旅游和休闲度假旅游。

5.7.3　城镇化与人口发展

表 5 - 37　2010 年关中—天水城市群土地资源利用概况

	土地面积（平方公里）	城市建设用地面积（市辖区）		其中：居住用地面积（市辖区）	
		面积（平方公里）	占市区面积比重（%）	面积（平方公里）	占建设用地面积比重（%）
西安市	10108	277	7.73	66	24
铜川市	3890	47	1.95	18	38
宝鸡市	18143	113	3.16	31	27
咸阳市	10196	95	18.03	18	19
渭南市	13046	38	3.11	20	53
天水市	14312	42	0.72	9	21
商洛市	19586	11	0.41	5	45

资料来源：《中国城市统计年鉴（2011）》、《中国区域经济统计年鉴（2011）》。

　　从表 5 - 37 中可以看出，关中—天水城市群中的城市土地面积整体较大，除了铜川市以外，其余各市的土地面积都超过10000平方公里。但是城市建设用地面积所占比重较低，只有咸阳市达到了18.03%，其余各市都在10%以下，商洛市只有0.41%，表明城市整体建设水平较低，还有很大的发展空间。居住用地面积方面，渭南市的居住面积占建设用地面积较高，超过50%，按照国际惯例一般生活居住地占总用地结构的40%—50%，表明其居住用地所占面积较大。其余各市基本保持在20%—40%的区间内。

表 5 - 38　2010 年关中—天水城市群人口概况

	常住人口（万人）	人口密度（人/平方公里）	第一产业从业人员比重（%）	第二产业从业人员比重（%）	第三产业从业人员比重（%）
西安市	847.4	774.37	0.28	40.76	58.96
铜川市	83.5	220.09	0.61	49.14	50.25
宝鸡市	371.9	210.19	1.58	45.81	52.61
咸阳市	489.8	510.09	1.02	40.54	58.44
渭南市	529	426.42	2.84	38.66	58.51
天水市	326.6	255.4	2.54	34.36	63.11
商洛市	234.3	126.91	2.16	26.08	71.76

资料来源：《中国城市统计年鉴（2011）》、《中国区域经济统计年鉴（2011）》。

关中—天水城市群没有常住人口在1000万以上的超大城市。常住人口最多、人口密度最大的西安市，其常住人口超过800万，人口密度为774.37人/平方公里。从业人员所占比例方面，主要集中于第二和第三产业。其中，第三产业从业人员比重均超过50%。

5.7.4　经济与产业发展

表 5-39　2010 年关中—天水城市群经济发展概况

	地区生产总值（亿元）	人均地区生产总值（元）	地区生产总值增长率（%）	地方财政一般预算收入（亿元）	货物进出口总额（万美元）	外商直接投资（万美元）	经济密度（万元/平方公里）
西安市	3241.69	38341	14.5	241.86	1038293	156665	3207.05
铜川市	187.73	22508	15.6	13.75	490	520	482.60
宝鸡市	976.09	26124	14.4	38.78	59925	2127	538.00
咸阳市	1098.68	22477	14.5	43.48	34045	5188	1077.56
渭南市	801.42	14950	15	34	16927	3051	614.30
天水市	300.23	8758	11.5	14.39	22992	841	209.78
商洛市	285.9	12197	14.9	12.01	30754	5867	145.97

资料来源：《中国城市统计年鉴（2011）》、《中国区域经济统计年鉴（2011）》。

　　关中—天水城市群为典型的单核结构。西安市在该城市群中处于核心位置。在地区生产总值、人均地区生产总值、地方财政预算、货物进出口、外商直接投资、经济密度各指标方面，西安市的发展情况都全面占优。其中，2010 年西安市地区生产总值 3241.69 亿元，在全国排第 28 位。落后于长春市（3329.03 亿元）和石家庄市（3401.02 亿元）。中心城市的经济实力较弱，对周边城市的带动效应较小，影响了整个城市群的长期发展。此外，城市群中的其他城市的地区生产总值与西安市也还存在较大的差距，造成了"一强众弱"的发展局面。除西安以外，仅有咸阳市的地区生产总值达到 1000 亿元以上。但是，城市群各城市的地区生产总值增长率基本保持在 15%，表明该地区较为强劲的发展潜力。

表 5 – 40　2010 年关中—天水城市群产业发展概况

	第一产业		第二产业			第三产业	
	生产总值 （亿元）	所占比例 （%）	生产总值 （亿元）	所占比例 （%）	工业企业数 （家）	生产总值 （亿元）	所占比例 （%）
西安市	140.06	4.32	1406.72	43.48	1113	1694.91	52.2
铜川市	14.18	7.55	116.5	62.06	131	57.05	30.39
宝鸡市	104.2	10.68	614.42	62.95	505	257.47	26.38
咸阳市	203.29	18.5	573.27	52.18	671	322.12	29.32
渭南市	128.94	16.09	394.55	49.23	436	277.93	34.68
天水市	60.18	20.05	113.27	37.73	170	126.77	42.23
商洛市	58.05	20.30	117.82	41.21	141	110.03	38.49

资料来源：《中国城市统计年鉴（2011）》、《中国区域经济统计年鉴（2011）》。

产业发展方面，关中—天水城市群也表现出典型的"二、三、一"结构。但是第一产业和全国其他城市群相比，占有较高的比例，尤其是商洛市（20.3%）、天水市（20.05%）、渭南市（16.09%）。第二产业方面，铜川市和宝鸡市所占比例较高，都达到了 60% 以上。铜川主要以煤炭、建材、陶瓷工业为主要产业，而宝鸡市主要以机电、有色金属加工、轻工业为主。关中—天水城市群中只有西安市的第三产业达到了 50% 以上。表明关中—天水城市群总体第三产业发展还较为落后。

5.7.5　城镇空间结构体系

表 5 – 41　关中—天水城市群内部等级规模结构（地级市）

级序	级别划分（万人）	城市数量（座）	城市名称
1	>1000	0	
2	500—1000	2	西安、渭南
3	200—500	4	宝鸡、咸阳、天水、商洛
4	200 以下	1	铜川

资料来源：《中国城市统计年鉴（2011）》、《中国区域经济统计年鉴（2011）》。

从表 5 - 41 中可以看出，关中—天水城市群总体呈金字塔形分布。西安人口超过 800 万人，渭南人口接近 500 万。而其他城市的人口分布都在 500 万以下，铜川人口甚至不到 100 万。整个关中—天水城市群的发展缺乏人口超过 1000 万的超大型城市。西安作为该城市群的核心，其辐射能力有限。其经济与产业发展方面的指标也显示，关中—天水城市群属于比较典型的"弱核牵引"发展模式。张思锋等（2002）认为关中—天水城市群中城市等级不连续，大城市缺位，影响了关中—天水城市群的发展。此外，缺乏属于第二梯队的中型城市，与西安较为邻近的渭南市和咸阳市在城市规模和发展方面和西安市还存在较大差距，发展水平较低，影响了关中—天水城市群的整体发展潜力。

表 5 - 42　2010 年关中—天水城市群各城市间相互作用强度

（单位：亿元·万人/平方公里）

	西安市	铜川市	宝鸡市	咸阳市	渭南市	天水市
铜川市	40.14					
宝鸡市	31.87	1.31				
咸阳市	1151.09	10.13	19.13			
渭南市	239.69	4.82	7.04	57.43		
天水市	4.46	0.24	6.30	2.33	1.28	
商洛市	29.54	0.86	1.75	7.53	6.75	0.35

注：此表为笔者整理得到。

关中—天水城市群是中华文化的发祥地，是历史上中国经济最发达、人口最稠密的地区之一。因此，关中—天水城市群的城市密度较高，城市间相互作用强度较大。从表 5 - 42 中可以看出，西安和咸阳之间具有较大的相互作用强度，为 1151 亿元·万人/平方公里。其次是西安—渭南，为 239.69 亿元·万人/平方公里。西安市、咸阳市和渭南市共同构成了关中—天水城市群的发展核心。但是其与其他城市间的相互作用强度并不高，表明中心城市的辐射能力不够强，城市群的紧凑程度有限。如何增强城市之间的经济、政治、文化等方面的联系和沟通，将是促进关中—天水城市群进一步发展的关键。

5.8　中原城市群

5.8.1　概　况

根据《中原城市群总体规划纲要》，中原城市群以郑州为中心，包括洛阳、开封、新乡、焦作、许昌、平顶山、漯河、济源在内共 9 个地级市。城市群土地总面积达到 5.9 万平方公里，占全国国土面积的 0.61%。2010年底人口 4214 万人，占全国总人口的 3.14%。2010 年地区生产总值达到13375.37 亿元，占当年国内生产总值的 3.33%。

5.8.2　相关政策与规划

2006 年河南省政府发布了《中原城市群总体发展规划纲要》标志着中原城市群进入了成熟阶段。《中原城市群总体发展规划纲要》系统地提出了中原城市群发展的框架结构，明确提出中原城市群九市通过在空间、功能、产业、体制、机制等方面的有机结合，努力形成作为一个城市群体发挥作用的集合城市。在空间上形成三大圈层——以郑州为中心的都市圈（开封作为郑州都市圈的一个重要功能区）、紧密联系圈（其他 7 个结点城市）和辐射圈（接受城市群辐射带动作用的周边城市）。在产业上：

（1）重点发展郑汴洛城市工业走廊：重点规划建设高新技术、先进制造业、汽车、铝工业、煤化工、石油化工六大产业基地和中牟汽车零部件等 14 个工业园区及特色产业集群。

（2）加快发展新—郑—漯（京广）产业发展带：重点布局电子电器、生物医药、新型材料、化纤纺织、电力装备、超硬材料、食品、造纸、汽车零部件等产业，规划建设高新技术、食品、造纸、化纤纺织四大产业基地和新乡电池等 12 个特色产业集群。

（3）发展壮大新—焦—济（南太行）产业发展带：该产业发展带规划以能源、原材料工业和重化工业为主，在新乡至济源东西长约120公里，省道309线和南太行旅游公路之间展开布局。重点规划建设煤炭、电力、铝工业、化工、汽车零部件、铅锌加工六大产业基地和焦作奶业等9个工业园区及特色产业集群。

（4）积极培育洛—平—漯产业发展带：该产业发展带规划以原材料工业和重化工业为主，以洛阳—南京高速公路、省道、焦枝线中段、孟宝铁路为依托，重点布局能源、煤化工、钢铁、盐化工、建材等产业。目前该产业发展带还比较薄弱，但从长远看，可通过加快能源重化工基地和农副产品加工聚集区建设，积极培育煤化工、盐化工、建材等产业集群。

在《全国主体功能区规划》的基础上，2012年，国家发改委正式确定了《中原经济区地图》，在地图中对中原城市群的范围和功能进行了拓展，对中原经济区的战略定位为：国家重要的粮食生产和现代农业基地，全国工业化、城镇化和农业现代化协调发展示范区，全国重要的经济增长板块，全国区域协调发展的战略支点和重要的现代综合交通枢纽，华夏历史文明传承创新区。

5.8.3 城镇化与人口发展

表5－43 2010年中原城市群土地资源利用概况

	土地面积（平方公里）	城市建设用地面积（市辖区）		其中：居住用地面积（市辖区）	
		面积（平方公里）	占市区面积比重（%）	面积（平方公里）	占建设用地面积比重（%）
郑州市	7446	316	31.29	80	25.32
济源市	1931	/	/	/	/
开封市	6444	94	25.97	32	34.04
洛阳市	15200	180	33.09	62	34.44
平顶山市	7882	71	16.03	28	39.44
新乡市	8169	97	28.03	30	30.93
焦作市	4071	90	21.23	30	33.33
许昌市	4996	79	81.44	21	26.58

续表

	土地面积（平方公里）	城市建设用地面积（市辖区）		其中：居住用地面积（市辖区）	
		面积（平方公里）	占市区面积比重（%）	面积（平方公里）	占建设用地面积比重（%）
漯河市	2617	58	5.69	16	27.59

资料来源：《中国城市统计年鉴（2011）》、《中国区域经济统计年鉴（2011）》。

从表 5 – 43 中可以看出，洛阳市是中原城市群中土地面积最大的城市，为 15200 平方公里。其他城市的土地面积均不超过 10000 平方公里。作为中华文化的发祥地之一，中原城市群的开发程度较高，大部分城市的城市建设用地面积占市区面积比重都超过 20%，许昌市甚至达到 80%。

表 5 – 44　2010 年中原城市群人口概况

	常住人口（万人）	人口密度（人/平方公里）	第一产业从业人员比重（%）	第二产业从业人员比重（%）	第三产业从业人员比重（%）
郑州市	866.1	1293.31	0.21	46.44	53.35
济源市	67.6	/	/	/	/
开封市	467.7	829.76	2.21	31.24	66.56
洛阳市	655.4	462.86	0.39	44.16	55.45
平顶山市	490.5	682.68	0.25	55.27	44.48
新乡市	571.1	739.21	1.38	47.01	51.61
焦作市	354.3	904	1.77	49.52	48.71
许昌市	431	980.06	0.21	46.46	53.33
漯河市	254.8	1025.29	0.17	54.44	45.39

资料来源：《中国城市统计年鉴（2011）》、《中国区域经济统计年鉴（2011）》。

表 5 – 44 显示，中原城市群城市的人口密度较大。郑州市、漯河市的人口密度都超过 1000 人/平方公里。过高的人口密度将对城市的承载力造成考验，但是合理利用也能转化为城市群发展的动力。此外，中原城市群的从业人员也主要集中于第二和第三产业。

5.8.4　经济与产业发展

表 5 – 45　2010 年中原城市群经济发展概况

	地区生产总值（亿元）	人均地区生产总值（元）	地区生产总值增长率（%）	地方财政一般预算收入（亿元）	货物进出口总额（万美元）	外商直接投资（万美元）	经济密度（万元/平方公里）
郑州市	4040.89	47608	13.00	386.80	517432	190015	5426.93
济源市	343.38	50491	/	22.22	143128	7860	1778.25
开封市	927.16	19750	12.2	37.03	23937	12882	1438.80
洛阳市	2320.25	35762	13.3	142.02	154428	120475	1526.48
平顶山市	1310.84	26730	11.2	80.58	42530	16390	1663.08
新乡市	1189.94	21196	14.6	70.46	113427	32902	1456.65
焦作市	1245.93	35767	11.9	63.34	174096	28832	3060.50
许昌市	1316.49	30536	13.6	57.45	128599	21277	2635.09
漯河市	680.49	26974	14.7	26.13	39188	32315	2600.27

资料来源：《中国城市统计年鉴（2011）》、《中国区域经济统计年鉴（2011）》。

中原城市群以郑州为核心，通过郑（郑州）汴（开封）一体化和郑（郑州）洛（洛阳）工业走廊，增强引导区域发展的核心带动能力，推动整个城市群的发展。从表 5 – 45 中可以看出，郑州市在地区生产总值、地方财政收入、货物进出口、外商直接投资和经济密度等指标方面均领先于中原城市群的其他城市。但是这种优势并不明显，核心地位并不突出。从全国范围来看，郑州市 2010 年地区生产总值为 4040.89 亿元，在全国排名第 22 位，低于广东省东莞市。而 2010 年，郑州市的货物进出口总额为517432 万美元，在全国排名 50 名以后，仅相当于排在第一的上海的1.4%。表明其经济发展实力以及经济外向性与全国一线城市相比，仍存在较大的差距。核心城市的实力不足，成为影响中原城市群发展的重要问题。刘福垣等（2011）指出，中原城市群最大的问题之一就是缺乏一个具备引擎功能，带动整个城市群发展并辐射周边地区的中心城市。省会郑州人口和经济规模偏小，要素集聚和辐射功能有限，在城市群内的龙头地位不够突出。

表 5-46　2010 年中原城市群产业发展概况

	第一产业		第二产业			第三产业	
	生产总值（亿元）	所占比例（%）	生产总值（亿元）	所占比例（%）	工业企业数（家）	生产总值（亿元）	所占比例（%）
郑州市	124.56	3.08	2269.91	56.17	2720	1646.43	40.74
济源市	15.98	/	259.85	/	/	67.54	/
开封市	219.31	23.65	400.65	43.21	1183	307.2	33.13
洛阳市	187.62	8.09	1396.21	60.18	1821	736.42	31.74
平顶山市	114.72	8.75	869.43	66.33	1001	326.68	24.92
新乡市	157.15	13.21	686.48	57.69	1261	346.31	29.1
焦作市	101.3	8.13	855.31	68.65	1108	289.32	23.22
许昌市	149.96	11.39	901.98	68.51	1286	264.55	20.1
漯河市	86.66	12.73	474.58	69.74	656	119.26	17.53

资料来源：《中国城市统计年鉴（2011）》、《中国区域经济统计年鉴（2011）》。

中原城市群自"一五"起就是国家重点建设的老工业基地，因此第二产业产值所占比重较高，大部分城市第二产业产值所占比重均超过 50%。城市群的产业发展各具特色，其中，漯河市是中国食品城，中原城市群轻工业基地；许昌市是中原城市群高新技术产业、轻纺食品、电力装备制造业基地；焦作市是中原城市群能源、原材料、重化工、汽车零部件制造基地；平顶山市则是中国中部化工城，中原城市群化工、能源、原材料、电力装备制造业基地。中原城市群目前的第二产业中，主要依靠能源优势，以一些重污染行业为主，包括焦作、平顶山、洛阳等。如何实现产业的升级转型、发展先进制造业、承接东部的产业转移是中原城市群未来发展所面临的关键问题。

从表 5-46 中还可以看出，中原城市群的第三产业比重与其他城市群相比还存在较大差距。大部分城市的第三产业产值所占比例都集中于

20%—30%的区间内，漯河市的第三产业产值所占比重仅为17.53%，表明中原城市群的第三产业发展还较为落后。

5.8.5 城镇空间结构体系

表5-47 中原城市群内部等级规模结构（地级市）

级序	级别划分（万人）	城市数量（座）	城市名称
1	>1000		
2	500—1000	3	郑州、洛阳、新乡
3	200—500	5	开封、平顶山、焦作、许昌、漯河
4	200 以下	1	济源

资料来源：《中国城市统计年鉴（2011）》、《中国区域经济统计年鉴（2011）》。

从表5-47中可以看出，中原城市群的城市规模等级分布趋向于"扁平化"。大部分城市都集中于200万—500万人口和500万—1000万人口的等级之间。缺乏人口超过1000万的超大型城市。中原城市群的核心郑州市2010年人口为866万。这种扁平化的分布削弱了核心城市的领导能力，集聚效应较差，影响了中原城市群整体的发展。

表5-48 2010年中原城市群各城市间相互作用强度

（单位：亿元·万人/平方公里）

	郑州市	济源市	开封市	洛阳市	平顶山市	新乡市	焦作市	许昌市
济源市	12.32							
开封市	209.41	2.83						
洛阳市	124.36	37.06	21.42					
平顶山市	61.88	2.77	11.18	43.20				
新乡市	158.63	5.42	45.44	23.68	12.77			
焦作市	130.75	20.72	24.26	54.78	8.36	57.38		
许昌市	131.55	1.83	24.29	24.66	87.47	26.12	15.58	
漯河市	29.90	0.75	6.53	10.49	34.21	7.63	4.92	96.88

注：此表为笔者整理得到。

中原城市群是中国中部地区城镇分布最为密集的地区，从表 5 – 48 中可以看出，密集的城市分布加大了城市群内城市间的相互作用强度。核心城市郑州与开封、洛阳、新乡、焦作、许昌五市的相互作用强度都超过了100 亿元·万人/平方公里，形成了凝聚力较强的城市群结构。此外，京广线、陇海线以及国道、省道等密布的交通干线也为中原城市群间加强联系提供了便利的条件。但同时，郑州北临黄河、西有古都洛阳、东有开封古城，使郑州在中原城市群内部向北、向西、向东的中心辐射作用与集聚作用受到了一定的阻碍（刘晓丽等，2008）。

5.9　哈长城市群

5.9.1　概　况

按照《全国主体功能区规划》，哈长城市群包括了黑龙江省的哈大齐（哈尔滨、大庆、齐齐哈尔）工业走廊和牡绥（牡丹江、绥芬河）地区以及吉林省的长吉图经济区（长春、吉林、延边、松原），是以哈尔滨和长春为核心，包含大庆、齐齐哈尔市、牡丹江市、吉林市、松原市、延边朝鲜族自治州等地级市的城市群。城市群土地面积 26.9 万平方公里，占全国国土面积的 2.8%。2010 年底人口 3810.1 万人，占全国总人口的 2.84%。2010 年地区生产总值达到 14976.98 亿元，占当年国内生产总值的 3.73%。

5.9.2　相关政策与规划

按照《全国主体功能区规划》，哈长城市群位于全国"两横三纵"城市化战略格局中京哈京广通道纵轴的北端，包括黑龙江省的哈大齐（哈尔滨、大庆、齐齐哈尔）工业走廊和牡绥（牡丹江、绥芬河）地区以及吉林省的长吉图经济区。该区域的定位是我国面向东北亚地区和俄罗斯对外开放的重要门户，全国重要的能源、装备制造基地，区域性的原材料、石化、生物、高新技术产业和农产品加工基地，带动东北地区发展的重要增长极。其中，哈大齐工业走廊和牡绥地区的功能定位是全国重要的能源、石化、医药和重型装备制造基地，区域性的农产品加工和生物产业基地，东北地区陆路对外开放的重要门户。而长吉图地区的功能定位是全国重要的交通运输设备制造、石化、生物、光电子和农产品加工基地，区域性高新技术产业基地，我国参与图们江区域国际合作开发的先导区，我国面向东北亚开放的重要门户，东北地区新的重要增长极。

2012 年，国家发改委公布了《东北振兴"十二五"规划》，哈长城市群作为重点开发区域，提出哈大齐工业走廊要强化科技创新、综合服务功能，增强产业集聚能力和核心竞争力，建设技术先进、结构优化、特色鲜明、竞争力强的装备制造业基地和石油化工基地。牡绥地区重点发展进出口产品加工、商贸物流、旅游等产业，建设成为重要的国际贸易物流节点和对外合作加工贸易基地。而长吉图地区将强化科技创新和综合服务功能，建设我国东北地区重要的新型工业基地、现代农业示范基地、科技创新基地、现代物流基地和东北亚国际商务服务基地。推进长吉及延龙图一体化。提升沿边开放水平，推动建设珲春特殊经济功能区。

5.9.3　城镇化与人口发展

表 5−49　2010 年哈长城市群土地资源利用概况

	土地面积 （平方公里）	城市建设用地面积（市辖区）		其中：居住用地面积（市辖区）	
		面积 （平方公里）	占市区面积 比重（％）	面积 （平方公里）	占建设用地面积 比重（％）
哈尔滨市	53068	359	5.07	108	30
长春市	20571	388	8.1	111	29
大庆市	21219	278	5.44	67	24
齐齐哈尔市	42469	120	2.75	44	37
牡丹江市	40583	75	2.8	30	40
吉林市	27120	158	4.35	42	27
松原市	21090	43	3.22	15	35

续表

	土地面积（平方公里）	城市建设用地面积（市辖区）		其中：居住用地面积（市辖区）	
		面积（平方公里）	占市区面积比重（%）	面积（平方公里）	占建设用地面积比重（%）
延边朝鲜族自治州	42700	/	/	/	/

资料来源：《中国城市统计年鉴（2011）》、《中国区域经济统计年鉴（2011）》。

从表 5 - 49 中可以看出，哈长城市群中城市的面积较大，所有城市的土地面积都超过 20000 平方公里，这在中国的城市群中是不多见的。但是哈长城市群的城市建设用地面积还较小，占市区面积比重较低，表明城市开发仍处于初级阶段，土地利用效率较低。哈长城市群的居住面积占城市建筑用地面积的水平基本保持在 30%—40% 的合理区间内。

表 5 - 50　2010 年哈长城市群人口概况

	常住人口（万人）	人口密度（人/平方公里）	第一产业从业人员比重（%）	第二产业从业人员比重（%）	第三产业从业人员比重（%）
哈尔滨市	1064.2	186.93	4.07	36.75	59.18
长春市	767.7	368.32	1.43	40.35	58.22
大庆市	290.6	131.86	0.66	52.69	46.66
齐齐哈尔市	537	133.77	18.23	30.38	51.39
牡丹江市	280	66.59	21.05	25.18	53.77
吉林市	441.5	160.01	4.93	42.89	52.18
松原市	288.1	137.53	11.26	39.32	49.42
延边朝鲜族自治州	227.2	/	/	/	/

资料来源：《中国城市统计年鉴（2011）》、《中国区域经济统计年鉴（2011）》。

人口方面，哈尔滨市和长春市表现出明显的双核效应。但是整体人口密度较低，牡丹江市甚至只有不足 100 人/平方公里的人口密度。就业人口方面，与其他城市群相似，也主要集中于第二和第三产业。

5.9.4 经济与产业发展

表5-51 2010年哈长城市群经济发展概况

	地区生产总值（亿元）	人均地区生产总值（元）	地区生产总值增长率（%）	地方财政一般预算收入（亿元）	货物进出口总额（万美元）	外商直接投资（万美元）	经济密度（万元/平方公里）
哈尔滨市	3664.85	36951	14	238.14	422529	133046	690.60
长春市	3329.03	43936	15.3	180.85	1322447	69811	1618.31
大庆市	2900.06	103576	12	95.9	154145	34587	1366.73
齐齐哈尔市	880.46	16309	18.5	51.36	89271	22802	207.32
牡丹江市	764.98	27545	16.2	42.82	900393	24384	188.50
吉林市	1800.64	41479	12.5	73.19	84565	13211	663.95
松原市	1102.85	38136	12.66	30.97	8821	3932	522.93
延边朝鲜族自治州	534.11	24448	/	41.26	155256	6002	125.08

资料来源：《中国城市统计年鉴（2011）》、《中国区域经济统计年鉴（2011）》。

按照国务院的《全国主体功能区规划》、《"十二五"国家经济开发战略规划》和《东北振兴"十二五"规划》，哈长城市群属于典型的双核结构，分为以长春为核心的长吉图地区和以哈尔滨为核心的哈大齐地区。但是从表5-51中可以看到，核心城市哈尔滨和长春并没有表现出其在经济中的核心地位。哈尔滨市2010年地区生产总值为3664.85亿元，在全国排第24位，低于中原城市群的郑州市（4040.89亿元）和珠三角城市群的东莞市（4246.45亿元）。而长春市2010年的地区生产总值在全国排名仅列第28位。即使是与城市群内的其他城市相比，核心城市长春和吉林也未表现出明显的优势。这样的"弱核"结构将影响哈长城市群未来的发展。

作为面向东北亚的核心城市群，哈尔滨和长春具有较高的货物进出口总额和外商直接投资金额，但是与全国一线城市相比仍存在较大的差距。由于较大的城市面积，城市的经济密度较低，核心城市哈尔滨的经济密度没有达到 1000 万元/平方公里。

表 5-52　2010 年哈长城市群产业发展概况

	第一产业		第二产业			第三产业	
	生产总值（亿元）	所占比例（%）	生产总值（亿元）	所占比例（%）	工业企业数（家）	生产总值（亿元）	所占比例（%）
哈尔滨市	412.72	11.26	1384.55	37.78	1433	1867.59	50.96
长春市	252.75	7.59	1719.9	51.66	1606	1356.38	40.74
大庆市	95.01	3.28	2385.06	82.24	630	419.99	14.48
齐齐哈尔市	192.07	21.81	357.74	40.63	411	330.65	37.55
牡丹江市	122.58	16.02	303.15	39.63	514	339.25	44.35
吉林市	194.42	10.8	896.02	49.76	1177	710.2	39.44
松原市	191.04	17.32	568.1	51.51	642	343.71	31.17
延边朝鲜族自治州	52.48	9.83	251.14	47.02	/	230.49	43.15

资料来源：《中国城市统计年鉴（2011）》、《中国区域经济统计年鉴（2011）》。

　　作为中国主要的粮食产地之一和东北老工业基地，哈长城市群的一二产业生产总值比重与其他城市群相比较高。齐齐哈尔市的第一产业生产总值所占比重超过 20%。而大庆市的第二产业生产总值比重则超过 80%。哈长城市群的工业发展主要以能源为依托的传统工业为主，如大庆是中国最大的路上油田和重要石油化工基地。而在未来的发展中，哈长城市群将依托其优势资源，推动高新技术产业的发展。其"十二五"期间的重要产业基地包括先进装备制造业基地、北方精品钢材产业基地以及现代石化产业基地。从表 5-52 中可以看出，哈长城市群的第三产业生产总值所占比例较低，只有哈尔滨市的第三产业所占比重超过 50%，大庆市甚至只有14%。《东北振兴"十二五"规划》中提出在"十二五"期间，哈长城市群要发展和壮大服务业，包括大力发展生产性服务业、生活性服务业、壮大东北特色文化产业等一系列措施，预期哈长城市群的第三产业将获得进一步的发展。

5.9.5 城镇空间结构体系

表 5 – 53　哈长城市群内部等级规模结构（地级市）

级序	级别划分（万人）	城市数量（座）	城市名称
1	>1000	1	哈尔滨
2	500—1000	2	长春、齐齐哈尔
3	200—500	5	大庆、牡丹江、吉林、松原、延边
4	200 以下	0	

资料来源：《中国城市统计年鉴（2011）》、《中国区域经济统计年鉴（2011）》。

　　哈长城市群整体呈金字塔型分布，分布结构较为合理。核心城市哈尔滨的人口超过 1000 万，而其周边的大庆、松原等城市人口为 500 万以下。李秀伟和修春亮（2008）的研究指出，哈尔滨和长春与辽中南城市群中的大连和沈阳是东北三省区域经济极化的"高极化点"，将带动地区经济的发展。

表 5 – 54　2010 年哈长城市群各城市间相互作用强度

（单位：亿元·万人/平方公里）

	哈尔滨市	长春市	大庆市	齐齐哈尔市	牡丹江市	吉林市	松原市
长春市	40.56						
大庆市	76.45	11.31					
齐齐哈尔市	14.32	4.16	25.29				
牡丹江市	8.15	2.30	1.74	0.77			
吉林市	13.90	104.84	3.26	1.45	2.82		
松原市	23.95	25.12	16.17	3.59	0.56	7.01	
延边朝鲜族自治州	1.55	3.07	0.49	0.30	1.56	2.73	0.58

注：此表为笔者整理得到。

　　由于哈长地区城市面积较大，城市之间距离较远，人口密度和经济密度较低，因此城市间的相互作用强度较低。核心城市哈尔滨和长春市之间的城市群间相互作用强度未达到 100 亿元·万人/平方公里。与哈尔滨联系较为紧密的是与其同属于哈大齐工业走廊的大庆市,城市群间相互作用强度为 76.45 亿元·万人/平方公里。与另一核心城市长春市相互作用强度较强的城市是与其同属于长吉图区域的吉林市,相互作用强度为 104.84 亿元·万人/平方公里。除两个核心城市外,其他城市之间未表现出较强的相互作用强度。

5.10　江淮城市群

5.10.1　概　况

《全国主体功能区规划》中将江淮城市群定义为以安庆、池州、铜陵、巢湖、芜湖、马鞍山沿江六市为发展轴,合肥、芜湖为双核,滁州、宣城为两翼的"一轴双核两翼"空间开发格局的城市群。城市群土地面积 7.21 万平方公里,占全国国土面积的 0.75%。2010 年底人口 2713.2 万人,占全国总人口的 2.02%。2010 年地区生产总值达到 8228.88 亿元,占当年国内生产总值的 2.05%。

5.10.2　相关政策与规划

江淮城市群处于东、中部两大地带的过渡地带,是泛长三角的紧密圈层。江淮城市群从提出到形成最新的有关江淮城市群的发展规划,经历了一系列的变革(见表 5-55)。

表5－55　江淮城市群规划文件及范围变更情况

时间	发布机构	名称	内容
2008年5月	中国区域经济学会、安徽省发展战略研究会联合课题组共同提出	《关于构建江淮城市群并作为重点开发区列入国家主体功能区规划的建议》	江淮城市群包括合肥市、六安市区、巢湖、淮南市区、蚌埠市区、滁州、马鞍山、芜湖、铜陵、池州（部分）、安庆（部分）11个省辖市
2008年8月	安徽省发展和改革委员会	《沿江城市群"十一五"经济社会发展规划纲要》	包括马鞍山、芜湖、铜陵、池州、安庆、巢湖、宣城、滁州（包含市区及全椒、来安、天长）8市及所辖29县（市）
2010年1月	国家发展和改革委员会	《皖江城市带承接产业转移示范区规划》	包括合肥、芜湖、马鞍山、铜陵、安庆、池州、巢湖、滁州、宣城9市全境和六安市金安区、舒城县，共59个县（市、区）
2010年12月	国务院	《全国主体功能区规划》	江淮城市群位于全国"两横三纵"城市化战略格局中沿长江通道横轴，包括安徽省合肥及沿江的部分地区。构建以安庆、池州、铜陵、巢湖、芜湖、马鞍山沿江六市为发展轴，合肥、芜湖为双核，滁州、宣城为两翼的"一轴双核两翼"空间开发格局

注：此表为笔者整理得到。

　　《全国主体功能区规划》对江淮城市群的定位为承接产业转移的示范区，全国重要的科研教育基地，能源原材料、先进制造业和科技创新基地，区域性的高新技术产业基地。规划将构建"一轴双核两翼"空间开发格局。进一步提升合肥中心城市地位，完善综合服务功能，建设全国重要的科研教育基地、科技创新基地、先进制造业基地和综合交通枢纽。培育形成沿江发展带，壮大主要节点城市规模，推进芜湖、马鞍山一体化，建设皖江城市带承接产业转移示范区。加强农业基础设施建设，调整优化农业结构，发展农产品加工业，不断提高农业效益。加强大别山水土保持和水源涵养功能，保护巢湖生态环境，构建以大别山、巢湖及沿江丘陵为主体的生态格局。

5.10.3　城镇化与人口发展

表 5 - 56　2010 年江淮城市群土地资源利用概况

	土地面积（平方公里）	城市建设用地面积（市辖区）		其中：居住用地面积（市辖区）	
		面积（平方公里）	占市区面积比重（%）	面积（平方公里）	占建设用地面积比重（%）
合肥市	7047	326	38.86	103	32
芜湖市	3317	135	16.32	32	24
马鞍山市	1686	92	27.06	22	24
铜陵市	1113	48	13.71	13	27
安庆市	15398	77	9.38	27	35
滁州市	13523	68	4.84	19	28
池州市	8272	37	1.52	13	35
巢湖市	9394	40	1.97	13	33
宣城市	12323	42	1.60	12	29

资料来源：《中国城市统计年鉴（2011）》、《中国区域经济统计年鉴（2011）》。

从表 5 - 56 中可以看出，江淮城市群中土地面积最大的为安庆市，其次为滁州市和宣城市。核心城市合肥市的土地面积为 7047 平方公里，土地面积最小的铜陵市仅为 1113 平方公里。除合肥市和马鞍山市以外，其他城市的城市建设用地面积占市区面积比重均在 20% 以下，表明城市开发仍处于初级阶段，还有较大的发展空间。

表 5 - 57　2010 年江淮城市群人口概况

	常住人口（万人）	人口密度（人/平方公里）	第一产业从业人员比重（%）	第二产业从业人员比重（%）	第三产业从业人员比重（%）
合肥市	570.8	702.36	0.14	46.32	53.54
芜湖市	226.4	691.89	0.15	58.26	41.59
马鞍山市	136.7	765.72	0.19	62.78	37.03

	常住人口（万人）	人口密度（人/平方公里）	第一产业从业人员比重（%）	第二产业从业人员比重（%）	第三产业从业人员比重（%）
铜陵市	72.4	664.96	3.26	63.92	32.82
安庆市	531.5	401.89	6.97	23.23	69.8
滁州市	394.1	333.36	4.76	28.57	66.67
池州市	140.3	193.98	1.83	24.51	73.66
巢湖市	387.6	412.60	1.24	32.45	66.31
宣城市	253.4	205.63	2.35	31.36	66.29

资料来源：《中国城市统计年鉴（2011）》、《中国区域经济统计年鉴（2011）》。

核心城市合肥的常住人口未达到 1000 万人，常住人口最少的铜陵市仅有 72.4 万人口。人口密度都在 1000 人/平方公里以下，人口密度较低。

5.10.4　经济与产业发展

表 5-58　2010 年江淮城市群经济发展概况

	地区生产总值（亿元）	人均地区生产总值（元）	地区生产总值增长率（%）	地方财政一般预算收入（亿元）	货物进出口总额（万美元）	外商直接投资（万美元）	经济密度（万元/平方公里）
合肥市	2701.61	48312	17.5	259.43	995880	109584	3833.70
芜湖市	1108.63	49013	18.2	94.84	260977	71974	3342.27
马鞍山市	810.72	60712	15	69.88	287768	70490	4808.54
铜陵市	466.7	64496	17.1	34.73	341074	25531	4193.17
安庆市	989.04	18647	13.6	50.57	68093	22255	642.32
滁州市	695.65	17693	15.6	50.53	91286	11745	514.42
池州市	300.84	21476	16.1	31.21	21112	15152	363.68
巢湖市	629.73	16281	13.2	39.27	52695	32576	670.35
宣城市	525.96	20779	15	49.83	69182	19654	426.81

资料来源：《中国城市统计年鉴（2011）》、《中国区域经济统计年鉴（2011）》。

从表 5 - 58 中可以看出，江淮城市群在经济方面表现出较为明显的单核结构。《全国主体功能区规划》中的"双核"之一芜湖相比合肥市在经济方面存在较大的差距，尚不具有核心城市的功能。马鞍山和铜陵具有较高的人均地区生产总值。江淮城市群的地区生产总值增长率较高，主要城市都保持在 17% 以上，表明其强劲的发展趋势和发展潜力。在财政收入、货物进出口、外商直接投资等方面，合肥市都具有绝对的优势。

表 5 - 59　2010 年江淮城市群产业发展概况

	第一产业		第二产业			第三产业	
	生产总值（亿元）	所占比例（%）	生产总值（亿元）	所占比例（%）	工业企业数（家）	生产总值（亿元）	所占比例（%）
合肥市	132.74	4.91	1456.64	53.92	2229	1112.23	41.17
芜湖市	49.04	4.44	722.79	65.18	1786	336.8	30.38
马鞍山市	28.53	3.51	563.55	69.49	791	218.64	27
铜陵市	9.65	2.07	339.5	72.74	281	117.55	25.19
安庆市	156.32	15.74	518.96	53.03	1527	313.76	31.23
滁州市	148.42	21.34	342.01	49.16	1238	205.22	29.5
池州市	45.7	15.19	140.23	46.61	614	114.91	38.2
巢湖市	117.38	18.64	311.46	49.46	812	200.88	31.9
宣城市	88.52	16.83	248.31	47.21	1381	189.08	35.95

资料来源：《中国城市统计年鉴（2011）》、《中国区域经济统计年鉴（2011）》。

江淮城市群处于东、中部的过渡地带，也是长江三角洲地区经济向西辐射的"腹地城市群"。2010 年，国家发改委发布了《皖江城市带承接产业转移示范区规划》，更是将其定位为国家中部地区承接东部地区产业转移的门户城市群（方创琳等，2011）。从表 5 - 59 中可以看出，江淮城市群的第二产业较为发达，芜湖、马鞍山、铜陵和淮南市的第二产业的生产总值比重都达到了 65% 以上。江淮城市群现已拥有马鞍山马钢、芜湖奇瑞汽车、合肥江淮汽车、马鞍山星马汽车、铜陵有色、安庆石化、芜湖海螺水泥等一批国内知名企业。在未来的发展中，将进一步提升汽车、钢铁、有色、机械设备、化工、建材、家电、农产品加工八大优势产业在全国的地位，促进高技术产业快速发展。以安庆市和池州市组团，依托石化产业基础，促进化工产业集聚。重点承接发展轻纺、汽车零部件及船用设备加工、文化旅游等产业，促进产业多元化。以铜陵、池州和安庆组团，发挥铜、铅锌、非金属矿产资源优势和产业基础，重点承接发展有色金属冶炼及深加工、非金属材料、机械、化工、旅游等产业。马鞍山、芜湖组团，重点承接发展汽车、钢铁、化工、建材、文化创意等产业。建设全国自主品牌汽车基地和精品钢基地。

　　与第二产业相比，江淮城市群的第三产业生产总值比重较低。第三产业生产总值所占比重最高的合肥市只有41.17%。在相关政策和规划的推动下，预期江淮城市群的服务业将获得进一步的发展。

5.10.5　城镇空间结构体系

表5-60　江淮城市群内部等级规模结构（地级市）

级序	级别划分（万人）	城市数量（座）	城市名称
1	>1000	0	
2	500—1000	2	合肥、安庆
3	200—500	4	芜湖、滁州、巢湖、宣城
4	200以下	3	马鞍山、铜陵、池州

资料来源：《中国城市统计年鉴（2011）》、《中国区域经济统计年鉴（2011）》。

　　江淮城市群的城市整体规模较小，城镇空间结构体系呈"扁平化"分布，极化效应不显著。核心城市合肥的地位不够突出，辐射能力有限。其他主要城市芜湖、马鞍山等规模都在500万人以下。

　　从表5-61中可以看出，合肥和芜湖与其他城市间的相互作用强度较强。其中，与核心城市合肥市相互作用强度最大的城市是巢湖市，其次是滁州市和安庆市。与芜湖市相互作用最强的是马鞍山市。江淮城市群的空间发展呈圈层状，且交通指向较为明显。江淮城市群中城市的联系一是以核心城市合肥为中心，通过呈圈层状向外辐射，主要联系城市有芜湖、马鞍山、滁州、安庆等；二是沿交通走廊呈轴线状拓展，沿合巢芜高速公路呈南北向拓展，包括芜湖、合肥、巢湖等城市，沿江高速呈东南向拓展，包括马鞍山、芜湖、铜陵等城市（李俊峰、焦华富，2010）。

表 5 – 61　2010 年江淮城市群各城市间相互作用强度

（单位：亿元·万人/平方公里）

	合肥市	芜湖市	马鞍山市	铜陵市	安庆市	滁州市	池州市	巢湖市
芜湖市	27.80							
马鞍山市	11.04	56.77						
铜陵市	8.46	8.68	3.47					
安庆市	30.86	8.95	4.51	10.29				
滁州市	36.37	10.93	14.83	1.75	4.44			
池州市	6.65	4.53	2.10	9.48	32.02	1.09		
巢湖市	84.32	50.80	25.89	5.57	11.09	21.81	4.63	
宣城市	10.21	32.26	9.38	7.00	6.68	5.20	3.41	10.61

注：此表为笔者整理得到。

5.11　太原城市群

5.11.1　概　况

太原城市群以太原为核心，包括晋中市、阳泉市、吕梁市和忻州市共5市。城市群土地面积 7.42 万平方公里，占全国国土面积的 0.77%。2010年底总人口 1562.6 万人，占全国总人口的 1.17%。2010 年地区生产总值达到 4254.27 亿元，占当年国内生产总值的 1.06%。

5.11.2　相关政策与规划

《全国主体功能区规划》对太原城市群的定位为：资源型经济转型示范区，全国重要的能源、原材料、煤化工、装备制造业和文化旅游业基地。主要的发展战略包括：构建以太原为中心，以太原盆地城镇密集区为主体，以主要交通干线为轴线，以汾阳、忻州、长治、临汾等主要节点城市为支撑的空间开发格局。强化太原的科技、教育、金融、商贸物流等功能，提升太原中心城市地位，推进太原—晋中同城化发展。增强主要节点城市集聚经济和人口的能力，强化城市间经济联系和功能分工，承接环渤海地区产业转移，促进资源型城市转型。依托中心城镇发展劳动密集型城郊农业、生态农业和特色农产品加工业。实施汾河清水复流工程和太原西山综合整治工程，加强采煤沉陷区的生态恢复，构建以山地、水库等为基础，以汾河水系为骨架的生态格局。

2010年，《加快太原城市群和经济圈发展研究》（征求意见稿）公布，进一步确立了太原城市群"一核一圈三群"的发展格局，其中，"一核"是指由太原市区、晋中市区、清徐县城、阳曲县城构成的太原都市区，在太原大都市圈中处于核心地位。并将太原城市群和经济圈定位为：国家新能源建设服务中心、世界不锈钢和镁合金深加工基地、世界级煤机生产基地，华北和黄河中下游地区重要的物流、人流、资金流、信息流集散中心，全省经济、文化、政治和科技创新中心。

5.11.3　城镇化与人口发展

表5-62　2010年太原城市群土地资源利用概况

	土地面积（平方公里）	城市建设用地面积（市辖区）		其中：居住用地面积（市辖区）	
		面积（平方公里）	占市区面积比重（%）	面积（平方公里）	占建设用地面积比重（%）
太原市	6910	219	15	48	21.92
忻州市	25151	29	1.46	11	37.93

续表

	土地面积（平方公里）	城市建设用地面积（市辖区）		其中：居住用地面积（市辖区）	
		面积（平方公里）	占市区面积比重（%）	面积（平方公里）	占建设用地面积比重（%）
吕梁市	21133	18	1.34	6	33.33
阳泉市	4570	40	6.13	15	37.50
晋中市	16386	51	3.87	14	27.45

资料来源：《中国城市统计年鉴（2011）》、《中国区域经济统计年鉴（2011）》。

　　从表 5-62 中可以看出，太原城市群虽然城市数目较少，但是城市平均规模较大，忻州、吕梁和晋中市的土地面积都在 15000 平方公里以上。但同时可以发现，城市的建设用地所占比重较低，仅太原达到 15% 以上，其他城市都在 10% 以下，吕梁市的城市建设用地面积所占比例仅为 1.34%，表明城市群的整体发展水平较低。

表 5-63　2010 年太原城市群人口概况

	常住人口（万人）	人口密度（人/平方公里）	第一产业从业人员比重（%）	第二产业从业人员比重（%）	第三产业从业人员比重（%）
太原市	420.5	524.92	0.39	50.51	49.1
忻州市	307	122.45	1.45	27.05	71.5
吕梁市	373	180.55	0.29	41.37	58.33
阳泉市	136.9	286.17	0.17	64.24	35.59
晋中市	325.2	195.8	0.51	49.37	50.11

资料来源：《中国城市统计年鉴（2011）》、《中国区域经济统计年鉴（2011）》。

　　从人口分布上进行分析，太原城市群的人口密度较低，城市规模较小，核心城市太原市的常住人口仅为 420.5 万人。就业人口主要集中于第二和第三产业。

5.11.4 经济与产业发展

表 5 – 64　2010 年太原城市群经济发展概况

	地区生产总值（亿元）	人均地区生产总值（元）	地区生产总值增长率（%）	地方财政一般预算收入（亿元）	货物进出口总额（万美元）	外商直接投资（万美元）	经济密度（万元/平方公里）
太原市	1778.05	46144	11	138.48	791250	28343	2573.15
忻州市	437.46	14188	18.7	42.34	12654	4	173.93
吕梁市	845.54	23013	21	72.96	72527	12202	400.10
阳泉市	429.38	31898	14.2	37.69	29145	/	939.56
晋中市	763.84	23575	14	64.75	23000	4787	466.15

资料来源：《中国城市统计年鉴（2011）》、《中国区域经济统计年鉴（2011）》。

2010 年太原城市群地区生产总值为 4254 亿元，第二产业增加值为 2252 亿元，第三产业增加值为 1807 亿元。由于长期过份依赖资源，经济增长模式还很落后，经济结构重型程度高，经济总量偏小。太原市是太原城市群的增长核心，但是太原市的经济发展与全国先进城市相比还存在较大的差距，难以带动整个城市群的发展。

表 5 – 65　2010 年太原城市群产业发展概况

	第一产业		第二产业			第三产业	
	生产总值（亿元）	所占比例（%）	生产总值（亿元）	所占比例（%）	工业企业数（家）	生产总值（亿元）	所占比例（%）
太原市	30.28	1.7	798.5	44.91	487	949.28	53.39
忻州市	49.22	11.25	195.1	44.59	323	193.15	44.15
吕梁市	43.7	5.17	585.1	69.2	597	216.76	25.64
阳泉市	6.58	1.53	255.3	59.46	186	167.49	39.01
晋中市	64.96	8.5	418.3	54.76	533	280.6	36.74

资料来源：《中国城市统计年鉴（2011）》、《中国区域经济统计年鉴（2011）》。

从产业结构上来看，太原城市群以第二产业为主，太原市的第三产业生产总值占比最高，其他城市主要仍以第二产业为主，这与整个太原城市群对资源经济依赖的情况相符。

5.11.5 城镇空间结构体系

表 5 - 66   太原城市群内部等级规模结构（地级市）

级序	级别划分（万人）	城市数量（座）	城市名称
1	>1000	0	
2	500—1000	0	
3	200—500	4	太原、忻州、吕梁、晋中
4	200 以下	1	阳泉

资料来源：《中国城市统计年鉴（2011）》、《中国区域经济统计年鉴（2011）》。

太原城市群为明显的"弱核"发展模式，核心城市太原的人口规模未达到 500 万人。城市空间等级体系不完善，极大程度的影响了整个城市群的发展。

表 5 - 67   2010 年太原城市群各城市间相互作用强度

（单位：亿元·万人/平方公里）

	太原市	忻州市	吕梁市	阳泉市
忻州市	48.78			
吕梁市	13.59	2.89		
阳泉市	13.63	2.57	1.79	
晋中市	314.80	16.57	7.59	12.40

注：此表为笔者整理得到。

从表 5 - 67 中可以看出，太原城市群内城市间的相互作用强度较弱，仅太原和晋中的相互作用强度达到了 300 亿元·万人/平方公里，其他城市间的作用强度都较低，吕梁市和阳泉市的相互作用强度只有 1.79 亿元·万人/平方公里。根据太原市的发展规划，太原城市群划分为三个圈层：核心圈层、基本圈层和拓展圈层。其中：核心圈层由太原市区、晋中市区、清徐县城和阳曲县城组成，是整个太原城市群的核心区以及辐射中心，也是全省政治、经济、文化、交通中心以及旅游集散地和服务基地。基本圈层则是与经济圈核心区联系相对紧密的地域联合体，范围包括 3 个地级市的 16 个市县：太原市的市区、古交、清徐、阳曲、娄烦，晋中市的榆次、寿阳、太谷、祁县、平遥、介休、灵石，吕梁市的文水、交城、孝义、汾阳。拓展圈层则涵盖太原、晋中、吕梁、阳泉、忻州五市的市域范围，是经济圈核心区辐射影响下联系相对松散的地域空间。从上文的分析可以看出，太原城市群实现核心圈层与基本圈层以及拓展圈层的交互联系，仍存在较大的难度。

5.12　东陇海城市群

5.12.1　概　况

东陇海城市群以徐州为中心，包括日照市、连云港市共 3 市。城市群土地面积 2.41 万平方公里，占全国国土面积的 0.25％。2010 年底人口 1758.5 万人，占全国总人口的 1.31％。2010 年地区生产总值达到 5160.53 亿元，占当年国内生产总值的 1.29％。

5.12.2　相关政策与规划

东陇海城市群位于东部沿海，毗邻长三角城市群，具有得天独厚的地理位置和发展优势。2006 年，《江苏省"十一五"规划纲要》明确提出东陇海城市群，并提出推动东陇海城市群发展。利用沿东陇海铁路地区地处新亚欧大陆桥东段的区位优势，加强徐州、连云港、宿迁之间以及与周边地区的联系，加快建设徐州都市圈。带动沿线中小城市发展，以若干中小城市为节点，加快培育东陇海城市群。

2010 年，国务院颁布的《全国主体功能区规划》中指出东陇海城市群位于全国"两横三纵"城市化战略格局中陆桥通道横轴的东端，是陆桥通道与沿海通道的交汇处，包括江苏省东北部和山东省东南部的部分地区。构建以连云港、日照为中心，以沿海产业带和沿陇海线产业带为轴线的空间开发格局。增强徐州集聚人口和经济的能力，加快资源型城市转型，打造重要的能源基地、先进制造业基地、物流基地和商品集散地。

5.12.3 城镇化与人口发展

表 5 – 68　2010 年东陇海城市群土地资源利用概况

	土地面积（平方公里）	城市建设用地面积（市辖区）		其中：居住用地面积（市辖区）	
		面积（平方公里）	占市区面积比重（%）	面积（平方公里）	占建设用地面积比重（%）
日照市	5353	90	4.7	26	28.89
徐州市	11259	185	6.09	58	31.35
连云港市	7500	163	14.1	74	45.40

资料来源：《中国城市统计年鉴（2011）》、《中国区域经济统计年鉴（2011）》。

从表 5 – 68 中可以看出，东陇海城市群的规模较小。其中，徐州市的土地面积最大，超过 10000 平方公里。整体开发程度较低，城市建设用地面积占市区面积比重最高的连云港市也仅达 14.1%。

表 5 – 69　2010 年东陇海城市群人口概况

	常住人口（万人）	人口密度（人/平方公里）	第一产业从业人员比重（%）	第二产业从业人员比重（%）	第三产业从业人员比重（%）
日照市	280.3	538.37	0.53	46.09	53.38
徐州市	858.2	864.1	3.01	38.58	58.41
连云港市	439.7	663.64	5.5	40.21	54.29

资料来源：《中国城市统计年鉴（2011）》、《中国区域经济统计年鉴（2011）》。

徐州市作为东陇海城市群的核心城市，常住人口达到 858.2 万人，其他两个城市的常住人口均未达到 500 万人。人口就业方面，主要集中于第二和第三产业。

5.12.4 经济与产业发展

表 5 - 70　2010 年东陇海城市群经济发展概况

	地区生产总值（亿元）	人均地区生产总值（元）	地区生产总值增长率（%）	地方财政一般预算收入（亿元）	货物进出口总额（万美元）	外商直接投资（万美元）	经济密度（万元/平方公里）
日照市	1025.08	36870	12.5	55.61	1337674	34936	1914.96
徐州市	2942.14	34084	14.01	222.16	416053	101330	2613.15
连云港市	1193.31	26987	13.6	141.39	507189	110116	1591.08

资料来源：《中国城市统计年鉴（2011）》、《中国区域经济统计年鉴（2011）》。

东陇海城市群在《全国主体功能区规划》中的定位为新亚欧大陆桥东方桥头堡，我国东部地区重要的经济增长极。东陇海城市群紧邻长三角城市群，受到长三角城市群的辐射，表现出较高的地区生产总值增长速度。其中，徐州市作为国家重要的交通枢纽城市，有"中国工程机械之都"的美誉。日照市和连云港市是港口性城市，为华东对外的重要窗口。这些都为东陇海城市群的发展创造了良好的先决条件。

表 5 - 71　2010 年东陇海城市群产业发展概况

	第一产业		第二产业			第三产业	
	生产总值（亿元）	所占比例（%）	生产总值（亿元）	所占比例（%）	工业企业数（家）	生产总值（亿元）	所占比例（%）
日照市	100.26	9.78	561.55	54.78	854	363.27	35.44
徐州市	282.82	9.61	1490.92	50.67	3412	1168.4	39.71
连云港市	182.6	15.3	545.07	45.68	1648	465.64	39.02

资料来源：《中国城市统计年鉴（2011）》、《中国区域经济统计年鉴（2011）》。

东陇海城市群的产业发展呈现出明显的"二、三、一"特质,第二产业产值所占比重较高。预期未来,东陇海城市群将利用自身地理位置优势,发展以沿海产业带和沿陇海线产业带为轴线的空间发展格局,集约发展临港产业,建设临港产业基地和国际性海港城市。

5.12.5　城镇空间结构体系

表5-72　2010年东陇海城市群各城市间相互作用强度

（单位：亿元·万人/平方公里）

	日照市	徐州市
徐州市	9.34	
连云港市	27.42	27.39

注：此表为笔者整理得到。

东陇海城市群规模较小,城市之间联系较为紧密,这是东陇海城市群的发展优势。但是,较小的城市群发展规模也限制了城市群的资源和发展的空间。如何加强与长三角城市群以及其他城市群之间的联系,形成与其他城市群之间的错位竞争,带动周边中小城市区域的协同发展,是东陇海城市群未来发展中需要解决的重要问题。

5.13　中国发展型城市群对比分析

虽然从发展阶段上来判断,山东半岛城市群、辽中南城市群、海峡西岸城市群、武汉城市群、环长株潭城市群、成渝城市群、关中—天水城市群、中原城市群、哈长城市群、江淮城市群、太原城市群和东陇海城市群同属于发展型城市群。但是,通过第3章城市群竞争力的分析,发现中国发展型城市群在发展水平和发展路径上也存在各自的特点。山东半岛城市群和成渝城市群有可能成为中国经济增长的"第四极",但是东陇海城市群、太原城市群从竞争力来看，在全国城市群中处于倒数地位。各发展阶段城市群应根据自身的特点和资源禀赋条件，寻求多样化和差异化的发展路径，在提升城市群等级体系的同时，推进城市群竞争力的发展，跻身至发展成熟的城市群，并成为中国经济未来的增长点。

5.13.1　城市群发展规模

从发展型城市群的经济总量来看，总体呈现出"中部塌陷"的发展态势。2010 年，东部和西部城市群的地区生产总值总体高于中部城市群的地区生产总值。在东部城市群中，山东半岛城市群的经济总量最大，也是整个发展型城市群中经济总量最大的城市群。山东半岛城市群以青岛和济南为中心，发挥青岛、烟台等城市的临海优势，推进东北亚区域中心的建设，预期将获得更好的发展。东部城市群中，排名第二的为辽中南城市群，辽中南城市群是中国的老工业基地，近期依托国家振兴东北老工业基地的政策，大连等沿海城市的发展，取得了骄人的成绩。哈长城市群和海峡西岸城市群的经济总量较为接近，哈长城市群是中国的老工业基地，是中国重要的能源、装配制造基地，也是面向东北亚地区和俄罗斯对外开放的重要门户；而海峡西岸城市群是新兴城市群，是我国面向台湾地区和东南亚开放的重要窗口，两者拥有各自的发展特点。

在发展型城市群中，中部城市群与东部城市群在经济总量方面仍存在一定的差距，但是整体发展水平较为平均。中原城市群的地区生产总值与环长株潭城市群较为接近。中原城市群以郑州和洛阳为中心，作为《全国主体功能区规划》中原经济区的核心组成部分，定位为国家重要的粮食生产和现代化农业基地，及全国工业化、城镇化和农业现代化协调发展示范区，河南作为中国的人口大省具有人力资源的优势，以及全国交通枢纽的优势。而环长株潭城市群是全国资源节约型和环境友好型社会建设的示范区，是长江中游城市群的重要组成部分，作为典型的多中心城市群结构，也具有其自身的发展特点。武汉城市群以武汉为中心，也是全国资源节约型和环境友好型社会建设的示范区，是承接东部产业转移的重要桥头堡，连接中国东部和西部发展的重要枢纽，与中原城市群和环长株潭城市群相比，武汉城市群拥有更多的高等教育机构和研究中心，在城市的整合发展方面也具有自身的竞争优势。江淮城市群被定位为承接长三角产业转移的示范区，也是全国重要的科研教育基地，将以合肥市为中心，重点发展先进制造业和区域性的高新技术产业。中原城市群、环长株潭城市群、武汉城市群和江淮城市群将成为中国中部崛起的重要力量。

在发展型城市群内，西部的成渝城市群仅落后于东部的山东半岛城市群，具有规模竞争优势。成渝城市群是发展型城市群中唯一包括直辖市的城市群，作为西部发展最成熟的城市群和西部最重要的增长极，与东部的发展型城市群相比成渝城市群获得了更多政策、资金和资源方面的支持。其在《全国主体功能区规划》中的定位为全国统筹城乡发展的示范区，全国重要的高新技术产业、先进制造业和现代服务业基地，科技教育、商贸物流、金融中心和综合交通枢纽，西南地区科技创新基地，西部地区重要的人口和经济密集区。从图 5 - 1 中可以看出，成渝城市群的 GDP 增长率已经超过山东半岛城市群，两个城市群都是角逐中国经济增长"第四极"的有力竞争对手。

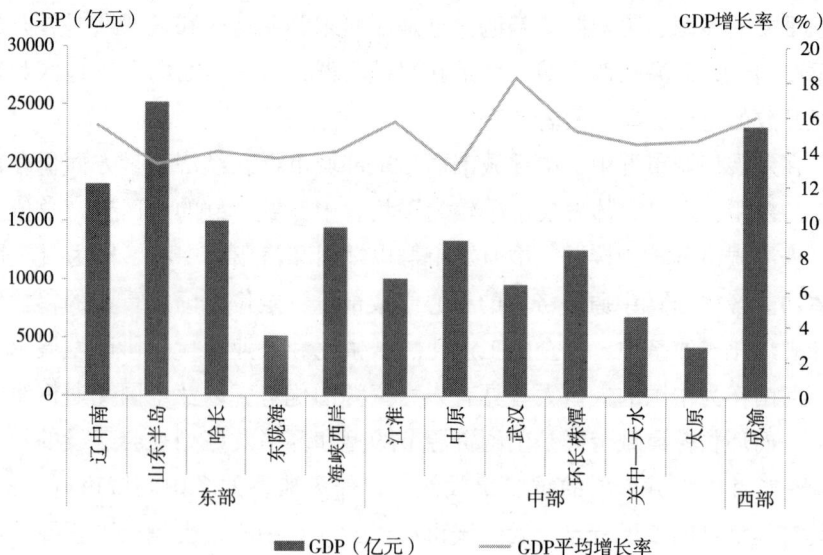

图 5 - 1 2010 年发展型城市群经济规模及增长率

资料来源：《中国城市统计年鉴（2011）》、《中国区域经济统计年鉴（2011）》。

5.13.2 城市群发展结构

产业结构的转变是理解发展中国家与发达国家经济发展区别的一个核心变量，也同样是理解地区间发展区别和加快经济发展的本质要求。产业结构演进是一个经济增长对技术创新的吸收以及主导产业经济部门更替的过程（干春晖等，2011）。从图5－2中可以看出，中国的发展型城市群已经完成了从第一产业向第二产业的更迭过程，大部分城市群都处于工业化阶段，第三产业或服务业在城市群的产业结构中所占份额还较低。在发展型城市群内，山东半岛城市群、成渝城市群和辽中南城市群都表现出相对较高的第三产业产值比重，同时，这三个城市群也是发展型城市群内部经济总量最大的城市群，表明产业结构的高级化与经济增长和发展具有密切的关系。

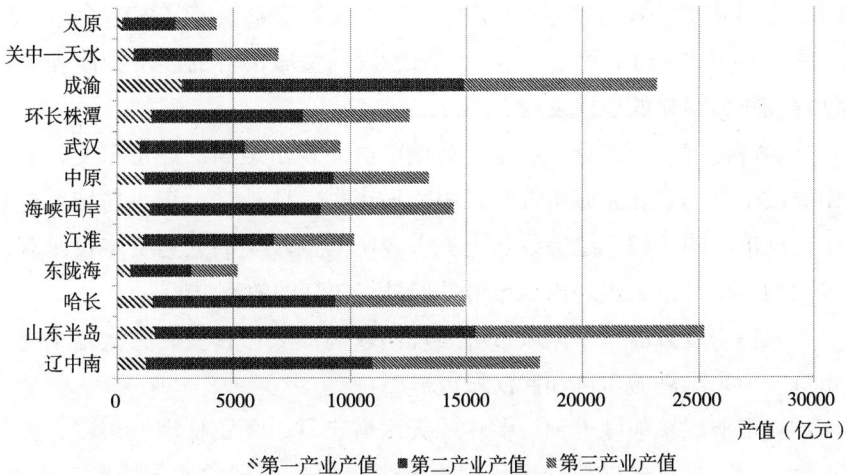

∷第一产业产值 ■第二产业产值 ▨第三产业产值

图5－2 2010年发展型城市群产业结构

资料来源：《中国城市统计年鉴（2011）》、《中国区域经济统计年鉴（2011）》。

从图5－2中可以看出，山东半岛城市群的第二产业产值是发展型城市群中的最大值。山东半岛城市群未来规划将形成"T"型架构的济南、青岛、烟台—威海"三核先导"和六大产业集聚区，即东营—淄博的石化和医药产业带、济南的电子信息产业带、青岛—日照的家电制造产业带、烟台—威海的汽车制造产业带、潍坊——即墨的纺织服装产业带、日照—青岛—威海—烟台的海洋产业带。在第三产业方面，山东半岛城市群的竞争优势主要体现在旅游业和现代服务业方面（徐银苹等，2006）。

与山东半岛城市群相比，成渝城市群的第一产业所占比重略大，略高于全国平均水平。有研究指出，成渝城市群的产业结构仍处于工业化前期阶段（张婷、张恒，2010）。第二和第三产业的产值方面都落后于山东半岛城市群。但作为西部重要的甚至是目前唯一较为成熟的城市群，成渝城市群未来预期在承接东部产业转移、推进产业结构转型方面将获得进一步的发展。

5.13.3　城市群发展密度

为了比较发展型城市群的城市发展密度，我们运用城市群的人口密度（横轴）、城市群的经济密度（纵轴）、城市群的联系强度（气泡大小）综合作图（见图 5-3）。可以发现，中国的发展型城市群的经济密度和人口密度存在较为明显的线性发展关系。

从经济密度方面来看，山东半岛城市群表现出最高的经济密度，其次是中原城市群、东陇海城市群和辽中南城市群。此外，山东半岛城市群和辽中南城市群明显位于趋势线的上方，表明其以较少的人力资本投入获得了较大的经济产出，表现出城市群发展具有较高的效率。

在人口密度方面，中原城市群表现出较高的人口密度，其次是东陇海城市群、山东半岛城市群和武汉城市群。

在城市群联系强度方面，关中—天水城市群、环长株潭城市群、武汉城市群、山东半岛城市群和中原城市群都表现出较高的城市群联系强度，表现出城市群发展的紧凑空间结构。

山东半岛城市群在经济密度和人口密度方面以及城市群的联系强度方面都表现出较强的竞争优势，表明山东半岛城市群已经产生了较强的集聚效应，并表现出较高的经济活动效益和土地利用效率。城市群内较大的城市平均联系强度更为城市间资源、信息、物质的交换提供了便利的条件，促进了城市群未来的进一步发展。与山东城市群在发展规模和产业结构方

面都较为接近的成渝城市群在城市群密度上表现出较大的发展差距。从图
5－3中可以看出，成渝城市群在经济密度、人口密度和城市群联系强度方
面都与山东半岛城市群的发展表现出了较大的差距，表明成渝城市群在集
聚水平、经济发展效率以及城市群的一体化发展方面与山东半岛城市群仍
存在一定的差距。

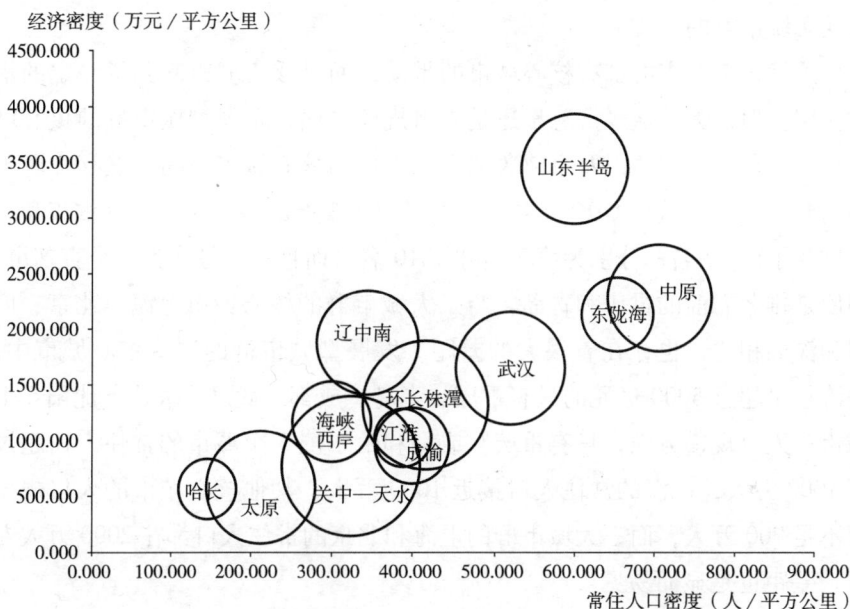

图5－3　2010年发展型城市群经济密度及联系强度

资料来源：《中国城市统计年鉴（2011）》、《中国区域经济统计年鉴（2011）》。

5.13.4　城市群核心城市发展

对比发展型城市群，可以发现每个城市群都有一到两个核心城市作为
发展极带动整个城市群的发展。山东半岛城市群、辽中南城市群、哈长城
市群、海峡西岸城市群以及成渝城市群都呈现"双核"结构，有两个较为
发达的城市形成对城市群的辐射效应，比如青岛和济南分别作为山东半岛
城市群的东西双核，沈阳和大连分别作为辽中南城市群中部和南部的核心

城市,哈尔滨和长春分别作为哈长城市群北部和南部的核心城市,成渝城市群也有重庆和成都两个经济中心;而中原城市群、武汉城市群、环长株潭城市群、关中—天水城市群、江淮城市群、太原城市群以及东陇海城市群则呈现出"单核"结构,有一个核心城市引领城市群的发展,而且核心城市大都是行政中心,比如郑州、武汉、长沙、西安、合肥、太原都是省会城市,只有徐州凭借着独特的地理位置成为重要的交通枢纽,从而作为东陇海城市群的中心。

虽然每个城市群都有核心城市的带动,而且核心城市起到了一定的辐射作用,但是无论从经济总量还是人口规模方面,发展型城市群的核心城市与长三角、珠三角以及京津冀三大城市群的核心城市之间仍然存在着不小的差距。全国城市 GDP 排名中,发展型城市群的核心城市只有重庆和青岛排在了前 10 名,分别为第 7 名和第 10 名,而且重庆是作为一个直辖市。即使是排名靠前的重庆和青岛,与三大城市群的核心城市上海、北京、广州和深圳相比,也存在着很大的差距。发展型城市群的这些核心城市中,经济总量超过 5000 亿元的只有重庆、青岛、成都、武汉、大连、沈阳 6 个城市;人口规模方面,只有重庆、成都和哈尔滨 3 个城市的常住人口超过了 1000 万人,武汉的常住人口接近 1000 万人,其他核心城市的人口规模都不足 900 万人,而三大城市群的上海和北京的常住人口都在 2000 万人左右,差距也是显而易见。

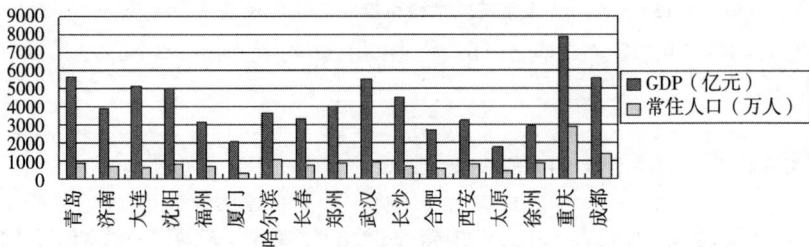

图 5-4 2010 年发展型城市群核心城市经济总量和人口规模

资料来源:《中国城市统计年鉴(2011)》、《中国区域经济统计年鉴(2011)》。

城市群要走向成熟和国际化,核心城市的带动起着举足轻重的作用。

发展型城市群要着重把核心城市做强做大，完善核心城市基础设施和交通网络的建设，加强核心城市与城市群中其他城市的物质资本、人力资本以及信息的交流，发挥核心城市的集聚经济效应及其在城市群中的溢出效应，从而带动城市群的快速发展。

参考文献

［1］方创琳、姚士谋、刘盛和：《2010 中国城市群发展报告》，科学出版社 2011 年版。

［2］方创琳、蔺雪芹：《武汉城市群的空间整合与产业合理化组织》，《地理研究》2008 年第 2 期。

［3］干春晖、郑若谷、余典范：《中国产业结构变迁对经济增长和波动的影响》，《经济研究》2011 年第 5 期。

［4］李俊峰、焦华富：《江淮城市群空间联系及整合模式》，《地理研究》2010 年第 3 期。

［5］李秀伟、修春亮：《东北三省区域经济计划的新格局》，《地理科学》2008 年第 6 期。

［6］刘福垣、周海春、肖金成、王青云：《中原城市群战略与规划》，经济科学出版社 2011 年版。

［7］刘晓丽、方创琳、王发曾：《中原城市群的空间组合特征与整合模式》，《地理研究》2008 年第 2 期。

［8］苏飞、张平宇：《辽中南城市群城市规模分布演化特征》，《地理科学》2010 年第 3 期。

［9］汤放华、魏清泉、苏薇：《"新木桶理论"与长株潭城市群的空间整合》，《经济地理》2008 年第 5 期。

［10］肖金成、袁朱：《中国十大城市群》，经济科学出版社 2009 年版。

［11］徐银苹、范秋芳、顾光彩：《山东半岛城市群发展存在的问题及对策探讨》，《中国石油大学学报（社会科学版）》2006 年第 2 期。

［12］薛东前、姚士谋、张红：《城市群形成演化的背景条件分析——以关中城市群为例》，《地域研究与开发》2000 年第 4 期。

［13］张思锋、牛玲、徐青梅、雍兰：《关中城市群城市等级结构及其发展思路》，《西安交通大学学报（社会科学版）》2002 年第 1 期。

［14］张婷、张恒：《发展成渝城市群的战略思考》，《广东农业科学》2010 年第 4 期。

6

中国形成型
城市群

根据第3章对中国城市群发展阶段的划分,有8个城市群属于中国形成型城市群,即近似城市群的城镇密集区,包括北部湾城市群、兰州—西宁城市群、滇中城市群、黔中城市群、呼包鄂榆城市群、宁夏沿黄城市群、天山北坡城市群和鄱阳湖城市群。

对这8个近似城市群的城镇密集区进行区位分析,可以看到这8个城镇密集区都处于中国人口分布次密集的中西部地区,有较好的地区资源环境条件,具备进一步拓展发展的潜力。各城镇密集区的城市结构体系组织如表6-1所示:

表6-1 8个近似城市群的城镇密集区的城市结构体系

城市群名称	城市群中的城市名称	节点城市（个）	核心城市
北部湾城市群	南宁、北海、防城港、钦州、防城港、	4	南宁
兰州—西宁城市群	兰州、白银、西宁、定西、临夏	5	兰州
滇中城市群	昆明、曲靖、玉溪、楚雄	4	昆明
黔中城市群	贵阳、遵义、安顺、毕节地区、黔东南、黔南	6	贵阳
呼包鄂榆城市群	呼和浩特、包头、鄂尔多斯、榆林	3	呼和浩特
宁夏沿黄城市群	银川、吴忠、石嘴山、中卫	4	银川
鄱阳湖城市群	南昌、九江、新余、吉安、宜春、景德镇、鹰潭、上饶、抚州	2	南昌
天山北坡城市群	乌鲁木齐、昌吉、克拉玛依、伊犁、石河子、塔城、吐鲁番、哈密、博尔塔拉	4	乌鲁木齐

以下分别从各城市群的发展状况、相关政策规划及社会经济空间发展的各方面分别进行研究,特别关注各地区发展的横向比较。

6.1 鄱阳湖城市群

6.1.1 概 况

鄱阳湖城市群是长江中游的三个城市群之一，位于全国"两横三纵"城市化战略格局中沿长江通道横轴和京哈京广通道纵轴的交汇处。包括江西省环鄱阳湖的部分地区。

6.1.2 空间分布

鄱阳湖城市群是长江中游的三个城市群之一，位于江西省，包括 9 个地市，总面积 12.37 万平方公里。

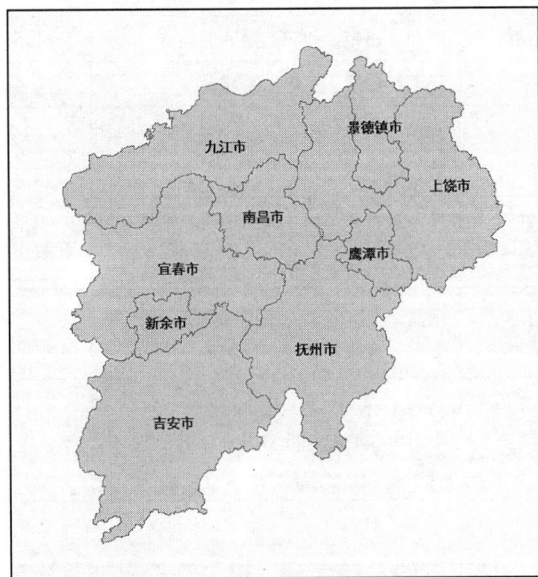

图 6-1 鄱阳湖城市群空间分布状况

6.1.3　相关政策与规划

在《全国主体功能区规划》中，"长江中游地区"的概念被提出，该区域位于全国"两横三纵"城市化战略格局中沿长江通道横轴和京哈京广通道纵轴的交汇处，以浙赣线、长江中游交通走廊为主轴，呼应长江三角洲和珠江三角洲。该区域的功能定位是：全国重要的高新技术产业、先进制造业和现代服务业基地，全国重要的综合交通枢纽，区域性科技创新基地，长江中游地区人口和经济密集区。其中包含了武汉城市群、环长株潭城市群、鄱阳湖城市群。

鄱阳湖城市群包括江西省环鄱阳湖的部分地区。该区域的功能定位是：全国大湖流域综合开发示范区，长江中下游水生态安全保障区，国际生态经济合作重要平台，区域性的优质农产品、生态旅游、光电、新能源、生物、航空和铜产业基地。2009 年批复的《鄱阳湖生态经济区规划》中对该区域的定位是：全国大湖流域综合开发示范区、长江中下游水生态安全保障区、加快中部崛起重要带动区、国际生态经济合作重要平台。

6.1.4　城镇化与人口发展

表 6 - 2　2010 年鄱阳湖城市群土地资源利用概况

	土地面积（平方公里）	城市建设用地面积（市辖区）		其中：居住用地面积（市辖区）	
		面积（平方公里）	占市区面积比重（%）	面积（平方公里）	占建设用地面积比重（%）
南昌市	7194	202	32.74	51	22.86
九江市	19078	92	15.38	29	24.00
新余市	3161	53	2.96	19	7.69
吉安市	25283	35	2.61	8	32.31
宜春市	18668	50	1.97	12	38.97
景德镇市	5261	68	11.7	19	48.98
鹰潭市	3560	29	21.32	8	50.00
上饶市	22736	49	14.45	24	22.73

续表

	土地面积 （平方公里）	城市建设用地面积（市辖区）		其中：居住用地面积（市辖区）	
		面积 （平方公里）	占市区面积 比重（%）	面积 （平方公里）	占建设用地面积 比重（%）
抚州市	18799	57	2.69	18	26.78

资料来源：《中国城市统计年鉴（2011）》、《中国区域经济统计年鉴（2011）》。

表 6－3　2010 年鄱阳湖城市群人口概况

	总人口 （万人）	人口密度 （人/平方公里）	第一产业从业 人员比重（%）	第二产业从业 人员比重（%）	第三产业从业 人员比重（%）
南昌市	505.3	702.39	2.55	47.34	50.11
九江市	473.2	248.03	2.62	45.48	51.9
新余市	114	360.65	0.89	57.5	41.61
吉安市	481.6	190.48	6.9	19.21	73.9
宜春市	542.3	290.50	2.78	38.51	58.71
景德镇市	158.9	302.03	5.85	50.46	43.69
鹰潭市	112.6	316.29	14.17	43.21	42.62
抚州市	391.7	208.36	4.63	34.86	60.51
上饶市	658.7	289.72	9.85	24.43	65.72

6.1.5　经济与产业发展

表 6－4　2010 年鄱阳湖城市群经济发展概况

	地区生产 总值 （亿元）	人均地区 生产总值 （元）	地区生产 总值增长率 （%）	地方财政 一般预算收入 （亿元）	货物进出口 总额 （万美元）	外商直接 投资 （万美元）	经济密度 （万元/ 平方公里）
南昌市	2207.11	43961	14	146.47	530657	147655	3067.99
九江市	1032.06	21863	14.3	71.06	181505	66534	540.97
新余市	631.22	55538	15.6	49.99	360828	53106	1996.90
吉安市	720.53	15002	14.2	57.1	112928	44005	284.99

续表

	地区生产总值（亿元）	人均地区生产总值（元）	地区生产总值增长率（%）	地方财政一般预算收入（亿元）	货物进出口总额（万美元）	外商直接投资（万美元）	经济密度（万元/平方公里）
宜春市	870	16080	14.1	66.3	65990	36150	466.04
景德镇市	461.5	29155	15.1	38.76	80914	12136	877.21
鹰潭市	344.89	30769	14.1	29.51	396328	11975	968.79
抚州市	630.01	16134	15.01	55.43	55856	15160	335.13
上饶市	901	13729	14.8	72.56	166658	50425	396.29

资料来源：《中国城市统计年鉴（2011）》、《中国区域经济统计年鉴（2011）》。

从表6－4中可以看出，核心城市南昌在城市群中具有较高的经济地位，集聚效应较强。

表6－5　2010年鄱阳湖城市群产业发展概况

	第一产业		第二产业			第三产业	
	生产总值（亿元）	所占比例（%）	生产总值（亿元）	所占比例（%）	工业企业数（家）	生产总值（亿元）	所占比例（%）
南昌市	120.56	5.48	1252.04	53.27	1154	834.5	41.25
九江市	98.04	9.5	579.71	56.17	904	354.32	34.33
新余市	37.88	6	403.36	63.9	369	189.98	30.1
吉安市	143	19.85	363.74	50.48	768	213.79	29.67
宜春市	164.92	18.96	492.22	56.58	860	212.87	24.47
景德镇市	38.09	8.25	280.51	60.78	413	142.91	30.97
鹰潭市	32.81	9.51	216.51	62.78	187	95.57	27.71
抚州市	119.84	19.02	314.47	49.91	813	195.7	31.06
上饶市	151.9	16.86	459.18	50.96	750	289.93	32.18

鄱阳湖城市群的地区生产总值也主要由第二和第三产业构成。第一产业在个别城市中也占有一定的比例，如吉安、抚州。

6.1.6 城镇空间结构体系

表 6-6 鄱阳湖城市群内部等级规模结构（地级市）

级序	级别划分（万人）	城市数量（座）	城市名称
1	>1000	0	
2	500—1000	3	南昌、宜春、上饶
3	200—500	3	九江、吉安、抚州
4	200 以下	3	新余、景德镇、鹰潭

鄱阳湖城市群中缺乏人口大于 1000 万的超大型城市。城市内部等级规模结构呈"扁平化"分布。城市人口多集中于 500 万—1000 万和 200 万—500 万范围内。核心城市在人口方面未形成明显的集聚效应，属于典型的"弱核"结构。在未来的发展中，应着力提升核心城市的集聚能力和影响能力。

表 6-7 2010 年鄱阳湖城市群各城市间相互作用强度

（单位：亿元·万人/平方公里）

	南昌市	九江市	新余市	吉安市	宜春市	景德镇市	鹰潭市	抚州市
九江市	41.66							
新余市	12.07	2.36						
吉安市	13.53	3.49	12.60					
宜春市	16.73	4.22	35.94	16.19				
景德镇市	5.60	9.20	0.53	0.86	1.03			
鹰潭市	6.66	1.71	0.78	1.13	1.37	2.07		
抚州市	32.58	6.25	3.00	3.98	4.87	2.13	8.81	
上饶市	11.97	3.98	1.74	2.77	3.33	3.49	14.04	10.84

南昌作为核心城市与鄱阳湖城市群的其他城市之间的相互作用强度较弱，作用强度最强的九江市也仅有 41.66 亿元·万人/平方公里。

6.2 天山北坡城市群

6.2.1 概 况

2011 年国家发改委公布的《新疆维吾尔自治区国民经济和社会发展第十二个五年规划纲要》中将天山北坡城市群描述为东起哈密，西至伊宁，包含乌鲁木齐市、克拉玛依市、石河子市、昌吉回族自治州、伊犁哈萨克自治州、博尔塔拉蒙古自治州、塔城地区、吐鲁番地区、哈密地区。2010年底人口 1065.4 万人，占全国总人口的 0.79%。2010 年地区生产总值达到 3974.64 亿元，占当年国内生产总值的 0.99%。

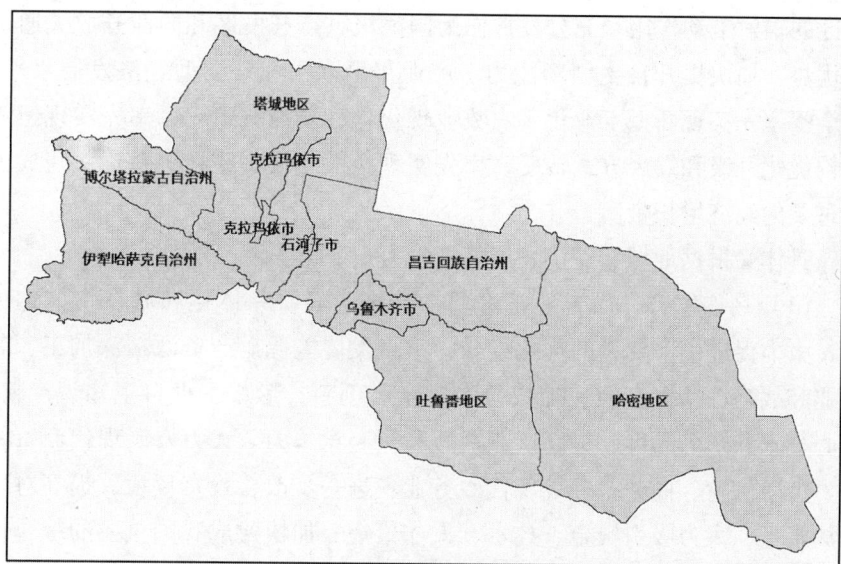

图 6-2 天山北坡城市群空间分布状况

6.2.2　空间分布

天山北坡城市群位于新疆北部，城市群土地面积 48.1 万平方公里，占全国国土面积的 5.01%。

6.2.3　相关政策与规划

2000 年，新疆维吾尔自治区编制出台的《西部大开发——新疆开发规划》中指出，天山北坡经济带包括乌鲁木齐市、昌吉市、米泉市、阜康市、石河子市、乌苏市、奎屯市、克拉玛依市和乌鲁木齐县、玛纳斯县、呼图壁县、沙湾县 8 市 4 县以及 3 个兵团农业师，面积 20 万平方公里，约占新疆总土地面积的 12%。2011 年 5 月，《新疆维吾尔自治区国民经济和社会发展第十二个五年规划纲要》中天山北坡城市群覆盖的区域大大延伸，对其描述为东起哈密，西至伊宁，并提出天山北坡城市群要以乌昌经济区为核心，以城镇组群和区域中心城市为支撑，形成产业分工合理、联动发展的格局，不断提升区域整体发展实力，进一步增强对全疆乃至西部地区的辐射带动作用。充分发挥作为国家级重点开发区和向西开放大通道的优势，加快提升自主创新能力、产业集聚水平和外向型经济发展水平，在全疆率先实现新型工业化、农牧业现代化和新型城镇化，率先实现经济结构优化升级和发展方式转变，率先实现全面建设小康社会目标，建成国家重要的经济增长带。

具体又根据地域和经济发展特征分为 6 个经济区，分别为：

（1）乌鲁木齐—昌吉经济区要加快推进经济一体化和城乡一体化进程，大力促进生产要素的优化组合，重点发展能源矿产资源精深加工、制造业和战略性新兴产业，加快技术进步与创新，形成一批自主知识产权、核心技术和知名品牌，提高产业素质和核心竞争力。大力发展现代商贸物流、金融保险、商务服务等现代服务业。进一步改善投资环境，提高对外开放水平，大力吸引资金、技术、人才聚集。加快建成我国重要的综合性能源基地，西部地区重要的制造业中心、国际性商贸和物流中心。

（2）吐鲁番—哈密经济区要依托丰富的光热资源、油气、煤炭和盐类等矿产资源以及独特的旅游资源优势，大力建设国家级太阳能综合利用示范基地、煤电生产和外运基地，我区重要石油天然气产业基地、无机盐化工产业基地以及独具魅力的旅游胜地。

（3）石河子—玛纳斯—沙湾经济区要立足农业集约化发展的优势，建成全疆重要的制造业基地、纺织工业基地、绿色食品加工基地和农业产业化示范区。

（4）奎屯—克拉玛依—乌苏经济区要依托丰富的石油石化、特色农业资源和交通枢纽优势，统筹规划、相互协作，大力提升对全疆发展的影响力，建成国家重要的能源基地和全疆重要的轻工业基地、商贸物流中心。

（5）博乐—阿拉山口—精河经济区要发挥特色农业资源和口岸优势，以农产品加工业、对外贸易、旅游等产业为主，建成我国重要的陆路货物贸易中转集散地、进出口产品加工基地。

（6）伊宁—霍城—察布查尔经济区要以霍尔果斯特殊经济开发区建设为契机，加快发展外向型经济，依托丰富的水土、矿产、旅游资源，积极发展现代煤化工、特色农牧产品加工、旅游等支柱产业，加强天然林和天然草场保护，建设天山北坡西部经济强区、中心城市和向西开放的桥头堡。

6.2.4 城镇化与人口发展

表 6-8 天山北坡城市群各城市面积

	乌鲁木齐市	克拉玛依市	石河子市	昌吉回族自治州	伊犁哈萨克自治州	博尔塔拉蒙古自治州	塔城地区	吐鲁番地区	哈密地区
土地面积（平方公里）	14216	7735	457	73661	56624	24896	94891	69621	138918

资料来源：《中国城市统计年鉴（2011）》、《中国区域经济统计年鉴（2011）》。

从表 6-8 中可以看出，天山北坡城市群土地面积较大。天山北坡城市群土地面积 48.1 万平方公里，占全国国土面积的 5.01%。大部分城市（地区）的面积都超过 10000 平方公里。

表 6 – 9　2010 年天山北坡城市群人口概况

	常住人口（万人）	人口密度（人/平方公里）
乌鲁木齐市	311.3	170.93
克拉玛依市	39.1	35.94
石河子市	38	1378.56
昌吉回族自治州	142.9	19.18
伊犁哈萨克自治州	248.3	49.71
博尔塔拉蒙古自治州	44.4	19.40
塔城地区	121.9	10.87
吐鲁番地区	63.1	8.95
哈密地区	56.4	4.12

资料来源：《中国城市统计年鉴（2011）》、《中国区域经济统计年鉴（2011）》。

　　与天山北坡城市群的土地面积相比较，其人口密度较低，除石河子市的人口密度超过 1000 人/平方公里，核心城市乌鲁木齐的人口密度达到 170 人/平方公里以外。其他城市（地区）的人口密度都低于 50 人/平方公里。哈密地区的人口密度甚至只有 4 人/平方公里，人口密度较低，集聚效应严重不足。还不具有典型城市群的特征。

6.2.5　经济与产业发展

表 6 – 10　2010 年天山北坡城市群经济发展概况

	地区生产总值（亿元）	人均地区生产总值（元）	地方财政一般预算收入（亿元）	货物进出口总额（万美元）	外商直接投资（万美元）	经济密度（万元/平方公里）
乌鲁木齐市	1338.52	43039	147.99	598533	5038	941.56
克拉玛依市	711.35	121387	42.43	28008	/	919.65
石河子市	135	42816	13.76	53666	1171	2954.05
昌吉回族自治州	557.99	35554	32.73	207620	2471	75.75
伊犁哈萨克自治州	408.26	15633	31.22	488391	5908	72.10

	地区生产总值（亿元）	人均地区生产总值（元）	地方财政一般预算收入（亿元）	货物进出口总额（万美元）	外商直接投资（万美元）	经济密度（万元/平方公里）
博尔塔拉蒙古自治州	131.45	27374	6.3	61045	/	52.80
塔城地区	341.9	25707	18.34	65155	/	36.03
吐鲁番地区	182.79	29828	14.60	931	/	26.26
哈密地区	167.38	29375	15.04	2157	2282	12.05

资料来源：《中国城市统计年鉴（2011）》、《中国区域经济统计年鉴（2011）》。

乌鲁木齐在天山北坡城市群中表现出较为明显的核心地位，其在地区生产总值、地方财政一般预算、货物进出口总额方面都表现出领先水平。

表6-11 2010年天山北坡城市群产业发展概况

	第一产业		第二产业		第三产业	
	生产总值（亿元）	所占比例（%）	生产总值（亿元）	所占比例（%）	生产总值（亿元）	所占比例（%）
乌鲁木齐市	19.94	1.49	600.41	44.86	718.17	53.65
克拉玛依市	3.52	0.49	638.42	89.75	69.41	9.76
石河子市	9.18	6.80	68.62	50.83	57.2	42.37
昌吉回族自治州	166.27	29.80	234.14	41.96	157.58	28.24
伊犁哈萨克自治州	98.65	24.16	146.05	35.77	163.57	40.07
博尔塔拉蒙古自治州	49.47	37.63	25.78	19.61	56.2	42.75
塔城地区	126.39	36.97	118.04	34.52	97.48	28.51
吐鲁番地区	24.41	13.35	116.13	63.53	42.24	23.11
哈密地区	24.03	14.36	75.00	44.81	68.35	40.84

产业发展方面，天山北坡城市群也表现出典型的"二、三、一"结构。但是第一产业生产总值和全国其他城市群相比，占有较高的比例，其中，博尔塔拉蒙古自治州和塔城地区的第一产业生产总值占比超过30%。

整个城镇群中只有乌鲁木齐市的第三产业生产总值占比超过 50%，可以看出整个天山北坡城镇群的产业结构还比较传统，第三产业的发展还比较落后。

6.2.6　城镇空间结构体系

表 6 – 12　天山北坡城市群内部等级规模结构（地级市）

级序	级别划分（万人）	城市数量（座）	城市名称
1	>1000	0	
2	500—1000	0	
3	200—500	2	乌鲁木齐、伊犁
4	200 以下	7	克拉玛依、石河子、昌吉、博尔塔拉、塔城、吐鲁番、哈密

从表 6 – 12 中可以看出，天山北坡城市群总体城市规模较小，没有500 万人口以上的大城市，乌鲁木齐作为核心城市辐射能力有限。

6.3　北部湾城市群

6.3.1　概　况

北部湾城市群，即广西南北钦防地区，地处我国沿海西南端，2008 年末总人口 1300 万人（不含玉林、崇左），区域土地面积 4.25 万平方公里，海岸线长 1500 多公里，沿海港口开发潜力达年吞吐能力 2 亿吨以上。

总体功能定位为：立足北部湾、服务"三南"（西南、华南和中南）、沟通东中西、面向东南亚，充分发挥连接多区域的重要通道、交流桥梁和合作平台作用，以开放合作促开发建设，努力建成中国—东盟开放合作的物流基地、商贸基地、加工制造基地和信息交流中心，成为带动、支撑西部大开发的战略高地和开放度高、辐射力强、经济繁荣、社会和谐、生态良好的重要国际区域经济合作区。

6.3.2　空间分布

北部湾城市群由南宁、北海、钦州和防城港4市组成，还包括玉林、崇左物流中心（"4+2"），位于广西省南部，与海南岛相对。

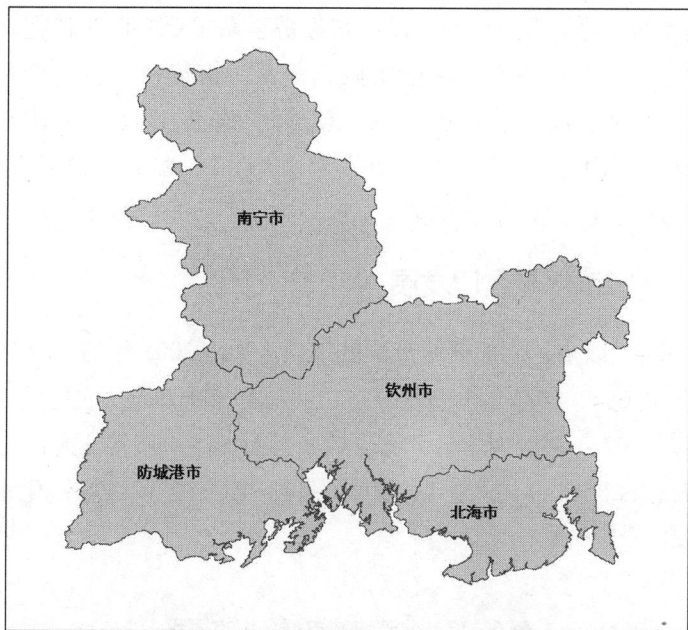

图6-3　北部湾城市群空间分布状况

6.3.3　相关规划与政策

北部湾城市群已有较为成熟的发展规划，其中包括《国务院关于进一步促进广西经济社会发展的若干意见（2009年）》、《全国主体功能区规划》、《广西北部湾经济区发展规划（2006—2020年）》、《广西北部湾经济区城镇群规划纲要意见》。这些规划都把北部湾城市群作为广西省的引领带动片区，同时，作为中国西部唯一沿海的地区，还要将北部湾城市群打造成为西部大开发战略高地和重要的国际区域经济合作区。其中，《全国主体功能区规划》对该地区的功能定位是：我国面向东盟国家对外开放的重要门户，中国—东盟自由贸易区的前沿地带和桥头堡，区域性的物流基地、商贸基地、加工制造基地和信息交流中心。《广西北部湾经济区城镇群规划纲要意见》中提出，构筑"南宁 + 沿海"发展双极、"南宁—滨海城镇发展主轴"、提升区域新功能的"玉崇发展走廊"，形成"双极、一轴、一走廊"的空间发展结构。以大范围生态自然景观为背景，以网络化、开放式的交通体系为骨架，以区域经济联系主要方向为依托，以核心城市为中枢，构筑多中心、多层次城镇体系。构筑"一主、五副、多中心"的中心体系，以南宁为主中心，以北海、钦州、防城港、玉林、崇左5 市为区域性副中心，以县城和重点镇为地区性中心城市（镇）。重点推进南宁大都市区、钦—防联合都市区、北海都市区、玉林都市区优先发展。

6.3.4 城镇化与人口发展

"十一五"以来，北部湾城市群城镇化水平由 2005 年的 33.6% 提高到2010 年的 40.6%，提高了 7 个百分点，共约有 350 万人从农村进入城镇就业和生活。2007 年底，南宁、北海、钦州、防城港 4 市常住人口为 1240.5万人，城镇人口 541.4 万人，城镇化水平 43.6%，是广西城镇化水平最高的地区。

表 6 – 13 北部湾城市群各城市面积

（单位：平方公里）

	城市建设用地面积	行政区域土地面积
	市辖区	全市
南宁市	215	22112
钦州市	84	10843
北海市	58	3337
防城港市	30	6222

资料来源：《中国城市统计年鉴（2011）》、《中国区域经济统计年鉴（2011）》。

从表 6 - 13 可以看出，从市辖区城市建设用地的角度来看，北部湾地区城市建设用地面积普遍偏低，防城港市尤其明显。

2010 年北部湾城市群总人口为 1214.8 万人，各城市人口如表 6 - 14 所示。

表 6 - 14   2010 年北部湾城市群人口概况

	常住人口（万人）	比例	人口密度（人/平方公里）
南宁市	666.2	54.84%	319.9
钦州市	308	25.35%	357.51
北海市	153.9	12.67%	499.97
防城港市	86.7	7.14%	146.64
合计	1214.8	100%	318.27

资料来源：《中国城市统计年鉴（2011）》、《中国区域经济统计年鉴（2011）》。

6.3.5 经济与产业发展

2011 年，北部湾城市群 4 个城市的地区生产总值达 3862.35 亿元，同比增长 15.9%，占广西地区生产总值的 32.97%。经济区面积不到全区 1/5，人口不到 1/4，GDP 却占到 1/3。北部湾经济区 GDP、财政收入、规模以上工业增加值增速、全社会固定资产投资、进出口等主要经济指标增速均高于桂西资源富集区、西江经济带、西江黄金水道沿江七市。其中，生产总值增速分别高于以上区域 9.6 个百分点、4.7 个百分点、4.7 个百分点。

2011 年，北部湾城市群 11 个重点产业园区工业总产值首次突破 1000 亿元，完成工业产值 1358 亿元，增长 1.17 倍。11 个重点产业园区中有 5 个园区总产值超过 100 亿元，百亿元园区数量占全区总数近 1/4，工业产值超亿元的企业有 119 个。2011 年，北部湾港吞吐量达到 1.53 亿吨，完成集装箱吞吐量 73.8 万标箱，同比增长 30.92%，远超湛江港。

2012 年一季度，经济区开工产业项目 11 个、竣工 3 个项目，开工基础设施项目 14 项。其中，南宁电厂 2 号机组、南宁劲达兴纸浆有限公司化学浆项目（一期）、娃哈哈果汁饮料生产项目等多个项目年内将投产运营。南宁双汇食品有限公司肉类综合加工项目、亚马逊电子商务南宁运营中心项目等多个项目年内将开工建设。

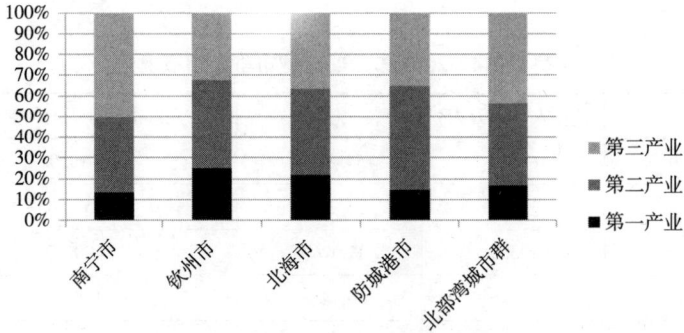

图 6 – 4   2010 年北部湾城市群产业结构

资料来源：《中国城市统计年鉴（2011）》、《中国区域经济统计年鉴（2011）》。

在南北钦防四市中，除南宁外，其余三市产业结构较为相似，都是以第二产业为主，第一产业仍占有较大份额。但由于南宁市的经济总量在北部湾城市群占有绝对优势，从经济规模的角度，南宁的首位度高达 3.5，所以整个北部湾城市群的产业结构第二产业和第三产业趋近于 1：1。

表 6 – 15   2010 年北部湾城市群产业结构

（单位：亿元）

	第一产业	第二产业	第三产业
南宁市	244.43	651.88	903.94
钦州市	132.21	218.51	169.95
北海市	87.17	167.88	146.36
防城港市	47.43	159.77	113.21
北部湾城市群	511.24	1198.04	1333.46

资料来源：《中国城市统计年鉴（2011）》、《中国区域经济统计年鉴（2011）》。

6.3.6 城镇空间结构体系

北部湾城市群的城镇体系分为四个层级，其中南宁市是唯一属于一级城镇建设区的城市；二级城镇建设区包括北海、钦州、防城港三个城市；三级城镇建设区是指东兴市区以及宾阳、横县、武鸣、灵山、浦北、上思、上林、马山、隆安等县城；四级城镇建设区指吴圩、六景、黎塘、那桐、南康、山口、犀牛脚、小董、大寺、张黄、陆屋、企沙、江平13个重点建制镇。

表6-16　北部湾城市群城镇等级结构表

职能等级	城 市 名 称
一级城镇建设区	南宁
二级城镇建设区	北海、钦州、防城港
三级城镇建设区	东兴市区以及宾阳、横县、武鸣、灵山、浦北、上思、上林、马山、隆安
四级城镇建设区	吴圩、六景、黎塘、那桐、南康、山口、犀牛脚、小董、大寺、张黄、陆屋、企沙、江平

此外，北部湾城市群还划分了临海重化工业集中区和经济开发集中区两种重要经济发展区域，是集聚经济和人口的重要区域。其中，临海重化工业集中区是指依托沿海城市、深水良港，布局建设以现代工业为主的产业区，包括钦州港工业区、企沙工业区和铁山港工业区。经济开发集中区是指已获批准的各类国家级和省级高新技术产业开发、经济技术开发区和边境经济合作区，主要集中在南宁、北海、钦州、东兴几市。

6.4　兰州—西宁城市群

6.4.1　概　况

兰州—西宁城市群，包括兰州和西宁两个省会城市及周围的区域，兰州和西宁是兰州—西宁城市群的两个主要城市，该城市群位于西北地区的中心地带，起着承东启西的作用，对于甘肃、青海，乃至整个西北地区社会经济发展均有重要的作用。但是兰州—西宁城市群城镇发展面临着一些问题，如城镇职能结构单一，产业布局不合理，生态环境脆弱，资源浪费严重，交通基础设施不完善，地方保护主义严重，行政区划分割等等，导致经济无序竞争，城镇发展缓慢，网络化、信息化程度不高，难以形成整体的竞争优势，阻碍了兰州—西宁城市群社会、经济、环境健康良好的发展，且难以在西部大开发中发挥应有的作用。

6.4.2　空间分布

兰州—西宁城市群位于甘肃和青海两省交界处，北至永登县，南至临挑县，东起会宁县，西至徨源县，东西长约360公里，南北宽约160公里，是西北地区重要的城镇密集地区之一，地处青藏高原和黄土高原的边缘地带，地势较低，降水充沛，农业发达，水、能、矿等资源丰富，是甘青两省城镇经济社会发展发育较好的区域。

6.4.3　相关规划与政策

兰州—西宁城市群尚未编制独立的相关规划，在《全国主体功能区规划》中对该区域的功能定位是："全国重要的循环经济示范区，新能源和水电、盐化工、石化、有色金属和特色农产品加工产业基地，西北交通枢纽和商贸物流中心，区域性的新材料和生物医药产业基地。"该区域位于

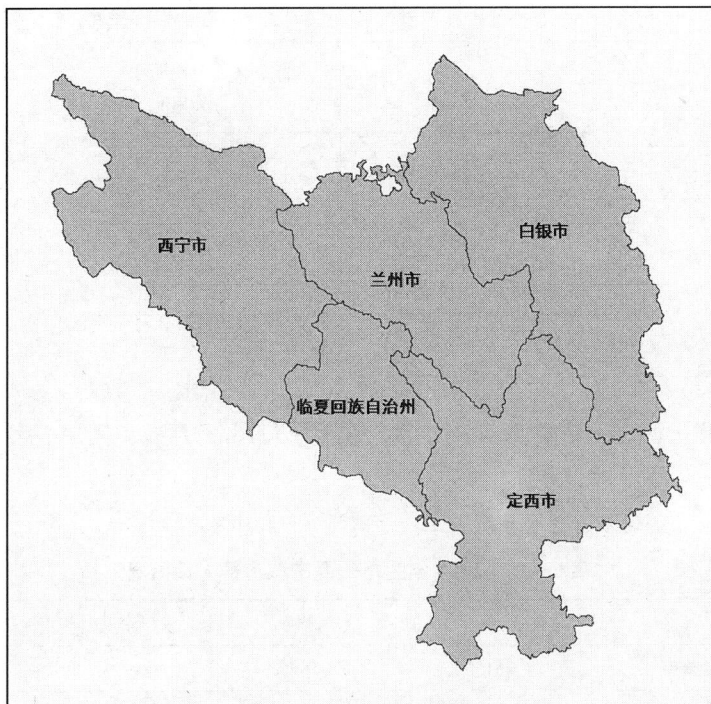

图6-5 兰州—西宁城市群空间分布状况

全国"两横三纵"城市化战略格局中陆桥通道横轴上,《全国主体功能区规划》中提出构建以兰州、西宁为中心,以白银、格尔木为支撑,以陇海兰新铁路、包兰兰青铁路、青藏铁路沿线走廊为主轴的空间开发格局。着力提升兰州、西宁综合功能和辐射带动能力,推进东西向兰州与白银、西宁与海东的一体化,强化向西对外开放通道陆路枢纽功能,提升交通通道综合能力。

6.4.4 城镇化与人口发展

表6-17 兰州—西宁城市群各城市面积

	行政区域土地面积 (平方公里)
兰州市	13103

续表

	行政区域土地面积（平方公里）
西宁市	7424
白银市	20164
定西市	19646
临夏回族自治州	8117

资料来源：《中国城市统计年鉴（2011）》、《中国区域经济统计年鉴（2011）》。

兰州—西宁城市群 2010 年的总人口为 1218.8 万人，其中，各城市人口如表 6-18：

表 6-18　2010 年兰州—西宁城市群人口概况

	常住人口（万人）	比例	人口密度（人/平方公里）
兰州市	361.9	29.69%	247.24
西宁市	220.9	18.12%	288.53
白银市	171	14.03%	85.26
定西市	270.1	22.16%	147.75
临夏回族自治州	194.9	15.99%	240.11
兰州—西宁城市群	1218.8	100%	176.85

资料来源：《中国城市统计年鉴（2011）》、《中国区域经济统计年鉴（2011）》。

6.4.5　经济与产业发展

2010 年，整个兰州—西宁城市群的 GDP 为 2302.25 亿元，其中兰州市经济规模最大，首位度为 1.75，相对而言在 7 个准城镇群中发展相对均衡。但西宁相比兰州而言，差距较大，尚不能形成双中心格局。

表 6 – 19 2010 年兰州—西宁城市群 GDP

（单位：亿元）

	GDP
兰州市	1100.39
西宁市	628.28
白银市	311.18
定西市	156.02
临夏回族自治州	106.38
兰州—西宁城市群	2302.25

从产业结构上来说，兰州—西宁城市群总体上比较现代化，除西宁市和白银市以外，其他城市第三产业的占比都超过了第二产业。

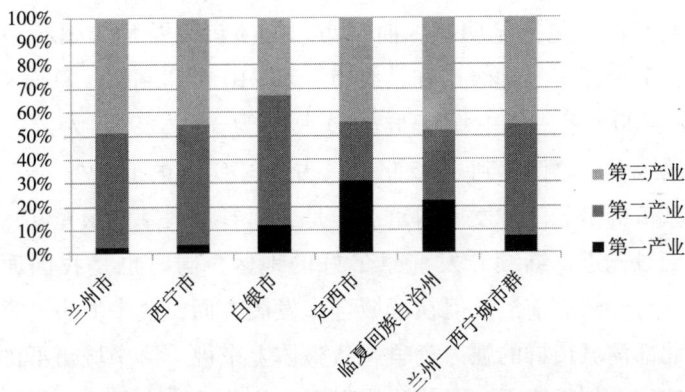

图 6 – 6 2010 年兰州—西宁城市群产业结构

资料来源：《中国城市统计年鉴（2011）》、《中国区域经济统计年鉴（2011）》。

6.4.6 城镇空间结构体系

兰州和西宁两个中心城市在兰州—西宁城市群形成了不对称的双核心结构。虽然兰州市和西宁市都是省会城市，但两市无论在人口、经济规模还是在城市吸引力方面都明显不对称，兰州市的吸引范围明显大于西宁市，不对称的双核心结构是兰州—西宁城镇群未来发展的基本空间格局。

兰州—西宁城市群已经形成了特大城市—大城市—中等城市—小城市—县城的规模序列，设市城市 5 个，其中特大城市 1 个（兰州市），大城市 1 个（西宁市），中等城市 1 个（白银市），小城市 2 个（定西市、临夏市），县城 28 个。

6.5 滇中城市群

6.5.1 概 况

滇中城市群，包括昆明市、曲靖市、玉溪市以及楚雄州行政辖区范围，共包括 7 个城市（地级市和县级市）和 210 个建制镇，总面积 9.6 万平方公里。2007 年，滇中城市群的总人口为 1601.39 万人，占全国的 1.21%。地区生产总值达到 2805 亿元，占全国 GDP 的 1.12%。

滇中城市群是云南省发展的重点，是云南省发展基础最坚实、经济最发达、设施最先进、继续开发前景最好的地区，同时也是我国面向东南亚、南亚的对外开放前沿。但在区域合作发展方面，滇中城市群面临成渝城市群和北部湾城市群的强力竞争。从整体上来说，滇中城市群的经济总量、发展速度、创新能力、对外开放程度、基础设施水平、人民生活水平等都有待进一步提升，综合实力仍显薄弱，尚不足以担负起更大区域"龙头"的重任。滇中城市群区域内资源富集、产业基础扎实，是云南省最主要的产业聚集区，2010 年前后由工业化初级阶段跨入中期发展，城市群雏形初步形成。如何打破行政界线的藩篱，有效整合资源和发展要素，保障经济、社会与环境和谐发展，是滇中城镇发展面临的问题。

6.5.2 空间分布

滇中城市群位于云南省东北角，根据已有的《滇中城市群规划》，将形成"一核三极两环两轴"的空间结构。

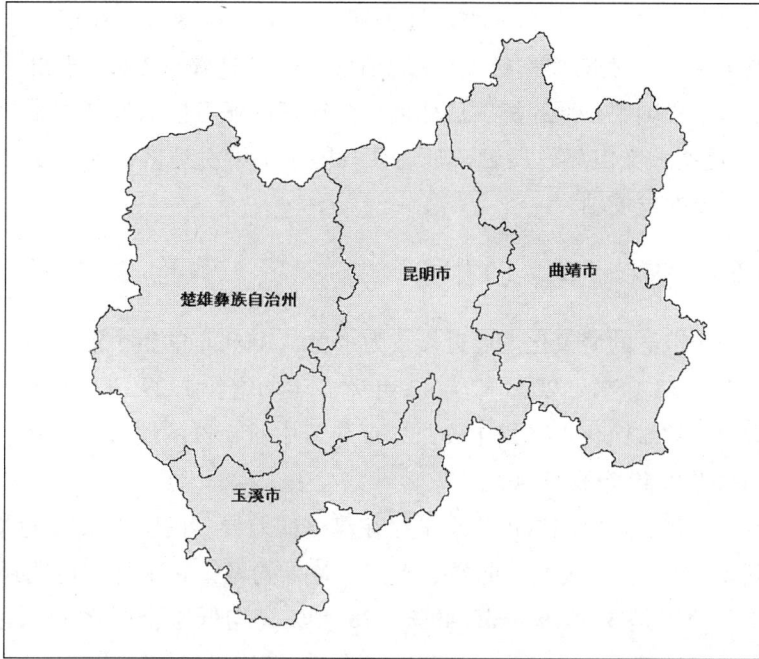

图6-7 滇中城市群空间分布状况

6.5.3 相关规划与政策

滇中城市群已有较为成熟的规划，除《全国主体功能区规划》外还有自行编制的独立规划。《全国主体功能区规划》中对该区域的功能定位是："我国连接东南亚、南亚国家的陆路交通枢纽，面向东南亚、南亚对外开放的重要门户，全国重要的烟草、旅游、文化、能源和商贸物流基地，以化工、冶金、生物为重点的区域性资源精深加工基地。"云南省的发展规划中，将滇中城市群作为云南省的重要发展极。2011年公布实施的《滇中城镇群规划》提出滇中城市群将形成"一核三极两环两轴"的空间结构。"一核"，即昆明中心城区及其周边紧密发展区域所构成的昆明都市区是滇中发展的核心区域；"三极"，是指以曲靖、玉溪和楚雄中心城区及其周边紧密发展的三城市都市区范围作为滇中次级中心重点发展。在交通建设方面，滇中城市群将以昆明城市为核心，依托滇中内、外环交通体系，构建联系昆明半小时通勤圈和一小时通勤圈的两个环状区域。在产业发展方面，滇中城市群将形成两条产业发展轴，一是"曲靖—昆明—玉溪"发展轴，是东连我国中东部经济发达地区，南接东南亚各国的发展主轴；二是"楚雄—昆明—文山"发展轴，是通往我国东南沿海地区，连接滇西与南亚出滇入海的发展轴。

6.5.4 城镇化与人口发展

滇中城市群的城镇化发展近年较为平稳，2000 年的整个滇中城市群的城镇化率为 32.05%，2008 年为 42.40%，年均增长 1.29 个百分点。与云南省同时期的城镇化水平相比较，2008 年滇中城市群的城镇化水平高出全省平均水平 9.40 个百分点。

滇中各州、市之间城镇化水平存在显著的差异。昆明市城镇化水平已经达到 60.01%，次级城市曲靖、玉溪、楚雄的城镇化水平与昆明还有很大差距，分别是 32.60%、35.49%、28.49%，均低于全国水平。昆明和玉溪进入了城镇化的快速发展阶段。而曲靖、楚雄城镇化水平处于起步发展向快速发展阶段的过渡时期，尤其楚雄大部分地区受地理区位，自然条件限制，城镇化水平发展仍十分缓慢。从各州市下辖区、市、县 2008 年城镇化水平低于 25% 的城市来看，昆明有富民县、宜良县、嵩明县、禄劝县、寻甸县；曲靖有马龙县、富源县、会泽县；玉溪有易门县、新平县、元江县；楚雄有双柏县、牟定县、姚安县、大姚县、永仁县、武定县。

表 6-20 滇中城市群城镇化水平

（单位:%）

	2004 年	2005 年	2006 年	2007 年	2008 年
昆明	56.81	57.90	58.99	59.52	60.00
曲靖	26.23	27.00	28.59	30.87	32.60
玉溪	31.11	32.20	33.70	34.80	35.50

续表

	2004 年	2005 年	2006 年	2007 年	2008 年
楚雄	24.81	26.00	26.60	27.20	28.50
滇中	39.83	39.92	40.01	41.33	42.40
云南全省	28.10	29.50	30.50	31.60	33.00

资料来源：历年云南省及四州市统计年鉴。

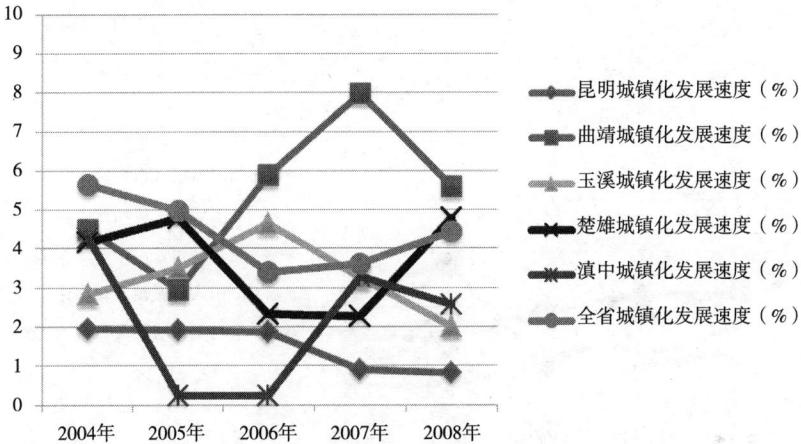

图 6-8　滇中城市群各地城镇化进程

资料来源：笔者根据表 6-20 数据绘制。

从城镇化发展速度分析来看，昆明、曲靖、玉溪、楚雄四州市均存在个别高离线的增长，如果排除高离线数据，滇中城市的城镇化综合增长速度（2.12%）比全省平均水平（4.41%）低很多，由此可以看出，滇中主要城市人口的历史变化受统计口径、人口普查等诸多不可知因素影响。

表 6-21　滇中城市群各地城镇人口状况

（单位：万人）

	2004 年	2005 年	2006 年	2007 年	2008 年
昆明	335	353	362.91	368.62	374.34
曲靖	151	159	162.98	176.86	188.50

续表

	2004 年	2005 年	2006 年	2007 年	2008 年
玉溪	65	67	75.69	78.79	80.80
楚雄	64	66	69.49	73.07	76.63
滇中	615	645	671.07	697.34	720.27
云南全省	1241	1312.90	1367.30	1426.40	1499.20

资料来源：历年云南省及四州市统计年鉴。

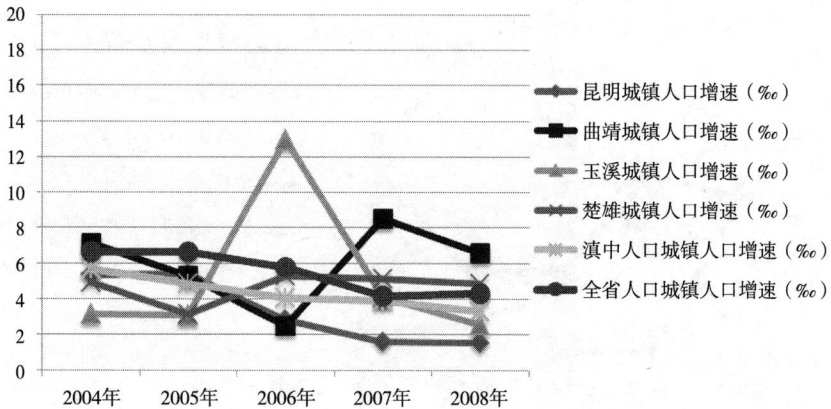

图 6 - 9 滇中城市群各地城镇人口增长情况

资料来源：笔者根据表 6 - 21 数据绘制。

　　滇中城市群 2004 年到 2008 年的总人口平均增长率为 8.69‰，高于云南全省平均值 1.17 个千分点，人口增长总体保持平稳的态势，结合云南全省的人口增长率，2005 年、2006 年的统计数据体现出云南省人口有向滇中集中的趋势，年均增长 0.49 个百分点。而滇中城镇人口占云南城镇人口比重多年基本恒定，这说明城镇人口在向滇中主要城市集中的同时，也在向全省各区、市、县、镇驻地集中，并且集中水平相当。

表 6 – 22 滇中城市群总人口及城镇人口占云南省人口比重

（单位:%）

	2004 年	2005 年	2006 年	2007 年	2008 年
滇中城市群人口占云南总人口比重	37.18	37.11	37.26	37.40	37.37
滇中城市群城镇人口占云南城镇人口的比重	50.17	49.50	49.08	48.88	48.05

资料来源：历年云南省及四州市统计年鉴。

从四个城市分别来看，人口增长有着明显的不均衡性。从图 6 – 11、表 6 – 23 中可以看出，2004 年到 2008 年，楚雄的总人口增长率波动较大，其余三市相对稳定。

表 6 – 23 滇中城市群各地历年总人口情况

（单位：万人）

	2004 年	2005 年	2006 年	2007 年	2008 年
昆明	600.94	603.5	615.20	619.33	623.90
曲靖	559.99	565.76	570.06	572.92	578.22
玉溪	218.9	221.35	224.60	226.40	227.66
楚雄	256.18	262.29	267.20	268.40	269.00
滇中	1543.31	1661.17	1677.06	1687.05	1698.78
全省	4415.20	4450.40	4483.70	4514.33	4542.6

资料来源：历年云南省及四州市统计年鉴。

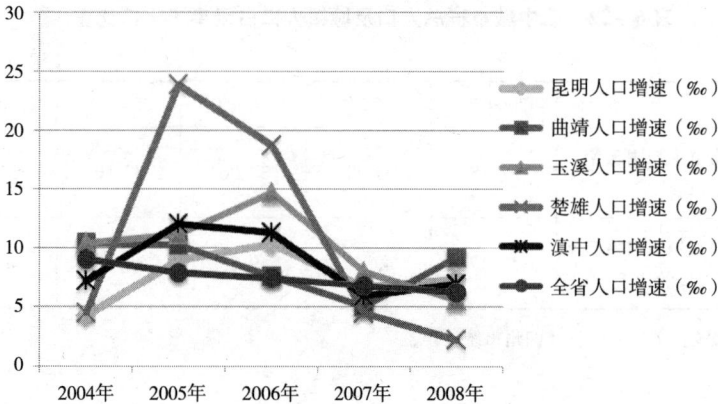

图 6 - 10　滇中城市群各地总人口增长情况

资料来源：笔者根据表 6 - 23 数据绘制。

6.5.5　经济与产业发展

近几年滇中城市群经济发展较快，是云南省发展基础最牢、发展水平最高、继续开发前景最好的地区。2008 年，滇中城市群的 GDP 占全省总量的 58.2%，已成为云南省名副其实的经济核心区，并且已经形成以烟草、有色金属冶炼、装备制造业等产业为主的产业发展框架，同时大力发展高新技术产业，推进产业结构的升级。从总体上来说，滇中城市群的现状是以资源经济型产业为主。这主要是由于云南是资源大省，而滇中城市群腹地辽阔，自然资源类型多样，矿产、生物、水能、旅游和气候等资源都十分丰富，同时，滇中城市群与其他城市群相比，自然经济比较发达，工业相对落后，使得滇中城市群的现状产业发展带着显著的资源秉赋的特征。近年迅速崛起的冶金、磷化工、煤化工、电力、生物制药等产业都是依托资源禀赋而得以迅速发展的。

但是，在全世界资源日趋紧张的大背景下，资源秉赋型的产业发展有着明显的瓶颈，一方面是后续资源不足的问题会日益突出，另一方面是当前的粗放式开发造成了资源综合利用水平低，资源浪费，对环境造成较大压力。滇中城市群要充分发挥自身的资源优势，就必须选择合理的产业来发展，以此推动区域经济的发展。

而对滇中城市群四个城市具体的产业发展来说，有三个显著的特点：一是经济发展水平差距大。仅昆明一市，国民生产总值就占到了云南省经济总量的28.4%；而曲靖、玉溪、楚雄三个城市相加也只占到了云南省经济总量的29.9%。

二是产业结构差距大。昆明作为云南省的经济龙头，第一产业在经济中所占比重较小，第三产业比重已经超过第二产业，成为经济发展的主要动力来源；但是玉溪、曲靖和楚雄的产业结构中，第一产业仍然占据了近20%的份额，尤其楚雄的第一产业在GDP中所占份额最大，高达22.8%，而三州市经济发展的主要动力仍然以第二产业为主。

三是主导产业基本相同。四个城市地理位置相似，资源禀赋相似，造成了滇中四市主导产业基本相同。工业行业中的烟草制品业、金属冶炼及压延加工业、化学原料及化学制品制造业是滇中四市共同的支柱产业，这三个产业都在当地的GDP中占到了较高的比重。

这三个显著的特征使得滇中城市群之间的产业协调发展具有一定的难度。具体而言，核心城市昆明（也是云南省的省会城市）近年来三产比例由2000年的8.2：47.1：44.7，调整为2008年的6.5：46.1：47.4，产业结构呈现出明显的现代化趋势。

6.5.6　城镇空间结构体系

目前，滇中城市群由39个县级以上城市单元构成，分为四个层次，包括1个核心城市昆明，3个次级中心城市曲靖麒麟区、玉溪红塔区、楚雄市，2个三级中心城市安宁市和宣威市，和33个一般县级城市组成。其中，曲靖、玉溪、楚雄、安宁等几个省内实力较强的城市，都分布在以昆明为中心的200公里范围内。

表6-24　滇中城市群城镇等级结构

职能等级	城 市 名 称	数量（个）
核心城市	昆明	1

续表

职能等级	城 市 名 称	数量（个）
次级中心城市	曲靖麒麟区、玉溪市红塔区、楚雄	3
三级中心城市	安宁市、宣威市	2
一般县级城市	东川、呈贡、晋宁、富民、宜良、石林、嵩明、禄劝、寻甸、马龙、陆良、师宗、罗平、富源、会泽、沾益、江川、澄江、通海、华宁、易门、峨山、新平、元江、双柏、牟定、南华、姚安、大姚、永仁、元谋、武定、禄丰	33

按人口规模大小又可以将滇中城市群分为五个等级序列：第一级，人口 100 万以上的特大城市——省会昆明（280 万）；第二级，人口 50 万—100 万的大城市——曲靖（55.95 万）；第三级人口 20 万—50 万的中等城市，缺；第四级人口 10 万—20 万的城市——玉溪（13.5 万）、楚雄（17.9 万）、安宁（15 万）、宣威（17.85 万）、陆良县（11.5 万）；第五级人口 5 万—10 万的小城市，滇中地区有 7 个；其他大多数县市人口在 5 万以下，共 25 个。

表 6 - 25　滇中城市群城镇规模结构

城市人口规模（S）	城市名称（人口规模）	城镇个数
S≥100 万以上	昆明（280 万）	1
50 万≤S＜100 万	曲靖（55.95 万）	1
20 万≤S＜50 万		0
10 万≤S＜20 万	楚雄（17.9 万）、宣威（17.85 万）、安宁（15 万）、玉溪（13.5 万）、陆良县（11.5 万）	5
5 万≤S＜10 万	罗平县（7.3 万）、富源县（6.7 万）、通海县（6.5 万）、禄丰县（6.1 万）、宜良县（6 万）、元谋县（5.2 万）、会泽县（5 万）	7

这一分布基本符合城市按等级呈金字塔分布的规律，即城市数量在人口规模增大时递减。但城市首位度为 5.0，说明滇中城市群城市等级规模

分布不平衡，缺少中间规模城市。

首位度与经济发展之间是一种曲线关系。城市的首位分布是和经济发展水平联系在一起的。滇中城市群城市发展要素高度集中于昆明市，在滇中城市群发展的初期阶段，较高的城市集中度对生产率的提高是必不可少的；随着社会经济的发展，滇中城市群的城镇分散化发展必将出现。从滇中各城市的发展条件和发展定位来看，已经对技术、职业、空间的专门化提出新的要求，应适当调整滇中城市群的首位度，创造一体化的社会网络和高效率结构的城镇体系，使中心城市与广大腹地间形成大、中、小城市的传递层，确保昆明市辐射功能的有效传递和对周边城市发展的显著带动。否则，区域中心城市可能因为失去中小城市的支撑而得不到合理发展，继而影响整个区域经济的发展。

6.6 黔中城市群

6.6.1 概 况

黔中城市群，又称黔中经济区，范围包括贵州省贵阳市及遵义市红花岗区、汇川区、遵义县、绥阳县、仁怀市，安顺市西秀区、平坝县、普定县、镇宁县，毕节市七星关区、大方县、黔西县、金沙县、织金县，黔东南州凯里市、麻江县，黔南州都匀市、福泉市、贵定县、瓮安县、长顺县、龙里县、惠水县等，共计33个县（市、区）。

据贵州省十届九次全委会，贵州将力争把黔中经济区建设成为全国重要的能源原材料基地、以航天航空为重点的装备制造业基地、烟草工业基地和南方绿色食品基地，西南连接华南、华东地区的陆路交通枢纽和全国的商贸物流中心。地处核心圈的贵阳市将建设成为西南区重要交通枢纽及物流集散基地、西部地区重要中心城市和具有国际影响力的生态休闲度假旅游城市。

6.6.2　空间分布

黔中城市群区域总面积 13 万平方公里，占贵州全省的 74%。

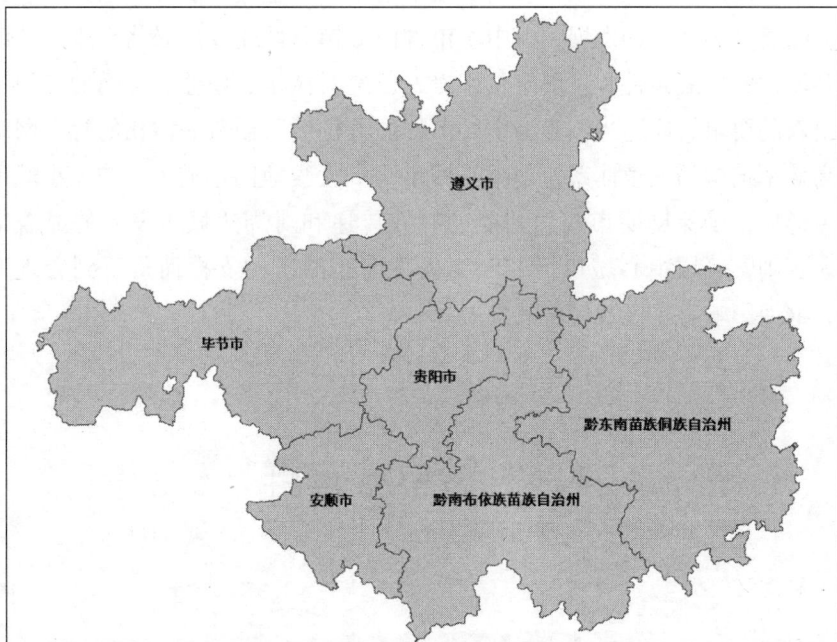

图 6-11　黔中城市群空间分布状况

6.6.3　相关规划与政策

黔中城市群也已经有较为成熟的规划，《全国主体功能区规划》对该区域的功能定位是："全国重要的能源原材料基地、以航天航空为重点的装备制造基地、烟草工业基地、绿色食品基地和旅游目的地、区域性商贸物流中心。"贵州省"十二五"规划中提出，"加快发展黔中城市带，以贵阳为中心，以贵阳—遵义、贵阳—安顺、贵阳—都匀和凯里为轴线，以六盘水、兴义、毕节、铜仁为极点，全面强化城镇集聚与辐射能力，形成中心集聚、轴线拓展的集约发展态势。"并把黔中经济区作为"十二五"贵州省经济社会发展的"火车头"和"发动机"。《贵州省城镇体系规划

（2012—2030 年）》则对贵州省省域城乡空间格局做出了规划，其中黔中城市群是重要培育目标。另外，《黔中经济区发展规划（2012）》提出了黔中城市群的五个战略定位，包括："国家重要能源资源深加工、特色轻工业基地和西部地区装备制造业、战略性新兴产业基地；国家文化旅游发展创新区；全国山地新型城镇化试验区；东西互动合作示范区；区域性商贸物流中心。"空间布局则提出以线串点、以点带面的发展模式，推进形成以贵阳—安顺为核心，遵义、毕节、都匀、凯里等中心城市为支撑，快速交通通道为主轴的"一核三带多中心"空间开发格局，辐射带动周边区域发展。

6.6.4 城镇化与人口发展

2010 年底，整个黔中城市群总人口为 2602.8 万人，占全省的 30%。

表 6 – 26　黔中城市群各城市面积

	行政区域土地面积 （平方公里）
贵阳市	8034
遵义市	30762
安顺市	9267
毕节地区	26853
黔东南苗族侗族自治州	30337
黔南布依族苗族自治州	26197

资料来源：《中国城市统计年鉴（2011）》、《中国区域经济统计年鉴（2011）》。

表 6 – 27　2010 年黔中城市群人口概况

	常住人口（万人）	比例	人口密度 （人/平方公里）
贵阳市	432.9	16.63%	419.67
遵义市	613.3	23.56%	254.91

续表

	常住人口（万人）	比例	人口密度（人/平方公里）
安顺市	230	8.84%	301.92
毕节地区	654.6	25.15%	243.77
黔东南苗族侗族自治州	348.5	13.39%	114.88
黔南布依族苗族自治州	323.5	12.43%	123.49
黔中城市群	2602.8	100.00%	236.47

资料来源：《中国城市统计年鉴（2011）》、《中国区域经济统计年鉴（2011）》。

6.6.5 经济与产业发展

2010 年底，黔中城市群的 GDP 为 3533.58 亿元，以能源资源深加工、装备制造、食品等轻工业为主的特色优势产业初具规模，交通、水利、电力等基础设施保障能力显著增强，基本具备实现率先跨越发展的基础条件。

从产业结构的角度来看，黔中城市群的产业结构普遍偏向现代化，第三产业比重较高。

表 6-28　2010 年黔中城市群产业结构

（单位：亿元）

	第一产业	第二产业	第三产业
贵阳市	57.1	456.95	607.77
遵义市	140.22	379.69	388.85
安顺市	40.3	88.6	104
毕节地区	124.37	259.73	216.76
黔东南苗族侗族自治州	75.08	94.11	143.38
黔南布依族苗族自治州	70.13	142.48	144.08
黔中城市群	507.2	1421.56	1604.84

资料来源：《中国城市统计年鉴（2011）》、《中国区域经济统计年鉴（2011）》。

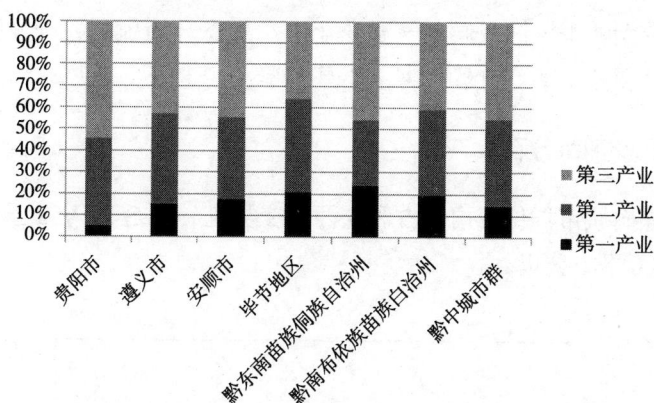

图 6 - 12 2010 年黔中城市群产业结构

资料来源：笔者根据表 6 - 28 数据绘制。

6.6.6 城镇空间结构体系

黔中城市群划分为贵阳环城高速公路以内的核心圈，距贵阳环城高速50 公里以内的带动圈，距贵阳环城高速约 100 公里的辐射圈。

6.7 呼包鄂榆城市群

6.7.1 概 况

呼包鄂榆城市群，包括呼和浩特市、包头市、鄂尔多斯市以及榆林市。沿黄河呈条带状分布，地势平缓，地貌类型为河流谷地。

本区域土地资源相对丰富，开发强度相对较低。降水较少，本地水资源短缺，农业用水量占总用水量的 80% 以上。大气环境质量总体较差，部分城市二氧化硫排放超过环境容量，中部地区尚有剩余的二氧化硫环境容量。水环境质量总体差，化学需氧量排放已经重度甚至极度超过水环境容量。属温带大陆季风性气候，气温变化大。生态环境脆弱，开发不当易加剧水土流失和沙尘暴。自然灾害主要是干旱、沙尘以及风灾。

6.7.2　空间分布

呼包鄂榆城市群位于内蒙古和陕西省交界处，包括 38 个旗县区，区域总面积 14 万平方公里。

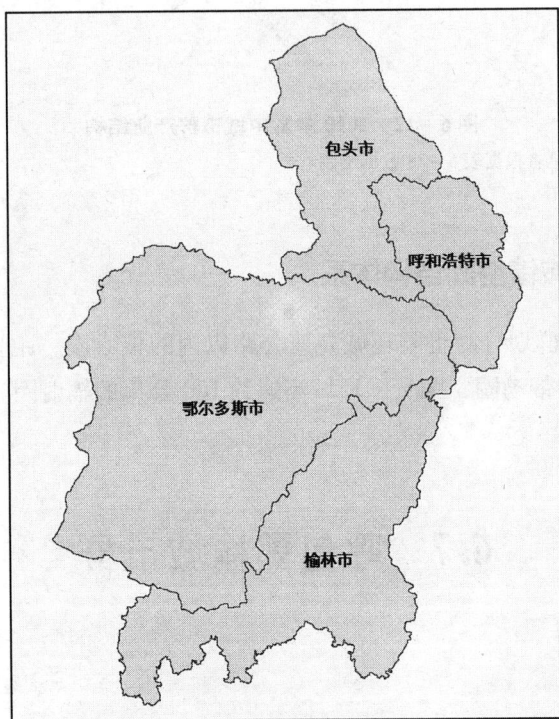

图 6 - 13　呼包鄂榆城市群空间分布状况

6.7.3　相关规划与政策

呼包鄂榆城市群还未形成确定的独立规划，在《全国主体功能区规划》中提到，该区域位于全国"两横三纵"城市化战略格局中包昆通道纵轴的北端，并对该区域做出了功能定位："全国重要的能源、煤化工基地、农畜产品加工基地和稀土新材料产业基地，北方地区重要的冶金和装备制造业基地。"确定了以呼和浩特为中心，以包头、鄂尔多斯和榆林为支撑，以主要交通干线和内蒙古沿黄产业带为轴线的空间开发格局。同时提出，增强呼和浩特的首府城市功能，建成民族特色鲜明的区域性中心城市。包头、鄂尔多斯、榆林应依托资源优势，促进特色优势产业升级，增强辐射带动能力。加快城市人口的集聚，促进呼包鄂榆区域一体化发展。

6.7.4　城镇化与人口发展

表 6 – 29　呼包鄂榆城市群各城市面积

	城市建设用地面积 （平方公里）	行政区域土地面积 （平方公里）
	市辖区	全市
呼和浩特市	166	17200
包头市	212	27700
鄂尔多斯市	143	54700
榆林市	96	43070

资料来源：《中国城市统计年鉴（2011）》、《中国区域经济统计年鉴（2011）》。

呼包鄂榆城市群 2010 年常住人口为 1083.4 万人，其中各城市人口如表 6 – 30 所示。

表 6 – 30　2010 年呼包鄂榆城市群人口概况

	常住人口（万人）	比例	人口密度（人/平方公里）
呼和浩特市	287.4	26.53%	133.28
包头市	265.6	24.52%	79.16
鄂尔多斯市	195	18.00%	17.57
榆林市	335.4	30.96%	83.64
呼包鄂榆城市群	1083.4	100.00%	77.97

资料来源：《中国城市统计年鉴（2011）》、《中国区域经济统计年鉴（2011）》。

6.7.5　经济与产业发展

2010 年底，呼包鄂榆城市群的 GDP 总额为 8726.41 亿元。

从产业结构的角度来看，呼包鄂榆城市群的产业结构比较传统，以第二产业为主，其中呼和浩特市第三产业比重较高，产业结构较为现代化。

表 6-31　2010 年呼包鄂榆城市群产业结构

（单位：亿元）

	第一产业	第二产业	第三产业
呼和浩特市	91.33	678.95	1095.43
包头市	66.48	1331.45	1062.87
鄂尔多斯市	70.81	1551.43	1020.98
榆林市	92.16	1205.77	458.74
呼包鄂榆城市群	320.78	4767.6	3638.02

资料来源：《中国城市统计年鉴（2011）》、《中国区域经济统计年鉴（2011）》。

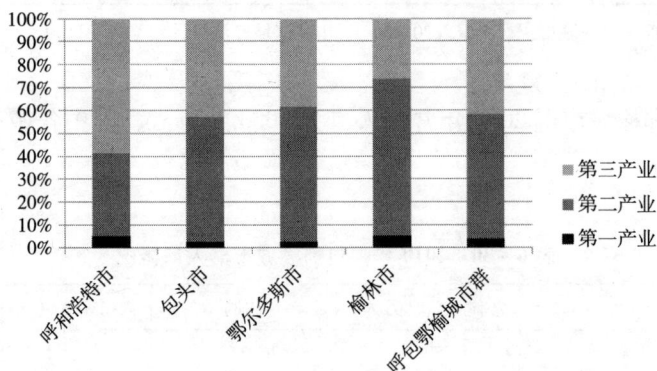

图 6-14　2010 年呼包鄂榆城市群产业结构

资料来源：笔者根据表 6-31 数据绘制。

6.7.6 城镇空间结构体系

呼包鄂榆城市群谁是龙头，还存在争议。多名专家认为，目前该区域经济最强的是榆林和鄂尔多斯，可以成为中心。但从 2010 年的数据来看，包头的经济总量已经超过榆林。

6.8 宁夏沿黄城市群

6.8.1 概 况

宁夏沿黄城市群，包括银川市、石嘴山市、吴忠市以及中卫市。宁夏沿黄城市群以全区 43% 的国土面积集中了全区 60% 的人口、80% 的城镇和 82% 的城镇人口，创造了全区 90% 以上的 GDP 和财政收入，[①] 是宁夏经济发展的战略高地和主要增长极。

银川突出"塞上湖城、回乡风情、西夏古都"特色，着力培育高新技术产业和现代服务业，以宁东基地建设为契机，建成西北最适宜居住、最适宜创业的现代化区域中心城市；石嘴山市将在优化结构、经济转型等方面取得更大进展，加强与周边城市的联系，谋求城市发展动力，建成山水园林特色的新型工业城市和沿黄城市带北部的副中心城市；吴忠以民族经济和民族文化为内涵，深度开发穆斯林产业，建成商贸发达、回乡风貌浓郁的滨河水韵城市；中卫市依托"黄河古城、浪漫沙都、花儿杞乡"品牌，建成特色鲜明的生态旅游文化城市和交通枢纽城市，成为沿黄城市带南部的副中心城市。平罗、贺兰、永宁、灵武、青铜峡、中宁及其所属若干个建制镇，则充分发挥承接产业转移、带动农村发展、吸引人口集聚、支撑城市网络体系的重要作用，规划建设各具特色的标志性建筑，提升城

---

① http://www.ningxiamj.org/CZYZ/2011/39/11391452604BD2A2F0EHK518802HK.html。

市品位。

本区域是宁夏的精华地带，也是经济发展的战略高地和最主要增长极，是大西北干旱区中富饶的人工绿洲，独具特色的"塞上新天府"和黄河金岸，是我国西部地区经济基础较好、自然条件优越、人文历史底蕴深厚、发展潜力较大的地区。

6.8.2 空间分布

宁夏沿黄城市群是以黄河为纽带，以首府银川为中心，石嘴山、吴忠、中卫3个地级市为主干，青铜峡市、灵武市、中宁、永宁、贺兰、平罗县城及若干建制镇为基础的，大中小城市相结合的城镇密集区。区域国土面积4万平方公里。

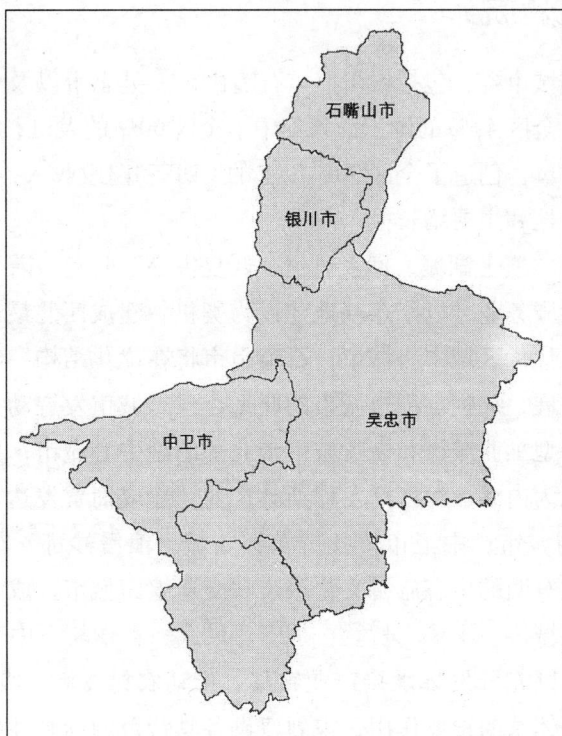

图 6－15　宁夏沿黄城市群空间分布状况

6.8.3　相关规划与政策

宁夏沿黄城市群已有较为成熟的规划，其中《全国主体功能区规划》对该区域的功能定位是："全国重要的能源化工、新材料基地，清真食品及穆斯林用品和特色农产品加工基地，区域性商贸物流中心。"《沿黄城市带发展规划（2008）》提出"一核两翼"和"一带两轴、一核二极多点"的空间发展策略。《沿黄经济区城市带发展规划（2011）》则从国际、国家、西部、区域以及自治区五个层面对沿黄经济区进行了定位：

国际层面：面向阿拉伯国家、穆斯林世界的国际化开放城市带，中国向西开放的前沿阵地，内陆开放型经济试验区。

国家层面：支撑全国经济社会可持续发展的重要增长极，国家21世纪"能源航母"——"能源金三角"（蒙西、陕北、宁东、甘南）的有机组成部分和综合服务基地。

西部层面：落实西部大开发战略和新的支撑点，西部国家级能源化工基地、新材料基地、清真食品和穆斯林用品加工集散基地，中国西部独具魅力的旅游目的地，国家西部生态屏障组成部分的沿黄生态城市带。

区域层面：国家西纵轴包昆通道和北横轴陆桥通道交汇处的立体交通、物流枢纽。承接国内外发达地区资本、技术、人才和产业转移的战略平台。

自治区层面：集聚现代产业、吸纳农村人口的主战场，建设全面小康社会的龙头，支援中南部贫困地区的辐射源和基地。

6.8.4　城镇化与人口发展

表6-32　宁夏沿黄城市群各城市面积

	城市建设用地面积 （平方公里）	行政区域土地面积 （平方公里）
	市辖区	全市
银川市	121	7471
石嘴山市	120	4114

续表

	城市建设用地面积 （平方公里）	行政区域土地面积 （平方公里）
	市辖区	全市
吴忠市	24	15618
中卫市	34	13465

资料来源：《中国城市统计年鉴（2011）》、《中国区域经济统计年鉴（2011）》。

2010 年宁夏沿黄城市群总人口为 509.6 万人，各城市人口如表 6 – 33 所示。

表 6 – 33　2010 年宁夏沿黄城市群人口概况

	常住人口（万人）	比例	人口密度（人/平方公里）
银川市	200.4	39.32%	175.96
石嘴山市	72.7	14.27%	140.9
吴忠市	128.2	25.16%	67.84
中卫市	108.3	21.25%	67.73
宁夏沿黄城市群	509.6	100.00%	125.31

资料来源：《中国城市统计年鉴（2011）》、《中国区域经济统计年鉴（2011）》。

宁夏沿黄城市群的城镇化水平相对较高，城镇化率达到 63.06%。城镇空间结构上表现为点—轴发展模式。经济产业活动沿着黄河和区域内的交通干道延伸，初步形成特色优势产业集聚带。

6.8.5　经济与产业发展

2010 年，宁夏沿黄城市群的 GDP 总值为 1481.56 亿元。从产业结构的角度来看，宁夏沿黄城市群产业结构仍以工业为主，即使是核心城市银川，第二产业比重都高于第三产业，与其他近似城市群相比，发展相对滞后。另外，银川市的首位度为 2.65，可以看出整个宁夏沿黄城市群的发展过度集中。

表 6 – 34   2010 年宁夏沿黄城市群产业结构

（单位：亿元）

	第一产业	第二产业	第三产业
银川市	40.29	400.24	352.08
石嘴山市	17.99	187.05	93.56
吴忠市	37.18	110.64	69.33
中卫市	32.97	70.66	69.56
宁夏沿黄城市群	128.43	768.59	584.53

资料来源：《中国城市统计年鉴（2011）》、《中国区域经济统计年鉴（2011）》。

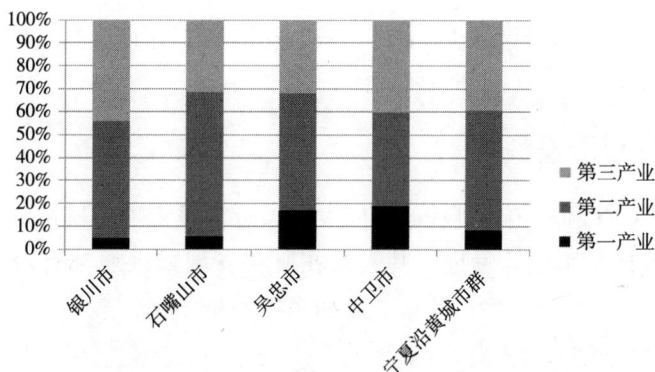

图 6 – 16   2010 年宁夏沿黄城市群产业结构

6.8.6 城镇空间结构体系

宁夏沿黄城市群目前已形成了区域中心城市、次中心城市和节点城市三个层次的城市等级体系结构。中心城市辐射带动能力增强，统筹城乡作用明显。

6.9　中国形成型城市群对比分析

本章所研究的形成型城市群即近似城市群的城镇密集区覆盖了中国中西部地区的主要的人口集聚地区，相对于中西部地区大部来说，具有较好的资源条件，未来有可能进一步发展为城市群。针对这些城镇密集区域，在分别进行发展状况各方面研究的基础上，综合对其人口与经济结构、产业发展、交通体系、协调发展机制分析、城镇化发展和空间结构特征进行横向比较和分析。

6.9.1　经济发展

随着工业化和城镇化进程的不断发展，近似城市群的城镇密集区的人口和经济都有了快速的发展。其人口在所在省域或区域都有着较高的比重。人口和经济是地区发展的繁荣度的重要衡量指标，且是城市群是否达标的重要评判标准。

表 6 – 35　2010 年各城镇密集区社会经济发展重要指标

	总人口 （万人）	土地面积 （平方公里）	人口密度 （人/平方公里）	GDP （元）	地均 GDP （万元/平方公里）	人均 GDP （万元）
鄱阳湖城市群	3438.3	123740	278	7798.32	630	27764
天山北坡城市群	1065.4	481019	22	3974.64	83	37307
北部湾城市群	1214.8	42514	318	3042.76	716	26418
兰州—西宁城市群	1211	68454	177	2302	336	17605
滇中城市群	1746	94459	185	4267	452	24453
黔中城市群	3108	131450	236	3533.58	269	13281
呼包鄂榆城市群	1112	142670	78	8726.41	612	87376
宁夏沿黄城市群	510	40668	125	1482	364	29010

资料来源：《中国城市统计年鉴（2011）》、《中国区域经济统计年鉴（2011）》。

在各近似城市群的城镇密集区社会经济发展上，整体呈现自中部向西部人口密度逐渐递减的趋势。经济发展与地区资源条件紧密相关，呼包鄂榆城市群以自然资源优势条件，在 GDP 总量和人均 GDP 发展上有明显的比较优势，人口密度却是所有城镇密集区中最小的。

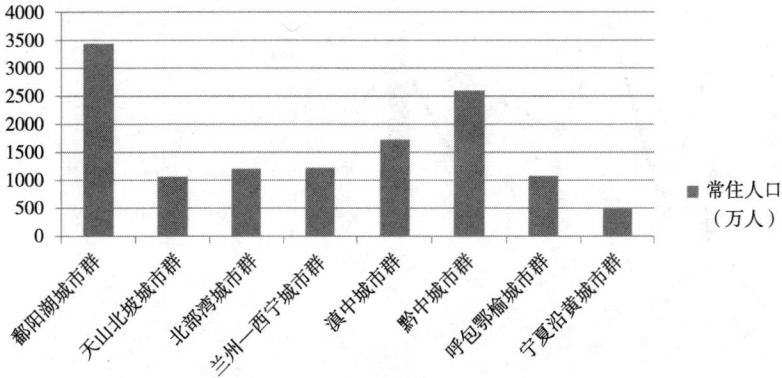

图 6 - 17　2010 年各城镇密集区的人口总量状况

资料来源：笔者根据表 6 - 35 数据绘制。

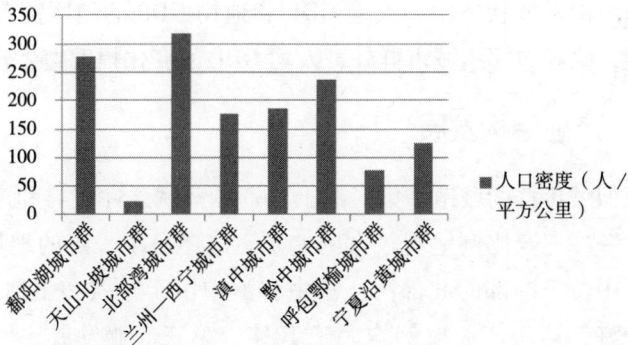

图 6 - 18　2010 年各城镇密集区的人口密度

资料来源：笔者根据表 6 - 35 数据绘制。

在地区的人口密度方面，整体呈现人口密度的自东向西、自南向北逐渐递减的趋势。北部湾城市群呈现最高的人口密度，超过了 300 人/平方公里，而最少的呼包鄂榆和宁夏沿黄城市群的人口密度均小于全国平均水平。其他四个城市群的人口密度水平则差异较小，在 200 人/平方公里左右徘徊，略高于全国平均值。

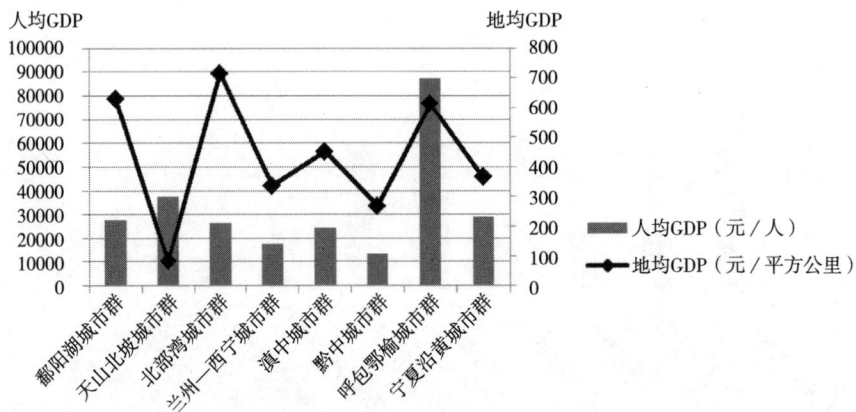

图 6-19　2010 年各城镇密集区地均 GDP 和人均 GDP 状况

资料来源：笔者根据表 6-35 数据绘制。

在地区经济发展状态中，人均 GDP 和地均 GDP 的地区情况呈现一定的正相关性，除呼包鄂榆城市群外，人均 GDP 的变化幅度整体较小。

6.9.2　产业结构发展

各个近似城市群的城镇密集区由于其资源禀赋条件差异和产业发展结构的不同，一二三产比例呈现较大的差别。总体呈现一定的地域性，8 个城镇密集区中位于南部的北部湾、黔中和滇中由于气候和土地条件较好，农业发展较好，第一产业比例均大于 10%。第三产业发展比例普遍低于 50%，但呈现从 29% 到 45% 的较大跨度差距。

表 6 – 36　2010 年各城镇密集区的产业结构

（单位：%）

	第一产业	第二产业	第三产业
鄱阳湖城市群	11.63	55.93	32.44
天山北坡城市群	13.13	50.89	35.98
北部湾城市群	16.80	39.37	43.82
兰州—西宁城市群	7.28	47.42	45.29
滇中城市群	10.88	49.62	39.50
黔中城市群	14.35	40.23	45.42
呼包鄂榆城市群	3.68	54.63	41.69
宁夏沿黄城市群	8.67	51.88	39.45

资料来源：《中国城市统计年鉴（2011）》、《中国区域经济统计年鉴（2011）》。

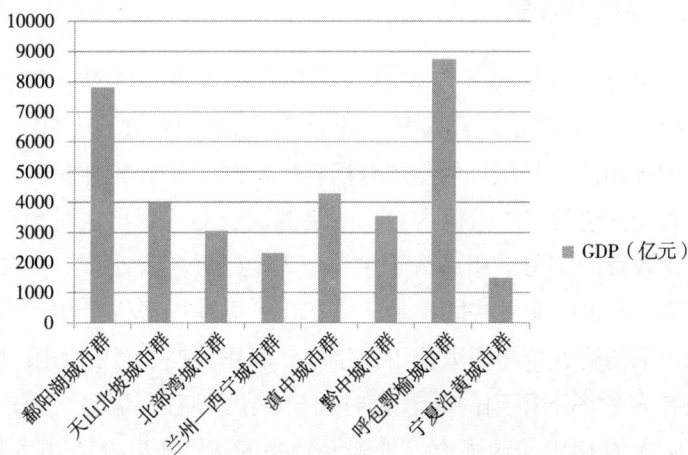

图 6 – 20　2010 年各城镇密集区 GDP 发展状况

资料来源：笔者根据表 6 – 35 数据绘制。

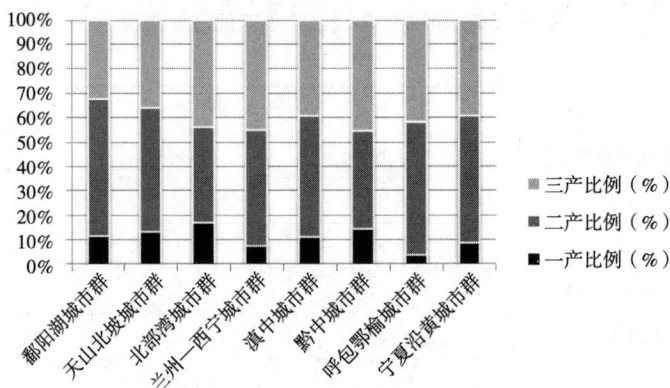

图 6 – 21　2010 年各城镇密集区的产业结构

资料来源：笔者根据表 6 – 36 数据绘制。

6.9.3　社会发展

对城市的社会发展衡量应用较为广泛的人类发展指数 HDI（Human Development Index）是由联合国开发计划署（UNDP）在《1990 年人文发展报告》中提出的，是用以衡量联合国各成员国发展水平的指标。

HDI 的计算包括三块指标内容：一是健康长寿：用出生时预期寿命来衡量。二是教育的获得：用成人识字率（2/3 权重）及小学、中学、大学综合入学率（1/3 权重）共同衡量；《2010 人类发展报告》中对其进行了修改，利用平均受教育年限取代了识字率，利用预期受教育年限（即预期中儿童现有入学率下得到的受教育时间）取代了毛入学率。三是生活水平：用实际人均 GDP（购买力平价美元）来衡量；《2010 人类发展报告》中采用了新的计算方法，以人均国民总收入（GNI）取代 GDP 来评估。

本书中，考虑到实际数据的获取性，采用了千人医院床位数和千人执业医生数来进行健康指数的替代，采用了每万人在校大学生数和万人在校高中生数来进行教育指数的替代，收入指数则采用职工平均工资来衡量。

表 6 - 37 2010 年各城镇密集区社会发展指标状况

	常住人口（万人）	万人普通高等学校在校学生数（人）	万人成人高等学校在校学生数（人）	万人卫生机构床位数（张）	万人卫生机构人员数（人）	职工平均工资（元）
鄱阳湖城市群	3438.3	210.45	45.06	29.46	42.28	25307.71
天山北坡城市群	1065.4	177.49	30.65	60.18	89.15	13292.94
北部湾城市群	1353.1	31.69	69.02	31.69	44.79	30581.00
兰州—西宁城市群	1210.6	43.20	74.21	43.20	53.71	32012.00
滇中城市群	1746.4	42.42	95.47	42.42	19.79	31607.00
黔中城市群	3108.4	26.87	8.50	26.87	30.67	31028.00
呼包鄂榆城市群	1112.4	40.44	31.95	40.44	60.05	43183.00
宁夏沿黄城市群	509.6	39.58	58.47	39.58	61.01	34767.00

资料来源：《中国城市统计年鉴（2011）》、《中国区域经济统计年鉴（2011）》。

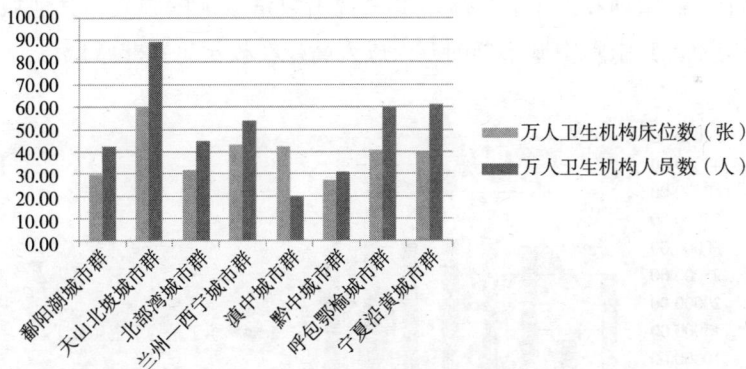

图 6 - 22 2010 年各城镇密集区卫生机构床位和人员状况

资料来源：笔者根据表 6 - 37 数据绘制。

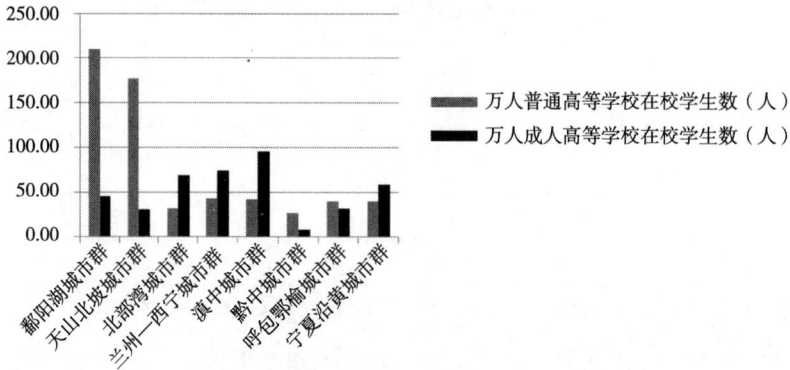

图 6 - 23   2010 年各城镇密集区在校大学生状况

资料来源：笔者根据表 6 - 37 数据绘制。

从数据和全国平均值的比较中可以看出，各城镇密集区的医疗软硬件条件整体上较高，高于全国平均水平，与其人口密度偏低有关。

在受教育程度的衡量中，地区差异较大，在万人普通高等学院在校学生数量上，鄱阳湖和天山北坡城市群呈现出数量级上的领先，其他城市群则较为均衡，其中黔中城市群的万人成人高校在校学生数非常低。

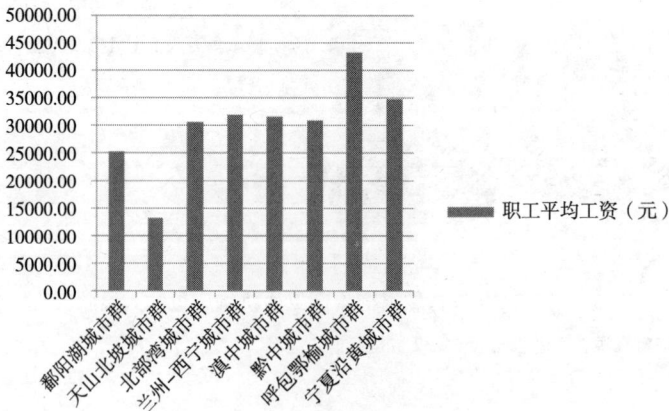

图 6 - 24   2010 年各城镇密集区职工平均工资状况

资料来源：笔者根据表 6 - 37 数据绘制。

在职工平均收入方面，差异度较小，除天山北坡和鄱阳湖两个城市群的职工平均工资较低外，其他六个地区的这一指标均为 30000 元左右，呈现较为平均的分布态势，其中呼包鄂榆地区最高超过了 40000 元。

6.9.4　城镇信息化发展

城镇信息化水平是体现城镇密集区内外联系紧密程度的指标。信息化水平越高的地区，其发展程度越高。

表 6 – 38　2010 年各城镇密集区信息化发展状况

	常住人口（万人）	人均邮政业务总量（元）	人均电信业务总量（元）	人均固定电话数量（部）	人均移动电话数量（部）
鄱阳湖城市群	3438	52.23	353.1798	0.16	0.52
天山北坡城市群	1065	33.98	488.3133	0.16	0.13
北部湾城市群	263	43.30	578.6076	0.15	0.56
兰州—西宁城市群	195	33.85	775.7575	0.20	0.61
滇中城市群	47	32.38	514.4091	0.12	0.74
黔中城市群	211	70.07	235.1673	0.11	0.49
呼包鄂榆城市群	176	55.31	1781.23	0.17	0.99
宁夏沿黄城市群	510	45.20	323.9678	0.23	0.75

资料来源：《中国城市统计年鉴（2011）》、《中国区域经济统计年鉴（2011）》。

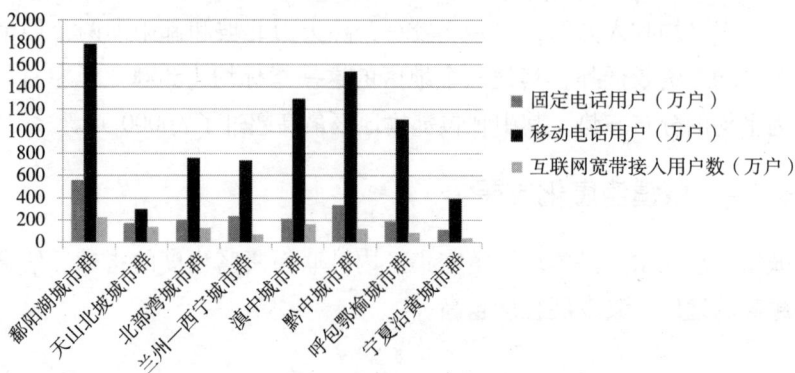

图 6 – 25 2010 年各城镇密集区信息化发展总量状况

资料来源：笔者根据表 6 – 38 数据绘制。

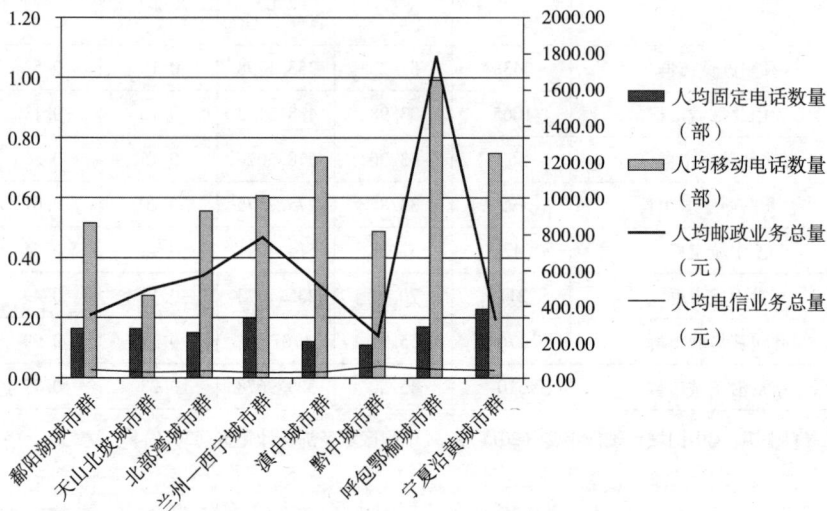

图 6 – 26 2010 年各城镇密集区信息化发展人均水平

资料来源：笔者根据表 6 – 38 数据绘制。

从图 6 – 25、图 6 – 26、表 6 – 38 中可以看到，四项指标具有较大的相关性，2010 年各地区的移动电话数量总体和人均量上均远高于固定电话用户数，数量上的差异性较为显著。同时，各地区的信息化程度的发展总体差距较小，除呼包鄂榆城市群的人均移动电话数接近 1.2 部，其他基本都在 0.5—0.7 部的区间内。

6.9.5 交通运输发展

良好的区域和市域交通条件是地区城镇发展的必须条件和催化剂，区域交通设施的协调是城镇密集地区协调的重要内容。目前中西部城镇密集地区的现状交通系统一般都存在区域交通设施、市域交通设施缺乏协调等问题。需要进一步实现区域交通实施的共建共享，实现交通系统的协调和完善，发挥交通基础设施对城市空间结构调整的带动和引导作用。

目前，尽管各城镇密集区已经在空间上逐渐形成较为连续的城市发展带，但是在发展中仍然各城市独立为政，制定各自的经济发展战略和交通设施建设计划。从区域全局看，城镇密集区域内交通设施规划和建设，以及经济发展策略和行政界限的割裂，实际上会制约整个区域的整体竞争力。

在交通基础设施方面，各地争上机场、港口、火车站等区域性交通基础设施项目，而跨城市的区域性基础设施发展与共享，以及公共服务设施建设难以协调，难以实现合理高效的区域资源配置，同时也降低了已有设施的服务水平与经营效率。

表 6–39　2010 年各城镇密集区交通运输发展状况

	客运总量 （万人）	货运总量 （万吨）	人均货运量 （吨/人）
鄱阳湖城市群	61629	77613	22.57
天山北坡城市群	4381	17516	16.44
北部湾城市群	19508	50125	37.04
兰州—西宁城市群	12675	17649	14.58
滇中城市群	19846	3039517.40	
黔中城市群	55781	18957	6.10
呼包鄂榆城市群	13249	90506	81.36
宁夏沿黄城市群	12245	23441	46.00

资料来源：《中国城市统计年鉴（2011）》、《中国区域经济统计年鉴（2011）》。

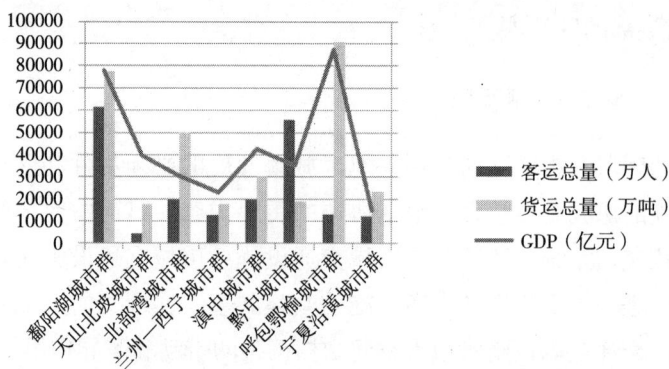

图 6 – 27 2010 年各城镇密集区客运和货运总量发展状况

资料来源：笔者根据表 6 – 39 数据绘制。

各城镇密集区的客运总量和货运总量具有较大的差异性，其中货运总量与地区生产总值有一定的正相关性。同时人均货运量有多个地区在全国城市平均值之上，说明这些地区的第二产业的物流运输还是影响经济总量的主要方面。人均客运量整体小于全国平均水平，而且差距还较大，说明城镇密集区地区的机动化出行次数较少，在公路客运量占据主要量和个人小汽车水平还较低的情况下，城市公共交通发展水平尚不够，各地区城镇发展的内需扩充不足。

6.9.6 区域发展协调机制

中国的城镇区域发展由于政治体制和经济发展模式的原因，市场体系仍不尽完善，区域协调能力发展较为滞后。在由政府主导的城市建设发展和各类资源配置的前提下，地方政府是区域发展协调的主体，而地方政府之间的合作协调机制目前仍然处于探索初期。相应的是目前中国的城市群，特别是尚未到达城市群标准的城镇密集地区的内部空间差异较大，空间结构不够合理，城镇密集区中的城市不能形成良好的协作发展方式，各自为政，甚至是相互竞争。近些年来，随着经济全球化影响下城市独立参与全球竞争的能力不足，地方政府对城镇区域的作用认识提升，协调机制正在形成更多的沟通和交流内容。相对而言，同一省域区内的城镇密集区由于省地方政府层面的引导，更容易形成实质性的协调发展机制，一般以省会城市为中心城市，并以地方政策和规划确定城镇密集区的协调发展途径。

6.9.6.1 建立地方联席办公室和行政首长联席会议

在省内的城镇密集区，多依靠省政府负责协调。如滇中城市群在《滇中经济区发展总体规划》对城镇密集区规划布局工作的基础上，建立了政协合作商议的合作方式，目前已进行三次滇中经济区四州市政协合作机制会议，分别在昆明、曲靖和玉溪召开，并建议在省一级成立专门机构统筹滇中经济区一体化建设。通过明确协调会议制度的方案，进行地区合作的顶层设计，明确协调会议的主要任务、成员单位和工作制度等，对涉及区域的规划和市域规划的编制、具有区域性影响的建设项目的规划选址等事项进行协商，有助于提升地区内部发展的整体协调性。

6.9.6.2 签署合作备忘录和合作协议

针对区域特定领域的合作，采取签订合作协议的方式，具体明确和落实政策。如2011年12月，滇中城市群四州市签署《工业和信息化一体化发展合作协议》，为四地的产业无障碍转移创造了条件，并对电信同城化、共建产业园区等内容均有涉及。签署相关文件可以使城镇密集区之间各城市的合作更为具体化，并可以在某些特定领域如旅游、产业等进行探索性的合作先行，为各城市间的沟通协调机制奠定基础。

6.9.6.3 进行区域发展协调规划

相比于成形的城市圈城市连绵区，城镇密集区的发展相对尚不完善，有很多亟待提升的内容，更需要一定的发展规划来引导其社会经济产业空间等各方面的发展。在当前实际发展中，除了要在《全国主体功能区规划》、《国家"十二五"规划纲要》等国内城镇发展的顶层设计中有所体现外，大多数的城镇密集地区也通过各地区政府组织制定和颁布相应的各类规划，统筹协调地区发展，并争相向上报批，力图成为国家级规划，获得自上而下的政策支持。

从表6-40中也可以看出，最早出台地区性发展规划的是北部湾城市群，而近年来更是有集中颁布的趋势。暂无具体发展规划的地区也都在积极筹备出台相应规划。总体而言，越早进行具体发展规划的城镇密集区，其社会经济发展的协调性就越好，发展的可持续性也越强。

表6–40 8个近似城市群的城镇密集区主要发展规划情况一览

	发展规划	出台时间
鄱阳湖城市群	《鄱阳湖生态经济区规划》	2010 年
天山北坡城市群	《天山北坡经济规划》	2012 年
北部湾城市群	《广西北部湾经济区发展规划》	2006 年
	《广西北部湾经济区城镇群规划纲要》	2010 年
兰州—西宁城市群	暂无	—
滇中城市群	《滇中城市群规划》	2011 年
黔中城市群	《黔中经济区发展规划》	2012 年
呼包鄂榆城市群	暂无	—
宁夏沿黄城市群	《沿黄城市带发展规划》	2008 年
	《沿黄经济区城市带发展规划》	2011 年

各类发展规划虽然主导部门、内容方向和着重点有所差异，但在推动和促进城镇密集区发展上都发挥了重要作用，特别在区域资源整合、城市协同发展、空间配置与布局优化等方面。如城际铁路、轻轨、公路等设施的区域协调布局，实现区域内人流、物流、信息流的通道顺畅，进而促进区域内城市间经济社会的更紧密联系。

6.9.7 发展趋势和判断

城镇密集区作为区域发展的集中区域，在未来城镇化发展中将继续集中各类优势资源，是政府推动发展的重点地区。从分析上来看，鄱阳湖地区在区位、经济总量和人均量、人口密度和城镇密度、产业结构等关键指标上都具有较大优势，将最有可能发展成为城市群。

表6-41 各近似城市群的城镇密集区发展判断

接近城市群	鄱阳湖地区
中期发展为城市群	北部湾地区
	滇中地区
	黔中地区
	天山北坡地区
长期发展为城市群	兰州—西宁地区
	呼包鄂榆地区
	宁夏沿黄地区

其次是北部湾地区、滇中地区、呼包鄂榆地区和天山北坡地区,在经济、社会等方面的发展处于中间阶层,有较好的发展基础,有望在5—10年中长期规划发展过程中逐渐发展成为合格的城市群。兰州—西宁地区、黔中地区和宁夏沿黄地区则发展相对滞后,从人口集聚方面可以达到城镇密集区的标准,但其各方面发展还有待进一步提高,未来仍需长期发展的积累以发展成为城市群。

7

世界级城市群
发展的经验
与启示

在经济全球化的过程中，全球性的分工、合作、竞争等各种关系日益强化，城市群已经成为各国参与全球竞争与国际分工的主要载体。在世界经济实力最强的地区已出现一批具有足够的产业集聚和经济规模参与全球性竞争实力的城市，并连绵成为城市群。目前国际公认的具有世界级竞争力的城市群共有5个，分别是美国东北部大西洋沿岸城市群、北美五大湖城市群、欧洲西北部城市群、英国以伦敦为核心的城市群和日本太平洋沿岸城市群。本章首先对世界五大城市群的形成发展特征、组织模式、空间结构特点进行分析，其次对五大城市群的产业分工与协作特点进行分析，再次对五大城市群金融产业发展与国际金融中心建设路径进行探索，最后对五大城市群的快速轨道交通体系（包括城市轨道、市郊铁路、城际轨道交通三个层面）建设进行分析，探索世界级城市群发展内在的经济规律，以期为我国城市群的崛起与发展提供国际经验与借鉴。

7.1 世界五大城市群区位特征

7.1.1 美国东北部大西洋沿岸城市群

该城市群位于波士顿与华盛顿之间沿着大西洋海岸的东北地区，从缅因州南部（Southern Maine）绵延到弗吉尼亚州北部（Northern Virginia），东临大西洋，西至阿巴拉契亚山脉（Appalachian Mountains）。以波士顿—纽约—费城—巴尔的摩—华盛顿（简称波士华，英文译为 Boswash）为主轴线，包括以纽约为核心的5个大都市和周围40多个小城市。

波士华城市群虽然面积仅占美国陆地国土面积的2%，但却是美国人口密度最高、经济产出最大的地区。2010 年波士华城市群人口约为 5233.2 万，占美国总人口的 17%；GDP 为 2.92 万亿美元，占美国 GDP 比重的 20%。根据远期规划，波士华城市群人口将进一步增加，预计 2025 年人口达到 5840 万，2050 年人口达到 7080 万。[①]

波士华城市群包括 4 个联合统计区（Combined Statistical Area），分别是纽约—纽瓦克—布里奇波特区（New York-Newark-Bridgeport）、华盛顿—巴尔的摩—北维吉尼亚（Washington-Baltimore-Northern Virginia）、波士顿—伍斯特—曼彻斯特（Boston-Worcester-Manchester）、费城—卡姆登—文兰德（Philadelphia-Camden-Vineland）。其中纽约—纽瓦克—布里奇波特区是美国最大的联合统计区。从 2000 年到 2010 年间，联合统计区人口变化情况如表 7-1 所示。

表 7-1　波士华城市群人口变化情况（2000—2010 年）

美国排名	联合统计区	2000 年人口（人）	2010 年人口（人）	人口增长
1	纽约—纽瓦克—布里奇波特区	22085649	21361797	3.39%
4	华盛顿—巴尔的摩—北维吉尼亚	8572971	7572647	13.21%
5	波士顿—伍斯特—曼彻斯特	7559060	7298695	3.57%
8	费城—卡姆登—文兰德	6533683	6207223	5.26%
总计		44751363	42440362	5.45%

资料来源：美国人口普查局（American Census Bureau），www.census.gov。

7.1.2　北美五大湖城市群

北美五大湖城市群（The Great Lakes Megalopolis）分布于五大湖沿岸（按大小分别为苏必利尔湖、休伦湖、密歇根湖、伊利湖和安大略湖），跨美国和加拿大两国，是美国、加拿大工业化程度最高、城市化水平最高的地区。该城市群从芝加哥向东到底特律、克利夫兰、匹兹堡，并一直延伸到加拿大的多伦多和蒙特利尔，出海口为圣劳伦斯河。北美五大湖城市群

[①] http://www.america2050.org/northeast.html.

人口约 5000 万，面积约 24.5 万平方公里。

北美五大湖城市群发展为多中心发展模式。该城市群中有大中小城市 35 个，但没有一个城市居于绝对核心地位，以芝加哥、多伦多为主体的多个中心城市在产业功能上各有所长、相互依存、共同发展。

7.1.3　欧洲西北部城市群

欧洲西北部城市群，是一个相对较为松散的多核心城市群，主要由德国、法国、荷兰和比利时 4 个国家的部分地区组成，是世界上唯一由多国城市组成的大型城市群。由于这四个国家在地理位置上邻近，且社会经济和文化有很大的近似之处，因而生产要素能在这一区域广泛而自由流动。

欧洲西北部城市群总面积约为 14.5 万平方公里，总人口约为 4600 万。欧洲西北部城市群可进一步分为大巴黎地区城市群、莱茵—鲁尔城市群、荷兰—比利时城市群。欧洲密集的铁路和公路以及航空网络，特别是高速铁路将这三个城市群串起。大巴黎地区城市群是以巴黎为核心，沿塞纳河而形成的包括鲁昂、勒阿弗尔等城市在内的带状城市群；德国的莱茵—鲁尔城市群，是因工矿业发展而形成的多中心城市集聚区，包括波恩、科隆、杜塞尔多夫、埃森等城市；荷兰—比利时城市群，包括阿姆斯特丹、鹿特丹、海牙、安特卫普和布鲁塞尔等城市。

7.1.3.1　大巴黎地区城市群

巴黎是法国的经济中心和最大的工商业城市，也是西欧重要的交通中心之一。在法语中，巴黎大区（lle-de-France）是法国本土 22 个大区之一，面积为 12012 平方公里，人口 1169 万。该区域以巴黎为中心，因此俗称为大巴黎地区。整个巴黎大区由首都巴黎市和 7 个省份组成，由内而外分为中心城市、近郊（也称为小圈）和远郊（也称为大圈），这 1 个城市和 7 个省之下，又总共设有 1300 个市镇，而巴黎市下属的 20 个市镇一般又被称为 20 个区。

7.1.3.2　德国的莱茵—鲁尔城市群

德国的莱茵—鲁尔城市群早些年因开采工矿业而兴起发展，该地区是德国主要的工业中心，同时也是欧洲的工业重心，该都市圈延伸于北莱茵一威斯特法伦州的 5 个行政区内，聚集了波恩、科隆、杜塞尔多夫、埃森等 20 多个城市。其中波恩是政治文化中心，科隆是全国的交通枢纽和商业中心，埃森是机械、煤化工业中心，杜塞尔多夫的金融产业、化工、服装工业很发达，多特蒙德则是炼钢、重机工业中心。

7.1.3.3 荷兰—比利时城市群

荷兰的鹿特丹和比利时的安特卫普是著名的国际港口城市，也是欧亚大陆桥西端的桥头堡。其中，海牙是荷兰政治文化中心，阿姆斯特丹是荷兰金融经济中心，鹿特丹位于大西洋海上运输线和莱茵河水系运输线的交接口，有"欧洲之门"之称，是世界上吞吐量最大的港口。布鲁塞尔是比利时的首都，也是比利时最大的城市，同时也是欧洲联盟的主要行政机构所在地。

7.1.4 英国以伦敦为核心的城市群

英国以伦敦为核心的城市群总面积为 4.5 万平方公里，人口约 3650 万，是五大城市群中地域面积最小、发展最早、城市密度最大的世界级城市群。该城市群以伦敦—利物浦为轴线，包括大伦敦地区、伯明翰、谢菲尔德、利物浦、曼彻斯特等大城市，以及众多小城镇，是产业革命后英国的主要生产基地和经济核心区。

7.1.5 日本太平洋沿岸城市群

日本太平洋沿岸城市群也被称为东海道城市群。一般是指从千叶向西，经过东京、横滨、静冈、名古屋，到京都、大阪、神户的范围。该城市群可进一步分为东京—横滨都市圈、京阪神都市圈、名古屋都市圈 3 个都市圈。主要城市包括东京、横滨、川崎、名古屋、大阪、神户、京都等，其中东京是日本的政治、经济和文化中心，也是国际金融中心和世界级大都市之一。第二次世界大战后，日本经济高速增长，城市化进程加快，促进人口和产业向太平洋沿岸不断集聚，形成了太平洋沿岸的京滨、阪神等大工业地带。随着产业结构的变化，技术进步、交通运输方式改变出现的临海、临空型产业布局模式，大大促进了东海道城市群的形成。

日本东海道城市群是亚洲地区发展程度最高的城市群，该城市群具有显著的人口和产业集聚的特征。东海道城市群国土面积仅为 10 万平方公里，但人口近 7000 万人，占全国总人口的 63.3%。该城市群集中了日本工业企业和工业就业人数的 2/3、工业产值的 3/4 和国民收入的 2/3。

7.1.6　世界五大城市群发展演变特点及规律

纵观世界五大城市群的发展历程，虽然其形成发展的时代背景不同，演化轨迹也存在差异，但五大城市群在演化进程中却表现出许多共性特征。[①]

7.1.6.1　城市群形成条件

一是具有良好的地理位置和自然条件。世界五大城市群均形成发展于平原地区。平原地区便于农业耕作、居住和交通联络，因此人口总是向平原集中，导致城市也向平原集中。此外，五大城市群主要沿海、沿河或沿湖而分布，便利的水运条件促进了城市群的工商业发展。

二是拥有发达的基础设施网络。世界五大城市群拥有良好的由高速公路、高速铁路、航道、通信干线、运输管道、电力输送网络、给排水管网体系所构成的基础设施网络。城市群一般沿着主要交通干线布局发展。

三是有强烈而频繁的社会经济联系。城市间强烈而频繁的社会经济联系，把区域内独立封闭的城市结合为具有一定结构和功能的有机整体。

四是产业革命和科技革命的推动。由于知识的溢出效应，城市成为了产业优化升级的主要载体。科技革命的迅速发展，对城市的社会经济产生了深刻的影响。特别是信息技术革命，已使城市的经济增长方式发生了巨大的变化。科技革命和产业革命推动了城市群进一步形成与发展。

7.1.6.2　城市群组织模式

核心城市带动模式：其特点是中心城市是一个超级城市，以极强的辐射带动作用引领城市群整体经济快速发展。例如以纽约为中心的美国东北部大西洋沿岸城市群、以东京为中心的日本太平洋沿岸城市群。

多中心共同发展模式：其特点是城市群多个城市在功能上各有所长，

---

① 王乃静：《国外城市群的发展模式及经验新探》，《技术经济与管理研究》2005 年第 2 期，第 83—84 页。

并互相依存，共同带动区域经济发展，而并非仅由一个核心城市引领。例如欧洲西北部城市群和北美五大湖城市群。

7.1.6.3 城市群空间结构特点

一是空间结构形态大多沿长轴呈带状拓展。海岸带、河流、湖泊及交通干线是基本空间要素，如日本太平洋沿岸城市群沿海岸和快速交通线延伸，北美五大湖城市群沿五大湖、密西西比河和伊利运河、铁路与高速公路延伸；在城市群区，不同等级、规模、性质的城市具有一定的经济吸引范围，它们相互嵌套，形成以城市为节点，以交通线为纽带，多层次、开放式的地域网络；城市群包括大、中、小城市和市镇，它们共同构成了一个等级完整的城市体系；城市群空间结构不断变化，从工业化时期高密度、密集型的无序扩散转变为低密度、分散型的有序发展，从单中心过渡到多中心，从孤立发展走向群体集聚。

二是城市群具有中枢的支配地位。国外五大城市群往往是社会经济最发达、经济效益最高的地区，集外贸门户职能、现代化工业职能、商业金融职能于一身，对国家、地区乃至世界经济发展具有中枢的支配作用。如美国东北部大西洋沿岸城市群是美国最重要的工商业区，其中华盛顿是美国的首都，纽约是联合国总部所在地，这一核心区域不仅是美国的政治中心，而且也是世界政治活动的中心地。

三是具有完整的城市等级体系。城市群不仅拥有数个大的中心城市，而且还有大量的中小城市，是一个包括大、中、小城市和市镇的城市群体。其中，中心城市是人口与产业集聚的引力中心，在城市群形成和发展中起着核心作用。

7.2 世界五大城市群产业分工与整合

世界级城市群至少有两个突出的功能：一是核心城市的国际化程度很高，具有高端国际化功能。如纽约、芝加哥、东京、伦敦、巴黎这些核心城市，区别只是这些城市高端国际化的特色或领域有所不同。二是城市群地区的区域一体化功能很强，城市之间具有"群合性"，区域一体化功能使每个城市都具有国际性，整个城市群地区都是国际化地区。如北美五大湖城市群和欧洲西北部城市群都是跨国城市群，要素在不同国家的相邻城市之间流动，具有一定程度的"同城效应"，城市之间具有很好的"群合性"，区域一体化都达到了较高的水平。

城市群的形成过程同时也是其内部不同规模、不同等级城市产业特色形成的过程，各城市根据自身的基础和特色，承担不同的职能分工，从而使得城市群具有区域综合职能和产业协作优势。

7.2.1　美国东北部大西洋沿岸城市群

波士华城市群是美国经济的核心地带。作为世界上发展最为成熟、综合实力最强的城市群，经过多年的发展，波士华城市群已形成了完善的产业分工格局。不同城市之间主导产业突出、特色鲜明，使整个城市群形成了一个既有分工又有密切联系的有机整体。

纽约是美国的第一大城市，同时也是波士华城市群的核心城市。其城市职能是综合型的。其政治功能表现在，联合国 6 个主要机构中的 5 个设在这里，12 个常设辅助机构中，也有 5 个在纽约。纽约的经济功能则突出地表现在金融和贸易等方面。纽约在世界金融、证券和外汇市场上有着重要影响。同时，纽约也是美国和国际大公司总部的集中地，与之相关的广告、法律、税收、房地产、数据处理等各种专业管理机构和服务部门也云集于此，形成了一个控制国内、影响世界的服务和管理的中心。

费城是波士华城市群中第二大城市，其重化工业发达，是美国东海岸主要的炼油中心和钢铁、造船基地，同时也是美国的主要港口之一和全国重要的铁路枢纽。

波士顿以高科技行业为主要产业，是全美仅次于硅谷的微电子技术中心。另外，波士顿拥有全球闻名的哈佛大学、麻省理工学院等 16 所大学以及国家航空与宇航电子中心等重要科研机构。

华盛顿是美国的首都，也是全世界政治的重心。为行政和文化机构服务的印刷出版业、食品工业、高级化妆品业较为发达，同时由于市区多为纪念性建筑及公园草地，旅游业也相当发达。

巴尔的摩是美国东海岸重要的海港和工商业中心，拥有发达的钢铁、造船和有色金属冶炼等工业。

在波士华城市群发展的各个阶段中，纽约、波士顿、巴尔的摩等港口及机场使得波士华城市群始终得以保持与世界市场的密切联系，进而使该区域的经济具备外向型特征。在发展的过程中，波士华城市群中的各个城市都有自己特定的职能，相互间密切地联系在一起，实现了生产要素的合理配置。当前波士华城市群以生产性服务业（金融服务业、信息服务业、交通运输业、现代物流业、商务服务）主导，除了传统工业城市费城，其他地区的制造业比重较低。

表7-2 美国波士华城市群产业分工布局

城市	城市性质	主导产业	主要港口
纽约	波士华城市群的中心城市；世界政治中心，世界金融中心，美国商业、贸易中心，美国交通运输中心，美国文化、艺术、音乐和出版中心，交通枢纽中心	金融业、商贸服务业、文化产业	纽约港是波士华城市群中的枢纽港，美国第一大商港，重点发展集装箱运输
波士顿	新英格兰地区的政治、经济、文化、教育以及公共服务中心；世界科技教育与研究的重镇	高科技产业、金融、教育和医疗服务、建筑和运输服务业	波士顿港是以转运地方产品为主的商港，同时兼有渔港的性质
费城	区域交通枢纽中心；美国东海岸的主要炼油中心和钢铁、造船等重工业基地	健康服务业、制药业、制造业、教育服务和交通服务业	费城港的集装箱容量在北美各大港口中位居第二，是美国最繁忙的港口之一，主要从事近海货运
巴尔的摩	重要的制造业中心和商贸中心；巴尔的摩港是东海岸第三大深水港	国防工业、有色金属冶炼工业、服务业	巴尔的摩港为矿石、煤和谷物的转运港
华盛顿	美国首都，世界政治中心	金融、商业服务、健康和教育服务、休闲娱乐和饭店业	—

资料来源：根据各城市介绍资料整理。

7.2.2 北美五大湖城市群

北美五大湖区拥有丰富的煤、铁等矿产资源以及廉价的水运资源，这对北美的钢铁工业发展起很大作用。依托五大湖区丰富的矿产资源和便利的水运条件，该城市群形成了以钢铁加工、机械制造、汽车工业为主的产业结构，美国的"钢铁城"、"汽车城"都集中于此。其中底特律的汽车工业，匹兹堡的钢铁工业享誉全球。美国钢铁公司、美孚石油公司、国际收割机公司等成为北美五大湖城市群所在城市的象征。20世纪中叶，制造业在该地区总体经济中的比例开始下降，导致这些地区经济萧条、遗弃的工厂设备锈迹斑斑，"锈带"之称由此而来。美国政府除了在税收、教育和就业培训方面增加投入外，还通过经济结构调整、制造业内部结构调整、开拓新的出口市场和技术发展等多种途径，促进"锈带"地区经济转型，优势提升。20世纪80年代末，"锈带"地区经济开始好转，到20世纪90年代中期基本实现了"锈带复兴"。近年来该城市群的服务业所占比重迅速扩大，金融、通信、旅游、医疗等服务业快速发展。

表 7-3　北美五大湖城市群产业分工布局

城市	城市性质	主导产业
芝加哥	美国主要的金融、文化、制造业、期货和商品交易中心之一	钢铁加工、金融服务业、运输机械
底特律	美国重工业制造中心、世界传统汽车中心和音乐之都	汽车工业、机械制造
克利夫兰	重要湖港和工商业城市	钢铁工业、机械制造、冶金
匹兹堡	美国钢铁工业中心	钢铁制造业、计算机技术、机器人制造
多伦多	加拿大工业和商业中心、港口城市	汽车工业、电子工业、金融业、旅游业
蒙特利尔	加拿大金融、商业、工业中心	服装、制烟等传统工业、文化艺术产业

资料来源：根据各城市介绍资料整理。

北美五大湖城市群产业分工布局具有以下特点：一是该城市群的产业以传统的制造业为主导。二是区域合作性强。该城市群城市的主导产业单一，专业化程度很高，城市经济协作十分紧密。三是以先进制造与高科技产业为发展方向。第二次世界大战后随着传统制造业地位相对下降，该城市群发展也受到巨大影响，经济增长乏力。而之后五大湖城市以先进制造业和服务业为发展新方向。四是航运业优势地位突出。该城市群地处五大湖与密西西比河区域，且拥有发达的铁路交通体系，使得城市群各主要城市均成为区域经济的重要交通节点。

7.2.3 欧洲西北部城市群

欧洲西北部城市群通过完善的城市基础设施和交通通信网络相互联系，在区域内形成专业化分工促进相互间的产业链接和结构优化，其产业分工布局如表7-4所示。

表7-4 欧洲西北部城市群产业分工布局

主要城市		城市性质	主导产业
大巴黎地区城市圈	巴黎	法国的政治、经济和文化中心，法国最大的工商业城市	金融业、教育服务业、服装业
	鲁昂	诺曼底大省的政治、经济与文化的首府，法国第五大港口城市	服务业和贸易
	勒阿弗尔	诺曼底大省第二大城市，法国重要的航运中心	造船、机械、石油化工
莱因—鲁尔城市圈	波恩	德国文化古城	有色冶金、电讯设备
	科隆	重工业城市，德国金融中心之一	金融业、煤炭、军工、机械
	杜塞尔多夫	德国服装业的中心、交通枢纽中心	广告、服装和通信业
荷兰—比利时城市圈	阿姆斯特丹	荷兰金融和文化首都、国际贸易都市、欧洲著名文化艺术和旅游胜地	金融服务业、钻石加工业、花卉出口业
	鹿特丹	荷兰第二大城市、欧洲最大的海港城市	货物运输业、石油工业
	海牙	荷兰政治中心、荷兰著名旅游城市	商业服务、旅游业
	安特卫普	比利时最重要的商业中心、港口城市	钻石产业
	布鲁塞尔	比利时的首都、欧洲政治中心	服务业

资料来源：根据各城市介绍资料整理。

7.2.4　英国以伦敦为核心的城市群

该城市群包括世界纺织工业之都——曼彻斯特、纺织机械重镇——利兹、伯明翰、谢菲尔德等大城市，以及众多小城镇，是产业革命后英国主要生产基地。

伦敦是英国的首都，全球领先的城市，为欧洲最大的都会区和世界四大世界级城市之一。金融业是伦敦最重要的经济支柱，伦敦作为全球性国际金融中心，是世界上最重要的、欧洲最大的经济中心。伦敦不仅是英国的政治中心，还是许多国际组织总部的所在地。曼彻斯特位于英格兰西北部，是世界工业革命的故乡，纺织工业一度较为发达。在第二次世界大战以后的半个多世纪，曼彻斯特本地经济一直在从工业型经济向服务型经济转型。伴随着制造业就业机会的减少，服务业提供的就业机会越来越多，该市逐渐成为英国西北地区商务、金融、保险和运输的中心。曼彻斯特是英国除伦敦以外最大的金融中心城市，其金融服务业包括银行和基金管理、保险、法律和审计、管理咨询、建筑工作和房地产等多个经济活动中处于前沿的服务业部门。

表 7-5　英国以伦敦为核心的城市群产业分工布局

主要城市	城市性质	主导产业
伦敦	英国首都，世界上最重要的政治、经济、文化、艺术和娱乐中心之一，全球金融中心、国际航运中心之一	金融服务业、旅游业、航运服务业
伯明翰	英国主要制造业中心之一	金属加工、汽车工业、珠宝业
谢菲尔德	重要工业城市、钢铁制造中心	钢铁制造业、体育产业
利物浦	港口贸易城市、旅游城市	制造业、体育产业
曼彻斯特	英国工业中心、文化中心、商业中心、金融中心	电子、化工和印刷、金融服务业

资料来源：根据各城市介绍资料整理。

7.2.5 日本太平洋沿岸城市群

日本国土面积狭小、人口密度高，各城市的区域集中布局成为经济发展的一种内在要求。东海道城市群各城市根据自身的基础和特色，承担不同的职能分工，并由此构成具有分工合作和优势互补的城市群整体效应和综合竞争能力。以东京为中心的首都圈，不仅是全国的大市场和重要的综合性大工业带，也是世界经济、金融、贸易中心。以大阪、神户、京都为中心的京阪神圈，早在江户时代就是全国最大的市场，目前已形成以消费品生产为中心的大工业地带。以名古屋为中心的东京城市圈，以生产纤维、陶器等传统工业为主，逐渐发展为重化工业区，目前是日本最大的重化工业基地。各城市间形成了一种产业分工连锁关系，避免了产业结构的趋同化。这样，东海道城市群在更大空间范围内进行资源的合理配置，实现城市规模效应、城市聚集效应和乘数效应，产生巨大的综合经济效应。

中心城市东京是日本的政治、经济、金融、管理中心。全国 30% 以上的银行总部、50% 的销售额超过 100 亿日元的大公司总部设在东京。东京是日本最大的工业中心。其制造业销售额占全国的 1/4，超过了大阪和名古屋。东京是日本最大的商业中心。其商品销售额和批发销售额均为全国首位。东京是日本的交通枢纽中心。东京湾港口群是国内最大的港口群体，以东京和成田两大国际机场为核心，组成了联系国内外的航空基地。东京还是日本的政治文化中心，拥有占全国 1/3 的国家级文化机构，日本电视台和三大报纸的总部均设在这里。

大阪是日本的第二大经济中心，以其商业资本雄厚著称。神户是大阪的外港，以大阪和神户为核心构成的工业区仅次于东京工业区，是日本第二大工业中心，轻重工业都很发达。京都曾为古都，有"西京"之称，是日本的文化名城，轻纺工业、旅游业比较发达。

名古屋位于东京和京都之间，有"中京"之称。以名古屋为核心的工业区是日本第三大工业地带，汽车工业是其突出的专业化部门，其次为钢铁、机械、石化等。

表7-6 日本太平洋沿岸城市群产业分工布局

主要城市		城市性质	主导产业
东京—横滨都市圈	东京	日本政治、经济、文化中心，世界经济中心、全球金融中心之一，日本最大的国际物流中心	信息、金融等服务业、出版印刷业
	横滨	日本第四大工业城市，拥有日本最大的贸易港	重化工业、精密制造
	川崎	日本最大重工业城市之一	钢铁、石油、石油化工、造船等工业
京阪神都市圈	大阪	日本的经济、贸易、文化中心，日本第二大港口城市	家电、石化、钢铁
	神户	日本国际贸易港口城市	钢铁、造船、石化
	京都	日本著名文化古都	传统陶瓷、纺织业
名古屋都市圈	名古屋	日本主要工业中心和港口城市	汽车制造、电子、纺织
	濑户	制陶业城市	陶瓷制造
	四日	工业城市，日本大型石油化工基地之一	石油化工

资料来源：根据各城市介绍资料整理。

7.2.6 世界五大城市群产业发展模式经验总结[①]

工业化是城市群发展的核心动力。国外五大城市群的兴起和发展都是以工业化为基础和先导的。英国是世界上最早开始工业化和城市化的国家。在工业革命的推动下，英国的城市化进程十分迅速，曼彻斯特、伯明翰、利物浦等一大批工业城市迅速崛起。随着资本、工厂、人口向城市的迅速集中，在法国北部地区、美国大西洋沿岸和五大湖沿岸等地区，在工业革命的进程中都形成了城市密集地区。

---

① 《世界著名城市群发展案例分析》，http://www.chinacity.org.cn/cspp/csal/53009.html，2010-06-28。

城市间分工协作关系紧密。如美国东北部大西洋沿岸城市群，纽约是该城市群的核心，它是全美乃至全世界的金融中心，一直左右着世界的金融、证券和外汇市场。纽约还是美国和国际大公司总部的集中地，同时又是各种专业管理机构和服务部门的聚集地。费城是该城市群的第二大城市，重工业发达，它是美国东海岸的主要炼油中心和钢铁、造船基地。波士顿是有名的文化中心。全世界闻名的哈佛大学、麻省理工学院就在这里。以波士顿为中心128公路环形科技园区已形成一个高技术工业群，是仅次于硅谷的全美微电子技术中心。华盛顿是美国的首都，是政治中心。这一城市群内有多个港口，各港口在发展中有了合理的分工：纽约港是商港，以集装箱运输为主；费城港主要从事近海货运；巴尔的摩港作为矿石、煤和谷物的转运港；而波士顿则是以转运地方产品为主的商港，同时兼有海港的性质。

重视发挥核心城市的带动辐射作用。核心城市具有较强的带动辐射作用，它的发展变化影响着城市群内的每一城市。因此一些国家十分重视培育这样的核心城市。如日本在第二次世界大战后将东京培育成了集多种功能于一身的世界城市。东京的城市职能是综合性的，其有五大功能：一是全国的金融、管理中心，二是全国最大的工业中心，三是全国最大的商业中心，四是全国最大的政治文化中心，五是全国最大的交通中心。这一集多种功能于一身的城市不仅是该城市群的核心，而且也是整个日本的中心城市。

注重发挥交通网络的沟通作用。交通运输业和信息产业的快速发展是国外城市群快速发展的重要条件和驱动力。国外城市群大多拥有由高速公路、高速铁路、航道、通信干线、运输管道、电力输送网和给排水管网体系所构成的区域性交通基础设施网络，其中发达的铁路、公路设施构成了城市群空间结构的骨架和连结枢纽。

注重发挥政府的协调作用。例如，1964年，英国创建了"大伦敦议会"，专门负责大伦敦城市群的管理与发展问题。20世纪90年以来，大伦敦地区先后引入了战略规划指引（Strategic Planning Guidance，SPG），以维持整个城市群战略规划的一致和协调。

二级城市注重与核心城市进行错位发展（包括垂直错位和水平错位）。如波士顿曾是美国东北部大西洋沿岸的中心城市，但19世纪中叶以后，随着纽约的崛起，波士顿成为美国东北大西洋沿岸的二级城市。波士顿在其后的发展中并未沦为围绕纽约的制造业基地，而是注重与纽约进行错位式发展，使其现代服务业发展仍然保持了自己的特色和相当的规模。

7.3 城市群金融产业发展与
国际金融中心建设

金融是现代经济的核心，其通过优化实体资产配置，提高社会产出效率，从而推动经济的增长。20 世纪 70 年代以来，在经济全球化和信息技术飞速发展的推动下，国际资本和金融资源在区域间流动加速，呈现出大量金融活动和金融机构在某一中心城市高度集聚的现象。金融监管部门、金融中介机构、跨国金融企业、国内金融企业等具有总部功能的机构在地域上向特定区域集中，并与其他国际性（跨国）机构、跨国公司、国内大型企业总部之间存在密切往来的联系（梁颖，2006）。金融集聚的形成是金融资源和金融系统在结构、功能、规模、等级上的时空有序演进。金融体系通过支配效应、乘数效应或者极化与扩散效应等作用来逐渐提高区域金融空间范围的层次和地位，并可能最终形成金融中心。城市群中的核心城市通常聚集了大量银行、证券发行者和交易商，并承担着资金交易中介和跨区域价值贮藏的功能。金融中心一旦形成，以跨国公司总部为微观行为主体，以全球城市为网络节点，通过资金融通和资本运作来实现资源在全国甚至全球范围的优化配置，并持续带来集聚地及周边地区交易的增长、投资的繁荣和产业的扩张。潘英丽（2003）认为，金融中心的集聚效益（集中交易能够大幅度提高交易效率；提供近距离交流与沟通的便利）和外部规模经济效益（节约周转资金余额，提供融资和投资便利；提高市场流动性，降低融资成本和投资风险；金融机构的合作得以开展，其辅助性产业得以共享）是吸引金融机构集中设立在某些大城市的重要原因。

从发展规模、辐射范围和分布格局来看，金融中心可分为全球性国际金融中心、区域性国际金融中心、全国金融中心和国内区域金融中心。金融中心从开始建立到不断发展，其辐射区域和影响范围按照先近后远、先内后外，从地方金融中心到全国金融中心，从国内金融中心到国际金融中心，从区域性国际金融中心到全球性国际金融中心。

第二次世界大战后，特别是 20 世纪 70 年代以后，国际金融活动迅猛发展，出现了一批国际金融中心城市。世界级的金融中心均出现在城市群地区：世界三大金融中心，纽约在美国东北部大西洋沿岸城市群，东京在日本太平洋沿岸城市群，伦敦在英国中南部城市群；另有巴黎、阿姆斯特丹等区域性著名金融中心则位于欧洲西北部城市群；北美第二大、第三大金融中心芝加哥和多伦多则位于北美五大湖城市群。

7.3.1 纽约国际金融中心的形成和发展

纽约国际金融中心的崛起主要分三个阶段：17 世纪末到 19 世纪中期，是纽约全国金融中心的形成时期。19 世纪初，纽约取代费城，成为美国国内最大的金融和商业中心。19 世纪中期到第二次世界大战前，是纽约国际金融中心的形成和初步发展时期。美国联邦储备体系建立，银行体制得到进一步完善。美元与黄金保持稳定的兑换关系，美元成为国际贸易和清算的重要手段，纽约迅速发展为国际金融中心。第二次世界大战后，美国凭借其强大的经济和金融实力，以国际协议的方式建立了以美元为中心的"布雷顿森林体系"，美元与黄金挂钩，其他国家货币与美元挂钩，美元成为世界最主要的储备货币和国际清算货币。凭借美国的雄厚经济实力，纽约迅速取代伦敦成为世界上最大的国际金融中心。

20 世纪 70 年代初，随着布雷顿森林体系的解体，国际范围出现了浮动汇率和利率盛行、国际储备多元化的局面。为了维持和提升纽约的国际金融中心地位，美国从 20 世纪 70 年代中期开始，从三个方面开始着手改革。一是通过石油美元的定价机制，美元仍然作为世界最主要的国际结算货币和国际储备货币，纽约仍是世界美元的清算、存放和融资中心。二是金融创新给纽约国际金融中心注入新的活力。20 世纪 70 年代中期，美国开始陆续取消或废除许多管制措施。比如取消固定佣金制，实现证券交易手续费的自由化，允许各经纪公司在收取佣金上自由竞争，可以按交易额的大小决定佣金的比例，相应取消交易集中于证券交易所的限制。20 世纪 90 年代末，美国国会通过了《现代金融服务法案》，加速了综合化、全球化以及金融工具、技术和业务创新的发展趋势。三是证券化趋势使纽约证券市场的国际地位凸显。20 世纪 80 年代以来，美国的资产证券化得到了迅速的发展，从住房按揭证券化开始，已发展到汽车应收款、信用卡应收款、租赁融资、消费品分期付款等广泛领域，资产证券市场成为仅次于联邦政府债券的第二大市场。

7.3.2　芝加哥国际金融中心的形成和发展

芝加哥是全美第二大金融中心，以庞大的金融衍生品交易量及专业化的服务而著称。19 世纪初期，芝加哥是美国最大的谷物集散地，随着谷物交易的不断集中和远期交易方式的发展，1848 年现代期货市场的鼻祖、具有领导地位的芝加哥期货交易所（Chicago Board of Trade，CBOT）成立。1972 年芝加哥商品交易所（Chicago Mercantile Exchange，CME）推出了历史上第一个外汇期货合约，揭开了金融衍生品交易的序幕。此金融产品不仅为金融市场开辟了新的交易市场，也把芝加哥金融业带进前所未有的高速增长时期。2006 年 10 月 17 日，美国芝加哥商品交易所（CME）和芝加哥期货交易所（CBOT）宣布已经就合并事宜达成最终协议，两家交易所合并成全球最大的衍生品交易所——芝加哥交易所集团。

从美国金融领域整体布局来看，纽约是传统的商业、证券及投资银行中心，而芝加哥则是金融衍生品、保险和风险管理中心。芝加哥金融中心的成功，主要归结于以下几个因素：一是优越的地理位置，为金融业发展提供完善的现货交易市场。芝加哥是美国五大湖地区最大的湖港，交通运输业十分发达，被称为"美国的动脉"。这里同时也是美国中西部粮食生产基地，为金融业发展提供了良好的现货交易市场基础。芝加哥在农产品期货的基础上不断创新，利用地域、人才、市场等资源禀赋各方面的比较优势，最终发展成为美国乃至全球最大的金融衍生品交易中心。二是宽松的经济政策，为金融业发展提供良好的政策氛围。在经济政策方面，市政府实施积极的财政政策，提出多条金融刺激措施，主要包括：税收增量融资区（TIF）政策、特区和创业区优惠政策等。此外，芝加哥市政府专门针对中小工商企业融资困难情况，推行小额贷款与银行参与型贷款政策，专门设立了"小企业进步基金"、"实验室设施基金"，为中小企业提供融资帮助。三是高水平的高等教育标准，为金融业提供高素质的金融人才。芝加哥是全美久负盛名的高等教育基地，拥有两所世界著名的商学院：芝加哥大学布斯商学院和西北大学凯洛格管理学院，以及 250 多个研究所。四是突出的金融创新能力，为金融业发展提供了丰富的交易品种。1972年，由芝加哥商业交易所的国际货币市场（IMM）独创并推行的期货合约成为芝加哥金融衍生品发展的起始点，之后芝加哥人不断开发新的金融衍生产品，把握芝加哥乃至全球金融市场动态，开发出来的利率期货、国债期货、金融指数期货等都对全球金融市场带来了极大的影响。

7.3.3 巴黎国际金融中心的形成和发展

巴黎位于法国北部巴黎盆地的中央、坐落在塞纳河西岸，是法国最大的城市，是法国的政治、经济、文化、教育、交通中心。巴黎作为法国的心脏，集聚了许多跨国企业的总部。巴黎设有许多世界性的大银行、大公司、大交易所，它们以巴黎为基地，积极开展国际性业务，构成了一个国际性营业网。巴黎以其高度发达的银行业、保险业和证券市场，成为欧洲乃至世界重要的金融中心之一。

巴黎之所以能够成为国际金融中心，主要有以下几方面原因[1]：一是巴黎金融市场流动性和透明度较好。一方面，金融业的高度市场化、国际化吸引着众多的投资者，市场流动性充足；另一方面，市场的透明度高使得参与者可以很快地从金融中心获取市场信息、了解市场行情并作出果断决策，形成了良好的金融业发展氛围。二是得益于有效而灵活的金融监管。严格而灵活的监管有助于银行强化风险意识，提高资本充足率并增强抗风险能力，从而保障了巴黎国际金融中心地位的巩固，为巴黎银行业的发展创造了有利的外部环境。三是金融文化底蕴丰厚。以法国的保险文化为例，法国保险业文化十分独特。政府颁布的众多保险法，深深影响着法国人的日常生活，这种独特的保险文化大大促进了法国金融业的发展。四

---

① 胡博峰：《巴黎成为金融中心的六个优势》，《经济日报》2012 年 4 月 9 日。

是良好的基础设施。巴黎是法国的交通枢纽，共有三个机场：戴高乐机场、奥利机场和布尔热机场。另外，巴黎大区有 15 条地铁线路、269 条公共汽车线路、6 个火车站，构建了地上和地下立体交通网。五是拥有优质的人力资源。法国的教育极具特点，教育体制复杂多样，培养了许多金融类专门人才。六是巴黎金融中心在形成与发展过程中，政府的引导和帮助起着很大的作用。20 世纪 80 年代中期以后，法国开始在金融业进行国有银行私有化、金融自由化和银行业重组等一系列重大变革。正是因为改革，使法国的金融业焕发了活力，巴黎的金融中心地位得到了巩固。

7.3.4 伦敦国际金融中心的形成和发展

17 世纪末 18 世纪初，伦敦是英国的国际贸易中心。贸易的发展引起结算与融资的需要，大小银行相继产生，伦敦货币市场由此兴起。19 世纪后，英国成为世界上最重要的国际贸易大国，伦敦银行体系日趋完善，各类金融市场逐步健全、发展迅速，国际金融业务逐渐占据主要地位，伦敦逐渐成为世界金融业的核心。但第二次世界大战以后，英国对金融业实施严格的分业经营和分业管制。企业进入的制度壁垒、经济壁垒、技术壁垒很高，证券经纪实行固定佣金制，金融市场普遍缺乏活力和竞争力，这导致英国金融行业逐步失去在全球的领先地位。为了挽救经济颓废形势，提高金融市场的功能和效率，20 世纪 80 年代中期伦敦开始实行一系列的金融改革，旨在大幅度减少政府对金融业的管制（Deregulation），使金融服务业自由化，并成为国际金融"发动机"。1986 年伦敦颁发的《金融服务法案》对许多传统的投资业务解除了管制，并允许外国银行、保险公司和证券公司申请成为交易所成员。这些措施彻底改变了英国本土及英联邦国家金融分业经营的体制，促进了商人银行业务与股票经纪业务相融合，以及商业银行与投资银行的相互结合，同时也使英国金融市场的国际化程度大大提高。这场改革不仅对英国传统金融制度产生了剧烈冲击，而且对世界金融业的发展也产生了重大影响，被称之为"金融大改革"或"金融大爆炸"（Big Bang）。随着金融业混业经营程度的加深，传统的金融监管框架已经不适应新的形势。为了进一步提高金融业的效率和促进金融业的创新发展，英国对金融监管体系进行了改革。1997 年英国设立了综合性的金融监管机构——金融服务监管局（Financial Services Authority，FSA），取代了若干个独立的监管机构，统一行使对银行业、保险业、证券业的监管职能。FSA 是英国整个金融行业的唯一监管机构，对英国金融业实行全面监管，并拥有制定金融监管法规、颁布与实施金融行业准则、给予被监管者以指引和建议等权限。配合 FSA 的成立，2000 年英国发布了《金融服务与市场法》，统一了金融监管标准，规范了金融市场的运作，大大提高了金融监管效率。金融大爆炸和监管制度的改革获得了巨大成功，扭转了伦敦国际金融中心地位下降的趋势，保持和恢复了伦敦金融城在多数金融交易市场份额领先的地位。在金融改革中，伦敦金融城引入更国际化的管理作风，使用电脑和电话等电子交易方式取代了过去传统的面对面谈价，使竞争激烈程度剧增。英国金融市场每年的证券交易额从 1986 年的 1610 亿英镑猛升到 2005 年的 2.5 万亿英镑。[①]

伦敦集中了英国几乎所有的大银行的总部和大量的跨国银行总部。大量金融机构和资源聚集在伦敦地区，使伦敦成为全球最为重要的国际金融中心之一，在国际融资、金融衍生工具交易、保险等方面扮演着不可替代的角色。此外，伦敦国际金融中心还聚集了一大批为金融市场服务的中介机构，如律师事务所、会计事务所、投资咨询公司、保险经纪人组织等。另外，大伦敦市拥有 42 所公立大学和一些私立大学，人力资源的高度聚集成为了伦敦金融业发展的强大后劲。

7.3.5 东京国际金融中心的形成和发展

东京国际金融中心是 20 世纪 80 年代日本金融自由化和国际化的产物，是依靠政府主导推动方式，发展本国金融产业的典范。第二次世界大战后，日本出于经济赶超型发展对资金提出的需求，一方面建立了以银行间接融资为主的金融体制，另一方面又对金融实行了严格的管制。当时金融体制的主要特点是严格的分业经营和分业管制。主要表现在：长短期金融分离、银行业务与信托业务分离、银行业务与证券业务分离、外汇管制、

---

① BBC：《伦敦金融城大改革 20 周年》，http://www.bbc.co.uk/china/lifeintheuk/story/2006/10/061027_citybigbang.shtml。

利率管制。在这种金融体制下，日本的银行业得到了巨大的发展，但金融市场却受到了很大的限制。

20世纪70年代末80年代初，日本启动了以金融自由化、市场化和国际化为主要内容的金融改革。日本逐步采取利率自由化、经营业务领域自由化、金融市场及产品自由化、开放国内金融市场、日元国际化等多项改革措施。在日本雄厚经济实力的支持下，加上日本原有的各类金融市场也不断扩展，东京在较短时间内发展成为纽约、伦敦之后的全球第三大国际金融中心，极大地提升了日本金融的国际地位。但伴随着日本经济近二十年的衰落，东京国际金融中心总体地位已远不及20世纪80年代，不仅与伦敦、纽约的差距在拉大，而且在某些细分金融市场如财富管理市场等还被新加坡和中国香港所超越。虽然目前东京的亚太地区国际金融中心的地位不可动摇，但由于日本经济发展相对滞后、金融政策比较保守、开放程度和顺序与国内金融系统改革适应度不够、金融产品偏少以及语言等方面的因素制约，日本全球性国际金融中心的地位正面临着日益严峻的挑战。

7.3.6 世界五大城市群国际金融中心发展比较分析

7.3.6.1 城市群金融中心的分布特征

金融中心以金融资源聚集与金融辐射功能作用为根本特征。金融中心辐射半径大小决定了金融中心的层次。从发展规模、辐射范围和分布格局来看，金融中心可分为全球性国际金融中心、区域性国际金融中心、全国金融中心和国内区域金融中心。

一个庞大的金融中心体系必然依托于一个发达、完善的金融市场体系。世界五大城市群不同层次金融中心专业分工具有以下特征：第一，经济实力强大的城市群一般都拥有若干不同层次的经济中心城市，形成了若干个专业化或多样化的区域金融中心。货币市场、资本市场、外汇市场、衍生金融工具市场、黄金市场等一应俱全，以此来满足金融主体资金融通、支付结算、风险管理等不同种类不同层次的金融需求。第二，国际金融中心的产生沿循的途径是：金融业的产生和发展→国内区域金融中心→全国金融中心→区域性国际金融中心→全球性国际金融中心。第三，金融中心一般拥有便利的交通与发达的基础设施，优越的地理与时区位置。如

表 7 - 7　世界五大城市群不同层次金融中心专业分工

城市群	城市	定位	主要特点
美国 东北部 大西洋沿岸 城市群	纽约	全球性国际金融中心	世界最重要的银行业中心；世界最大的共同基金管理公司、养老基金管理公司、对冲基金、私募基金等资产管理中心；世界最大的经营中长期借贷资金的资本市场
	华盛顿	全国金融中心	美国金融决策中心
	波士顿	国内区域金融中心	美国最大的基金管理中心
北美 五大湖 城市群	芝加哥	区域性国际金融中心	金融衍生品交易中心、全球最大的期货期权交易中心
	多伦多	区域性国际金融中心	以寿险、能源、矿产等为特色业务
	蒙特利尔	全国金融中心	以金属贸易金融、综合风险管理为特色
欧洲 西北部 城市群	巴黎	区域性国际金融中心	银行、证券、保险、基金管理业务发达
	布鲁塞尔	区域性国际金融中心	欧盟的金融决策中心
	卢森堡	区域性国际金融中心	欧洲国际银行业中心
	阿姆斯特丹	全国金融中心	以银行业与股票交易相互结合为主要特点
	里昂	全国金融中心	欧洲历史上著名的银行金融中心
	杜塞尔多夫	国内区域金融中心	德国最重要的股市之一、日本银行在德国重要的聚集地
	科隆	国内区域金融中心	偏重于保险业务
英国伦敦 城市群	伦敦	全球性国际金融中心	世界最大的货币市场、债券市场、外汇市场和保险市场；欧洲最大的证券交易中心及金融衍生品交易中心
	曼彻斯特	国内区域金融中心	除伦敦以外最大的金融中心城市，偏重于银行和基金管理、保险
日本 太平洋 沿岸 城市群	东京	全球性国际金融中心	偏重于债券交易、股票交易业务
	横滨	国内区域金融中心	—
	大阪	国内区域金融中心	—
	名古屋	国内区域金融中心	—

资料来源：部分参考冯邦彦、覃剑：《国际金融中心圈层发展模式研究》，《国际金融》2011年第 4 期。

纽约一直是美国重要的商品集散地，是世界最大海港之一。第四，国际金融中心往往首先是一个商业、贸易中心，是一定经济地域或经济腹地与外界联接的窗口和枢纽，在连接世界范围内市场和商业活动中发挥了重要的功能，构成了连接全球商业活动的"节点"网络，成为世界经济贸易交往的集散地。物流、人流所带动的资金流，又吸引大量的金融机构的入驻，商业中心逐步转化为金融中心。

7.3.6.2　城市群金融产业集聚的动因分析

流动性是金融资本的生命力，也是金融市场本质的集中体现。在经济全球化和信息技术飞速发展的推动下，国际金融市场迅速发展，国际资本和金融资源的流动不断加快，呈现出大量金融活动和金融机构在某一中心城市高度集聚的现象。

（1）对金融集聚内在动因的研究

Kindleerger（1974）、Tschoegl（2000）认为，规模经济是产生金融集聚区最重要的积极因素。外部规模经济具有自我强化性，大量银行和其他金融机构选择某一个特定区位，能够产生集聚经济效益，从而增强这个区域的吸引力。金融中心的聚集效应主要体现在跨地区支付效率的提高和金融资源跨地区配置效率的提高。

金融地理学的信息流理论认为金融产业特性决定了信息变量对金融产业集聚有着关键影响。由于金融业涉及巨额资金的投资管理，具有高风险性，因而金融机构的任何经营决策必须要基于对海量、及时、准确的信息掌握。由于信息在传递过程中具有耗损的特点，而传递非标准化信息又容易引致信息诠释误差，因而金融机构必须进驻信息中心地（梁颖，2006）。Porteous（1995）认为信息外部性（Information Externalities）、不对称信息（Asymmetric Information）、信息腹地、国际依附性和路径依赖这些力量是决定金融中心兴衰的关键因素。尽管现代通信技术极大地提高了企业间的信息传递，但金融企业、行业协会、顾客群、专业技术人员间的面对面的交流更有利于获取大量、高可信、及时的信息。金融产业集聚将大大简化金融机构之间的合作交流，增强其合作的广度和深度。另外，面对面的交流对于准确把握非标准化信息中的真正价值至关重要。

（2）对金融集聚外在动因的研究

国际金融中心的演进受到一系列外部因素的影响，这些外部因素可以分为四大类。一是宏观经济活动水平，包括经济增长和稳定性、贸易进出口、国际资本流动等；二是城市设施和基础条件，如交通通信设施、人力资源的供给和相关辅助产业发展等；三是金融中心发展的成本因素，如城市商务成本、企业信贷成本、工资成本等；四是政策和制度条件，如政治稳定性、法律和税收体制、政策和管制环境等。

地区比较优势推动了金融资源在区域间的有序流动，从而形成了金融产业在特定区域的聚集。一个地区如果能够提供高效政府服务、良好的工程性基础设施（如交通、通信、电力）和社会性基础设施（如医疗、教育、卫生）、接近优质顾客群以及大量专业技术人员，无疑增强了对跨国公司、国内外金融机构和金融人才的吸引能力。潘英丽（2003）认为，空间成本、人力资源、通信设施、监管环境是影响金融中心城市竞争力的主要因素。此外，城市"软"的竞争力对于吸引金融机构入驻也至关重要。如伦敦作为一个开放性的世界级城市，一直是世界上最重要的政治、经济、文化、艺术和娱乐中心之一，文化多样性、公信力、包容性、时尚活力对人才有巨大的吸引力（Taylor 等，2003）。另外，金融产业集聚虽然始发于市场机制，但如果没有一个稳定的政府在基础设施、产业配套、财税政策、土地使用等方面的大力支持，也很难获得较快较好的发展。在我国各级政府对金融业发展的支持力度对金融集聚起着决定性作用。政府因地制宜地通过人为设计、财政支持、政府引导促成金融产业的集聚。此外，在金融集聚的形成中，偶然因素的作用也不可忽视。另外，有证据（黄永兴等，2011）表明周边地区的金融中心建设可能对本地区金融集聚产生极化效应。

7.3.6.3 城市群金融中心形成发展模式比较

国际金融中心通过控制大规模国际金融资源，成为各种货币资本运行规则的制定地和风险损失的转移地。拥有了强大的国际金融中心，才能够掌握对国际资本流动、定价、交易等的控制权，取得世界经济金融领域的主动权和话语权。国际金融中心的形成发展有两种模式：市场主导模式与政府主导模式。市场主导模式是指随着经济的发展，产生了对金融产业集聚的需求，从而金融机构为了满足这种需求，开始创新各种金融产品，提供各种金融服务，促使金融市场不断发展，金融体制不断完善，进而形成金融产业集聚区。金融产业集聚区的形成给区域经济带来了新的机遇和挑战，促使区域经济得到进一步的发展。经济快速增长又对金融产业提出新的要求，形成良性互动的关系。

政府主导模式是指在国际金融中心的建设过程中，政府通过行政立法、执法、倾斜性政策等国家手段来发挥国家力量，推动国际金融中心按政府预定的模式与步骤向前发展。当区域经济水平还处于较低的层次时，其区域经济中心还不能自然形成金融产业集聚区，于是政府依托区域特点和区域优势，在一定时间内因地制宜地通过人为设计、财政支持、政府引导而形成金融产业集聚区。这种依托政府支持主导、反常规发展而形成的金融产业集聚区，在一定程度上发挥了金融产业集聚区的辐射带动效应，促进区域经济发展。政府的积极作为是金融资源聚集强大的外部推力，当然，政府如果措施不得当，还会阻碍金融资源聚集。

7.3.6.4　城市群发展与国际金融中心建设

城市群发展与国际金融中心建设存在协同性，这主要体现在两个方面：一是城市群是国际金融中心存在和发展的基础，二是国际金融中心建设提高了城市群的竞争力，是城市群进一步发展的强大助推力。

在决定国际金融中心聚集力的要素中，经济要素更为基础和具有决定意义。作为区域经济增长的引擎，城市群为国际金融中心的形成和发展提供了基础条件。城市群可为国际金融中心的形成和发展提供单个城市所难以肩负的资金、专业技术人才和技术的供给。与城市群相伴而生的区域交通、人才、资本和技术的一体化，降低了区域内经济发展的成本，提高了经济的活力和竞争力，给各城市都带来了新的发展机遇。

国际金融中心建设提高了城市群的竞争力：金融机构的聚集以及相伴而生的资本、人才和技术等资源的流入，给其所在城市群带来了极大的发展空间。同时，各类企业可充分利用全球的金融资本为自己服务，同时也给自有资本进入全球市场进行海外投资开辟了通道。

7.3.6.5　世界五大城市群金融中心发展模式比较分析

世界五大城市群金融中心尽管模式各异，但却有一些共同特征：

（1）强大的经济实力是金融中心形成的基础

目前世界主要国际金融中心几乎都处于经济发达地区，经济的国际化与金融的国际化、自由化水平都较高。如作为老牌资本主义国家的英国，其经济实力相当雄厚，早在第一次世界大战前，英国就已经是世界上最为强大的资本主义国家。金融中心同时也是经济中心：金融中心需要以经济为依托，须是一个大量资金的集散地，金融中心的地位与城市经济中心的地位相关联。只有城市的经济发展达到一定程度，拥有数量可观、发展良好的企业以及居民的可支配收入达到一定水平，对金融机构提供的金融产品的需求增加，才能为金融机构提供成长的条件和空间，吸引金融机构的进入。城市雄厚的经济实力吸引了大批投资家进行投资，开办工厂及公司的分支机构，这些机构的存在使得对金融交易的需求逐渐增多。反过来，金融机构集聚能够更好地促进金融机构经营运作，实现城市金融资源有效配置，促进经济发展。

（2）拥有完善的金融市场结构

一个国际金融中心，其市场结构需要非常完善，资本市场、货币市场、保险市场、票据市场、期货市场、外汇市场、黄金市场和衍生金融工具市场要充分发育，这才有利于发挥金融中心的规模经济与集聚效应，扩大金融中心的辐射深度与广度。

（3）高度自由化的金融市场环境为金融中心建设提供了发展空间

宽松的金融政策和活跃的金融产品创新造就了成熟的金融市场，吸引了大批跨国金融企业和机构来此落户。如在伦敦大量的外籍金融高级管理人才供职于伦敦商人银行协会、伦敦证券交易所和期货经纪公司等金融核心机构，既推动了伦敦本土金融业的发展，又扩大了伦敦对世界金融产业的影响力。

（4）政府监管和法律政策环境

在金融对外开放的情况下，要按照国际标准和惯例，完善金融机构和金融市场的信息批露制度，提高金融体系透明度；发展征信机构，完善征信制度，使征信体系作为整个监管体系的一部分，有效抵御信用风险。促进金融机构优化治理结构，可以采用量化的方法、工具与模型技术，进一步提高风险管理能力。

（5）政府扶持成为金融中心发展的重要动力

从国际上金融中心发展的国家背景看，即使是西方发达的自由市场经济国家，近些年来也无一例外地加大了对本国金融业进行扶持和引导的力度与倾向。尤其是当本国金融业的体制和现状已不再适应国际竞争的需要，不利于经济结构的调整和产业要素的优化时。西方主要国家如英国、日本、美国，20世纪80年代以来由政府主导先后进行了"金融大爆炸"式的金融改革和机制创新，从而有效地提升了各自的综合竞争力。

7.4 世界五大城市群快速轨道交通体系建设

城市群紧密的社会经济联系对交通系统提出了很高的要求，优先发展快速轨道交通系统是世界五大城市群交通出行模式的必然选择。轨道交通具有运量大、快速、准时、安全、节能、环保等优点，目前已在世界范围内大规模地建设起来，并成为城市群快速交通体系中的一个重要组成部分。其中，城市轨道交通系统（包括地铁、轻轨、单轨系统、有轨电车、新交通系统）能为城市中心区的居民出行提供方便，通常作为城市交通的骨干；市郊铁路系统联系城市与郊区或者中心城市与卫星城市，主要服务范围在城市中心的外围地区，负责城市中心与外围组团副中心之间长距离的联系，是一种介于城市轨道交通和一般铁路之间的客运交通模式；城际轨道交通以吸引城际间客流为主，主要是解决城市密集地区城市间的大量、高密度、乘车时间高度灵活的始发、终到客流，它是介于干线铁路和城市轨道交通之间的一种交通方式。城际轨道以中短途旅客运输为主，其发车频率较高。应注意的是，城际轨道和高速铁路之间并没有完全的界限，设计时速达到一定标准的城际轨道交通也可称之为高速铁路。

7.4.1　美国东北部大西洋沿岸城市群

7.4.1.1　城市群城际轨道交通建设

1835 年，华盛顿和巴尔的摩之间修通了铁路，3 年后铁路就延伸到了纽约。随着铁路将中心城市连接起来，城市的联网效应逐渐形成，各地产业链条逐步完善，核心城市、周边城市在大城市辐射效应下的出现与兴起，使得波士华城市群整体框架最终形成。当前以高速公路和铁路干线为主的区域交通系统将波士顿—纽约—费城—巴尔的摩—华盛顿五大城市串起。波士华城市群偏重于公路建设，对波士华城市群起到重要促进作用的是 95 号州际公路（Interstate 95）。同时，东北走廊（Northeast Corridor）连接着波士顿—纽约—华盛顿，是美国客运量最大、发车频率最高的铁路段。东北走廊大部分路段紧邻且平行于 95 号州际公路。美国运输部曾于 20 世纪 90 年代末实行高速铁路改善计划，对东北走廊铁路进行升级，大幅改善了铁路设施，更新了客票预售系统。到 1999 年底，整个东北走廊完全实现了电气化运输。2000 年 12 月 11 日，美国第一条高速铁路（Acela Express）在东北走廊开通，时速达到 240 公里/小时，从波士顿到纽约乘坐高铁只需 3 个半小时，从纽约到华盛顿只需 2 小时 45 分钟。除高速铁路外，东北走廊还有多条通勤铁路线运行。

7.4.1.2　中心城市快速轨道交通网络体系分析

纽约大都市区的轨道交通系统包括三个层次，由地铁、纽新捷运和通勤铁路构成。

（1）纽约地铁

纽约地铁是世界上最庞大的地铁系统之一，主要布局在纽约市的曼哈顿区、布朗克斯区、布鲁克林区、皇后区 4 个区，为纽约市快速公共交通服务。纽约地铁目前由 26 条地铁线组成，共长 368 公里，沿线共 468 站，平均站间距为 0.79 公里。

（2）纽新捷运系统

纽新捷运系统由纽约与新泽西港口事务管理局运营管理，是连接曼哈顿、泽西市及霍伯肯的过哈德逊河的捷运系统，主要服务于居住在新泽西的哈德逊河岸需到纽约市上班的通勤人群。目前共 4 条线路，整个系统长 22.2 公里（不含轨道重叠的部份），沿线布设 13 个车站，平均站间距为 1.71 公里。

（3）通勤铁路系统

通勤铁路主要是大都会北方铁路和长岛铁路，均由纽约大都会运输署（Metropolitan Transportation Authority）营运及维护。由于纽约通勤铁路以通勤出行为主，主要为郊区提供上下班的通勤服务，因此站间距较大。大都会北方铁路（Metro-North Commuter Railroad）是一条提供纽约上州与康涅狄格州的当地居民往返纽约市交通需求的通勤铁路。长岛铁路（Long Island Railroad）为美国纽约长岛居民提供通勤服务。纽约通勤铁路目前共有 8 条支线，在市中心设有宾州站和中央站两个终点站，它们同时也是大型的换乘枢纽。早在 20 世纪初期，这两个位于曼哈顿中心区最重要的区域轨道交通枢纽就开始提供通勤服务，绝大多数通勤列车都终止于这两个车站，且能与 4 条地铁完成换乘，因此没有区域线穿越市区的运行，也没有列车进入地铁线路运行。

这种放射加市中心终端枢纽结构的轨道线一端连接了城市的主要卫星城、城市副中心和对外交通枢纽，另一端则终止于城市中心。一方面它能够实现城市中心与主要卫星城、城市副中心和对外交通枢纽之间便捷的联系，满足旅客的出行需求，郊区乘客不需换乘便可以直达市中心；另一方面，由于线路均指向中心商务区，使得通勤者在进入市中心后，可能还需换乘地铁到达目的地，导致区域轨道交通的服务范围较小，也容易造成枢纽内换乘的客流过于集中。

7.4.2 北美五大湖城市群

7.4.2.1 城市群城际快速交通网络

北美五大湖城市群城际交通以高速公路网、高速铁路网和航空网为主，由于临近五大湖区，港口非常发达。该城市群核心城市是芝加哥，伊利诺伊—密歇根运河把处于内陆的芝加哥同五大湖和大西洋连接起来，从而变为港口城市。海洋巨轮可从加拿大的圣劳伦斯湾直驶芝加哥码头。

7.4.2.2　中心城市快速轨道交通网络体系分析

（1）地铁系统

芝加哥位于美国中部的伊利诺斯州境内、世界第一大湖密歇根湖畔与芝加哥河交汇处，总面积 9598 平方公里。芝加哥作为美国第三大城市，是美国中部政治、经济、文化和交通中心。芝加哥是美国最大的铁路中心，通往东部、西部的火车都要经过此地，也有火车通南部的达拉斯、休斯顿。

芝加哥共有 8 条轨道交通线路，其中 7 条线路在中心区构成"中"字形网络。2 条骨架线（蓝线和红线）为地铁线路，24 小时不间断运行，串联中心区、北密歇根大街商业区、临湖经济走廊及奥黑尔国际机场。其他 5 条辅助线路联系中心区与主要发展轴线，分别从不同方向进入中心区，共用一套高架系统，线路之间平面交叉，设有信号控制。

（2）市郊铁路

芝加哥共有 11 条市郊铁路线路，均以中心区作为始发点，方便 6 个郊区县居民直接进入中心区。4 个起点站均匀分布在东南西北 4 个角，其中最大的联合站是市郊铁路和美国客运铁路的共用站，大部分乘客出市郊铁路站后可步行到达上班地点。

7.4.3　欧洲西北部城市群

7.4.3.1　城市群城际轨道交通建设

高速铁路在欧洲西北部城市群的铁路体系中扮演着重要角色。法国的高速铁路以（Train a Grande Vitesse）命名，1981 年法国第一条 TGV 城际高速铁路投入运营，TGV 是继日本新干线之后的世界第二条商业运行的高速铁路系统。目前法国已建成的主要 TGV 线路包括东南线、大西洋线和北线。TGV 北线于 1993 年 9 月全线开通运营，该线全长 333 公里，从巴黎以北的喀内斯（Gonesse）到里尔（Lille），在里尔分为两条支线，一条向西穿越英吉利海峡隧道到达英国伦敦，另一条与比利时的布鲁塞尔、德国的科隆、荷兰的阿姆斯特丹相连，是一条连接法、英、比、德、荷五国城市重要的国际通道。1994 年 5 月，大巴黎区外环线（全长约 128 公里）建成，从东部环绕巴黎，将北线和东南线、大西洋线联结起来，使三线构成可绕过巴黎相对连接的高速铁路网系统。同时，外环线途经法国戴高乐国际机场高速车站和欧洲迪斯尼乐园高速车站。

7.4.3.2 中心城市快速交通网络体系分析

大巴黎地区有着发达的轨道交通系统，轨道交通包括多种形式，有常规地铁、市域快速轨道交通（RER）、轻轨和市郊铁路。其中，地铁和轻轨主要服务于城区内的旅客运输；市域快速轨道交通和市郊铁路以线路里程长、站间距大、列车运行速度快等特点，主要承担巴黎市中心与市郊以及市郊之间的旅客运输。

（1）常规地铁线

巴黎是世界上最早建设地铁的城市之一，发展至今已经拥有纵横交错的 14 条线路（另有 2 条支线），线路总长 213 公里，形成了四通八达的地下交通网络。由于站间距短，巴黎地铁主要以中低时速运行。在巴黎的 14 条地铁线路中，10 号、11 号线属于放射线，1 号、3 号、4 号、5 号、7 号、8 号、9 号、12 号和 14 号线属于直径穿越线，13 号线为切线形线路，2 号、6 号线属于内环线。其中，3 号线有 1 条支线，7 号线在北端有支线（支线末端还连接了一个由 3 个车站组成的小环线），在南端有分叉线。10 号线在两段外侧线的中端各引出一个闭合小环线。

巴黎地铁由穿越市区的直径线和环绕市区的环线共同组成构成放射—环状轨道线网。直径线可以直接疏散城市中心到郊区的客流，环线将城市各个片区紧密地连在一起，为各个片区提供便捷快速的交通服务，另外环线可以疏解客流，过境客流不必通过市中心换乘而通过环线完成出行，这样可以减轻中心区交通压力，同时缩短区域间出行的绕行距离。

（2）轻轨线

目前，巴黎共有 4 条轻轨线路运营，为 T1—T4 线，全长 38.1 公里，另外还有几条在建线路。其中，T1—T3 线由巴黎运输公司负责运营，而 T4 线则由法国国家铁路公司负责运营。T1 线布局与巴黎市北部边界平行，正位于巴黎市边界的外围。T2 线位于巴黎市的西部，T3 线在南部，T4 线在东部，4 条轻轨线形成环绕巴黎的格局。

（3）市域快速轨道交通线（RER）

市域快速轨道交通线由巴黎运输公司和法国国营铁路公司共同经营管

理，是贯穿巴黎市区并延伸到郊区的大运量铁路公交线，它与市郊铁路线共同运送上下班乘客，以缓解巴黎市区地面交通和地铁运输的压力。目前，巴黎共有 5 条 RER 线，为 A—E 线。

RER 线穿过巴黎市区，连通了分布在市区周围的大区铁路。巴黎 RER 建设的主要目的是使乘客快速穿越整个巴黎市和从近郊不经换乘就可以到达市中心。RER 建设前，郊区乘客需在城市边缘换乘地铁进入市中心，从郊区到达市中心耗时长，卫星城的发展受到了限制。郊区和郊区之间的联系更加不方便，需要在城市边缘至少换乘 2 次才能到达目的地。为了实现"保护旧城区，发展卫星城"的目标，使人们向郊区迁移，巴黎市政府决定修建 RER 线路，将既有市郊铁路通过城市中心区连接起来，实现卫星城—中心城—卫星城之间的直通服务。虽然 RER 接入市中心，但是它坚持了自己市郊铁路干线的定位，在市中心仅在客流集散地设站供与地铁换乘，而在市郊设站密度增加。所以，在市内，RER 是一个与地铁完全独立的系统，在地下更深一层并与地铁垂直换乘。

从线路规划和布局来看，RER 线以法国国营铁路公司的既有铁路为基础，在中心城区通过普通地铁的下方修建新线，并通过若干换乘枢纽与地铁网接驳，然后分别沿不同方向贯穿巴黎城区；出市区后从地下走上地面，各自分成若干叉道，并与多条市郊铁路相连，通向巴黎郊区的卫星城市和市镇，成为在郊区延伸的放射线。此外，RER 还适当增加一些支线（如 RER B 线和 RER C 线均有相应的支线），扩大覆盖面。

（4）市郊铁路线

巴黎大区市郊铁路全部由法国国家铁路公司运营，连接市区和周围郊区，构成一个密集的铁路网，网络呈发散形，以市内的火车站作为终点，分别服务于不同的方向。市郊铁路承担了郊区尤其是远郊运输功能，同时对 RER 网络进行补充，增加了大巴黎郊区轨道交通密度和运载范围。

根据法国国家铁路公司的发展方针，市郊铁路分为 6 个主要部分，其中每个部分又由多条线路组成。在 6 个部分的市郊铁路中，有 6 条线路直接接入到巴黎的 6 个车站，形成了以巴黎市内火车站为起点、呈放射状向外散射、服务于不同方向的市郊铁路网。市郊铁路一般终止于巴黎市区的铁路客运站，不穿过市区中心。这样的线路形式能够实现城市市区与主要卫星城间的便捷联系，满足旅客快速、方便出行的需求。

7.4.4 英国以伦敦为核心的城市群

7.4.4.1 城市群城际轨道交通建设

英国是世界上最早修建铁路的国家，在19世纪50年代就形成了铁路建设的高潮。英国城市群在铁路系统放射线的铁路网引导下有序扩张，铁路沿线形成了很多新兴城镇。

从伦敦到曼彻斯特的火车在伦敦主要火车站尤斯顿站（Euston）发车，平均每20—30分钟就有一班，车程从2小时15分钟到3小时25分钟不等。为了加强城市群城市间的联系，英国正在规划欧洲最快高速铁路（时速超过350公里/小时），一期工程从伦敦到伯明翰，二期将从伯明翰分别修到曼彻斯特和利兹。

7.4.4.2 中心城市快速轨道交通网络体系分析

（1）伦敦地铁

伦敦是世界上最早建设地铁的城市，1863年伦敦建成了世界上第一条地下铁路，从此开创了大城市快速轨道交通发展的新纪元。目前伦敦已建成12条、总长度超过400公里的地铁线路网，12条线每条线路都有一个自己的标志色以此区分。此外，伦敦地铁交通从中心向外分为六个区，第一区、第二区为市中心，第六区则是较偏远的地区。地铁票价按区收费，白色为一区，绿色为二区，明黄色为三区，橘色为四区，紫罗兰色为五区，粉色为六区。

伦敦的绝大部分换乘站都坐落在换乘环线上，区域线路列车在环线上的城际车站停止运行。这种形式的区域线一端连接了城市的主要卫星城、城市副中心，另一端则终止于城市轨道交通环线上。换乘环线也发挥着通勤换乘和与城市副中心连接的双重作用，在通勤总量不大的情况下，这样的线网结构能很好地发挥作用。

（2）伦敦市郊铁路线

伦敦是世界上市郊铁路最发达的大都市之一，市郊铁路线网密度高、分布均匀，形成多条放射走廊，连接了几乎所有主要市镇。伦敦市郊铁路在不同交通圈形成不同的站点密度和站间距。伦敦的中心城内市郊铁路站点多、密度高，站间距较短，离中心城距离越远的交通圈，站点设置越少，站间距越大，中心城高密度的站点布置及外围区低密度大站间距的网络结构特征，适应了大都市不同交通圈的不同交通特征和出行多样化的需求。

7.4.5 日本太平洋沿岸城市群

7.4.5.1 城市群城际轨道交通建设

快速放射状交通走廊是东京与城市群其他主要城市之间交通联系的重要特征。为了缓解城市群发展中日益严重的交通拥堵问题、改善交通运输环境，日本政府在制定全国综合开发建设时，从东海道城市群整体发展的角度出发，针对内外交通运输网络进行了五次统一规划，如表 7－8 所示。

表 7－8　日本东海道城市群交通发展战略

	全国综合开发计划				
	第一次	第二次	第三次	第四次	第五次
制定时间	1962 年	1969 年	1977 年	1987 年	1998 年
交通发展战略	在已有工业地带优先建设以高速公路为主的干线道路网，修建以东海道新干线为主的城市间交通体系	建设城市群交通网络体系，积极建设城市群高速公路和高速铁路体系	完善城市群交通网络体系，积极建设城市群高速公路和高速铁路体系	强化环状和放射状路网建设，构筑形成当日往返交通圈之基础的高速交通体	进一步完善城市群的国际交通网络

东海道城市群快速交通走廊有三种交通模式：高速公路、JR 东海道新干线、JR 普通铁路。不同的快速走廊提供不同的出行方式，可以为城市群的中心城与周边城市之间提供多样化的出行方式。日本 JR 东海道新干线是连接东京车站与新大阪车站的新干线高速铁路路线，已经成为一条来往关东及近畿地区的极重要铁路线。日本 JR 东海道新干线是世界上第一条载客运营的高速铁路系统，它在 4 小时之内将东京、横滨、名古屋、京都、

大阪等日本沿海主要城市有机地连接起来，使人员和物资流通环境大幅度改善，有力地推动了东海道城市群的发展。

7.4.5.2 中心城市快速轨道交通网络体系分析

东京的轨道交通网按照服务范围可以分为地铁线、私营铁路线和国铁JR线[①]。

（1）东京地铁线

东京地铁的历史可以追溯到1927年，当时诞生了上野至浅草的2.2公里线路，取名为银座线，1939年全线（上野至涉谷）竣工，长14.2公里。1941年，日本政府决定成立营团地铁（帝都高速度交通营团），即东京地铁前身。东京都地铁12条线共有292.2公里，平均每条线24.3公里，共设站274个，平均站距1.1公里。

地铁集中分布在以东京火车站为中心的5公里半径范围。在东京市区最繁华的地点，如东京站、银座、新宿、饭田桥等地铁重要换乘枢纽，往往几条线路交汇。客流高峰时段，特别是早上7—10时、晚上18—20时发车频率快，各线路列车间隔时间普遍为2—3分钟，地铁车辆长度多为18—20米，采用8—10辆编组，全列乘客定员超千人，运输能力是公交汽车无法比拟的。

东京地铁的票价比较灵活。总体来说，基本票价按区段确定。此外，还有多种优惠票价，有一种"自由车票"，限1名持票人当天使用，可以不限车次乘坐东京地铁任何线路车，这种票还分有1个月、3个月、6个月种类。另外，还有"非高峰时间本票"、"周末/节假日本票"也是以优惠价格出售。由于乘客使用通勤/通学月票可享受相当大的优惠，因此月票深受欢迎。

（2）东京私营铁路线

日本私营铁路又叫民营铁路，是由都道府县及其他地方公共团体或私人企业铺设经营的铁路，在日本交通运输体系中负责地区性运输业务。私营铁路线以山手环线为重点，向外围都市圈辐射，服务于东京外围区和郊

---

① 马述林：《东京城市快速轨道交通发展模式及启示》，《综合运输》2009年第3期，第78—84页。

区（即东京大都市区），连接东京市中心和外围主要居住区，承担中心区与外围市镇间的潮汐交通。该系统由 20 家私营铁路公司运营管理，共 34 条线路，长 984.6 公里，共设站 610 个，平均站间距为 1.6 公里，运营时速为 40—45 公里。

私铁中含有跨座式单轨系统、橡胶车轮新交通系统、直线电机（磁悬浮）等新兴轨道交通系统方式。在交通运输市场竞争激烈、铁路行业处于不利形势下，日本政府通过多种公共政策扶持，保证私营铁路的公益性和企业性，有计划地加强私铁的现代化改造，适应具有大量性、方向性、波动性强的城市客运交通需求；通过鼓励多元化经营，开拓新事业领域，增加经济收益和经营活力，促进铁路沿线的综合开发。私铁线路通常都是独立线路，但近年来为了提高线路的可通性，特别是能够延伸到东京都的中心部分，私铁列车逐步与东京市的地铁相互直通运行。最近一些私铁公司也开始和 JR 合作开行相互直通列车。

（3）JR 线

JR 线（Japanese Rail）是指日本国家铁路系统，承担城市间或市区与周围市镇间的远程交通运输功能。JR 线列车一般较长，通常是 8—10 节车编组，有的则是 12 节以上编组。都市圈内的 JR 系统包括中心区的山手环线、远郊武藏野两条环线，以及以东京站为中心，向都市圈其他地区 5 个主要方向辐射的放射状线路，全长 887.2 公里。根据功能的不同，JR 线分为两种，一种是普通 JR，速度慢（40—45 公里/小时），承担城际线作用；一种是新干线，类似于国内高速客运专线，停站少、速度快（120—130 公里/小时）。

参考文献

[1] C. P. Kindleberger, *The Formation of Financial Centers: A Study of Comparative Economic History*, Princeton, 1974.

[2] D. J. Porteous, *The Geography of Finance: Spatial Dimensions of Intermediary Behaviour*, Aldershot, UK: Avebury, 1995.

［3］P. J. Taylor, J. Beaverstock, G. Cook, N. Pandit, K. Pain and H. Greenwood, *Financial Services Clustering and its Significance for London*, London: Corporation of London, 2003.

［4］A. E. Tschoegl, "International Banking Centers, Geography, and Foreign Banks", *Financial Markets, Institutions & Instruments*, Vol. 9, No. 1, 2000, pp. 1-32.

［5］毕翼、孙彤：《日本东海道城市群发展及其对沈阳的借鉴意义》，《沈阳师范大学学报（社会科学版）》2010 年第 1 期。

［6］陈孟乔、施仲衡、刘建坤：《国外主要城市市郊铁路发展现状分析及启示》，《综合运输》2010 年第 3 期。

［7］程必定：《上海世博会后长三角城市群的发展趋向》，《科学发展》2010 年第 2 期。

［8］丁艺：《金融集聚与区域经济增长的理论及实证研究》，湖南大学博士学位论文，2010 年。

［9］冯邦彦、覃剑：《国际金融中心圈层发展模式研究》，《国际金融》2011 年第 4 期。

［10］黄永兴、徐鹏、孙彦骊：《金融集聚影响因素及其溢出效应——基于长三角的实证分析》，《投资研究》2011 年第 8 期。

［11］黄娴毅、石小法、Vincent Mahuteau：《法国城市轨道交通不同系统间的衔接研究及其启示》，《城市轨道交通研究》2010 年第 9 期。

［12］李凤玲、史俊玲：《巴黎大区轨道交通系统》，《都市快轨交通》2009 年第 1 期。

［13］梁颖：《国外金融产业集聚的发展经验》，《金融中心理论与实践》2011 年第 5 期。

［14］梁颖：《金融产业集聚的形成模式研究：全球视角与中国的选择》，《南京财经大学学报》2006 年第 5 期。

［15］梁颖：《金融产业集聚述评》，《经济学动态》2006 年第 8 期。

［16］刘刚：《美国和日本城市群发展的比较研究》，吉林大学硕士学位论文，2006 年。

［17］刘贵清：《日本城市群产业空间演化对中国城市群发展的借鉴》，

《当代经济研究》2006 年第 5 期。

[18] 伦波：《区域金融中心发展研究——以青岛为例》，中国海洋大学硕士研究生论文，2003 年。

[19] 马述林：《东京城市快速轨道交通发展模式及启示》，《综合运输》2009 年第 3 期。

[20] 潘英丽：《论金融中心形成的微观基础——金融机构的空间聚集》，《上海财经大学学报》2003 年第 1 期。

[21] 裴瑱：《中心城市与周边城市的分工与产业整合——长江三角洲城市群的发展》，复旦大学博士学位论文，2004 年。

[22] 苏立峰：《全球金融中心演进规律的实证研究》，华东师范大学博士论文，2009 年。

[23] 《世界著名城市群发展案例分析》，http://www.chinacity.org.cn/cspp/csal/53009.html,2010 - 06 - 28.

[24] 王洪波、罗芳：《国际金融中心与大城市群的协同性——兼论上海国际金融中心的建设》，《国际经贸探索》2009 年第 7 期。

[25] 王传辉：《国际金融中心产生模式的比较研究及对我国的启示》，《世界经济研究》2000 年第 6 期。

[26] 王乃静：《国外城市群的发展模式及经验新探》，《技术经济与管理研究》2005 年第 2 期。

[27] 吴竞：《金融服务业集聚的动因分析》，上海社会科学院硕士论文，2010 年。

[28] 杨亚琴、王丹：《国际大都市现代服务业集群发展的比较研究——以纽约、伦敦、东京为例的分析》，《世界经济研究》2005 年第 1 期。

[29] 余秀荣：《国际金融中心历史变迁与功能演进研究》，辽宁大学博士学位论文，2009 年。

[30] 张建森：《芝加哥金融中心发展与现状研究》，《深圳金融》2011 年第 5 期。

[31] 周世锋、土辰：《世界城市群发展演变特点及其对长三角的启示》，《江苏城市规划》2010 年第 8 期。

［32］宗晶：《国外三大城市轨道交通模式研究》，《交通标准化》2011 年第 17 期。

［33］甄小燕：《东京巴黎城市圈城际轨道交通比较及启示》，《综合运输》2008 年第 10 期。

8

中国城市群
协调发展的
基本态势与
政策选择

8.1 中国城市群协调发展的基本态势

8.1.1 改革开放以来中国区域及城市群发展的总体演变路径

中国城市群的真正形成与发育始于20世纪80年代的改革开放初期，历经三十多年的发展历程。纵观我国城市群发展的整个过程，其发展演变的路径可分为三大阶段：20世纪80年代的发育萌芽阶段、20世纪90年代的快速成长阶段、21世纪至今的持续发展阶段。

改革开放初期及20世纪80年代，我国的区域经济政策带有很明显的东部沿海地区倾向性，使得我国东部地区优先发展的区域格局得以建立并得到快速的发展。具体表现为，国家实施了一系列向东部沿海地区倾斜的区域发展政策，首先对广东与福建两省采取特殊政策，1980年先后创办深圳、珠海、汕头、厦门4个经济特区，1984年又进一步开放沿海大连、上海、天津、湛江等14个城市，1985年开放长江三角洲、珠江三角洲与闽江三角地带，1986年起陆续开放山东半岛和辽东半岛；1988年将海南省设为我国最大的经济特区，同时在广东和福建建立范围更大的改革开放实验区；1990年国家做出开发开放上海浦东的重大战略决策，等等。这一系列的政策措施使得我国东部地区的经济及相应三大城市群得到较好的发展，并且为今天山东半岛、辽东半岛、海峡西岸城市群等东部沿海地区城市群的形成和发展奠定了非常重要的基础。

20世纪90年代以来逐步开启了区域与相应城市群协调发展的序幕。这一时期，我国东部沿海三大城市群已经形成，并在全国范围内开始建立区域协调发展的政策格局。具体表现在：首先，"八五"时期，国家提出中国对外开放由沿海地区扩展到沿边、沿江、沿主要铁路线和内陆省会城市的"四沿"开放发展战略，催生了一批沿江地区城市群如成渝城市群、武汉城市群、长株潭城市群、江淮城市群的形成和发展，以及一些沿边地区城市群如北部湾城市群、天山北坡城市群的萌芽。其次,"九五"期间,7 个跨省区市的经济区域逐步形成,即以辽东半岛、山东半岛、京津冀为主的环渤海综合经济圈,以珠江三角洲和闽东南地区为主的外向型经济发达的经济区,等等。最后,国家还提出了加快中西部地区发展的战略部署。1999 年,国家提出了西部大开发的战略决策,这为构建我国区域之间的协调发展格局开启了序幕。

21 世纪以来,区域与城市群协调发展的实践进入到深入实施阶段。这一阶段的区域发展政策,不仅为前一阶段我国开启区域间协调发展的政策提供了深入实施的战略支撑,并为中西部地区城市群的进一步形成和发展提供了强大的政策支持。同时也将区域经济协调发展的重点逐步从省份经济转化到城市群经济,区域经济协调发展的重点也从省域协调逐步向城市群协调转换,这样区域经济发展及协调发展的重心不再是大尺度的多省域经济,而是单省域或者跨省域的以城市及城市群为主要载体的协调发展问题。这主要表现为:首先是继续实施西部大开发战略,同时提出了实施中部崛起的战略决策,明确提出解决"三农"问题。在这些政策支持之下,全国形成十大城市群体系。其次是"十一五"规划明确提出将城市群作为我国城乡区域发展中的主导推动力量。我国城市群发展格局已逐步形成了以沿海及京广、京哈线为纵轴,长江及陇海线为横轴的网状体系,以及以若干大型城市群为主体,中小城市和城镇点状分布的整体格局。这一时期,我国的城市群体系已明确形成三个梯次的空间分布格局,在国家的战略规划部署中对这三类城市群体系分别做出了相应的发展部署。

8.1.2 中国各梯次城市群发展整体特征及其之间的协调发展

目前对于我国城市群的空间发展态势,学术界存在不同的划分标准。我们按照《全国主体功能区规划》所提及的区域,将我国目前已经和正在形成的城市群和经济区划分为 24 个。将这 24 个城市群和经济区按照发育情况划分为三个梯度:成熟型城市群、发展型城市群、形成型城市群。其中,成熟型城市群包括我国经济发展水平最高、经济规模最大的三个城市群,即长三角、珠三角和京津冀城市群;发展型城市群包括山东半岛城市群、辽中南城市群、海峡西岸城市群、武汉城市群、环长株潭城市群、成渝城市群、中原城市群、哈长城市群、江淮城市群、东陇海城市群、关中—天水城市群、太原城市群这 12 个城市群；形成型城市群（近似城市群的城镇密集区）包括天山北坡城市群、北部湾城市群、兰州—西宁城市群、滇中城市群、黔中城市群、呼包鄂榆城市群、宁夏沿黄城市群、鄱阳湖城市群、藏中南城市群这 9 个城市群。

表 8-1 中国三个梯次城市群发展特点比较

	发展阶段	地理位置及空间布局	空间结构	发展现状及特点
成熟型城市群	趋于鼎盛阶段	东部沿海经济发达地区，毗邻远洋运输港口，沿重要江河水系、铁路公路分布	双核或单核；具有世界级的特大型城市作为增长极，对整个城市群的辐射能力很强；形成最高级城市、次高级城市、周边城镇的城市层级发展体系	区位优势明显、经济规模最大、市场作用为主导、开放程度最高、产业结构较为合理、城市化水平高，成为推动我国经济发展的最主要力量
发展型城市群	处于快速发展阶段	内陆地区，多集中在中西部和东北老工业地区，在原有的工业城市和交通枢纽城市的基础上发展起来	双核或单核；具有国家级的大型城市，对城市群的辐射能力较弱；形成大型城市、中小型城市和城镇的层级发展体系	具有资源禀赋优势、劳动力资源丰富、工业基础较好、政府政策作用较强、市场正逐步开放，城市群规模逐步扩大，成为东西部地区经济发展的过渡地带
形成型城市群	处于发育雏形阶段	多集中于西部边远地区，城市零星分散于交通枢纽或资源密集地区	缺乏起主导作用的核心城市，城市规模小、尚未形成城市群发展的空间网络体系	开放程度低、具有一定的资源禀赋，政府的作用对城市群的发展具有极其重要的作用

资料来源：笔者整合资料得到。

8.1.2.1 各梯次城市群之间的发展差异

东部地区三大城市群是我国经济规模最大、人口最为集中、城镇最为密集、对外开放程度最高的地区。改革开放以来，三大城市群一直引领着中国经济的快速发展。发展型的城市群，自"十五"计划以来其发展逐步引起了国家的重视，近十年来相继出台的规划在很大程度上促进了这一梯次城市群的形成和发展。在21世纪头十年的发展中，发展型的城市群在中国经济发展中的作用日益明显，已经逐步成为推动我国未来经济发展的强大动力。第三梯次的城市群发展仍处于雏形阶段。所以，各梯次城市群之间的差距相对较大。

从综合经济实力来看：首先，东部三大城市群的经济规模远远高于二三梯次的城市群；其次，第二梯次城市群的生产总值差异较大，除了海峡西岸经济区与珠三角和京津冀地区生产总值较为接近外，其他城市群基本达到这两大城市群的1/3左右；最后，第三梯次城市群的生产总值只达到珠三角和京津冀的1/10左右。从聚集程度来看，2011年，长三角和珠三角的人口密度达到977人/平方公里和1026人/平方公里；第二和第三梯次的城市群中除了山东半岛城市群达到598人/平方公里以外，其他分别仅在100—300人/平方公里之间。2011年，长三角和珠三角的经济密度分别为6415万元/平方公里和6883万元/平方公里，京津冀的这一指标也达到2169万元/平方公里；而第二三梯次城市群除山东半岛达到3445万元/平方公里外，其他分别在1000—1500万元/平方公里和100—700万元/平方公里之间。由此可见，二三梯次城市群与东部三大城市群的聚集程度差距较大。

8.1.2.2 各梯次城市群的功能分工与国家战略部署

对于不同发展阶段及发展规模与特征的城市群，其在国家中的功能分工也不同。

对于东部三大城市群，国家将其未来发展战略定位在走向世界级的城市群，城市群的发展要实现全方位多角度的立体式发展，同时明确其辐射范围扩大到周边城市群乃至全国，并且依然是我国未来经济发展最重要的引领者。对于第二梯次的城市群，国家更侧重于该城市群对其所在区域的经济带动，城市群的发展侧重国民经济的某个重要领域。例如，环长株潭和武汉城市群，国家对其定位是我国"两型社会"建设综合配套改革试验区①；海峡西岸城市群，国家将其定位于"服务祖国统一大业的海岸性城市群"②。第三梯次城市群绝大多数处于形成的雏形阶段，绝大多数地区的发展程度远没有达到城市群的构建规模，国家出于区域之间协调发展的目的，以及对于老少边穷地区的政策扶持的目的设立相应的城镇密集区和经济区。这一梯次城市群主要定位于对西部地区优势资源的合理利用。例如兰州—西宁城市群，国家将其定位于"全国发展循环经济的示范性城市群"③。

8.1.3　中国各梯次内部城市群之间协调发展态势

8.1.3.1　成熟型城市群之间协调发展态势

长三角城市群是我国规模最大、城市体系结构最完善、产业体系最完整的城市群。长三角城市群拥有中国发育程度最高的民营经济基础，与外来资本、技术相结合，形成了区别于珠三角"外源型"经济的"内生"与"外源"相结合的独特经济类型，并成为其具有强大竞争力的独特优势。目前，长三角城市群已经进入工业化发展的中后期阶段，城市群内部分工合作日益深化，其经济影响力和辐射范围将远远超出长三角城市群覆盖全国。珠三角城市群是我国最先受惠于改革开放政策的地区。在20世纪80年代凭借其毗邻港澳的地缘优势，以"三来一补"、"大进大出"的出口加工贸易起步，大量吸引海外资金，承接了港澳台大量的产业转移，迅速成为我国市场化和经济开放程度最高的地区。同时，珠三角地区以惊人的城市化速度和工业化速度，迅速建立起玩具、陶瓷、电子、家具、服装等多元化的产业链条，使珠三角成为充满生机的世界性加工贸易制造业重要基地。京津冀城市群作为经济后发地区，其发展水平和发展规模相对落后于长三角和珠三角城市群。同时，从对外开放的力度和深度来看，京津冀城市群与长三角和珠三角城市群也存在明显差距。纵观京津冀城市群的发展，其经济增长带有明显的粗放型特点，经济增长较多依靠要素的投入。

---

① 国务院：《关于批准武汉城市圈和长株潭城市群为全国资源节约型和环境友好型社会建设综合配套改革实验区的通知》，2007年12月。

② 国务院：《国务院关于支持福建省加快建设海峡西岸经济区的若干意见》，2009年5月。

③ 国务院：《甘肃省循环经济总体规划》，2009年12月。

这一点可能与我国改革开放由南向北的梯度推进有关，同时也与其自身经济发展的基础和路径选择相关。

从第二产业的主导行业来看：首先，珠三角和京津冀的主导行业较为集中，长三角的主导行业涉及范围较广；其次，珠三角的主导行业集中在通信计算机、电器机械和交通运输设备领域，京津冀的主导行业集中在通信计算机、石油天然气和金属冶炼领域，长三角主导行业涉及了通信计算机、纺织、化学原料及制成品、黑色金属冶炼、电器机械、交通运输等多个行业；最后，珠三角前三大主导行业的增加值差异较大，通信计算机行业所占比重明显较高，而长三角和京津冀的各主导行业在工业增加值中的比重分布较为均衡，主导行业发展水平较为均衡。三大城市群之间既有相同的通信设备计算机及其他电子设备制造业，也有不同的行业，城市群之间既有同业的竞争也有产业上差异，当然相同行业的重点也不一定相同，如同样是通信设备、计算机及其他电子设备制造业，京津冀地区以软件与计算机应用服务业为主，长三角地区以电子计算机及显示器为主，珠三角地区以打印机、调制解调器等为主，等等，也即区域城市群之间存在行业内的分工。

表 8-2 中国三大城市群工业主导行业比较

城市群	长三角城市群	珠三角城市群	京津冀城市群
主导行业数目	7 个	3 个	3 个
工业主导行业	通信设备计算机及其他电子设备制造业、纺织业、化学原料及化学制品制造业、黑色金属冶炼及加工业、电气机械及器材制造业、通用设备制造业、交通运输设备制造业	交通运输设备制造业、电气机械及器材制造业、通信设备计算机及其他电子设备制造业	通信设备计算机及其他电子设备制造业、石油和天然气开采业、黑色金属冶炼及加工业

资料来源：高汝熹、吴晓隽、车春鹏：《2007 中国都市圈评价报告》，上海人民出版社 2008 年版。

当然，三大城市群在国家战略中的功能分工也不同。《长江三角洲地区区域规划》关于长江三角洲地区发展的战略定位是，亚太地区重要的国际门户、全球重要先进制造业和服务业基地、具有较强国际竞争力的世界级城市群、全国科技创新与技术研发基地、全国经济发展的重要引擎。此战略定位明确了以下两个方向：首先，上海的战略定位是面向国际化的世界级城市群，并且是引领我国经济增长的最大引擎，这一重要地位是不容置疑且无法动摇的。其次，上海的战略定位就是"四个中心"，这个定位要求结构调整方向是形成以服务经济为主的产业结构，加快发展金融、航运、信息、创意、文化、旅游等现代服务业，形成以服务经济为主的产业结构；同时加快制造业的升级，突出发展以创新和研发为主的高端制造业。《珠江三角洲地区改革发展规划纲要（2008—2020 年）》对珠三角地区的战略地位是：探索科学发展模式试验区、深化改革先行区、扩大开放的重要国际门户、世界先进制造业和现代服务业基地、全国重要的经济中心。国家赋予珠三角地区发展更大的自主权，使其继续大胆探索；同时，继续推进与港澳地区的密切合作，建设与港澳地区错位发展的国际航运、物流、贸易、会展、旅游和创新中心，成为亚太地区最具活力和国际竞争力的城市群。由此可见：首先，珠三角地区作为一国两制衔接地带的功能和中国与世界经济体系接轨的前沿功能仍将继续凸显；其次，在平衡自由市场经济体制与社会主义市场经济体制、贯彻落实内地与港澳更紧密的经贸安排、加快中国经济与世界经济体系融合等方面，将依然发挥先锋作用。《关于推进天津滨海新区开发开放有关问题的意见》对于天津滨海新区的功能定位是：我国北方对外开放的门户、高水平的现代制造业和研发转化基地、北方国际航运中心和国际物流中心，以及全国综合配套改革实验区。《国务院关于同意支持中关村科技园区建设国家自主创新示范区的批复》提出将中关村建设成为国家自主创新示范区。由此可以看出，京津冀城市群未来发展方向，首先是国家创新能力最强的大型城市群，以此为支撑建立起拥有高端制造业和服务业等完整体系的产业结构；其次，将建设成为我国北方最大的增长极和对外开放门户，辐射我国东北、华北、西北广大北方地区；最后，产业体系的构成是以农业、能源原材料工业、交通运输业为主体的基础产业，以及现代制造业和现代服务业为主体的高端产业两部分相结合。

8.1.3.2 发展型城市群之间协调发展态势

按照发展水平和经济规模，中国发展型城市群内部也存在三个发展层级。第一层级的城市群其经济发展水平和经济规模仅次于东部地区三大城市群，包括山东半岛城市群、成渝城市群和辽中南城市群。第二个层级的城市群包括中原城市群、武汉城市群、环长株潭城市群、海峡西岸城市群，它们的经济发展水平和规模略低于第一层级的 3 个城市群。剩下的 5 个发展型城市群属于第三层级，其发展水平和经济规模更低一些。从整个第二梯次的城市群来看，目前其产业发展已在全国范围内产生重要影响的城市群主要集中在三个区域，即山东半岛和辽中南城市群所在的环渤海区域、海峡西岸城市群，以及武汉城市群和环长株潭城市群所在的长江中游地区。

与第二梯次其他城市群相比，山东半岛和辽中南城市群的整体发展水平明显较高，这主要是得益于环渤海经济圈的整体带动效应和京津冀城市群的辐射效应。目前，山东半岛城市群已经形成了较为完善的产业发展体系，主要发展家电制造业、电子信息、石油、交通运输设备制造业、医药制造、农副产品加工、海洋业、旅游业这八大支柱产业。辽中南城市群在其丰富的矿产资源基础之上，逐步发展起来以重化工业和重工业为支柱产业的产业体系。海峡西岸城市群以福州、厦门、泉州为三大中心城市，从产业发展来看，这三大城市以电子信息、机械装备、石油化工三大产业为主导产业，其产值总和占据了海峡西岸城市群的 60% 以上。武汉城市群和环长株潭城市群的产业发展联动带动了长江中游地区的产业发展。武汉城市群的产业发展，主要以机械制造业、优势能源和原材料业、轻纺产业、高新技术产业为主导产业。长株潭地区的产业发展主要表现在电子信息、工程机械、食品等传统优势产业上。

对于我国崛起中的城市群，国家针对不同的发展水平和区域特点相继颁布了一系列促进各地区发展的规划和文件。总体来讲，大概分为三个类型：

第一，具有国家战略意义的城市群发展战略。如山东半岛城市群、海峡西岸城市群。这两大地区都位于我国东部沿海地区，并且具有良好的经济发展基础，经济发展水平仅次于东部沿海三大城市群。国家对于其定位主要从两个层次着眼，首先是该区域面向世界的发展定位，这是从整个国家对外发展战略角度出发；其次是该区域对于所在地区的辐射和带动角度定位，这是从国家的区域战略发展来讲。例如，国家对于山东半岛城市群，首先将其定位于东北亚区域性国际发展地区，使其发展成为全球产品生产服务供应链中的重要一环；其次，将其建设成为黄河流域的经济中心和龙头带动区域。①

第二，关于综合配套改革实验区的发展战略。如成渝城市群、长江中游地区的武汉城市群和长株潭城市群。国家将成渝城市群定位于全国统筹城乡综合配套改革试验区，着重解决其发展过程中的城乡二元经济结构问题。武汉城市群和环长株潭城市群，定位于全国资源节约型和环境友好型社会综合配套改革实验区，同时明确其在中部崛起中的重要战略地位。

第三，对于具有国家层面重要产业的城市群发展战略。如中原城市群、辽中南城市群、关中—天水城市群。国家对于中原城市群和关中—天水城市群的定位，首先着眼于其农业发展的战略地位，明确其农业现代化发展的重要方向；其次明确其二三产业的发展方向，将其定位于承接东部地区产业转移的重要地区。对于辽中南城市群的定位，国家主要是从振兴东北老工业基地的角度出发，明确其重要的重工业发展基地的战略地位。

8.1.3.3 形成型城市群之间协调发展态势

从整个形成型城市群空间范围来看，该梯次的城市群基本分布于我国西部内陆和延边地区，经济发展相对落后，但区域内部或多或少都具有相对稀缺的资源和能源以支持该区域发展具有特色的工业产业部门。发展相对较好的有北部湾城市群和呼包鄂榆城市群。其中呼包鄂榆城市群主要利用区内典型的煤炭能源、稀土资源和农畜产品资源，发展各自具有特色的工业产业部门，并形成了一定的区域竞争力，呼包鄂榆城市群的地区生产总值及人均生产总值甚至高于第二梯次的部分城市群；而北部湾城市群主要依靠其靠近东盟自贸区的区位优势，大力发展对外加工贸易产业。从产业结构来看，形成型城市群内部产业结构差异较大，但大多数地区都是以农业和工业发展为支撑，第三产业发展相对落后。

对于形成型城市群也即我们常说的近似城市群的城镇密集区，国家针

---

① 国务院：《山东半岛蓝色经济区发展规划》，2011 年 1 月。

对各区域的发展特点和经济发展水平制定了不同的发展战略。总体来讲分为两类：第一类是具有国家战略意义的发展部署，如北部湾城市群的发展战略。国家将北部湾城市群位于我国面向东盟自贸区的开放合作区域①，这一区域的发展对于我国能源资源的发展和面向东盟地区的交流合作都具有举足轻重的战略意义。第二类是推动西部和延边地区经济发展、缩小东中西差距的发展战略。例如黔中城市群、滇中城市群和宁夏沿黄城市群，这三个区域是我国西部内陆典型的经济落后地区。国家战略将推动这些区域更好地利用区域资源，发展具有区域特色的产业，以推动当地经济的发展。

8.2　中国城市群发展过程中存在的问题及其成因分析

8.2.1　中国城市群发展过程中存在的问题

8.2.1.1　从国家宏观层面看存在的问题

21 世纪以来，我国的城市群队伍呈现出迅速发展壮大的局面。国家相继出台一系列的规划政策，批准了一批城市群、经济区和试验区，并在政策上给予支持。城市群规划一方面促进了我国城市化的发展，有利于进一步缩小我国东中西部地区之间的差距，但另一方面也出现一些问题，这主要表现为以下几个方面：

（1）区域之间利益分配的不平衡所导致的地区利益冲突问题

实现区域利益的最大化是区域内部参与者一切行为的动机，区域经济的协调发展必然要求以区域利益关系的和谐为基础。从我国经济发展的几十年经验来看，各地区之间存在着较为严重的利益分配不均的现象，主要

---

① 国务院：《国务院关于进一步促进广西经济社会发展的若干意见》，2009 年 12 月。

集中表现在三个方面：一是中央政府的宏观政策作用，二是地方政府破坏利益分配机制，三是市场主体自身存在的问题。因此，揭示区域之间利益分配不均、建立起利益共享与各方参与者共享经济建设成果的利益分配制度，对于我国实现区域之间协调发展具有重大的意义。

传统体制下中央政府通过对地方进行投资，来实现区域之间的利益分配，因此投资成为我国这些年实现经济发展的最有效手段。就我国而言，中央政府对哪个区域的投资越多，该区域的经济发展速度就会越快，经济发展水平就会越高。改革开放后，中央政府对于地方的投资主要表现在给予地方以优先发展的政策优惠，比如增加基础设施建设投资、减免税收、提高外汇留成比例、放开沿海地区产品价格等。在我国社会主义市场经济建设的几十年过程中，享受到这些政策优惠的地区主要是我国东部沿海地区、经济特区和经济开发区，最典型的例子就是深圳。这一宏观政策在很大程度上促进了这些区域经济实现快速发展，但是也带来了区域之间的利益冲突等问题。当区域之间的利益分配的不平衡达到一定程度，区域之间的利益关系就会恶化，这就会导致区域之间为了自身发展而不惜代价获取中央的优惠政策或其他有利条件，从而使得区域之间的发展出现不协调的现象。这样又在一定程度上促使地方政府为了谋取自身发展的利益，而采取破坏区域之间利益分配机制的行为，从而加剧了区域之间利益分配不平衡的恶化，最终导致区域之间的非协调发展。同时，市场主体的利益诉求无法得到充分表达也是其中的一个方面。我国市场经济体制尚不完善，经济主体的利益诉求有时无法得到充分有效的表达，例如政府的过分干预、市场经济参与者的利益诉求被压制等。

（2）各地区争相纳入国家战略所导致的城市群建设盲目跟风及土地资源不合理开发利用问题

继长三角、珠三角和京津冀三大城市群纳入国家发展战略之后，我国不少地区都相继出台各自的区域发展规划，申报国家战略层面的城市群、经济区和试验区，试图以此来增强自身竞争力，使自身纳入到整个国家发展战略之中。2009年，我国批准的各类区域规划达到11项。截至2011年12月，国务院批复的综合配套改革试验区一共有10个，它们分别是上海浦东新区、天津滨海新区、重庆市、成都市、武汉市、长株潭城市群、深圳市、沈阳经济区、山西省和厦门市这10个省市地区，基本遍布了我国东部沿海地区、东北地区、中部沿江流域和西部地区。对此，国家发改委表示，改革进入深化阶段，原则性不再接受新的综合配套改革试验区的申请。

我国三大城市群发展的大格局是国家在政治、经济和社会发展的综合因素之上形成的，这是历史发展的客观性和国家发展的战略性所需要的。而国内许多地方，由于摆脱自身落后发展现状和经济发展热情的高涨，不顾经济和社会发展规律，出现了盲目攀比、好大喜功的现象。很多地方跟风出台城市群和经济区的建设规划，急于加入国家发展战略之中，从而造成了不顾城市自身的经济联系和产业联系紧密程度，盲目组合形成所谓的"城市群"和"经济区"。这不仅不利于自身的发展，也会对我国整个战略层面的区域间发展造成一定的问题。因此，无论整个国家层面还是各省市地区，都应该客观认识自身发展所处阶段，量力而为，在发展中突出自身的特点和优势，从而形成具有区域发展特色的竞争力。

另外，在国家建设城市群、经济区和试验区的热潮下，各地争相扩大自身城市建设规模，以使自身能够尽快跻身国家发展战略之中，从而导致建设用地的城市化大大快于人口城市化的现状。进入21世纪以来，我国很多城市开始扩大城市规模，建设新城区，尤其是在我国中西部地区，城市新区建设遍地开花。这种新区扩建导致很多农田被推平占用，这些土地要么是建设所谓的"科技园区"，要么被荒废无人问津，从而导致大量土地不能被合理利用，造成土地资源的浪费。

（3）区域经济之间的产业协调关系尚未形成，导致区域协调发展的内在机制缺失

实现产业梯度转移，是发达地区与欠发达地区之间进行产业协调发展的重要方式，同时也是发达地区实现产业升级的必要过程，以及带动欠发达地区实现发展的必要途径。但目前我国三大梯度城市群之间尚未形成较为完善的产业间协调发展内在机制。这种现象产生的原因有以下几点：一是我国东部地区第一梯次城市群内部自主创新能力还不强，这使得其在全球产业链分工中处于较低端的一环，更多的是承接发达国家的产业转移，从而使得这一梯队的城市群的产业向中西部地区城市群转移的速度放慢。

二是在中西部地区，一些正在崛起的城市群当中存在着生产要素市场的二元性问题。东部发达地区可以获得高素质人才，同时也可以获得中西部地区较为廉价的劳动力和原材料。这就造成了东部发达地区存在要素市场和产业结构的二元性问题，即创新性产业和传统产业并存的现象。这一问题使得传统产业可能在较长期内滞留在东部发达地区，而没有出现理想中的大量产业向中西部地区转移现象。三是中西部地区城市群承接产业转移的软环境尚不完善。我国二三梯队城市群在基础设施和制度环境等方面的建设依然不完善，这就使得东部发达地区企业缺乏对中西部进行投资的信心，从而减缓了产业转移的速度。

8.2.1.2　城市群内部存在的问题

（1）城市群内部等级体系建设及空间网络体系存在的一些问题

我国城市群经过近些年来的发展，已经逐步建立起较为完善的等级和空间网络体系，但是其中仍然存在着一些问题。这些问题无论对于东部地区三大城市群，还是中西部地区的城市群都具有普遍的代表性，并且将严重地影响到我国城市群的未来发展。对于不同发展程度的城市群，这些问题又具有不同的具体表现。

对于我国东部地区三大城市群，主要具体表现为"双核心"或"双龙头"城市之间的问题。这一问题是指，在城市群中具有两个等级、发展规模和发展水平相当的城市，它们为争取中心或龙头地位，而采取各种手段争夺区域内有限资源以实现自身发展的现象。例如，长三角城市群的南京和杭州两大城市，它们分别作为江苏省和浙江省的省会城市，以及长三角城市群的两个次中心城市，对各自省份的发展以及整个长三角城市群的发展都具有巨大的推动作用。同时，由于二者都是仅次于上海的区域内次核心城市，两座城市在发展中又具有很大的竞争力。为了实现本省内部的发展，以及提升自身在城市群内部甚至全国的影响力，两座次核心城市均不遗余力地争取区内资源和国家的优惠政策。这样就在一定程度上阻碍了城市群内部核心城市之间的分工合作，从而不利于城市群的整体发展。

对于发展型城市群或者形成型城市群，主要表现为核心城市的辐射作用不强、城市群空间体系分布失衡。核心城市的发展水平，在很大程度上直接决定了城市群在整个区域范围内所能获取的分享空间。城市群体系中的核心城市对周边城市的极化效应和扩散效应两种力量哪一个占主导，主要取决于核心城市的整体经济实力和辐射能力。当核心城市具有很强的经济实力时，其扩散效应就应当占主导地位。此外，核心城市与周边城市基于市场的经济关联度不够紧密，从而使得产业链和产业集群尚未形成。这就使得传统的"金字塔"模式的城市空间体系和产业空间模式远未形成。并且，由于中小城市之间存在空间体系的断层，"哑铃型"的城市体系直接导致核心城市与周边城镇及广大农村地区缺乏必要的经济联系，从而无法实现扩散效应来有效地带动周边地区的发展。同时，也使得核心城市自身无法有效疏散传统产业，实现产业结构的优化升级。例如，中原城市群中只有郑州能够进入全国经济实力前50强，周边城市则经济实力较弱；同时，郑州对于其他城市的辐射能力比较低，对周边城市的带动作用也远远不足。再如武汉城市群，武汉市的人口超过450万，属特大型城市，其他城市的人口只有黄石在50万以上，周边城市均为20万以下的小型城镇，存在着明显的城市体系断层。还有关中城市群的西安与宝鸡，两个核心城市之间缺少大城市连接，从而使西安应该具有的核心城市职能作用难以逐级扩散到整个城市群网络体系中。

（2）城市群内各城市之间产业结构趋同，缺乏明确的产业分工合作机制

城市群的核心是推进区域经济一体化，关键是城市间的分工协作，其中产业分工，特别是制造业分工尤为重要。目前，我国城市群中城市之间发展目标相似、产业结构雷同、生态环境系统缺乏引导控制等等问题普遍存在。产业同构现象会引发城市群内部各城市之间的引资大战，从而使得已经存在的低水平的产业同构现象在更高的层次上重演，最终造成重复建设和大量资源的浪费。

以长三角为例，在长三角16个城市中，发展汽车零配件制造业的有11个城市，发展石化的有8个城市，发展通信产业的有12个城市。苏锡常三地位列前五的产业完全相同。江苏省进行沿江开发的市县绝大多数都在实行以港兴市和以重化工为主导的产业发展战略。京津冀城市群同样存在这样的问题，电子信息和汽车产业成为京津两市的主导发展产业，但两市之间并未因此形成紧密的合作关系，反而竞争大于合作，不利于城市群

内部的发展与区域整体竞争力的提升。珠三角地区尽管促进区域专业化分工，但其产业趋同现象依然存在。珠三角城市群内部各城市中，大部分中心城市的专业化产业部门基本集中于通信、电子器材、电器机械、化学制品、仪器仪表等产业，并且几乎所有城市都将生物技术、电子信息、新材料、光机电一体化等产业作为主导产业。

（3）缺乏高效的区域公共交通体系及基础设施重复建设严重的现象并存

完善、高效的区域基础设施体系，是实现区域内部各生产要素在区域内有效流动的重要保障，同时也是企业降低生产成本和交易成本的关键因素。由于受到行政区经济的影响，城市群内部缺乏有效的成本和利益分配协调机制，从而导致我国城市群内部各城市之间存在基础设施供需不平衡。而这一现象也普遍存在于各个发展水平的城市群内部。这一问题主要是由公共设施的外部性和各城市从自身利益出发两个原因导致的。一方面，基础设施具有很强的外部性，区域内部各城市都从自身利益出发，不考虑向其他周边城市提供设施共享，从而导致整个城市群内部基础设施供给存在很大问题。例如京津冀城市群，北京的首都机场与天津之间、天津机场与北京之间缺少公共交通的直通线路。另一方面，城市群重大基础设施存在供给过度现象。城市群内部各城市为了提升自身竞争力大规模建设基础设施，主要表现为港口和机场的大规模建设。这不仅造成了巨额投资浪费，同时也使得大量已建成设施闲置。长三角城市群的港口建设、珠三角城市群的机场建设均存在这样的问题。

（4）制度性障碍难以突破使得"行政区"经济问题难以解决

有效的制度安排是促进经济增长、实现经济发展的有效源泉。实现制度创新可以在很大程度上促进区域经济的发展。传统的计划经济体制下所形成的"路径依赖"依然在一定程度上影响着我国经济的发展。这一现象使得我国各个发展程度的城市群中或多或少存在"行政区"经济的问题。"行政区"经济会在行政区内部形成强大的行政壁垒，非常不利于城市群内外协调机制的建立和发展。我国的"行政区"经济在促进行政区内的经济发展上发挥了重要作用。但随着市场经济在更大程度上的推进，"行政区"经济与市场经济之间的冲突越来越明显，行政区经济在很大程度上已成为阻碍我国市场经济向纵深发展的重大障碍。例如中部地区城市群，在国家提出"中部崛起"政策之后，各省均拿出了自己的发展方案。按照目前的格局，中部地区已经形成了六大城市群，而这些城市群之间的经济联系和产业分工合作并不紧密，基本处于各自发展的状态。同时，城市群内部的"行政区"经济现象则更为严重和普遍。我国不同发展梯次的城市群内部基本都存在这一问题，尤其是对于发展水平相当的核心城市，它们为了争夺城市群内部的有限资源和国家的优惠政策，常常采用各种手段获取本城市自身利益，从而导致城市群的整体利益受到影响。这种各自为战且壁垒森严的行政区经济，也称为"诸侯经济"，正是城市群内部出现地方保护主义、基础设施重复建设、产业结构趋同、区域生态环境治理失调的重要根源所在。

（5）环境问题已经成为城市群实现可持续发展的重要问题

我国发达地区走的是先污染后治理的道路。这表现在经济发展速度高，而环境治理速度远远低于经济增速，从而出现了大面积的环境恶化现象。比如东部京津冀地区 2013 年出现的长时间雾霾现象，长三角地区只有钱塘江和太湖水域的部分水质达到饮用水标准，其他河流湖泊的水质均出现了严重问题。同时，我国东海和南海海域也经常发生赤潮等现象。尽管我国第一梯次城市群经济实力较为雄厚，但区域环境污染治理由于涉及跨区跨流域的治理，因此难度很大，使得治污工作难以得到有效推进。再如，长三角城市群内长江、太湖、钱塘江、京杭大运河等主要河流水域基本都流经城市群内的各城市，如苏州与上海、湖州与苏锡常、绍兴与杭州等城市之间，在不同程度上存在跨地区排污问题。区域性环境污染治理难以推进，是因为在综合整治的过程中缺乏相应的合理制度安排，比如排污标准如何确定、治污成本如何分摊、治污后如何实现有效管理等，都应当制定合理可靠的法律规定。

（6）城市群之间相对缺乏统一有效的协调机构和明确的推进主体

经过多年的发展，我国城市群在近些年已经逐步建立起相应的城市群发展机制和协调机构。但这样一个有效的协调机制和协调组织的完善却是一个艰难而漫长的过程。目前，仅仅我国东部三大城市群基本建立起了这样的机制，并且其中也存在很大的问题。对于中西部城市群，目前仅有少数几个城市群建立起了相应的协调机构，开展城市群内部各项事务发展的协调工作。并且已建立起的相关机构表现出其协调能力较弱、权威性不够、协调作用十分有限的问题。这使得相关机制的建立形同虚设，对于城市群的发展并没有起到其应有的重大作用。同时，地方保护主义和部门垄断地位依然存在，这些都使得城市群内协调机制的建立和完善存在很大的障碍。

8.2.2 中国城市群发展过程中的问题成因探析

在我国城市群发展过程中存在的一系列突出问题，其背后存在着深刻的政治、经济、社会、文化等多方面的原因，其中尤其以政府方面的原因对这些问题的产生发挥着更为直接的作用。

8.2.2.1 经济学视角的原因探析

（1）经济主体的逐利性

经济人具有两个基本特征，即利己性和理性。城市政府也是理论上的"经济人"，这使得其具有利己性和理性特征。由于城市政府的逐利性，城市政府便会为了本地的财税、经济规模、就业、城市等级等利益，不惜利用掌握的一切公共权力充分动用其行政区内的财政、金融、土地等各种资源，以强权决定投资方向和资源配置，这一现象导致了各地不顾国家政策和由此带来的一系列生态环境负效应等问题，而将大量资金投入到高回报产业和短平快项目，以获得最大的地方财政收入。此外，城市群内的资源总是有限的，因此，各地政府总会通过各种各样的竞争手段来获得更多的资源，以使本地得到更多资源发展经济。

（2）经济主体的有限理性

著名的管理学家赫伯特·A. 西蒙曾指出，现实生活中，由于人们无法获得与决策相关的全部信息，并且个人的能力也是有限的，因此个人和组织的决策需要一定程度的主观判断，这种判断是在"有限理性"的条件下完成的。在当前中国城市群发展过程中，城市政府具有典型的"有限理性"特征。由于信息不对称和昂贵的信息收集成本，各城市政府无法获得城市群内部其他城市发展的相关信息，进而做出准确客观的判断，这使得现实中的城市政府基本都是在缺乏城市群内部关联城市的信息的情况下，来制定有利于自身发展的相关政策制度，这样的结果只能产生有利于其自身发展的结果，而不能产生利于整个城市群发展的最优结果。再加上城市政府的"逐利性"，更加使得各城市政府仅依照自身发展的利益来制定政策制度，忽视相关地方和整个城市群的发展利益，从而造成城市群发展过程中的一系列问题的产生。

（3）城市政府间的非合作博弈

城市是一个开放的系统，为了形成高度有序的系统功能结构，就必须与城市群内部的其他城市进行分工合作。但在实际情况中，由于城市政府的经济人特性，以及单个城市与城市群利益的不一致性，在任何情形下各城市政府都将优先考虑本行政区的利益，而不可能为整个城市群的共同利益努力，从而导致了城市群内部各城市之间缺乏有效沟通合作。从理论上讲，城市群内部的各城市政府都无权过问和干预其他城市的发展，因而一切以本城市发展为核心的政策导向自然被认为是合乎逻辑的理性行为，但由于这种理性行为是有限的，并不能总使各城市内部的利益与整个城市群的整体利益相一致，因而极容易陷入城市群政府之间非合作博弈的困境之中，从而使得城市群整体发展受到限制。

8.2.2.2　政治学视角的原因探析

（1）压力型体制与 GDP 导向的政府行为

压力型体制是指一级政治组织为了实现经济赶超，完成上级下达的各项指标而采取的数量化任务分解的管理方式和物质化的评价体系。为了完成经济赶超任务和各项指标，各级政府组织把这些任务指标层层量化分解，下派给下级组织，责令其在规定时间内完成，然后根据完成的情况进行整治和经济方面的奖惩。由于这些任务和指标中的一些主要部分采取的评价方式是"一票制"，因此各级组织是在这种评价体系的压力下进行的。压力型体制的实质是上级政府利用行政权力给下级政府下达任务和指标，并通过层层分解和量化的方式来推动行政体制的实际运作。然而，这些任务和指标有的能被量化，而有的很难量化，能被量化的多为"硬指标"，而那些难以量化的多为"软指标"。在实践中，迫于压力型体制，各级政府主要完成相关的"硬指标"来作为政府绩效、官员政绩评价和奖惩的直接依据，而忽视"软指标"相关工作的完成，这必然导致政府绩效评价指标体系的"硬指标"倾向和"指标单一化"的现象。

从理论上讲，城市政府的职责包括发展城市经济、社会管理和公共服务等多个方面。但由于特定的历史原因，我国从中央到地方都在实施赶超和跨越式发展战略，发展经济成为城市政府的主要职能，社会管理和公共服务等职能则长期被置于次要地位甚至被有意无意地忽略。单从经济发展角度来看，经济发展包括速度、质量和效益等多方面的发展。但由于历史原因，经济增长速度成为经济发展的主要指标，经济发展的质量和效益则长期被置于次要地位。从而，在现实情况中代表经济的 GDP 相关指标成为衡量城市政府政绩的最主要指标，也成为事实上的考核地方官员的标准。

（2）以行政区为界各自制定发展规划

近年来，很多地方政府认识到应当在城市群的发展中寻找自身定位，实现自身发展的突破，从而开始了一轮竞争激烈的城市发展规划的竞赛。许多城市政府将当地经济发展的战略规划提上日程，以实现自身的快速发展。但目前绝大多数的城市规划都存在着以行政区为界各自为政的局面。这种发展规划没有突破行政区划界限，仅仅考虑自身城市的利益，缺乏与周边城市的协调，从而造成同一城市群的不同城市之间的发展规划难以相互协调，使得相关联城市之间的产业发展、基础设施、交通网络、公共服务等方面的发展难以实现相互衔接和共同利用的局面，从而在很大程度上造成资源的浪费和大量的重复建设，最终导致城市群发展的非协调性。另外，城市群的非政府组织和市民之间缺乏城市之间相互合作的热情，从而使得制定城市群各城市之间协调发展的共同规划难以推进。因此，政府应当在这一方面起到积极引导的作用，使各方参与者充分认识到推行共同发展规划的重要性，同时也要兼顾各方利益，从而达到整体利益最大化的效果。

（3）政府权力的垄断性

对于市场经济完善的国家来说，政府权力对于经济发展一般起到间接的调节作用，其主要调节形式是通过立法形式来规范经济主体的经济行为，从而使得市场作用能够得到补充和完善。对于市场经济发展尚不完善的国家，政府权力在一定程度上对经济发展起到直接干预的作用，最主要的表现就是行政权力的垄断性，同时，这种市场经济的不完善性还使得法律的作用不能很好的起到规范经济行为的作用,从而使得市场经济的不完善性不能得到很好的调节。当前,中国的市场经济体制还不完善,经济运行过程中依然存在大量不规范的经济行为,政府的行政权力依然带有很大的垄断性特征,从而使得地方经济的发展在很大程度上带有地方政府的浓厚色彩。地方政府由于自身利益最大化的动机,常常利用起手中的行政权力采取政府介入、行政区域壁垒等非市场行为,以获得其中的高额利益。正是这种行政权力的垄断性,使得城市群内部各城市形成了以行政区为界、各自为政的局面,从而使得打破行政区划以实现整体利益最大化的共同发展难以推行。

（4）政府官员任期制的诱导性行为

从一般意义上讲,一个城市或一个地区的发展是一项长期的任务,要实现突破性的发展要经过几十年甚至上百年的时间才能实现。但是,由于目前中国政治体制上的不完善,使得一些政府官员想要在任期的短短数年内实现地方经济的飞跃式发展,取得任期内的政绩,从而诱导出一系列不利于经济长远发展的行为,使得城市群的共同利益难以达到最大化。政府官员往往在其任期内关注那些能够在短时期内实现最大收益的项目,政府资金总是投向那些"短平快"项目,从而出现各地方政府为争夺某一项目蜂拥而上的局面,造成资源的大量占用和浪费,经济效益无法达到最大化。这就是尽管中央政府明确提出要防止出现经济过热、禁止各地政府盲目出台项目,依然会有那么多的地方政府背道而驰,逆中央意愿而行大量投资项目的原因。另一方面,长期项目尽管会带来地方经济的长期发展,但是由于其成效往往要到多年后才能显现,任期内官员往往不愿将这一功劳留给其后任官员,从而使得像生态保护和环境治理这样的长期性项目常常得不到落实,也使得各城市政府环境治理的合作行动常常难以实现。出于同样的原因,任期内的政府官员从自身利益考虑,经常实施那些能够带来短期回报但却不利于长期发展的经济项目,例如那些会导致资源占用和重复建设的项目以及会导致生态环境恶化的经济项目。

从经济学角度来看,任期制的诱导性行为也导致了政府合作的失败。从博弈论的理论来看,重复博弈能够实现稳定有效的长期合作,这是因为多次合作能够降低参与者的投机性,从而实现参与者之间相互监督以规范各方的行为。而在目前的任期制下，各地方的政府官员不存在重复博弈的经济行为，从而对参与的各方不能实现有效地监督制约，也使得建立一个兼顾各方共同利益的发展规划难以形成。

8.2.2.3 社会学等视角的探析

（1）地方政府忽视各方利益的共同参与

一个城市和一个地区的发展常常需要各方参与者的参与才能实现该地区有效的发展。而目前我国各地的经济发展的参与者基本上仅限于各地政府，而忽略了非政府机构的参与者的参与行为，从而造成了经济发展的规划常常是出于地方政府的自身利益，而忽略了整个社会的所有参与者的共同利益，从而造成了经济发展的非协调现象的产生，这种现象往往是由于我国政府的行政权利的垄断性造成的。因此，经济发展的政府一方参与现象正是政府行政权利的垄断性的集中表现。虽然近年来，我国一些大型城市群，例如长三角城市群出现了很多非政府组织参与城市群经济的建设和发展，但其参与范围受限，仅仅局限于某些区域或者某些领域，不能较为全面地参与到城市群的发展建设当中来。我国大多数的非政府组织的参与活动仅限于行政区范围之内，参与领域大多不涉及经济发展的重大领域。这使得非政府组织在城市群的发展中不能充分发挥其应有的重要作用，在一定程度上限制了城市群的有效发展。

（2）信任危机导致各方参与者之间缺乏互信

信任危机的表现主要有两个方面：第一，参与各方之间的信任度随着关系的亲疏程度而递减；第二，参与各方之间的信任度随着距离的远近而递减。通常来讲，关系越亲密，成员之间的互信程度就越高；同时，参与者之间的空间距离越近，参与者之间的信任程度也会越高。信任危机的存在，正是造成城市群内部的城市政府之间缺乏有效沟通与长期合作的重要原因。城市内部的政府机构和非政府组织之间缺乏有效地合作，从而使得城市群的发展出现一系列的不和谐的现象。要解决信任危机这一社会现象，建立有效和完善的信任体系就显得尤为迫切。地方政府应当在全社会建立起诚信的社会环境，并且制定相应的奖惩机制以激励参与各方诚信参与各项活动，从而降低甚至消除各方参与者之间的不信任度，形成良性循环的有效的各方参与的社会环境。

8.3 中国城市群协调发展的政策保障及具体措施

虽然我国的长三角、珠三角、京津冀等地区的发展在逐步走向一体化，城市群之间也在走向功能性的合理分工，发展型城市群及形成型城市群也通过不同的方式逐步成为我国改革发展的新型实验区及创新区，等等，但区域经济一体化还是处于各种困境之中，甚至流于形式。一方面是由于政府与市场之间的关系协调起来比较困难；另一方面，区域经济与各级政府之间往往存在不同的矛盾，这些矛盾主要来源于各政府之间各自为政、相互的 GDP 竞争及城市规模与地位之争。因此，要想解决这些矛盾，实现城市群的有效发展及城市群内部与城市群之间的合理分工，就必须建立并完善城市群协调发展的新形式和新模式，通过制度改革与创新来获取制度红利。

8.3.1 组织协同机制的建立与完善

8.3.1.1 建立完善有效的城市群协调机制

随着经济全球化和经济一体化的深入发展，全球经济的主要发展方向越来越趋向于由行政区经济向城市群经济的演变。这样一种趋势在我国经济发达的东部沿海地区已经日渐形成，并将在未来不久的时间内在我国更多地区得以实现。但对于我国长期以来的行政区经济来说，这种转变也必将是艰难和复杂的。行政区内部的各种矛盾以及行政区之间的各种利益冲突将会对城市群经济突出重围设置一道道障碍。因此，在这样一种发展背景之下，要有效实现城市群经济的建立和发展，就必须在区域内部设置有效的一体化机构，来进行区域内部各个行政区之间的利益协调，从而在制度机构设置上得以保障。

区域协调机构在实现区域有效协调发展的过程中起着举足轻重的作

用，这一点可以从全球许多区域发展的历史中得以体现。欧洲经济在实现一体化的过程中就十分重视区域协调机构的建立和运作。欧共体经济一体化的有效推进在很程度上是由于其建立起了一个有效的区域协调机构，并在机构内部实施有效的区域协调机制，在此基础之上实现区域内部各利益主体的有效协作。还有美国的区域开发委员会，加拿大的大都市区政府，德国的区域联合体等等。这些机构有的是官方设立，有的则是半官方的机构，这些机构融合了社会各个层面的参与者，将政府、企业和民众有效组织在一起，实现各方利益的有效协调。

中国城市群经过这些年的发展，也充分表现出其缺乏有效的内部协调机构这一现实问题。区域协调机构的缺失，使得城市群在实现有效协调发展的过程中缺失了权威机构在制度上的有效保障，从而严重制约了区域内的协调一体化发展。有些区域，尽管设置了相应的协调部门，但这些机构仅仅是表面文章，缺乏有效和权威的机制作用，从而使得其形同虚设。因此，在这样一种现实情况下，城市群内部一个有效权威的协调机构的设立显得尤为重要。这样一个机构，它可以有效进行区域内各行政区之间的工作协调，也可以对区域内资金管理进行分配以实现各方利益的协调，同时也可以对区域内跨行政区的大型设施建设进行评估等等。

8.3.1.2 培育城市群经济发展的中介组织

中介组织是联系政府与企业的有效纽带，它实质上是市场经济自组织过程中自发形成的利益共同体。中介组织是区域内按照自愿原则，自发组织起来的区域经济合作组织。它可以在一定程度上清除一些障碍性因素，实现市场更有效的开放。城市群经济的中介组织可以涉及很多领域，例如大型招商会、洽谈会，以及行政区之间高层领导的对话等的组织工作。同时，城市群经济的中介组织也可以为区域内各方参与者提供信息共享平台、监督市场参与者的行为等，以实现市场的公平性和有效竞争性。具体来说，这些组织可以成立相关的协调组织机构，例如各种行业性协调组织、环境协调组织等，进行相关的行业发展、产业发展、环境保护等工作的合作和交流。

培育城市群经济的中介组织，可以从两方面得以有效实现。首先，从微观层面入手，要给与城市群经济中介组织有效定位，明晰政府部门和中介组织的关系。在这一方面，政府部门应当避免与中介组织发生过于亲密的关系，从而导致中介组织被政府化，最终导致中介组织无法实现其有效协调作用。同时，政府部门应当给与中介组织更多的支持，帮助其更好地发挥作用以推进区域有效协调发展。其次，在宏观层面，中介组织应当是是一个独立的机构，它并不依附于任何的政府机构。这就要求通过加强立法环节，以健全中介组织的行为，维护中介机构的合法权益。

8.3.2 政府职能的重新定位及考核体系的重心转移

政府部门在区域经济的协调发展中起着重要的作用，尤其是在现阶段我国市场经济发展并不是很完善，政府的职能更是扮演着非常重要的角色，其作用和影响力甚至超过了市场自身的作用。政府干预常常能解决市场经济自身所不能解决的问题，能够保证经济主体之间关系的协调发展。然而，当政府职能超越其职能范围时，就会产生负效应。正如在前面所谈到的那样，在区域经济发展过程中，地方政府职能的负效应主要表现在行政权力的垄断性。因此，政府对于区域经济协调发展的保障作用，在相当程度上就体现在减少、减弱对市场秩序的干预和控制上，特别是减少政府在普通贸易领域的参与、经营和投资等行为，尽量去除政府在区域活动中的利益主题色彩。

规范地方政府行为，就要求从以下方面重新定位政府职能。首先，应当严格规范政府的职能范围和界限，避免地方政府过分干预地方经济发展。一般而言，政府的主要职能包括外交、公共安全等宏观层面，以及处理地方行政事务、进行公共设施建设、发展地方经济和科教文卫事业等地方层面的职能。因此，对于涉及市场经济领域微观层面的事物，应当充分发挥市场经济的作用，避免政府过多的干预经济主体的经济行为。其次，明确政府和经济参与主体之间的界限。地方政府不应当借行政权力干涉微观经济主体的经济行为，从中谋取不当利益。即社会各领域的参与者应当扮演好各自角色，尤其要避免政府部门定位模糊、充当多方角色的现象出现。再次，明确经济主体的各方权责，政府部门更应当权责明晰。政府部门主要承担的责任就是为市场经济、各参与主体进行经济活动提供稳定有序的经济环境，使得市场经济能够健康发展。同时，政府部门也应当明确市场经济活动的规范，有效调节各方利益，明确经济主体之间的义务和责任。最后，政府部门应当建立起绩效考核制度。如前面分析到那样，地方政府总是从地方的经济利益出发来发展地方经济，而非从整个区域发展的角度。因此，为解决这一问题，就应当建立起新的政府部门考核制度，将政府的政绩从地方、区域甚至国家的多维角度进行考察，同时将考核的重心逐步从经济发展转向社会及公共服务等领域。由此，地方政府行政权力的垄断性也会得到有效改善。

8.3.3　实现法律法规政策的有效保障

协调城市群之间和城市群内部的发展，法律的规范和制度的构建也是极为重要的一环，它可以从社会角度规范区域主体行为。首先，完善法律法规政策的保障，可以有效限制地方政府在城市群发展过程中行政权力的滥用，从而对地方政府行政权力的垄断性起到一定的限制。其次，通过法律体系的构建和完善，可以有效规范城市群内部各经济主体的经济行为，从而形成区域范围内的良性竞争环境。

从世界各国推进区域经济一体化的进程来看，完善的司法体系是解决城市区域协调发展的有力保障。公正的区域立法工作，能够有效遏制区域经济内部市场经济参与者的不法行为，从而形成健康有效的区域环境。从美国经验来看，其通过设立双层司法体系来解决区域经济的问题。美国是由上级司法部门解决城际和州际的经济问题，从而避免了区域内部司法部门出于地方保护主义而进行偏私执法。我国的立法和执法过程中，往往包含了地方利益因素，不能公正有效地解决区域经济中各主体之间的问题。在这一方面，我们可以有效借鉴和利用美国经验，在行政区经济向城市群经济转变的历史过程中，立法执法机构的设立也应当从之前的行政区范围扩大到城市群的区域范围。这样，在解决区域内行政区之间的问题上，城市群层级的立法执法机构就可以充分发挥其有效作用，促使区域内部问题得到有效解决。

当然，除了立法执法机构的设立之外，民间层面的机构组织也应当拥有其有效的法律法规制度的保证。不同于政府层面立法和执法机构的设立，民间机构组织的法律法规设立不一定要通过法律的手段得以实现。由于民间组织其规模和功能的多样性，其法律法规的设立也可以通过不同形式得以实现。这一点，我们同样可以借鉴国外发展的经验。比如美国、法国和英国等国家，其区域经济协调组织有很多都是民众自发组织的机构。这些机构组织都有完善的法律制度得以保障，有的是必须通过法律法规的途径得以实现，从而使其具有法律保障，有的可能仅仅存在于人们的共识之中，通过签署协议等形式达到约束各方参与者的效果。因此，我们对于机构组织法律法规保障的实现，不要囿于法律层面，可以多多借鉴已有经验，实现不同层面的法律制度保障。

从具体的法律法规设立来说，要实现城市群法律保障机制的有效建立，应当对以下几方面的法律法规进行完善：一是修订已有的关于区域发展的法律法规，如《城乡规划法》等，新增关于城市群发展的法律法规政策，如《区域规划法》等，以此来加强城市群建设的法律法规政策保障机制；二是要出台《城市群规划编制审批办法》和《城市群规划实施管理条例》，来推进城市群一体化发展的立法工作；三是建立城市群规划职业制度，依靠人大常委会的力量，突出强化城市群规划的法律地位。

8.3.4 建立城市群利益补偿制度

城市群利益补偿制度，即通过规范化的制度建设，来实现城市群上级政府与各城市政府、地方政府及地方政府之间的利益转移，从而实现经济利益在地区间的合理分配，使各城市保持相对均衡发展。城市群利益补偿制度的关键是要建立规范的共同财政转移支付制度。转移支付制度是大多数市场经济国家处理各级政府之间财政关系的有效手段。例如，欧盟为解决经济一体化给成员带来的利益分配不平衡矛盾，建立共同财政的转移支付方式与使用范围制度，在成员之间进行收入再分配，这是欧盟成员中富国与穷国能长期合作共赢的重要原因。而我国长期以来一直采取的是单一的自上而下的纵向转移支付，地方政府之间的横向转移几乎没有，这就使得地方政府之间的利益难以得到很好的协调，地区政府之间的经济交流和合作举步维艰。

城市群利益补偿制度的建立应当考虑以下几个方面：一是要充分考虑地区产业发展差别带来的利益差别因素，以污染产业为主的城市应补偿以生态产业为主的城市，经济发达地区应补偿生态功能保护地区，以工业为主的地区应补偿以农业为主的区域；二是强调公平原则，在促进区域协调发展中，经济发达地区要承担更多的责任去帮助落后地区的发展；三是在基础设施、环境保护和资源开发等项目合作中，项目综合收益大的地区补偿收益小的地区；四是设立共同的财政转移支付制度，在城市群各城市之间实行横向财政转移支付，区域内的公共支出通过转移支付进行协调，大家共享一体化的好处；五是规范转移支付制度，转移支付要法律化、弹性化、透明化。具体的相关利益补偿制度涉及以下几个方面：

8.3.4.1　城市群区域基础设施建设的利益补偿制度

在城市群的区域基础设施建设的过程中，由于基础设施外部性的差异引起地区利益非均衡，通过区域协调组织或政府之间达成某种协议，在城市之间进行利益补偿。受益大的或损失小的城市补偿受益小或损失大的城市，从而实现区域基础设施的利益均衡。例如，在上海港和宁波港的合作过程中，由于国际集装箱枢纽港对于所在城市竞争力的功能定位有着深远的影响，有着极强的外部性，如果这一港口定位在上海，则上海和宁波可以通过谈判，上海作为最大受益方，要对宁波进行收益补偿，这将会节约大量的时间成本和巨额的投资费用。

8.3.4.2　城市群区域环境与资源的利益补偿制度

区域环境与资源的保护及破坏都具有外部性，因此需要利益补偿，是外部利益内部化。环境保护的利益补偿机制应以"污染者付费，治理着得利，受益者补偿"为原则。例如，长沙环境的改善需要上游的衡阳、株洲、湘潭等城市的支持，当长沙与上游城市没有形成环境保护的利益补偿机制之前，上游城市在国家现有的法律或制度体系内，对环境保护的投入力度可能不够，若长沙与上游城市能够达成某种利益补偿机制，必将加快整个长株潭城市群和湘江流域环境改善的进程。

8.3.4.3　城市群产业发展的利益补偿制度

不同地区选择发展不同的产业会带来不同的收益率，对生态环境的污染破坏程度也不一样。因此，通过建立产业发展的利益补偿机制，能够促进整个城市群的产业结构升级。例如，发展污染性产业往往技术含量低，投资成本低，应当对发展生态和高科技产业的城市进行补偿，进而提高污染产业的生产成本，促使其加快产业结构的调整和升级。又如，某城市是该地区的粮食产地，其产业收益率较低，城市群内部的其他城市应当给与其利益补偿，以帮助加快农业产业化发展，提高农业产业的科技进步，进而确保整个城市群的粮食安全。

8.3.5 公共财政制度改革和创新

财政、税收、投资体制对城市群的协调发展具有重要的影响，是保证城市群协调发展实施的物质基础。一方面，从区域内部来看，城市群的一体化建设应该能在一定程度上影响各级行政机构财税收入的流动，中央政府或省级政府根据城市群规划的建议决定对地方政府的转移支付，将各种形式的资金分配与地方政府的规划实施挂钩。城市群财政制度应当根据城市群的发展规划来制定，而非区域财政部门自己决定财政的用途。这就要求区域内部公共财政制度的规范化和透明化。对于财政中属于区域内部各行政区共同享有或共同分担的部分，应当进行合理的分派，避免出现利益分配不均的问题；对于由某个城市个别享有或负担的部分，也应当明确其权责。在这一点上，城市群区域内部财政部门的设立和其职能的有效实现就显得尤为重要。

另一方面，从中央层面来看，中央对于各地方的财政政策常常是作为调节区域之间发展不平衡的有效手段。财政政策往往改变区域利益分配，它不仅改变区域的收支水平，并且对社会生产产生深远的影响。因此，中央政府如何更好地发挥财政政策的重要作用，更有效地调节区域之间的协调发展，对于我国城市群协调发展具有极为重要的影响。首先，中央的转移支付和对地方的公共投资，都应当从各地实际的经济社会发展状况出发，秉承实现区域之间协调发展的原则进行。其次，建立一套完整、有效的政府间转移支付制度，是中央政府为实现区域之间协调发展的一项长期任务。

8.3.6 城市群内部共同文化理念的建设

实现城市群的有效协调发展，不仅要重视其市场作用，通过一系列制度和机构组织的建立使之得以完善，同样还要重视其共同文化理念的建设。一个区域的协调发展是各种不同的参与者通过其经济活动得以实现的，这就要求市场经济的参与者之间要实现协调，这种协调就是区域内部共同文化理念的体现。"以人为本"应当是实现区域协调发展的出发点，也是实现区域协调发展的最终目标。这一原则应当贯穿于城市群机构组织建设以及法律法规建设等的各个环节之中。

具体来讲，城市群内部共同文化理念的建设应当包括这些内容：首先是城市群发展目标的建设，其次是城市群价值观念的建设，再次是城市群行为准则的建设。发展目标的建设正如前面提到的那样，应当以"以人为本"为基本原则和出发点，反应城市群及其所有成员的共同长远利益。价值观念的建设，要求将不同文化背景的城市在原有的价值观念上统一到一个共同的价值体系之中，这就要求城市群在地域范围上的划分应当充分考虑历史文化发展因素，将具有相同的历史文化背景的城市有机地联系起来，成为一个有机的城市群系统。行为准则的建设，要求城市群在法律机制的设立上应当秉承共同原则，将整个城市群作为一个整体实施共同的法律机制。

城市群的共同文化理念建设是一个长期工程，它可以通过不同的方式得以实现。自上而下的形式，比如政府部门在民众之间进行宣传，培育起民众的共同意识；自下而上的形式，例如通过民间的文化交流和商业往来，使民众在这些活动中发现共同利益，共享合作所带来的好处，等等。

参考文献

［1］王红霞：《城市群的发展与区域合作：城市与区域合作发展研究热点综述》，《上海经济研究》2006 年第 12 期。

［2］顾朝林：《城市群研究进展与展望》，《地理研究》2011 年第 5 期。

［3］姚士谋、李青、武清华、陈振光、张落成：《我国城市群总体发展趋向与方向初探》，《地理研究》2010 年第 8 期。

［4］国家发改委国地所课题组：《我国城市群的发展阶段与十大城市群的功能定位》，《改革》2009 年第 9 期。

［5］方创琳：《中国城市群形成发育的新格局及新趋向》，《地理科学》2011 年第 9 期。

［6］方创琳：《中国城市群形成发育的政策影响过程与实施效果评价》，《地理科学》2012 年第 3 期。

［7］仇保兴：《我国三大城市群如何均衡发展》，《城市开发》2003 年第 3 期。

［8］翟义波：《城市群空间分布及其梯队发展研究》，《现代城市研究》2011 年第 11 期。

［9］陈群元、喻定权：《中国城市群的不协调现象探析》，《城市发展战略》2010 年第 5 期。

［10］罗军：《中国城市群的发展特点与趋势》，《同济大学学报（社会科学版）》2011 年第 12 期。

［11］苗长虹、王海江：《中国城市群发展态势分析》，《城市发展研究》2005 年第 4 期。

［12］肖金成：《中国区域发展新格局及促进区域协调发展的若干建议》，《经济学动态》2009 年第 12 期。

［13］乔荣：《论我国区域经济协调发展》，《特区经济》2009 年第 2 期。

［14］高汝熹、吴晓隽、车春鹛：《2007 中国都市圈评价报告》，上海人民出版社 2008 年版。

［15］朱英明、童毛弟：《中国城市群整体竞争力研究》，经济管理出版社 2010 年版。

［16］尹世洪、麻智辉：《中部城市群构建与发展研究》，江西人民出版社 2011 年版。

［17］方创琳、姚士谋、刘盛和：《2010 中国城市群发展报告》，科学出版社 2011 年版。

［18］赵晓雷：《城市经济与城市群》，上海人民出版社 2009 年版。

［19］李晓蕙：《中国区域经济协调发展研究》，知识产权出版社 2009

年版。

[20] 王枫云：《和谐共进中的政府协调——长三角城市群的实证研究》，中山大学出版社 2009 年版。

[21] 秦尊文：《长江中游城市群构建》，湖北人民出版社 2010 年版。

[22] 聂华林、马红瀚：《中国区域经济格局与发展战略》，中国社会科学出版社 2009 年版。

[23] 国务院：《全国主体功能区规划》，2011 年 6 月。

[24] 国务院：《国务院关于进一步推进长江三角洲地区改革开放和经济社会发展的指导意见》，2008 年 9 月。

[25] 国务院：《长江三角洲地区区域规划》，2010 年 5 月。

[26] 国家发展和改革委员会：《珠江三角洲地区改革发展规划纲要（2008—2020 年）》，2009 年 1 月。

[27] 国务院：《深圳市综合配套改革总体方案》，2009 年 5 月。

[28] 国务院：《关于推进天津滨海新区开发开放有关问题的意见》，2006 年 5 月。

[29] 国务院：《国务院关于同意支持中关村科技园区建设国家自主创新示范区的批复》，2009 年 3 月。

[30] 国务院：《河北沿海地区发展规划》，2011 年 11 月。

[31] 国务院：《山东半岛蓝色经济区发展规划》，2011 年 1 月。

[32] 国务院：《辽宁沿海经济带发展规划》，2009 年 7 月。

[33] 国务院：《国务院关于支持福建省加快建设海峡西岸经济区的若干意见》，2009 年 5 月。

[34] 国务院：《关于批准武汉城市圈和长株潭城市群为全国资源节约型和环境友好型社会建设综合配套改革实验区的通知》，2007 年 12 月。

[35] 国务院：《国务院发布推进重庆统筹城乡改革发展的若干意见》，2009 年 1 月。

[36] 国务院：《关于批准重庆市和成都市设立全国统筹城乡综合配套改革试验区的通知》，2007 年 6 月。

[37] 国务院：《国务院关于同意设立重庆两江新区的批复》，2010 年 5 月。

［38］国务院：《皖江城市带承接产业转移示范区规划》，2010 年 1 月。

［39］国务院：《中原经济区规划（2012—2020 年)》，2012 年 11 月。

［40］国务院：《东北地区振兴规划》，2007 年 8 月。

［41］国务院：《天山北坡经济带发展规划》，2012 年 11 月。

［42］国务院：《太原经济圈规划纲要草案》，2009 年 1 月。

［43］国务院：《国务院关于进一步促进广西经济社会发展的若干意见》，2009 年 12 月。

［44］国务院：《广西北部湾经济区发展规划》，2008 年 1 月。

［45］国务院：《甘肃省循环经济总体规划》，2009 年 12 月。

［46］国务院：《青海省柴达木循环经济试验区总体规划》，2010 年 1 月。

［47］国务院：《国务院关于进一步促进宁夏经济社会发展的若干意见》，2008 年 9 月。

第三部分　数据分析

9

中国城市群
主要统计资料

9.1 城市群在中国经济中的重要作用

随着经济发展，城市群逐渐成为区域竞争的主角。城市群集中了区域的优势资源，带动了区域整体发展。我国城市群总面积占全国面积的28.90%，集中了62.29%的人口，创造了85.02%的GDP（见表9-1），城市群的经济密度（人均GDP、地均GDP）高于全国平均水平。其中第一产业增加值占全国的57.79%，第二产业增加值占91.87%，第三产业增加值占83.90%。占全国74.52%的固定资产投资在城市群地区，城市群的工业总产值占全国的78.77%，货物进出口总额占全国的94.30%，其中进口额占95.99%，出口额占92.80%。此外，城市群地区吸引了88.50%的外商直接投资。

表9-1 中国城市群在中国经济发展中的重要地位分析（2010年）

指标	土地面积（万/平方公里）	常住人口（万人）	GDP（亿元）	第一产业增加值（亿元）	第二产业增加值（亿元）	第三产业增加值（亿元）
城市群合计	277.40	8352.7	341082.8	23425.87	172333.68	145228.4
占全国比重（%）	28.90	62.29	85.02	57.79	91.87	83.90
指标	全社会固定资产投资（亿元）	工业总产值（亿元）	货物进出口总额（亿美元）	进口额（亿美元）	出口额（亿美元）	外商直接投资实际使用额（亿美元）
城市群合计	207242.6	550272.9	28044.17	13401.99	15005.84	1618.56
占全国比重（%）	74.52	78.77	94.30	95.99	92.80	88.50

资料来源：《中国区域经济统计年鉴（2011）》、《中国统计年鉴（2011）》。

9.2 中国城市群比较分析

9.2.1 经济总量比较分析

选取地区生产总值、三次产业增加值、工业总产值、固定资产投资、粮食产量、社会消费品零售总额、地方财政一般预算收入、外商直接投资实际使用额作为经济总量的衡量指标（见表 9-2）。

地区生产总值方面，长三角城市群占据绝对优势，地区生产总值超过 7 万亿元；京津冀城市群、珠三角城市群列第二梯队，地区生产总值超过 3 万亿元；山东半岛城市群、成渝城市群紧随其后；辽中南城市群、哈长城市群、海峡西岸城市群、中原城市群、环长株潭城市群、江淮城市群地区生产总值在 1 万亿元以上。宁夏沿黄城市群、兰州—西宁城市群、北部湾城市群、黔中城市群、天山北坡城市群生产规模较小，地区生产总值不足 4 千亿元。

第一产业方面，"天府之国"——成渝城市群的第一产业增加值最高，达到 2751 亿元；长三角城市群和京津冀城市群在 2000 亿元以上；山东半岛城市群、哈长城市群、环长株潭城市群、海峡西岸城市群、辽中南城市群、中原城市群、江淮城市群也在 1 千亿元以上。第一产业增加值最低的城市群是宁夏沿黄城市群（128 亿元），兰州—西宁城市群、太原城市群的第一产业增加值也不足 200 亿元。

第二产业方面，长三角城市群第二产业增加值（35960 亿元）远高于排在第二位的珠三角城市群（18314 亿元）；京津冀城市群排在第三位，山东半岛城市群和成渝城市群的第二产业增加值均在 1 万亿元以上。第二产业增加值排在最后五位的城市群是宁夏沿黄城市群、兰州—西宁城市群、北部湾城市群、黔中城市群、天山北坡城市群。

第三产业方面，长三角城市群亦是遥遥领先，第三产业增加值超过 3

万亿元；京津冀城市群和珠三角城市群的第三产业增加值在 2 万亿元上下；山东半岛、成渝、辽中南城市群相近，在 8 千亿元附近。第三产业增加值最低的五个城市群分别为宁夏沿黄城市群、兰州—西宁城市群、北部湾城市群、天山北坡城市群、黔中城市群。

工业总产值方面，长三角城市群工业总产值（147097 亿元）为排在第二名的珠三角城市群（72103 亿元）的 2 倍多；京津冀城市群和山东半岛城市群的工业总产值均在 5 万亿元以上；辽中南城市群和成渝城市群的工业总产值接近 3 万亿元。工业总产值最低的五个城市群分别为宁夏沿黄城市群、北部湾城市群、兰州—西宁城市群、黔中城市群、天山北坡城市群。

固定资产投资方面，长三角城市群最高（33460 亿元），其次为京津冀城市群（23619 亿元），再次为成渝城市群（18117 亿元）；辽中南和山东半岛城市群超过 14000 亿元，珠三角、哈长和江淮城市群的固定资产投资额超过 1 万亿元。固定资产投资最少的五个城市群分别是宁夏沿黄城市群、兰州—西宁城市群、天山北坡城市群、太原城市群、黔中城市群。

粮食产量方面，哈长城市群最高，达到 5105 万吨，京津冀城市群、江淮城市群、环长株潭城市群的粮食产量均在 2000 万吨以上。兰州—西宁城市群、宁夏沿黄城市群、珠三角城市群、北部湾城市群、太原城市群粮食产量最低，不足 500 万吨。

社会消费品零售额方面，长三角城市群最高，达到 23957 亿元；京津冀城市群和珠三角城市群分别为 14458 亿元和 13002 亿元；成渝城市群和山东半岛城市群超过 8 千亿元，辽中南城市群、哈长城市群、海峡西岸城市群超过 5 千亿元。社会消费品零售额最低的五个城市群分别为宁夏沿黄城市群、天山北坡城市群、兰州—西宁城市群、黔中城市群和北部湾城市群。

地方财政收入方面，长三角城市群最高（7754 亿元），京津冀城市群为 4260 亿元，紧跟其后的是珠三角城市群（3140 亿元）；辽中南城市群、山东半岛城市群、成渝城市群超过 1500 亿元。宁夏沿黄城市群、兰州—西宁城市群、北部湾城市群、天山北坡城市群、黔中城市群、太原城市群、关中天水城市群的地方财政收入不足 400 亿元。

外商直接投资实际使用额方面，长三角城市群达到 453 亿美元，京津冀城市群达到 200 亿美元，辽中南城市群和珠三角城市群逼近 200 亿美元。外商直接投资实际使用额最低的五个城市群分别为兰州—西宁城市群、宁夏沿黄城市群、天山北坡城市群、黔中城市群、太原城市群。

表 9 - 2　中国城市群经济总量分析（2010 年）

城市群名称	地区生产总值（亿元）	第一产业增加值（亿元）	第二产业增加值（亿元）	第三产业增加值（亿元）	工业总产值（亿元）	固定资产投资（亿元）	粮食产量（万吨）	社会消费品零售额（亿元）	地方财政收入（亿元）	外商直接投资实际使用额（万美元）
京津冀城市群	39599	2194	16614	20790	54742	23619	2700	14458	4260	2019576
辽中南城市群	18171	1216	9761	7195	29877	14194	1455	5792	1720	1905606
山东半岛城市群	25223	1604	13810	9808	53097	14609	1903	8814	1600	708920
长三角城市群	70675	2309	35960	32406	147097	33460	2201	23957	7754	4532980
珠三角城市群	37673	810	18314	18550	72103	11356	322	13002	3140	1834656
哈长城市群	14977	1513	7866	5598	16361	10357	5105	5546	754	307775
东陇海城市群	5161	566	2598	1997	9221	4065	900	1707	419	246382
江淮城市群	10147	1104	5619	3424	15815	10002	2341	3157	818	429840
海峡西岸城市群	14463	1374	7330	5759	21901	8336	662	5361	1050	569571
中原城市群	13375	1157	8114	4104	21715	9366	1901	4602	886	462948
武汉城市群	9585	952	4481	4152	11915	6763	1078	4350	556	428979
环长株潭城市群	12559	1444	6492	4623	15153	7454	2018	4477	692	407830
鄱阳湖城市群	7798	907	4282	2530	11555	7236	1875	2422	587	437146
成渝城市群	23202	2751	12131	8320	29059	18117	1156	9011	1563	1202799
关中—天水城市群	6892	709	3337	2846	7495	6521	1087	2733	398	174259
天山北坡城市群	3975	522	2023	1430	4298	1847	681	888	322	16870
太原城市群	4254	195	2252	1807	5427	2553	467	1691	356	45336
北部湾城市群	3043	511	1198	1333	2554	2797	368	1238	218	79193
兰州—西宁城市群	2302	168	1092	1043	3105	1492	260	945	132	1962
滇中城市群	4267	464	2117	1686	4473	3468	504	1566	422	106344
黔中城市群	3534	507	1422	1605	3201	2635	1029	1189	329	27235

城市群名称	地区生产总值(亿元)	第一产业增加值(亿元)	第二产业增加值(亿元)	第三产业增加值(亿元)	工业总产值(亿元)	固定资产投资(亿元)	粮食产量(万吨)	社会消费品零售额(亿元)	地方财政收入(亿元)	外商直接投资实际使用额(万美元)
呼包鄂榆城市群	8726	321	4768	3638	8200	5680	522	2072	631	231290
宁夏沿黄城市群	1482	128	754	585	1907	1318	282	371	110	8090

资料来源:《中国区域经济统计年鉴(2011)》。

9.2.2 经济发展水平比较分析

在表9-3中,我们选取了人均、地均地区生产总值和各产业比重来表示经济发展水平。

从人均地区生产总值来分析,城市群的人均地区生产总值(40869.7元/人)高出全国平均水平(29920.1元/人)1/3以上;呼包鄂榆城市群因其资源丰富,人均地区生产总值高达8万元/人;珠三角、长三角位列其后,人均地区生产总值超过6.5万元/人;接下来是山东半岛城市群(57618元/人)、辽中南城市群(54845.6元/人)和京津冀城市群(47201.9元/人)。宁夏沿黄城市群(29073.0元/人)、太原城市群(27225.6元/人)、江淮城市群(26524.5元/人)、北部湾城市群(25047.4元/人)、滇中城市群(24650.5元/人)、成渝城市群(24229.5元/人)、关中—天水城市群(23908.9元/人)、鄱阳湖城市群(22680.7元/人)、兰州—西宁城市群(18889.5元/人)、黔中城市群(13576.1元/人)的人均地区生产总值低于全国平均值。

从地均地区生产总值来分析,排在第一梯队的是珠三角城市群和长三角城市群,分别为6883.1万元/平方公里和6415.5万元/平方公里;排在第二梯队的是山东半岛城市群(3445.8万元/平方公里);排在第三梯队的有中原城市群(2276.4万元/平方公里)、京津冀城市群(2169.8万元/平方公里)和东陇海城市群(2140.2万元/平方公里)。地均地区生产总值不及全国平均值的城市群有宁夏沿黄城市群(364.3万元/平方公里)、兰州—西宁城市群（336.3 万元/平方公里）、黔中城市群（268.8 万元/平方公里）和天山北坡城市群（82.6 万元/平方公里）。

产业结构能够较好地反映一个地区在经济发展中所处的阶段。在东部5 个城市群中，第一产业比重均较低，京津冀城市群的第二产业比重最低，第三产业比重则显著高于其他城市群，已表现出去工业化的趋势；珠三角城市群第三产业也已经超过第二产业；山东半岛和辽中南城市群第二产业比重较高，分别为 54.8% 和 53.7%，第三产业比重尚不到 40%；作为中国发展程度最高的地区，长三角的第二产业比重过高，而第三产业发展不足。在所有城市群中，中原城市群第二产业比重最高（60.1%），而第三产业比重最低（30.7%）；北部湾城市群第一产业比重最高（16.8%），第二产业比重最低（39.4）。

表 9-3　中国城市群经济发展水平分析（2010 年）

城市群名称	人均地区生产总值（元/人）	地均地区生产总值（万元/平方公里）	第一产业比重（%）	第二产业比重（%）	第三产业比重（%）
京津冀城市群	47201.9	2169.8	5.5	42.0	52.5
辽中南城市群	54845.6	1875.3	6.7	53.7	39.6
山东半岛城市群	57618.7	3445.8	6.4	54.8	38.9
长三角城市群	65637.6	6415.5	3.3	50.9	45.9
珠三角城市群	67076.0	6883.1	2.1	48.6	49.2
哈长城市群	38439.0	557.1	10.1	52.5	37.4
东陇海城市群	32698.8	2140.2	11.0	50.3	38.7
江淮城市群	26524.5	1029.5	10.9	55.4	33.7
海峡西岸城市群	39199.8	1173.0	9.5	50.7	39.8
中原城市群	32163.9	2276.4	8.7	60.7	30.7
武汉城市群	31693.9	1651.1	9.9	46.8	43.3
环长株潭城市群	31332.8	1300.9	11.5	51.7	36.8
鄱阳湖城市群	22680.7	630.2	11.6	54.9	32.4

城市群名称	人均地区 生产总值 （元/人）	地均地区 生产总值 （万元/ 平方公里）	第一产业 比重（％）	第二产业 比重（％）	第三产业 比重（％）
成渝城市群	24229.5	967.0	11.9	52.3	35.9
关中—天水城市群	23908.9	771.9	10.3	48.4	41.3
天山北坡城市群	37306.6	82.6	13.1	50.9	36.0
太原城市群	27225.6	573.7	4.6	52.9	42.5
北部湾城市群	25047.4	715.7	16.8	39.4	43.8
兰州—西宁城市群	18889.5	336.3	7.3	47.4	45.3
滇中城市群	24650.5	451.7	10.9	49.6	39.5
黔中城市群	13576.1	268.8	14.4	40.2	45.4
呼包鄂榆城市群	80546.5	611.6	3.7	54.6	41.7
宁夏沿黄城市群	29073.0	364.3	8.7	50.9	39.5
城市群合计	40869.7	1236.0	6.9	50.5	42.6
全国	29920.1	417.9	10.1	46.8	43.1

资料来源：《中国区域经济统计年鉴（2011）》。

9.2.3 工业化进程比较分析

选取了工业总产值和工业结构（轻重结构、规模结构、所有制结构）等指标来表示工业化进程（见表9－4）。

工业总产值最高的是长三角城市群，达到147097亿元，其中重工业占70.8％，小型企业比重略高于大型、中型企业，外商投资企业比重较高，达到30.2％。珠三角城市群工业总产值排第二位，为72103亿元。与长三角城市群相比，珠三角城市群的重工业比重低8.4个百分点，大型和中型企业比重分别高出6.4个百分点和1.2个百分点，港澳台投资企业比重高出12.2个百分点。

工业结构方面，城市群地区与全国差异最大的地方在内资企业比重低，而外商投资企业比重高。外资企业比重从沿海到内陆依次减少，长三角、珠三角城市群最高,在30%以上;其次是海峡西岸城市群和京津冀城市群,在20%以上;滇中城市群、天山北坡城市群、黔中城市群最低,不足2%。

重工业比重最高的五个城市群为太原城市群、兰州—西宁城市群、天山—北坡城市群、呼包鄂榆城市群,重工业比重均高于85%,这些城市群多位于西部地区,矿产丰富,采矿业、矿产加工等重工业比重自然较高。轻工业比重最高的城市群为位于我国东南部的海峡西岸城市群和位于我国南部的北部湾城市群。

表9-4 中国城市群工业化进程分析(2010年)

城市群名称	工业总产值(亿元)	轻重结构		规模结构			所有制结构		
		轻工业比重(%)	重工业比重(%)	大型企业比重(%)	中型企业比重(%)	小型企业比重(%)	内资企业比重(%)	港澳台商投资企业比重(%)	外商投资企业比重(%)
京津冀城市群	54742	17.8	82.2	41.4	28.6	30.0	71.1	7.1	21.8
辽中南城市群	29877	20.6	79.4	30.5	20.4	49.1	79.6	4.5	15.9
山东半岛城市群	53097	29.1	70.9	30.5	28.0	41.5	77.5	4.3	18.2
长三角城市群	147097	29.2	70.8	30.3	31.8	37.8	55.8	14.0	30.2
珠三角城市群	72103	37.6	62.4	36.7	33.0	30.3	38.8	26.2	30.9
哈长城市群	16361	20.9	79.1	54.5	17.1	28.4	77.7	3.2	19.1
东陇海城市群	9221	30.7	69.3	21.8	30.9	47.3	81.4	5.1	13.5
江淮城市群	15815	28.0	72.0	36.2	25.6	38.3	84.5	4.8	10.7
海峡西岸城市群	21901	45.3	54.7	22.6	37.2	40.2	51.3	25.6	23.0
中原城市群	21715	27.4	72.6	28.5	31.7	39.8	91.9	3.4	4.7
武汉城市群	11915	29.2	70.8	37.8	26.0	36.2	76.3	6.3	17.5
环长株潭城市群	15153	29.9	70.1	29.1	21.7	49.2	92.5	3.4	4.1
鄱阳湖城市群	11555	32.9	67.1	24.2	20.6	55.2	83.3	6.5	10.2
成渝城市群	29059	34.0	66.0	26.2	33.6	40.2	87.6	3.4	9.0
关中—天水城市群	7495	18.9	80.6	42.1	32.7	25.2	86.6	2.1	11.2

城市群名称	工业总产值（亿元）	轻重结构		规模结构			所有制结构		
		轻工业比重（%）	重工业比重（%）	大型企业比重（%）	中型企业比重（%）	小型企业比重（%）	内资企业比重（%）	港澳台商投资企业比重（%）	外商投资企业比重（%）
天山北坡城市群	4298	12.5	87.5	58.8	22.1	19.1	97.7	0.7	1.7
太原城市群	5427	5.5	94.4	47.2	34.5	18.3	93.1	1.6	5.3
北部湾城市群	2554	43.2	56.8	7.9	40.6	51.6	76.6	10.2	13.2
兰州—西宁城市群	3105	3.8	89.4	64.5	21.1	14.4	92.6	0.8	6.6
滇中城市群	4473	27.9	72.1	34.9	38.0	27.1	93.5	2.0	1.1
黔中城市群	3201	27.7	72.3	37.5	30.7	31.8	96.3	1.7	1.9
呼包鄂榆城市群	8200	11.7	88.3	38.5	34.5	27.0	91.3	1.8	6.9
宁夏沿黄城市群	1907	16.2	83.8	39.7	35.8	24.5	94.6	1.1	4.3
城市群合计	550273	28.5	71.5	33.3	29.7	37.0	68.0	10.7	20.8
全国	698591	28.6	71.4	32.9	29.1	37.9	72.8	9.4	17.8

资料来源：《中国区域经济统计年鉴（2011）》。

在表9-5中，我们选取工业企业数、从业人员年均人数、资产总计、负债合计、所有者权益、主营业务收入、利润总额、本年应交增值税来反应工业经济效益。可以看到，城市群的各个指标均由东部沿海向西递减，以长三角城市群为最高，珠三角次之；京津冀、山东半岛城市群排在第三阶梯；成渝、辽中南、海峡西岸等城市群排在第四阶梯；西部城市群各指标值都较低，也说明发展潜力很大。

表9-5　中国城市群工业经济效益（2010年）

城市群名称	工业企业数（家）	从业人员年均人数（万人）	资产总计（亿元）	负债合计（亿元）	所有者权益（亿元）	主营业务收入（亿元）	利润总额（亿元）	本年应交增值税（亿元）
京津冀城市群	25691	540	56804.2	32352	24353.6	56740	4330.8	1759
辽中南城市群	19387	335	9848.3	13586	10206.2	29702	1919.7	733

续表

城市群名称	工业企业数（家）	从业人员年均人数（万人）	资产总计（亿元）	负债合计（亿元）	所有者权益（亿元）	主营业务收入（亿元）	利润总额（亿元）	本年应交增值税（亿元）
山东半岛城市群	23205	523	32785.2	17324	15460.8	52288	3969.1	1525
长三角城市群	114321	1877	120883.4	69393	57490.7	147069	9855.4	3940
珠三角城市群	41441	1322	54316.0	30541	23720.5	70871	5066.8	1866
哈长城市群	6889	180	15167.0	7783	7201.0	16439	1753.3	677
东陇海城市群	5914	108	6262.0	3473	2789.0	8936	766.9	384
江淮城市群	13123	206	13326.6	7979	5296.4	15245	1203.7	570
海峡西岸城市群	19227	411	15498.9	8075	7401.2	20993	1748.4	539
中原城市群	10876	284	15328.2	8298	7030.2	22444	2147.2	767
武汉城市群	8752	173	11345.0	6827	4837.8	13150	654.4	353
环长株潭城市群	9909	206	10266.4	6048	4218.6	14916	1094.3	667
鄱阳湖城市群	6284	157	7370.0	4151	3219.4	11888	684.2	336
成渝城市群	19436	451	25478.8	15405	9963.9	28716	1970.6	1135
关中—天水城市群	3292	116	8220.5	4810	3388.4	7075	484.1	255
天山北坡城市群	1763	48	6123.1	2953	3115.3	4421	583.3	197
太原城市群	2119	103	8651.5	5709	2924.3	5574	386.4	304
北部湾城市群	2100	37	2140.0	1302	826.5	2394	200.1	72
兰州—西宁城市群	1013	45	4357.6	2878	1448.0	3205	105.2	110
滇中城市群	2166	56	5555.2	3086	2463.9	4485	334.0	217
黔中城市群	2307	57	4561.1	2975	1574.3	3054	233.5	145
呼包鄂榆城市群	2137	66	11188.9	6163	4979.5	8318	1646.1	542
宁夏沿黄城市群	945	23	2622.5	1583	910.1	1675	84.7	52
城市群合计	342297	7321	448101.3	262695	204819.5	549601	41222.0	17143
全国	452872	9545	592881.9	340396	251160.4	697744	53049.7	22473

资料来源：《中国城市统计年鉴（2011）》。

9.2.4 城市化进程比较分析

选取常住人口、城镇人口、城镇化率、全社会从业人员和人均固定资产投资来表示城镇化进程（见表9-6）。

不难看出，长三角城市群、成渝城市群、京津冀城市群容纳了最多的常住人口，三者相加共容纳了2.9亿人，珠三角城市群容纳了5617万人，山东半岛城市群、中原城市群和环长株潭城市群也各承载了4000万以上的常住人口。

从城镇化水平来看，2010年我国城市群总体城镇化水平为53.9%，高于全国平均值（49.9%），而22个城市群中（不计天山—北坡城市群），只有9个城市群的城镇化水平超过全国平均值。珠三角城市群的城镇化水平最高，达到82.7%，与其独特的发展历程和较高的经济发展水平相关；辽中南城市群与长三角城市群的城镇化水平分别为67.9%和62.1%。城镇化水平最低的两个城市群分别为关中—天水城市群（38.5%）、黔中城市群（35.9%）。

从三次产业从业人员来看，作为我国发展程度最高的三个城市群，长三角和珠三角城市群的第三产业从业人员明显高于第一产业，而京津冀城市群第一产业从业人员的比重仍然较高。成渝城市群、环长株潭城市群、江淮城市群作为我国的粮食主产区，且工业化进程较为缓慢，其第一产业从业人员的数量均超过千万人。

借助西部大开发与东北振兴契机，2010年呼包鄂榆城市群的人均固定资产投资超过5万元/人，辽中南城市群超过4万元/人。山东半岛与长三角城市群的人均固定资产投资也超过3万元/人。相比东部其他城市群而言，珠三角城市群2010年的人均固定资产投资较低，刚刚超过2万元/人。

表9-6 中国城市群城市化进程比较（2010年）

城市群名称	常住人口（万人）	城镇人口（万人）	城镇化率（%）	全社会从业人员（万人）	第一产业从业人员（万人）	第二产业从业人员（万人）	第三产业从业人员（万人）	人均固定资产投资（元）
京津冀城市群	8389	4953	59.0	4624	1216	1458	1951	28154

续表

城市群名称	常住人口（万人）	城镇人口（万人）	城镇化率（%）	全社会从业人员（万人）	第一产业从业人员（万人）	第二产业从业人员（万人）	第三产业从业人员（万人）	人均固定资产投资（元）
辽中南城市群	3313	2249	67.9	1707	459	503	745	42841
山东半岛城市群	4378	2180	49.8	2533	726	943	864	33374
长三角城市群	10768	6685	62.1	6447	703	3118	2626	31075
珠三角城市群	5617	4646	82.7	3377	388	1641	1349	20219
哈长城市群	3896	1931	49.6	1819	709	386	724	26581
东陇海城市群	1578	785	49.7	1003	339	329	335	25756
江淮城市群	3826	1868	48.8	2618	1066	722	829	26144
海峡西岸城市群	3690	2161	58.6	2178	637	816	726	22595
中原城市群	4159	1917	46.1	2484	956	788	740	22523
武汉城市群	3024	1528	50.7	1707	441	564	702	22362
环长株潭城市群	4008	1925	48.0	2424	1044	571	810	18596
鄱阳湖城市群	3438	1540	44.8	2006	726	565	715	21044
成渝城市群	9576	4395	45.9	3798	1586	1064	1149	18919
关中—天水城市群	2883	1109	38.5	1624	688	386	551	22624
天山北坡城市群	1065	—	—	481	194	87	200	17336
太原城市群	1563	830	53.1	675	230	192	253	16337
北部湾城市群	1215	592	48.8	750	372	155	223	23022
兰州—西宁城市群	1219	595	48.8	529	245	102	181	12240
滇中城市群	1731	789	45.6	1103	545	197	362	20032
黔中城市群	2603	934	35.9	1720	867	232	621	10123
呼包鄂榆城市群	1083	554	51.1	598	178	167	254	52424
宁夏沿黄城市群	510	264	51.8	250	90	69	91	25855
城市群合计	83530	44430	53.9	46455	14402	15054	17000	24811
全国	134091	66978	49.9	76105	27931	21842	26332	20741

资料来源：2011 年各省统计年鉴，国家统计局网站和各省、市统计局网站。

9.2.5   国际化进程比较分析

在表 9 - 7 中，我们选取了进出口总额及其占地区生产总值比重、进口额、出口额、外商直接投资实际使用额、人均外商直接投资实际使用额、接待入境旅游者人数及其占总旅游人数比重、国际旅游外汇收入及其占总旅游收入比重来表示各城市群国际化进程。

在进出口总额指标中，长三角城市群独占鳌头，进出口总额达到全国总量的 1/3；珠三角城市群进出口总额排第二，达到 7513 亿美元；另外沿海的山东半岛城市群和海峡西岸城市群进出口总额均超过千亿美元。从进出口额比较来说，长三角和珠三角城市群的出口额超过进口额 1000 多亿美元，而京津冀城市群进口额超出出口额近 2000 亿美元。在进出口总额占地区生产总值比重指标中，珠三角和长三角城市群超过 100%，分别为 136.2% 和 100.3%，相应的，其人均进出口总额达到 13377 美元/人、9639 美元/人。除沿海城市群人均进出口总额较高之外，西北地区的天山北坡城市群也达到 1413 美元/人。2010 年，外商直接投资较高的均为东部城市群，以长三角城市群为最高，中西部城市群则非常低。人均外商直接投资最高的为辽中南城市群（575 美元/人），其次为长三角城市群（421 美元/人）、珠三角城市群（327 美元/人），呼包鄂榆城市群紧跟京津冀城市群（241 美元/人），人均外商直接投资为 213 美元/人。旅游方面，珠三角城市群接待入境旅游人数为 2992 万人次，占全国 1/3 以上，与长三角城市群（2089 万人次）相加，超过全国一半，国际旅游外汇收入也相应地占全国总量的一半多。此外，接待入境旅游人数较高的还有京津冀、海峡西岸、辽中南和山东半岛城市群。入境旅游人数占总旅游人数比重较高的除东南沿海的珠三角和海峡西岸城市群之外，还有风景、文化独特的天山北坡城市群。

可以看出，国际化水平较高的地区主要分布于东部，尤其是东南沿海的城市群，西部个别地区如天山北坡、呼包鄂榆、成渝城市群等，因其具有独特的旅游资源、矿产资源或优越的投资条件，也加快了国际化进程。

表 9 - 7　中国城市群国际化进程比较（2010 年）

城市群名称	进出口总额（亿美元）	进口额（亿美元）	出口额（亿美元）	进出口总额占地区生产总值（%）	人均进出口总额（美元/人）	外商直接投资实际使用额（亿美元）	人均外商直接投资实际使用额（美元/人）	接待入境旅游人数（万人次）	入境旅游人数占总旅游人数（%）	国际旅游外汇收入（万美元）	国际旅游收入占总旅游收入（%）
京津冀城市群	4188	3069	1119	72.2	4992	124	241	749	2.02	680064	9.68
辽中南城市群	736	349	387	27.7	2221	117	575	326	1.39	206541	6.35
山东半岛城市群	1620	720	900	43.9	3701	44	162	280	1.30	166683	5.48
长三角城市群	10379	4453	5926	100.3	9639	279	421	2089	2.66	1383939	9.59
珠三角城市群	7513	3195	4318	136.2	13377	113	327	2992	19.56	1187597	26.87
哈长城市群	314	197	117	14.3	805	19	79	176	1.36	72730	4.24
东陇海城市群	226	152	74	29.9	1433	15	156	49	0.89	35828	4.80
江淮城市群	230	116	114	15.5	601	26	112	90	0.80	39316	3.19
海峡西岸城市群	1088	373	715	51.4	2948	35	154	368	3.12	297824	15.19
中原城市群	134	51	82	6.8	321	29	111	129	0.70	44527	2.00
武汉城市群	211	105	106	15.0	698	26	142	100	0.77	50117	3.50
环长株潭城市群	130	63	67	7.1	324	25	102	124	0.90	60117	4.28
鄱阳湖城市群	195	79	117	17.1	568	27	127	98	—	30349	—
成渝城市群	424	182	242	12.5	443	74	126	226	0.59	101818	2.73
关中—天水城市群	120	59	61	11.9	417	11	60	133	1.05	63800	5.82

续表

城市群名称	进出口总额(亿美元)	进口额(亿美元)	出口额(亿美元)	进出口总额占地区生产总值(%)	人均进出口总额(美元/人)	外商直接投资实际使用额(亿美元)	人均外商直接投资实际使用额(美元/人)	接待入境旅游人数(万人次)	入境旅游人数占总旅游人数(%)	国际旅游外汇收入(万美元)	国际旅游收入占总旅游收入(%)
天山北坡城市群	151	41	110	25.9	1413	1	16	93	4.91	29996	8.67
太原城市群	93	54	39	14.9	594	3	29	70	1.19	29709	3.62
北部湾城市群	77	42	35	17.3	633	5	65	34	0.64	10291	1.93
兰州—西宁城市群	23	9	14	6.9	190	0	2	2	0.14	424	0.33
滇中城市群	107	56	52	17.2	619	7	61	90	1.41	24711	4.05
黔中城市群	27	15	11	5.2	102	2	10	38	0.31	9163	0.61
呼包鄂榆城市群	40	16	24	3.1	366	14	213	14	0.57	9109	1.65
宁夏沿黄城市群	20	8	12	9.0	385	0	16	2	0.19	576	0.64
城市群合计	28044	13402	14642	56.1	3357	997	194	8273	2.33	4535230	8.61
全国	29740	13962	15778	50.6	2218	1057	79	13376	5.98	4581400	19.91

注：由于各城市群之间及内部外商直接投资实际使用额有重复，故对各城市群外商直接投资实际使用额进行等比例缩减。

资料来源：《中国区域经济统计年鉴(2011)》。

9.2.6 人民生活水平比较分析

我们选取城镇及农村居民人均可支配收入、人均消费性支出、人均食品支出、恩格尔系数以及农村人均住房面积等指标来衡量人民生活水平（见表9－8）。

从城镇居民可支配收入来看，珠三角、长三角城市群排在第一梯队，接近3万元/人；呼包鄂榆、山东半岛、京津冀和海峡西岸城市群排在第二梯队，人均可支配收入均超过2万元/人；排在末位的是兰州—西宁城市群，城镇居民可支配收入仅为14362元/人。

城镇居民可支配收入与农村居民收入差距很大，城镇居民收入为农村居民收入的2—4倍，城市群地区的城乡居民收入差距小于全国水平，城乡收入差距由东向西递增，京津冀城市群例外。京津冀城市群的城镇居民收入是农村居民收入的3.1倍，城乡差距大于相邻的几个东部城市群。恩格尔系数是指食品消费支出占消费支出的比重，随着富裕程度的提高，恩格尔系数降低。我国农村居民的恩格尔系数显著高于城镇居民，反映出农村居民生活水平低于城市。

表9－8　中国城市群人民生活水平比较（2010年）

城市群名称	城镇居民人均可支配收入（元）	城镇居民人均消费性支出（元）	城镇居民人均食品消费支出（元）	城镇居民恩格尔系数（%）	农村居民人均纯收入（元）	农村居民人均消费支出（元）	农村居民人均食品消费支出（元）	农村居民恩格尔系数（%）	农村人均住房面积（平方米）
京津冀城市群	22681	15162	5099	33.6	7111	4457	1641	36.8	31.8
辽中南城市群	18505	14168	4978	35.1	9060	5251	2098	39.9	27.7
山东半岛城市群	22882	15400	4936	32.1	9369	5640	1941	34.4	36.0
长三角城市群	27973	18291	6450	35.3	12740	9204	3322	36.1	58.8
珠三角城市群	29368	22345	7756	34.7	10900	7339	3270	44.6	35.1
哈长城市群	16895	13198	4285	32.5	7237	4450	—	—	—
东陇海城市群	16583	10616	3703	34.9	7608	4854	1911	39.4	38.9
江淮城市群	16829	12070	4588	38.0	5853	3892	1780	45.7	34.1

续表

城市群名称	城镇居民人均可支配收入（元）	城镇居民人均消费性支出（元）	城镇居民人均食品消费支出（元）	城镇居民恩格尔系数（%）	农村居民人均纯收入（元）	农村居民人均消费支出（元）	农村居民人均食品消费支出（元）	农村居民恩格尔系数（%）	农村人均住房面积（平方米）
海峡西岸城市群	22309	15029	5872	39.1	7941	5721	2577	45.0	47.8
中原城市群	16723	11773	3765	32.0	6618	4381	1415	32.3	38.8
武汉城市群	16654	11746	4492	38.2	6189	4229	1804	42.6	42.0
环长株潭城市群	18173	12693	4544	35.8	6635	4962	2203	44.4	48.1
鄱阳湖城市群	16054	10849	4365	40.2	5844	3569	1672	46.8	39.8
成渝城市群	16717	12570	4971	39.5	5692	4044	1949	48.2	39.1
关中—天水城市群	18559	11820	3950	33.4	5208	3690	1270	34.4	29.8
天山北坡城市群	—	—	—	—	—	—	—	—	—
太原城市群	16602	10900	3323	30.5	4823	3479	1291	37.1	27.0
北部湾城市群	17734	11809	4769	40.4	5207	3197	1639	51.3	33.4
兰州—西宁城市群	14362	10278	3765	36.6	3793	3133	1386	44.2	23.4
滇中城市群	17489	11984	4645	38.8	4748	4170	1655	39.7	37.6
黔中城市群	15289	11360	4332	38.1	3818	2741	1256	45.8	28.4
呼包鄂榆城市群	23584	18653	5692	30.5	6608	5025	1911	38.0	31.7
宁夏沿黄城市群	15772	12019	3945	32.8	5187	4304	1586	36.8	30.1
城市群合计	21201	14882	5274	35.4	7193	4901	1987	40.5	39.0
全国	19109	13471	4805	35.7	5919	4382	1801	41.1	34.1

注：恩格尔系数是食品支出总额占个人消费支出总额的比重。

资料来源：《中国区域经济统计年鉴（2011）》。

9.2.7 财政金融比较分析

表9-9提供了2010年我国城市群金融和财政的收支数据。金融方面，我国城市群的金融机构人民币存款额仅占全国的57.6%，而贷款额占81.0%，间接体现了城市群地区的金融机构资本运营能力较强。人均储蓄存款能够表明该地区人民的富裕程度，可以看到，城市群人均储蓄存款为

27923 元/人, 比全国平均水平高出 5304 元/人。珠三角城市群的人均储蓄额高达 51873 元/人, 列各城市群之首, 其次是长三角城市群 (46223 元/人)、京津冀城市群 (41414 元/人)。人均储蓄在 3 万元以上的城市群还有辽中南城市群 (34346 元/人) 和太原城市群 (31869 元/人)。人均储蓄额较低的有江淮城市群、东陇海城市群、鄱阳湖城市群、黔中城市群, 人均储蓄额低于 15000 元。

财政方面, 2010 年各城市群的财政预算收入均低于财政预算支出, 城市群的预算赤字达到 14385 亿元, 全国为 33271 亿元。预算赤字最高的城市群为成渝城市群 (2378 亿元), 其次为京津冀城市群 (1607 亿元), 哈长城市群的预算赤字也达到 1060 亿元。财政预算收入占地区生产总值比重最高的城市群为京津冀和长三角, 达到 11.8% 和 11.0%, 另外较为落后的滇中、黔中城市群也较高, 达到 9.9% 和 9.3%。城市群地区财政预算收入占地区生产总值的比重低于全国平均水平。财政支出方面, 在教育上的支出最高, 其次为社会保障支出。

表 9-9 中国城市群地区财政金融状况比较 (2010 年)

城市群名称	金融机构人民币存款 (亿元)	居民储蓄存款 (亿元)	人均储蓄额 (元)	金融机构人民币贷款 (亿元)	财政预算收入 (亿元)	财政预算收入占地区生产总值 (%)	财政预算支出 (亿元)	教育支出 (亿元)	社会保障支出 (亿元)	医疗卫生支出 (亿元)	农林水利支出 (亿元)
京津冀城市群	61974	34743	41414	52984	4260	10.8	5867	1031	600	414	407
辽中南城市群	17255	11380	34346	16361	1720	9.5	2171	274	398	106	160
山东半岛城市群	23661	12473	28494	22021	1600	6.3	2091	384	216	113	190
长三角城市群	109830	49771	46223	102898	7754	11.0	8427	1279	753	447	560
珠三角城市群	47160	29134	51873	42093	3140	8.3	3655	445	302	124	152
哈长城市群	11497	8434	21645	11270	754	5.0	1814	274	233	124	229
东陇海城市群	3354	2316	14672	3132	419	8.1	623	112	62	38	85
江淮城市群	9961	5660	14795	9693	818	8.1	1515	238	144	119	146
海峡西岸城市群	15801	8099	21952	15112	1050	7.3	1407	297	130	101	122

城市群名称	金融机构人民币存款(亿元)	居民储蓄存款(亿元)	人均储蓄额(元)	金融机构人民币贷款(亿元)	财政预算收入(亿元)	财政预算收入占地区生产总值(%)	财政预算支出(亿元)	教育支出(亿元)	社会保障支出(亿元)	医疗卫生支出(亿元)	农林水利支出(亿元)
中原城市群	10119	7356	17688	10119	886	6.6	1425	248	152	111	124
武汉城市群	10938	6033	19947	9837	556	5.8	1199	179	175	85	119
环长株潭城市群	9626	6286	15684	9416	692	5.5	1443	213	237	98	126
鄱阳湖城市群	6754	4968	14450	6684	587	7.5	1273	193	165	114	169
成渝城市群	28982	18102	18904	28552	1563	6.7	3941	574	438	273	361
关中—天水城市群	8413	6366	22086	8295	398	5.8	1066	197	145	87	126
天山北坡城市群	3435	2644	24820	3400	322	8.1	620	123	57	42	65
太原城市群	6726	4980	31869	6652	356	8.4	650	130	83	42	59
北部湾城市群	4966	2061	16962	4880	218	7.2	455	80	57	37	41
兰州—西宁城市群	2885	2292	18806	4295	132	5.7	505	94	72	38	57
滇中城市群	7996	3455	19959	7859	422	9.9	744	129	92	55	87
黔中城市群	4245	2622	10075	4226	329	9.3	957	194	80	84	143
呼包鄂榆城市群	6072	2966	27381	6020	631	7.2	938	149	97	53	111
宁夏沿黄城市群	2345	1096	21511	2322	110	7.4	318	42	18	20	48
城市群合计	413993	233238	27923	388119	28717	8.4	43102	6878	4709	2725	3690
全国	718238	303303	22619	479196	40613	10.1	73884	11829	8680	4731	7742

资料来源:《中国区域经济统计年鉴 (2011)》和《中国城市统计年鉴 (2011)》。

9.2.8 城市建设比较分析

我们采用人口密度、人均城市道路面积、城市建设用地占市区面积比重、人均生活用水量、人均生活用电量、用气普及率、万人拥有公交车数、万人拥有出租汽车数、建成区绿化覆盖率、生活污水处理率、生活垃圾无害化处理率来表示城市建设水平（见表 9 – 10）。

城市群的人口密度达到 301 人/平方公里，是全国平均值的两倍多，其中珠三角的人口密度最高，超过了 1000 人/平方公里，其次是长三角城市群（977 人/平方公里），东陇海、山东半岛和武汉城市群的人口密度均超过 500 人/平方公里。人口密度最低的是天山北坡城市群，人口密度仅为 22 人/平方公里。人均城市道路面积方面，城市群低于全国水平，人均道路面积最高的为地广人稀的呼包鄂榆城市群（6.2 平方米/人）、宁夏沿黄城市群（5.4 平方米/人），山东半岛、珠三角、辽中南、长三角城市群也较高，超过 5 平方米/人。人均道路面积较低的多为我国中南部的城市群，比如黔中、滇中、鄱阳湖、成渝等城市群。城市建设用地面积占市区面积比重最高的为中原城市群（23.2%），远高于京津冀、长三角、珠三角等发展水平更高的城市群，反映出该地区用地方式较为粗放。中部发展较快的武汉城市群和长株潭城市群建设用地面积比重也较高，分别为 14.3% 和 10.5%。城市群的人均生活用水、用电和用气普及率均低于全国平均值，这或许可以解释为城市群的人均资源拥有量较少，集约度较高，比如严重缺水的山东半岛、东陇海、呼包鄂榆城市群，人均生活用水量仅为 9.3 吨/人、6.1 吨/人、7.1 吨/人。珠三角和长三角城市群人均生活用水和用电量均远远高于全国平均水平，这既与本地区基础设施完善有关，也与气候和生活习惯有一定关系。在城市交通方面，城市群的万人公交车拥有量和万人出租车拥有量均高于全国平均值。公交车供应最高的地区为珠三角城市群（8.8 辆/万人），其次为京津冀城市群（5.0 辆/万人）、长三角城市群（4.7 辆/万人），尽管这三个城市群的公交系统配备较为完善，但是交通堵塞的情况依然很严重。长江中游地区、东陇海和江淮城市群的万人拥有公交车数量偏低。城市绿化方面，珠三角、鄱阳湖、京津冀等城市群建成区的绿化覆盖率较高，分别达到 53.4%、47.6%、45.9%，较差的是兰州—西宁、北部湾、太原、滇中、武汉城市群，建成区绿化率仅为 27.7%、31.5%、35.3%、35.8%、35.9%，反映出这些城市群建设步伐较快，忽视了环境质量的同步改善。城市生活污水和生活垃圾处理率能够反映对环境的重视程度，可以看到，做得较好的是京津冀、中原、山东半岛等城市群，而成渝、北部湾、兰州—西宁、武汉、太原等城市群生活污水、生活垃圾的处理率较低。

表9-10 中国城市群基础设施比较（2010年）

城市群名称	人口密度（人/平方公里）	人均城市道路面积（平方米/人）	城市建设用地占市区面积（%）	人均生活用水（吨/人）	人均生活用电（千瓦时/人）	用气普及率（%）	万人公交车拥有量（辆）	万人出租车拥有量（辆）	建成区绿化覆盖率（%）	城镇生活污水处理率（%）	生活垃圾无害化处理率（%）
京津冀城市群	460	3.9	12.8	13.3	304	30.9	5.0	17.5	45.9	88.1	97.1
辽中南城市群	342	5.3	12.7	12.0	296	33.7	4.8	17.3	42.0	70.8	91.7
山东半岛城市群	598	5.9	8.4	9.3	240	19.6	3.6	8.4	41.2	87.3	96.4
长三角城市群	977	5.1	9.2	22.1	408	31.7	4.7	8.6	42.6	74.2	96.8
珠三角城市群	1026	5.5	9.1	37.2	642	17.2	8.8	9.0	53.4	82.9	85.9
哈长城市群	145	4.1	4.9	11.1	196	24.1	4.2	12.9	39.1	78.5	75.0
东陇海城市群	655	3.6	7.2	6.1	159	15.7	2.0	4.0	40.5	73.0	82.6
江淮城市群	388	3.7	6.4	10.1	172	14.0	2.1	7.4	38.8	80.4	76.8
海峡西岸城市群	299	2.5	5.7	9.9	285	8.5	2.8	4.7	40.7	78.4	86.0
中原城市群	708	2.6	23.2	9.1	165	17.4	2.5	6.2	36.4	92.6	89.8
武汉城市群	521	4.2	14.3	19.9	261	16.9	3.3	6.5	35.9	63.3	64.5
环长株潭城市群	415	2.7	10.5	14.0	174	10.2	2.2	4.3	39.4	69.3	100.0
鄱阳湖城市群	278	2.3	6.3	8.0	111	7.0	1.4	2.5	47.6	88.7	94.4
成渝城市群	399	2.5	4.1	13.2	173	19.4	2.1	4.1	44.4	59.0	64.1
关中—天水城市群	323	3.7	3.1	10.0	242	17.1	3.4	7.2	38.4	71.8	86.7

续表

城市群名称	人口密度（人/平方公里）	人均城市道路面积（平方米/人）	城市建设用地占市区面积（%）	人均生活用水（吨/人）	人均生活用电（千瓦时/人）	用气普及率（%）	万人公交车拥有量（辆）	万人出租车拥有量（辆）	建成区绿化覆盖率（%）	城镇生活污水处理率（%）	生活垃圾无害化处理率（%）
天山北坡城市群	22	—	—	—	—	—	—	—	—	—	—
太原城市群	211	2.9	5.3	9.1	172	23.1	2.3	7.9	35.3	70.9	63.7
北部湾城市群	286	4.3	2.6	20.2	224	5.2	2.7	4.9	31.5	53.5	64.4
兰州—西宁城市群	178	3.1	3.3	14.5	176	25.6	4.3	15.5	27.7	59.5	60.6
滇中城市群	183	2.0	7.2	9.6	263	17.1	4.2	5.6	35.8	68.9	90.3
黔中城市群	198	1.6	4.6	10.6	351	18.3	2.3	3.9	42.7	63.9	95.9
呼包鄂榆城市群	76	6.2	4.3	7.1	251	25.0	3.5	13.5	43.9	88.6	91.6
宁夏沿黄城市群	125	5.6	2.4	13.2	173	20.7	4.0	18.5	39.7	85.7	85.2
城市群合计	301	3.9	6.9	14.8	274	20.8	3.7	8.5	42.5	75.0	83.6
全国	140	4.2	—	18.5	382	28.2	2.8	7.4	38.6	—	77.9

资料来源：《中国城市统计年鉴（2011）》。

9.2.9 交通运输设施比较分析

交通运输设施的建设是基础设施的重要方面，我们用铁路、公路、水运等方式运送的客运量和货运量来表示（见表 9 – 11）。可以看到，城市群的客运量占全国的 73.9%，超过人口比重 62.3%，客运以公路运输为主，城市群的公路客运占全国的 71.8%，而铁路客运占全国 99% 以上，这也与城市群多规划于铁路枢纽地区关系密切。珠三角、成渝和长三角城市群是我国客运量最大的区域，2010 年三地加总运送旅客超过 30 亿人次。货运方面，公路运输仍然是主要运输方式，货运量最大的城市群为长三角、成渝、京津冀、江淮、山东半岛等城市群。

表 9 – 11　中国城市群交通运输量比较（2010 年）

城市群名称	客运总量（万人）	铁路旅客运量（万人）	公路客运量（万人）	水运客运量（万人）	货运总量（万吨）	铁路货物运量（万吨）	公路货运量（万吨）	水运货运量（万吨）
京津冀城市群	232250	16367	209561	1	175143	18669	141465	14872
辽中南城市群	86856	11546	74104	439	127741	15166	102472	10093
山东半岛城市群	160130	6700	149966	2343	148864	25135	111800	11912
长三角城市群	349428	19971	315383	3755	336064	6760	201842	127226
珠三角城市群	393001	12422	370715	1423	150222	7719	106761	35572
哈长城市群	58527	10660	47072	112	52099	9885	41458	751
东陇海城市群	38532	2078	36234	112	56216	17700	33604	4911
江淮城市群	119494	4045	114979	254	165455	8925	126756	29773
海峡西岸城市群	78767	3486	71572	1505	66619	3770	46323	16490
中原城市群	79086	5338	73271	31	99645	9855	89636	149
武汉城市群	51095	9160	40928	122	59135	13874	33249	12003
环长株潭城市群	120866	14754	104895	124	123701	14196	92159	17335
鄱阳湖城市群	61629	4459	56715	210	77613	3857	67656	6098
成渝城市群	359375	19548	333746	3921	204115	23531	166896	13657
关中—天水城市群	78140	15327	61011	0	67133	7955	59162	0

续表

城市群名称	客运总量（万人）	铁路旅客运量（万人）	公路客运量（万人）	水运客运量（万人）	货运总量（万吨）	铁路货物运量（万吨）	公路货运量（万吨）	水运货运量（万吨）
天山北坡城市群	—	—	—	—	—	—	—	—
太原城市群	17250	3543	13172	10	53029	22561	30458	6
北部湾城市群	19508	1089	17926	133	50125	4404	41147	4571
兰州—西宁城市群	12675	1404	10993	0	17649	3238	14409	0
滇中城市群	19846	2238	15859	67	30395	4874	25377	119
黔中城市群	55781	1474	53206	474	18957	2501	15994	456
呼包鄂榆城市群	13249	1396	11432	0	90506	33929	56576	0
宁夏沿黄城市群	12245	388	10415	41	23441	850	22534	56
城市群合计	2417729	167391	2193156	15076	2193865	259355	1627734	306050
全国	3269508	167609	3052738	22392	3241807	364271	2448052	378949

资料来源：《中国城市统计年鉴（2011）》。

9.2.10　信息化水平比较分析

随着信息技术的飞速发展，世界变得越来越小，信息化水平成为国家、地区、企业竞争力的决定因素之一。表 9 – 12 中，我们选取邮电业务量、固定电话、移动电话和互联网宽带接入用户数表示信息化水平。

城市群地区的邮电业务量只占全国的 56.67%，而固定电话、移动电话、互联网宽带用户数分别占全国的 71.84%、74.92%、79.11%。我们知道邮电业由邮政和电信两部分组成，城市群的电信业务较为发达而邮政业务比重较小，表明了城市群的通信方式更为先进，信息化质量更高。

从邮电业务量来分析，珠三角城市群占全国的 12.35%，这与该地区快递业的迅猛发展息息相关，京津冀、长三角城市群分别为全国的 8.12% 和 7.10%。长三角城市群的固定电话、移动电话和互联网用户数最高，占全国 13% 以上，京津冀和珠三角城市群仅为 6%—9%。海峡西岸和中原城市群的互联网宽带接入用户数非常高，分别占全国的 12.71% 和 9.25%。

表9－12　中国城市群信息化水平比较（2010年）

城市群名称	邮电业务		固定电话		移动电话		互联网宽带接入	
	总量（亿元）	占全国（%）	用户数（万户）	占全国（%）	用户数（万户）	占全国（%）	用户数（万户）	占全国（%）
京津冀城市群	2597	8.12	2204	7.49	6518	7.59	1689	8.99
辽中南城市群	934	2.92	1170	3.98	2644	3.08	481	2.56
山东半岛城市群	1154	3.61	1137	3.86	2948	3.43	617	3.28
长三角城市群	2270	7.10	4031	13.69	11462	13.34	3084	16.42
珠三角城市群	3949	12.35	2270	7.71	7458	8.68	1210	6.44
哈长城市群	921	2.88	871	2.96	2519	2.93	399	2.13
东陇海城市群	151	0.47	321	1.09	1048	1.22	138	0.73
江淮城市群	214	0.67	882	3.00	1957	2.28	259	1.38
海峡西岸城市群	1194	3.73	1046	3.55	3022	3.52	2388	12.71
中原城市群	840	2.63	832	2.83	2428	2.83	1737	9.25
武汉城市群	415	1.30	660	2.24	2131	2.48	373	1.99
环长株潭城市群	249	0.78	747	2.54	2259	2.63	275	1.47
鄱阳湖城市群	139	0.44	559	1.90	1784	2.08	232	1.23
成渝城市群	1431	4.48	1754	5.96	6540	7.61	716	3.81
关中—天水城市群	224	0.12	621	2.11	1945	2.26	302	1.61
天山北坡城市群	101	0.31	367	1.25	816	0.95	118	0.63
太原城市群	373	1.17	375	1.28	1098	1.28	209	1.11
北部湾城市群	263	0.82	205	0.70	753	0.88	131	0.70
兰州—西宁城市群	195	0.61	238	0.81	733	0.85	77	0.41
滇中城市群	47	0.15	210	0.71	1286	1.50	163	0.87
黔中城市群	211	0.66	340	1.16	1530	1.78	122	0.65
呼包鄂榆城市群	176	0.55	190	0.65	1099	1.28	93	0.49
宁夏沿黄城市群	74	0.23	117	0.40	382	0.45	45	0.24
城市群合计	18122	56.67	21145	71.84	64360	74.92	14858	79.11
全国	31979	100.00	29434	100.00	85900	100.00	18781	100.00

资料来源：《中国区域统计年鉴（2011）》，陕西省部分城市2010年国民经济和社会发展公报。

9.2.11 科教文卫事业比较分析

科教文卫事业是基础的公共服务，最能够体现一个地区现代化程度和软实力，我们选取了人均地方财政科学支出，人均地方财政教育支出，小学、中学、高等学校的师生比，百万人公共图书馆个数，万人图书藏量、百万人剧场、影剧院数，万人卫生机构数，万人卫生机构人员数来表示科教文卫事业的发展情况（见表9-13）。

城市群总体的人均地方财政科学支出高于全国平均水平，而人均地方财政教育支出低于全国平均水平。长三角、京津冀和珠三角三大城市群的人均财政科学、教育支出最高；人均财政科学支出较高的还有辽中南、山东半岛、江淮和呼包鄂榆等城市群，均超过100元/人；人均教育支出较高的还有辽中南、山东半岛、海峡西岸、太原、呼包鄂榆、宁夏沿黄等城市群，均超过800元/人。

师生比方面，普通小学师生比最高的是哈长、天山北坡、京津冀、辽中南等城市群，而珠三角、长三角的小学师生比偏低，这种情况与近年来人口大规模向东流动和新生代的增加有很大关系。普通中学的师生比为东高西低，以京津冀城市群为最高，黔中城市群最低。普通高等学校师生比中，东西部没有明显的差距，以京津冀和宁夏沿黄城市群最高，黔中、山东半岛、江淮城市群最低。人均公共图书馆个数西部城市群更高，而人均公共图书馆图书量则是东部城市群更高，反映出东部城市群的图书馆数量少而图书藏量大，西部城市群则相反。

卫生事业方面，中原、成渝、天山北坡、东陇海等城市群人均卫生机构数较高，鄱阳湖、海峡西岸、珠三角则比较低；东部城市群万人卫生机构人员数在60人以上，而中西部城市群则从20.0人到89.1人不等，差异非常大。

从科教文卫事业的比较中我们发现，人均公共设施配置没有明显的东强西弱的趋势，一方面原因是单纯从数据上看不到科教文卫配套设施的质量，另一方面，大量的人口东南飞也稀释了东部地区的公共服务。

表 9 – 13 中国城市群科教文卫事业比较（2010 年）

城市群名称	人均地方财政科学支出（元）	人均地方财政教育支出（元）	普通小学师生比（人/万人）	普通中学师生比（人/万人）	普通高等学校师生比（人/万人）	百万人公共图书馆数（个）	百人公共图书馆图书量（册）	百万人剧场、影剧院数（个）	万人卫生机构数（个）	万人卫生机构人员数（人）
京津冀城市群	286.3	1228.4	681.7	800.7	716.9	1.9	85.9	3.9	2.6	68.2
辽中南城市群	161.1	848.3	681.2	739.7	657.2	2.9	90.2	3.1	3.0	68.6
山东半岛城市群	108.2	876.7	683.5	796.3	511.0	1.6	58.4	3.2	2.4	62.6
长三角城市群	360.6	1187.6	572.9	785.7	607.7	1.5	125.9	4.6	2.8	63.8
珠三角城市群	306.9	928.1	489.9	625.1	544.5	1.0	100.7	3.5	1.8	64.4
哈长城市群	50.7	653.0	820.1	742.6	616.5	2.1	60.8	3.3	4.2	66.3
东陇海城市群	61.7	712.4	631.0	730.2	531.1	1.1	30.3	1.1	4.6	46.4
江淮城市群	119.0	617.8	559.9	587.4	525.2	1.7	24.8	2.1	1.4	46.5
海峡西岸城市群	71.1	804.3	655.6	764.2	582.4	2.3	45.6	3.7	1.9	45.5
中原城市群	55.7	594.0	499.7	652.8	526.4	1.6	28.0	2.1	7.4	70.0
武汉城市群	56.9	555.7	513.9	648.7	575.5	1.8	49.1	3.0	3.1	60.2
环长株潭城市群	58.1	530.9	540.0	771.5	572.5	1.7	37.2	1.4	2.3	51.9
鄱阳湖城市群	29.7	560.8	487.3	612.1	599.8	2.4	37.8	2.8	1.5	42.3
成渝城市群	41.3	641.6	538.9	588.2	582.5	1.7	34.5	1.3	6.8	54.9
关中—天水城市群	29.0	683.4	620.5	651.4	635.5	2.4	33.2	3.3	2.3	58.2
天山北坡城市群	29.5	357.5	769.6	782.1	640.8	4.5	24.4	0.5	4.7	89.1
太原城市群	54.3	827.9	635.9	692.2	690.6	3.6	106.3	3.0	3.5	69.7
北部湾城市群	28.0	662.5	485.5	557.8	554.4	2.1	51.5	1.6	2.8	49.9
兰州—西宁城市群	29.2	703.0	626.1	639.0	571.2	2.5	68.2	1.8	2.6	53.3
滇中城市群	41.4	561.4	520.0	592.2	616.9	2.9	25.9	3.9	2.5	20.0
黔中城市群	21.3	357.9	462.1	525.6	491.0	2.6	14.8	0.9	3.3	36.6
呼包鄂榆城市群	100.9	1374.0	656.6	665.6	587.6	3.7	68.9	4.0	3.2	61.7
宁夏沿黄城市群	38.7	1018.0	506.9	612.0	740.3	2.9	79.9	2.6	2.6	61.0
城市群合计	139.9	808.4	575.8	678.7	594.3	2.0	62.9	2.9	3.3	58.4
全国	118.5	882.2	565.1	591.1	601.8	2.2	46.0	—	7.0	61.2

资料来源：《中国区域经济统计年鉴（2011）》和《中国城市统计年鉴（2011）》。

9.2.12 环境污染程度比较分析

在表 9 – 14 中，我们选取工业废水排放量及排放达标量、工业二氧化硫去除量及排放量、工业烟尘去除量及排放量、工业固体废物综合利用率、三废综合利用产品产值来表示环境污染情况。

可以看到，经济总量越大、工业比重越高的城市群排污量越多，长三角城市群的废水、废气排放量都是非常惊人的，京津冀、山东半岛、成渝、海峡西岸等城市群废气、废水排放量也十分巨大。从工业固体废物综合利用率来看，滇中、黔中、兰州—西宁、宁夏沿黄、关中—天水等城市群的工业固体废物综合利用率不足 70%，这提醒我们在开发落后地区的同时一定要注重环境保护和污染治理；东部较为发达的京津冀和辽中南城市群工业固体废物综合利用率也仅为 71.3% 和 75.2%。三废综合利用产品产值长三角城市群最高（451.1 亿元），山东半岛、京津冀、成渝城市群也较高，分别为 112.8 亿元、90.28 亿元、70.8 亿元，而珠三角相对偏低，仅 20.6 亿元。三废综合利用产品产值最低的为黔中、呼包鄂榆、宁夏沿黄城市群，分别为 8.9 亿元、10.0 亿元、10.1 亿元。

表 9 – 14 中国城市群环境污染与环境治理比较（2010 年）

城市群名称	工业废水排放量（万吨）	工业废水排放达标量（万吨）	工业二氧化硫去除量（吨）	工业二氧化硫排放量（吨）	工业烟尘去除量（吨）	工业烟尘排放量（吨）	工业固体废物综合利用率（%）	三废综合利用产品产值（万元）
京津冀城市群	115582	114360	1764209	971605	29176425	297975	71.3	902798
辽中南城市群	59068	55457	745419	577767	16856862	256455	75.2	280146
山东半岛城市群	90896	90383	1615780	676630	15421903	133070	94.2	1128612
长三角城市群	424113	415230	3091837	1636067	30195599	385839	95.8	4511000
珠三角城市群	135534	130667	439669	422481	4447279	138543	91.2	215688
哈长城市群	46307	44246	185762	369068	11901806	236165	80.5	304257
东陇海城市群	22637	22481	380733	169873	7589728	39040	97.3	230892

城市群名称	工业废水排放量（万吨）	工业废水排放达标量（万吨）	工业二氧化硫去除量（吨）	工业二氧化硫排放量（吨）	工业烟尘去除量（吨）	工业烟尘排放量（吨）	工业固体废物综合利用率（％）	三废综合利用产品产值（万元）
江淮城市群	59266	57919	1529792	390440	13309407	169794	89.4	490871
海峡西岸城市群	124159	121960	411985	384135	6713858	99951	87.3	383130
中原城市群	79919	78428	529075	629921	15857751	297383	84.5	373771
武汉城市群	44381	43347	787242	267860	8292440	70551	89.7	470957
环长株潭城市群	69197	66854	789379	477927	3520974	141710	93.6	579304
鄱阳湖城市群	60236	56347	1600847	397217	7471544	102465	78.8	527986
成渝城市群	128408	123018	1754124	1287596	13163783	289289	91.0	708015
关中—天水城市群	36558	35682	849546	537229	6518936	63951	72.5	200125
太原城市群	13384	11848	811221	453266	8018464	165891	69.4	209104
北部湾城市群	23777	22817	105128	175606	1783501	53430	90.1	111840
兰州—西宁城市群	8231	7391	448745	256395	2718533	46016	68.2	120988
滇中城市群	9023	8974	1091709	277121	8220137	37130	66.8	376445
黔中城市群	5302	4998	730631	299045	4385504	38981	66.2	89693
呼包鄂榆城市群	15683	15391	1365206	584777	9708015	165419	73.8	100018
宁夏沿黄城市群	20002	17299	230059	260143	15841452	122433	69.9	100743
城市群合计	1591663	1545097	21258098	11502169	241113901	3351481	81.7	12416383
全国	2374732	2263587	33040000	18644000	389414000	6032000	67.0	17785034

注：工业二氧化硫去除量：企业燃料燃烧和生产工艺过程中产生的废气经过废气治理设施处理后去除的二氧化硫量。

工业二氧化硫排放量：企业燃料燃烧和生产工艺过程中排入大气的二氧化硫总量。

工业烟尘去除量：企业燃料燃烧过程中产生的废气经过废气治理设施处理后去除的烟尘量。

工业烟尘排放量：企业厂区内燃料燃烧过程中产生的烟气中夹带的颗粒物排放量。

资料来源：《中国区域经济统计年鉴（2011）》。

9.3 各城市群基本统计要素的
省域比重分析

　　主体功能区规划的城市群覆盖了我国 22 个省、5 个自治区和 4 个直辖市。下面通过数据介绍一下各城市群在人口、经济、城镇化和产业结构等方面对它所属的省、自治区或直辖市发挥的作用。

　　表 9–15 中，从土地面积来看，各城市群占所在省的比重从 5.8% 到 100% 不等，其中海峡西岸城市群为福建省全部地区，而兰州—西宁城市群面积仅为甘肃省和青海省的 5.8%。常住人口方面，西部城市群的人口占所在省的比重较土地面积比重大的多，人口集聚更为显著，特别是关中—天水、兰州—西宁、成渝等城市群；相反地，东部城市群如京津冀、山东半岛常住人口占所在省份比重反而低于土地面积比重。其原因在于西部地区土地广袤，而适宜居住的、基础设施较完善的地区则较为集中。在经济发展方面，除东陇海城市群外，其他各城市群的地区生产总值占所在省的比重均高于人口和土地的比重。东陇海城市群的城市建设与经济发展起步晚，相比所在省份的其他城市，其竞争力和发展速度也不具备明显的优势。除东陇海城市群以外，各城市群的人均、地均地区生产总值（或称为经济密度）均不低于所在省的平均值，呼包鄂榆城市群的人均地区生产总值为所在省的 2.3 倍，兰州—西宁城市群的地均地区生产总值为所在省的 7.2 倍。

表9－15 各城市群土地面积、人口、地区生产总值占所在省、
自治区或直辖市的比重（2010 年）

城市群	土地面积占比（％）	常住人口占比（％）	地区生产总值占比（％）	人均地区生产总值		地均地区生产总值	
				绝对值（元）	与所在省相比	绝对值（万元/平方公里）	与所在省相比
京津冀城市群	84.5	80.3	90.5	47201.9	1.1	2169.8	1.1
辽中南城市群	65.5	75.7	98.5	54845.6	1.3	1875.3	1.5
山东半岛城市群	46.6	45.7	64.4	57618.7	1.4	3445.8	1.4
长三角城市群	52.3	68.9	81.9	65637.6	1.2	6415.5	1.6
珠三角城市群	30.4	53.8	81.9	67076.0	1.5	6883.1	2.7
哈长城市群	41.7	59.2	78.7	38439.0	1.3	557.1	1.9
东陇海城市群	9.3	9.0	6.4	32698.8	0.7	2140.2	0.7
江淮城市群	70.7	64.2	82.1	26524.5	1.3	1029.5	1.2
海峡西岸城市群	100.0	100.0	100.0	40025.0	1.0	1173.0	1.0
中原城市群	35.2	44.2	57.9	32163.9	1.3	2276.4	1.6
武汉城市群	31.2	52.8	60.0	31693.9	1.1	1651.1	1.9
环长株潭城市群	45.6	61.0	78.3	31332.8	1.3	1300.9	1.7
鄱阳湖城市群	74.1	77.1	82.5	22680.7	1.1	630.2	1.1
成渝城市群	42.4	87.6	92.4	24229.5	1.1	967.0	2.2
关中—天水城市群	13.5	45.8	48.4	23908.9	1.1	771.9	3.6
天山北坡城市群	29.4	—	73.1	37306.6	1.5	82.6	2.5
太原城市群	47.3	43.7	46.2	27225.6	1.0	573.7	1.0
北部湾城市群	18.0	26.4	31.8	25047.4	1.2	715.7	1.8
兰州—西宁城市群	5.8	39.0	42.1	18889.1	1.1	336.3	7.2
滇中城市群	24.0	37.6	59.1	24650.5	1.6	451.7	2.5
黔中城市群	74.6	74.8	76.8	13576.1	1.0	268.8	1.0
呼包鄂榆城市群	10.3	17.5	40.0	80546.5	2.3	611.6	3.9
宁夏—沿黄城市群	78.3	80.5	87.7	29073.0	1.1	364.3	1.1
城市群合计	28.9	62.3	85.0	40869.7	1.4	1236.0	3.0

资料来源：《中国区域经济统计年鉴（2011）》及各省、直辖市、自治区 2011 年统计年鉴。

表 9 – 16 展示了各城市群的城镇化率，可以看到东部城市群的城镇化率明显高于西部城市群，且山东半岛和珠三角城市群的城镇化率是所在省份的 1.24 倍、1.25 倍。西部仍有一半城市群的城镇化水平不到 50%，特别是关中—天水、黔中等城市群，但是仍高于所在省的城镇化率。

表 9 – 16　各城市群城镇化情况与所在省、自治区或直辖市的比较（2010 年）

城市群	城镇化率（%）	与所在省份相比	城市群	城镇化率（%）	与所在省份相比
京津冀城市群	59.0	1.02	鄱阳湖城市群	44.8	1.02
辽中南城市群	67.9	1.09	成渝城市群	45.9	1.05
山东半岛城市群	49.8	1.24	关中—天水城市群	38.5	1.08
长三角城市群	62.1	1.03	太原城市群	53.1	1.11
珠三角城市群	82.7	1.25	北部湾城市群	48.8	1.22
哈长城市群	49.6	0.91	兰州—西宁城市群	48.8	1.30
东陇海城市群	49.7	1.01	滇中城市群	45.6	1.31
江淮城市群	48.8	1.14	黔中城市群	35.9	1.06
海峡西岸城市群	58.5	1.00	呼包鄂榆城市群	51.1	1.18
中原城市群	46.1	1.20	宁夏—沿黄城市群	51.8	1.08
武汉城市群	50.5	1.02	城市群合计	53.9	1.08
环长株潭城市群	48.0	1.03			

资料来源：2011 年各省统计年鉴、国家统计局网站和各省、市、自治区统计局网站。

从产业结构方面来看，我国城市群第二产业产值在全国所占比重（91.9%）明显高于地区生产总值所占比重（85.0%），城市群第三产业在全国的比重略高于地区生产总值的比重，而第一产业在全国的比重远低于地区生产总值的比重（见表 9 – 17）。第一产业方面，东陇海和黔中城市群的第一产业占所在省的比重高于地区生产总值占所在省的比重，其他城市群则相反。第二产业方面，城市群的第二产业占所在省份的比重与地区生产总值的比重相差不大，因为第二产业是经济的主要组成部分。我国城市群工业增加值占全国的比重不仅高于地区生产总值的比重，而且高于第二产业的比重，表明工业在城市群地区更加集聚。大部分城市群的第三产业占所在省份的比重高于其 GDP 的比重。很明显地，我们能够从表 9-17 中看出城市群吸纳了更多的第二、第三产业，而拥有较少的第一产业，第二、第三产业能够产生集聚效益，而城市群则促成了集聚效应的发挥。

表 9-17 各城市群三次产业产值占所在省、自治区或直辖市比重（2010 年）

（单位:%）

城市群	地区生产总值占比	第一产业占比	第二产业占比	工业增加值占比	第三产业占比
京津冀城市群	90.5	77.5	87.7	87.3	94.7
辽中南城市群	98.5	74.5	97.8	99.4	89.4
山东半岛城市群	64.4	44.7	65.0	65.6	68.4
长三角城市群	81.9	57.5	83.1	84.0	83.0
珠三角城市群	81.9	35.4	79.6	80.2	89.6
哈长城市群	78.7	64.3	81.0	81.2	80.3
东陇海城市群	6.4	9.2	6.0	5.8	6.3
江淮城市群	82.1	63.9	87.3	88.0	81.6
海峡西岸城市群	100.0	100.0	100.0	100.0	100.0
中原城市群	57.9	35.5	61.4	61.8	62.1
武汉城市群	60.0	44.4	57.7	49.9	68.6
环长株潭城市群	78.3	62.1	88.4	89.6	72.6
鄱阳湖城市群	82.5	75.1	83.6	84.6	81.0
成渝城市群	92.4	86.8	93.1	94.1	93.4
关中—天水城市群	48.4	44.6	44.9	41.7	54.5
天山北坡城市群	73.1	48.4	78.0	80.7	81.0
太原城市群	46.2	35.1	43.0	41.8	53.0
北部湾城市群	31.8	30.5	26.6	24.7	39.4
兰州—西宁城市群	42.1	22.8	40.0	39.0	51.9
滇中城市群	59.1	41.9	65.7	67.4	58.3
黔中城市群	76.8	81.1	79.0	77.4	73.7

续表

城市群	地区生产总值占比	第一产业占比	第二产业占比	工业增加值占比	第三产业占比
呼包鄂榆城市群	40.0	15.4	40.4	42.4	46.1
宁夏—沿黄城市群	87.7	80.6	91.1	93.3	83.2
城市群合计	85.0	57.8	91.9	94.7	83.9

资料来源:《中国区域经济统计年鉴 (2011)》。

9.4　城市群发育水平

前面三节简单描述了城市群的基本情况,本节用更加合理的综合指标来刻画城市群的发育水平,各指标的名称及计算方法见表 9 – 18。

表 9 – 18　城市群发育程度衡量指标

符号	指标名称	计 算 方 法
CFD1	城市群经济发展总体水平指数	该城市群人均 GDP 占所有城市群人均 GDP 比例与该城市群经济密度占所有城市群经济密度比例之积的平方根
CFD2	城市群交通运输条件指数	该城市群货运量占所有城市群货运量比例、客运量比例、人均客运量比例和人均货运量比例之积的四次方根
CFD3	城市群邮电通信指数	每 10 万人的邮电局拥有量、万人电话机拥有量、邮电业务总量、电信业务总量占所有城市群的比例之积的四次方根
CFD4	城市群内部城镇密度指数	城市群内部城镇数与城市群总面积的比例
CFD5	城市群内行业区位熵指数	重要行业职工数加权和
CFD6	城市群内部建成区面积指数	该城市群建成区面积占城市群总面积的比例

符号	指标名称	计 算 方 法
CFD7	城市群内部商品流通量指数	该城市群人均批发零售贸易业商品销售额占所有城市群的比例与社会消费品总额所占比例之积的平方根
CFD8	城市群的产业熵指数	第一、第二、第三产业的区位熵之积的立方根

资料来源：方创林、姚士谋等：《2010 中国城市群发展报告》，科学出版社 2011 年版。

城市群经济发展总体水平指数：珠三角和长三角城市群在经济发展总体水平上远远高出其他城市群，其次是山东半岛城市群，再次是京津冀和辽中南城市群，东陇海、中原、武汉和呼包鄂榆城市群排在下一梯队，排在末位的三个城市群是天山北坡、兰州—西宁、黔中城市群。

城市群交通运输条件指数：排在第一梯队的是长三角和珠三角城市群，排在第二梯队的是成渝城市群，排在第三梯队的是京津冀、山东半岛、江淮城市群，排在第四梯队的有环长株潭、辽中南城市群。本指数排在后五位的城市群为兰州—西宁、滇中、黔中、宁夏沿黄、太原城市群。

城市群邮电通信指数：长三角和珠三角在这一方面表现最佳，京津冀和成渝城市群紧随其后，海峡西岸、辽中南和山东半岛城市群排在第三梯队。表现最差的是天山北坡、北部湾、兰州—西宁、宁夏沿黄城市群。

城市群内部城镇密度指数：城镇密度越高单位面积的地级政府越多，地方政府管辖的范围越小。可以看到珠三角、武汉、中原、长三角 4 个城市群内部的城镇密度最高，呼包鄂榆、天山北坡、哈长城市群城镇密度最低。珠三角和长三角的发展水平在一定程度上说明城镇密度高并非必然产生恶性竞争，反而有助于合作共生。

城市群内行业区位熵指数：本指数反映了重要行业的职工数，可以看到长三角最高，其次是京津冀，珠三角、成渝、山东半岛城市群也较高。

城市群内部建成区面积指数：珠三角的建成区面积指数最高，长三角次之，山东半岛、中原和天山北坡城市群的建成区面积指数高于京津冀和辽中南城市群，建成区扩展速度有些过快。

城市群内部商品流通量指数：这个指标反映了城市群的商品供需规模。排在最前面的是长三角、京津冀和珠三角城市群，排在第二梯队的是环长株潭、山东半岛和辽中南城市群。鄱阳湖、北部湾、兰州—西宁、黔中、宁夏沿黄等城市群本指数得分最低。

城市群的产业熵指数：一般来说，三次产业比重差异越大，本指数得分越低。可以看到东部五大城市群以及太原城市群、呼包鄂榆城市群的产业熵指数低于1，这些城市群的第一产业比重非常低，而第二、第三产业比重则较高（参见表9-3）。黔中、北部湾、天山北坡城市群本指数较高，表明第一产业的比重相对较高，三次产业分布较为均衡。

表 9-19 中国城市群发育水平比较分析（2010 年）

城市群名称	CFD1	CFD2	CFD3	CFD4	CFD5	CFD6	CFD7	CFD8
京津冀城市群	0.057	0.060	0.083	54.8	918.8	0.015	0.12	0.94
辽中南城市群	0.057	0.050	0.040	103.2	284.4	0.016	0.05	0.99
山东半岛城市群	0.080	0.063	0.039	109.3	436.3	0.021	0.06	0.97
长三角城市群	0.116	0.089	0.099	145.2	1243.7	0.034	0.16	0.80
珠三角城市群	0.122	0.088	0.097	164.4	683.0	0.047	0.10	0.70
哈长城市群	0.026	0.024	0.037	29.8	263.9	0.006	0.03	1.10
东陇海城市群	0.047	0.032	0.020	124.4	82.8	0.019	0.02	1.13
江淮城市群	0.030	0.062	0.032	121.7	183.7	0.011	0.02	1.11
海峡西岸城市群	0.038	0.032	0.044	73.0	383.4	0.007	0.04	1.09
中原城市群	0.048	0.037	0.031	153.2	252.3	0.018	0.03	1.03
武汉城市群	0.041	0.027	0.028	155.0	237.2	0.015	0.04	1.11
环长株潭城市群	0.036	0.052	0.035	82.9	246.1	0.008	0.07	1.14
鄱阳湖城市群	0.021	0.032	0.026	72.7	162.7	0.005	0.01	1.12
成渝城市群	0.027	0.075	0.070	66.7	471.3	0.009	0.04	1.15
关中—天水城市群	0.024	0.037	0.030	78.4	206.5	0.008	0.02	1.12
天山北坡城市群	0.010		0.014	18.7	38.0	0.017	0.02	1.18
太原城市群	0.022	0.021	0.027	67.4	123.1	0.005	0.02	0.89
北部湾城市群	0.024	0.024	0.017	94.1	74.4	0.009	0.01	1.25
兰州—西宁城市群	0.014	0.012	0.018	73.0	73.2	0.005	0.01	1.02

城市群名称	CFD1	CFD2	CFD3	CFD4	CFD5	CFD6	CFD7	CFD8
滇中城市群	0.019	0.016	0.021	42.3	102.4	0.005	0.02	1.13
黔中城市群	0.011	0.017	0.025	45.6	75.6	0.005	0.01	1.21
呼包鄂榆城市群	0.040	0.029	0.028	28.0	72.6	0.003	0.03	0.83
宁夏沿黄城市群	0.018	0.020	0.011	98.4	31.6	0.005	0.01	1.06

资料来源:《中国区域经济统计年鉴(2011)》和《中国城市统计年鉴(2011)》。

图 表 索 引

第四章

第五章

第六章

第七章